U0593654

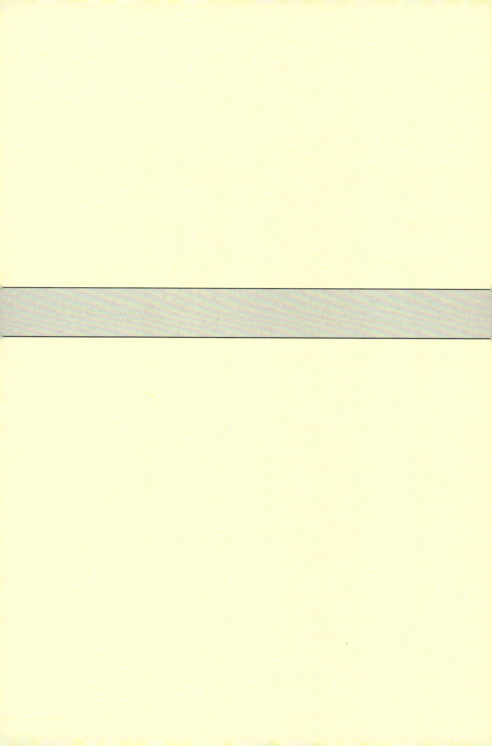

台湾民族与宗教

TaiWan MinZu Yu ZongJiao

何绵山 著

撰稿人（按章节顺序排列）

何绵山　王　芳　郑建辉

厦门大学出版社　国家一级出版社
XIAMEN UNIVERSITY PRESS　全国百佳图书出版单位

目　　录

上篇　台湾地区汉族民系与少数民族

2

下篇　台湾地区宗教

上 篇

台湾地区汉族民系与少数民族

第一章　台湾地区汉族民系与少数民族概述

　　台湾省的社会结构,正如《中国台湾问题》一书所指出的,"台湾本省人包括闽南人、客家人和少数民族,他们分别占人口总数的74％、12％、2％。外省人是指台湾光复后,特别是1949年随同国民党统治集团迁台的人及其后代,他们约占总人数的12％左右"①。

　　台湾的汉族分为闽南人(也称福佬人、河洛人)、客家人、外省人三大民系,台湾少数民族在当地也称"原住民"(不包括1949年后从大陆进入台湾的少数民族),其在台湾的具体分布如下:②

	福佬人	客家人	其他省人	"原住民"	外省人	合计
台湾	74.5	13.2	0.1	2.4	9.9	100
台北市	62.3	3.5	0.2	—	34.0	100
基隆市	71.5	2.2	0.2	0.1	26.0	100
台中市	77.3	4.3	0.1	—	18.3	100
台南市	85.1	0.5	0.1	—	18.3	100
高雄市	73.7	3.1	0.1	—	23.1	100
宜兰县	88.5	2.5	0.1	2.1	6.8	100
台北县	85.6	2.2	0.1	0.2	11.9	100
桃园县	47.9	43.3	—	1.6	7.2	100
新竹县	31.0	57.2	0.1	2.2	9.5	100

续表

	福佬人	客家人	其他省人	"原住民"	外省人	合计
苗栗县	28.2	67.0	0.1	1.6	3.1	100
台中县	77.3	18.6	—	0.4	3.7	100
彰化县	94.5	3.6	0.1		1.8	100
南投县	81.3	12.8	0.1	3.7	2.1	100
云林县	96.2	2.3	—	—	1.5	100
嘉义县	90.5	4.4	0.1	0.4	0.6	100
台南县	96.5	0.6		0.9	2.0	100
高雄县	79.5	11.4	—	1.7	7.4	100
屏东县	65.9	20.1	0.1	6.7	7.2	100
台东县	42.8	14.1	0.1	34.6	8.4	100
花莲县	35.5	25.2	0.1	27.4	11.8	100
澎湖县	93.3	0.1		—	6.6	100

　　表中"其他省人"主要指台湾光复前历史上来自闽、粤以外省份的人,"外省人"主要指台湾光复后,特别是1949年迁移至台湾的外省人。以上为1956年9月的数据,时至今日虽然已有不小变化,但仍有一定的参考价值。

　　由上表可知:福佬人居台湾人口的74.5%,但在台湾21个县市中,其人口占八成以上者却仅九个县市,在五大都市中,其人口占八成以上者,更只有一个市,甚至有五个县,其人口竟未达九成,其中两个县,其人口尤居于相对少数。福佬人人口的分布显然并不十分均匀,其主要分布地在台中以南,屏东以北,以及台北盆地、宜兰平原和澎湖群岛。客家人人口虽然仅占台湾人口的13.2%,但其人口占一成以上的县市亦有九个,在五大都市中,他们的人口均未达到5%,却是有五个县,其人口超过两成,甚至其中有两个县,其人口竟占五成以上。客家人人口的分布较福佬人更不均匀,其主要分布地在北部丘陵区、台东和屏东平原。"原住民"人口虽然仅占台湾人口的 2.4%，但是其人口占 3% 以上的县市则有四个，在五大都市中，除基隆市稍见踪迹外，其余各县市几乎不见他们的踪影，却是有两个县，其人口占两成以上，且为仅稍少于福佬人的强势人口，"原住民"人口的分布显然较客家人更为集中，其主要分布地在台东和屏东县。外省人口仅占台湾人口的 10%，但其人口占一成以上的县市却有七个，在五大都市中，他们的人口竟占一成以上，在其中的三个市更占两成以上，而在包括五大都市在内的十个县市，他们更是仅次于福佬人的强势人口，外省人人口分布不甚均匀，主要分布在都市及其边缘地带。③

虽然闽南人也称"福佬人"，但也有认为"福佬人"不仅仅指来自闽南的泉州、漳州人，也包括部分广东人，其观点如："虽然一般认为福佬人即闽南人，但实际上台湾的福佬人是指来自闽南、粤东操闽南语系的汉人移民，主要包括泉州、漳州、广东潮州部分移民。"④但闽南人主要由福建南部的泉州、漳州人组成，这应该是毋庸置疑的事实。

闽南人大规模迁台，应该是在明末清初。主要是先后随郑成功和施琅入台的将士。清朝收复台湾之后，由台湾传回大陆的消息是"台湾好趁食"，对于富有冒险精神的闽南人来说，不会因海峡波涛的凶险和清政府的禁令而裹足不前，漳、泉人不惜任何代价，大量冒险渡台。清初曾几度禁止私渡或禁止携眷入台，都难遏止渡台的人群。至清朝政府开接眷入台之禁后，闽南人移民渡台的浪潮更是经久不息，使台湾人口迅速增加，闽南人也因之成为台湾居民的主体。

台湾的闽南人将故乡闽南的生活习俗带进台湾，特别在饮食习俗、信仰习俗、服饰习俗、节日习俗、生育习俗、婚礼习俗、丧葬习俗方面表现了鲜明的闽南地域特点，并将故乡闽南的民间文学艺术移植到台湾，传承了故乡的民间故事、民间歌谣、民间谚语、民间戏剧、民间舞蹈、民间音乐、民间工艺,形成了极具故乡闽南特色的台湾闽南文化。但同时还必须看到,台湾闽南人在大体承袭故乡习俗文化的同时,也形成了自己的特色。如由于台湾周围是海,台湾商船或渔船容易受到风雨的侵袭,因此台湾的闽南人特别信仰妈祖,"妈祖绕境"的民俗仪式至今仍为台湾一大盛事。再如,台湾早期医药不甚发达,疾病疫时刻威胁着人民的生命,因此发展出"烧王船"、"盐水蜂炮"、"中元普度"等民俗。⑤

　　客家人迁移至台湾的时间应该比闽南人晚。也有一种观点认为:"客家人移民台湾更早,大约在宋末元初即已开始,故在明郑以前,台湾的汉人移民以客家人居多,但明郑以后,闽南人开始大量移居台湾,便取代客家移民成为多数族群。"⑥但一般认为客家人大规模迁台比之闽南人毕竟晚了一步。

　　客家人大规模到达台湾之时,台湾南部及沿海之地,大多已为闽南人所开垦。客家人在闽南人尚未入垦之地,来开辟他们在台湾的新天地。客家人凭着他们在大陆原乡山区耕种的艰苦精神和经验,继承了客家人勤劳和冒险的传统,敢于向与少数民族所占有之地的接垠地区的未开垦土地开拓,并善于在闽南人已拓展之地见缝插针,立足于闽南人之间,或在立足之后觅可垦之地开拓。因而他们开垦的足迹,也遍布台湾南、中、北部,并及于台湾东海岸地区。

　　台湾的客家人将在原乡的生活习俗带进台湾,特别在饮食习俗、居住习俗、服饰习俗、节日习俗、信仰习俗、生育习俗、婚礼习俗、丧葬习俗、祭祀习俗等方面保存了客家特有的民俗。客家人很注意文化流传,曾有谚语称:"宁卖祖宗坑,不忘祖声;宁卖祖宗田,不忘祖宗言。"在不断迁徙的过程中,客家人以罕见的执著和坚守,通过一代又一代的传承使其特有的歌谣、谚语、音乐、戏剧、工艺等民间文化,与其生活习俗一样,形成了鲜明的客家特点。如"三山国王信仰"、"昌黎伯祭"、"惜字敬神"等,都来自大陆客家原乡。但在台湾的打拼过程中，也形成了台湾客家人特有的民俗和文化。如"义民爷信仰"，是源自台湾本地，主要供奉清朝台湾朱一贵、林爽文之乱时，为保境安民协助清廷平乱而在战斗中身亡的"义民"，寓有"褒忠"之意。

　　台湾的外省人，是指台湾光复后，特别是 1949 年前后随着国民党统治集团迁台的人及其后代。外省人的籍贯覆盖了大陆各省，成分比较复杂，"因为他们有共同的历史命运和奋斗目标，在台湾又处于特殊的社会地位，因此仍被统称为'外省人'"。[7]《1980 年台闽地区户口及住宅普查报告》显示，台湾外省人中比例最高的11 个大陆省份依次为：福建、广东、山东、浙江、江苏、湖南、河南、江西、四川、安徽、湖北。[8]

　　外省人入台，对台湾产生了极大的影响：一是为台湾输入了充沛的人力资源；二是为台湾输入了丰富的管理经验；三是带来了各省的文化，进一步推动了台湾文化的多元化。"艺术是族群历史明显的印记。"以戏曲为例，外省的戏曲家带来了京剧、豫剧、昆剧、越剧，使剧坛更加绚丽多姿。以音乐为例，外省的音乐家，如器乐演奏家、作曲家、音乐教育家、音乐理论家、歌唱家等对台湾音乐界产生了不同程度的影响，为台湾的音乐繁荣作出了自己的贡献。以舞蹈为例，外省的舞蹈艺术家或将祖国大陆的舞蹈带入台湾，或加入台湾的舞蹈行列，或在台湾推进舞蹈教育，为台湾的舞蹈注入了大量的新元素。以绘画为例，一大批外省画家来到台湾，带来了大陆文人的笔墨传统，他们通过教学、展览、担任评审等方式，具体影响着 20 世纪后半期的台湾水墨画，使日据时期曾风行一时的日本胶彩画，开始为水墨画所代替。

　　台湾少数民族是 1954 年第一届全国人民代表大会根据民族识别政策确定的第一批 38 个少数民族之一，统称高山族。其族群数目总共有 14 个，即：泰雅人、赛夏人、布农人、邹人、阿美人、卑南人、排湾人、鲁凯人、达悟人、邵人、噶玛兰人、太鲁阁人、撒奇拉雅人、赛德克人。

　　台湾少数民族的称呼在台湾地区几经变化。三国时称"山夷"、隋代称"流求土人",明代称"东番"、"夷",清代称"番族"、"土番"等。日据时期先是将台湾少数民族侮称为"蕃族",后又称改为"高砂族"。台湾光复后,曾一度称台湾少数民族为"高山族",1947年通令改称为"山地同胞",简称"山胞"。1954年,台湾当局确认"山胞"各族群的汉字名称为泰雅、赛夏、布农、曹(后改为邹)、鲁凯、排湾、卑南、阿美、雅美(现自改为达悟),也就是通常所说的"高山九族",后又增加至今日的14个族群,今日台北市政府正厅的展示牌上看到的就是这14个族群的简介。台湾的"原住民"或"原住民族"称谓,是上世纪80年代初期取代"高山族"、"山地民族"和"山胞"等台湾少数民族统称而出现的词语。1994年台湾当局在所谓"修宪"时写入"原住民"一词,到1997年又明确为"原住民族"。

　　台湾少数民族的各个族群,在村落形成、祖灵祭祀、信仰崇拜、人生仪礼、建筑民居、服饰特色、饮食习惯、生产方式、作物种类、生产用具、农事节日、手工工艺、舞蹈歌谣、流传故事等方面,都形成了各自鲜明的特点。

　　徐宗懋在《务实的台湾人》中称:"90年代中期,台湾最时髦的话题是关于原住民、闽南人、客家人、外省人的'四族共和'。政治人物呼吁以爱来化解族群冲突,甚至编成小说、戏剧以对社会进行教育。"教育是一个方面,但主要是无论是闽南人、客家人,还是外省人,他们的文化都是中华文化在台湾的延伸和扩展,都是来自祖国大陆,两岸都是拜同样的神、过同样的节、写同样的文字,甚至连长相也大同小异,没有根本的利害冲突。此外,在日常生活中并没有因省籍问题而互相仇视,可见并非一定水火不相容,无论别有用心的少数政治家怎么挑动,冲突也是一时的,而包容必是长久的。

台湾越来越多的有识之士对在选举时挑动"省籍情结"的言论深恶痛绝,越来越多不同民系、不同族群的友人放声高唱《我们都是一家人》:"我的家乡在那鲁湾,你的家乡在那鲁湾,从前的时候是一家人,现在还是一家人,手牵着手,肩并着肩,轻轻地唱着我们的歌,团结起来,相亲相爱。因为我们都是一家人,现在还是一家人。"

注:

①中共中央台湾工作办公室、国务院台湾事务办公室:《中国台湾问题》,九洲图书出版社 1998 年版,第 20 页。

②潘英著:《台湾拓殖史及其族姓分布研究》,南天书局有限公司 2000 年版,第 13～15 页。

③潘英著:《台湾拓殖史及其族姓分布研究》,南天书局有限公司 2000 年版,第 15～16 页。

④许雪姬总策划:《台湾历史辞典》,远流出版事业股份有限公司 2006 年版,第 1034 页。

⑤洪泉湖等著:《台湾的多元文化》,五南图书出版股份有限公司 2008 年版,第 22 页。

⑥洪泉湖等著:《台湾的多元文化》,五南图书出版股份有限公司 2008 年版,第 22 页。

⑦洪泉湖等著:《台湾的多元文化》,五南图书出版股份有限公司 2008 年版,第 22 页。

⑧张茂桂等著:《族群关系与国家认同》,业强出版社 2001 年版,第 290～291 页。

第二章　台湾的闽南人（上）

第一节　台湾闽南人概况

一、闽南人移民台湾的历史和在台湾的分布

闽南人也称"福佬人"、"河洛人"，也有人认为"福佬人"不仅仅指来自闽南的泉州、漳州人，也包括部分广东人，其观点如："虽然一般认为福佬人即闽南人，但实际上台湾的福佬人是指来自闽南、粤东操闽南语系的汉人移民，主要包括泉州、漳州、广东潮州部分移民。"①但闽南人主要由福建南部的泉州、漳州人组成，这是不争的事实。

台湾距离福建最近，正因为这种地缘的关系，台湾及其附属的澎湖列岛，早就成为福建特别是闽南地区人民移居开发的重要地方。

闽南地区人民多称自己原籍在黄河、洛水一带，故称"河洛人"。河洛人迁入闽南大约在汉及三国以后，西晋"永嘉之乱"，大批衣冠南渡，河洛人亦大量随之南渡，其中有相当数量的河洛人移居到闽南地区。唐朝武则天时代，陈元光奉命驻漳、泉，带来了不少原籍河洛一带的军士和人民，他们后代都自称河洛人，因而闽南人也通称河洛人。

到了宋代，由于闽南地区得天独厚的地理和气候条件，农业生

产发展,人口激增;但地域有限,于是地少人多的压力就迫使人们不得不另谋出路,开发新地以缓解人口的压力和社会生活的负担。漳、泉都面临大海,生活教给了当地居民造船和驾船的经验,使他们有能力向海上开发,于是向海上讨取生活成为他们的理想。当一些人登上距大陆最近的澎湖列岛时,发现这个地方荒无人烟,四面环海,虽然风大而多砂砾之地,但可渔可耕可牧,有待开发,于是呼朋唤友,把澎湖作为开发的新地。据楼钥《攻媿集·汪大渊行状》云:"乾道七年(1171年)4月起,知泉州……郡实濒海,中有沙洲数万亩,号平湖(按:即澎湖)。忽为岛夷号毗舍耶者奄至,尽刘所种。初则每遇南风遣戍为备,更迭劳扰。公即其地,造屋两百间,遣将分屯。"乾道为南宋孝宗年号,说明南宋之时,澎湖已成农垦之地。又据元代汪大渊《岛夷志略》:"岛分三十有六,巨细相间,坡陇相望;乃有七澳居其间,各得其名。自泉州顺风二昼夜可至。有草无木,土瘠,不宜禾稻。泉人结茅为屋居之。气候常暖,风俗朴野,人多眉寿。男女穿长布衫,系以土布。煮海为盐,酿秫为酒。采鱼、虾、螺、蛤以佐食,蓺牛粪以爨,鱼膏为油。地产胡麻、绿豆。山羊之孳生数万为群,家以烙毛刻角为记,昼夜不收,各遂其生育。工商兴贩,以乐其利。地隶泉州晋江县。至元年间,立巡检司,以周岁额办盐课中统钱钞十锭二十五两,别无科差。"由此可见,从南宋到元初的100年间,在闽南移民的开发下,澎湖已成为农牧渔盐兼营之地,并有了工商贸易,而且设置了巡检司,到元顺帝至元年间隶属泉州同安县。这不能不归功于闽南人的开发和经营。

　　澎湖临近台湾本岛,闽南人既然有能力登上澎湖列岛从事开发,当然也有能力登上台湾,而大陆的闽南人正好利用澎湖作为移向台湾的跳板。据连横《台湾通史·开辟纪》载:两宋之时,"漳、泉边民,渐来台湾,而以北港为互市之口。"但台湾早为少数民族所居之地,以采集渔猎为生,具有很强的自闭性和排他性,不易接受陌生的外来者,个体或少数外来者登临其地,常遭驱逐或杀戮,因而迟至 500 年后的明末时期,始有汉人村落出现。清初移民入台者渐多,据康熙二十二年(1683 年)施琅《恭陈台湾弃留疏》:"台湾一地,原属化外,土番杂处……然其时中国之民潜至,生聚其间者,已不下万人。"施琅曾是郑成功的部将,后率清军入台湾,此说当然可信。其所说的"中国之民",应多为闽南人,他们是开发台湾的无名功臣。

郑成功自闽南率军收复台湾,其部属约有 37000 人,多为泉、漳籍贯。郑成功为把台湾建成反清复明的基地,政治上励精图治,经济上实施屯垦,寓兵于农。顺治十八年(1661 年)5 月 18 日,郑成功宣谕八项条款,其第六项为:"各镇及大小将领官兵派拨汛地,准就彼处择地起盖房屋,开辟田地,尽其力量,永为世业,以田以渔及经商,但不许混圈土民及百姓现耕田地。"这种规定,既安置了来台的将士,也促进了台湾的开发,并使军中有余粮,而且也保护了当地少数民族和先入台开发的人的利益。郑成功并亲自巡视、踏勘了新港、目加瑠湾、萧垅、麻豆、大目降、大武垅、他里雾、半线等地,决定留勇卫、侍卫二旅,以守安平镇、承天两处,其余诸镇,按镇分地,按地开垦。其寓兵于农的策略是:农隙,则训以武事;有警,则荷戈以战;无警,则负耒以耕。屯垦收到了实效,盐水港、凤山一带 40 多处,共开拓良田千百亩,后人口渐繁,遂成部落。明郑亡后,就多成为闽南聚居的村落。明郑的屯垦,实际是闽南人对台湾的开发。郑经继位之后,采纳陈永华之策,仍然实行屯垦,开发地区有凤山北部平原、水沙莲地方(斗六至林圯埔之间)、半线地方(今彰化市附近)、竹堑地方(今新竹市)。接着开发北台,一是开拓淡水河沿岸的台北平原,二是开拓鸡笼(今基隆市)地方。后者由王锡祺召集漳、泉流民开拓。明郑开拓台湾,主要依靠原籍大陆漳、泉一带的文武官员和士卒,还有从漳、泉一带招来的民众。开拓的田园成了个人的永业,传之子孙,人口繁衍,或聚族而居,或分衍各地,于是闽南人的人口占了台湾总人口的绝对优势。

　　清朝收复台湾之后,前期严格限制大陆与台湾之间民众的往来。康熙二十三年(1684年)虽允许大陆人民出海贸易、捕鱼,但规定:内地欲往台者,必须取得原籍照单,经分巡台厦兵备道稽查,由台湾海防同知审验后方许之。潜渡者处严罚。对于粤民,则禁其渡台。虽然严令如此,但福建沿海,特别是漳、泉一带居民,潜渡台湾仍前后相踵,台湾西岸的基隆港、恒春南湾,以及东岸的蛤仔难(宜兰)、台东等较大港口都有潜渡者的足迹。其所以敢于冒犯严令私渡,主要原因是清初升平之世,大陆人口激增,福建特别是闽南地区人口过剩,生活不易,不得不向外谋生。而台湾人稀地旷,由台湾传回大陆的消息是"台湾好趁食",自然成为寻找出路的人向往的地方。雍正末年(1735年),台湾知府在条陈台湾事宜状中就说:"漳、泉内地无籍之民,无可耕之田,无可佣之工,无可觅之地,一到台地,上可致富,下可温饱,一切农工商贾,以至百艺之末,计工授值,比之内地,率皆倍蓰。"即是有力的见证。当时台湾之所以容易谋生,除人稀地旷,有可耕之地,有可佣之工外,还因为土地肥沃、气候温和、雨量充足,宜种稻、糖蔗、杂粮等,有种必有收获。

　　如此有吸引力的地方,自然使闽南一带无可谋食的人趋之若鹜。所以清初曾几度禁止私渡或禁止携眷入台,都难遏止渡台的人群。乾隆十一年(1746年)始准许在台有业良民,可各回原籍接眷过台。乾隆十三年(1748年)又停发搬眷来台执照。乾隆二十五年(1760年)再开接眷入台之禁,移民渡台者更多。而台湾人口也迅速增加。据台湾省文献委员会编的《台湾省通志》所载:顺治七年(1650年),台湾人口数为5万人,到清嘉庆十六年(1811年)增至194万5000人。虽无闽南人具体数字,但该志列举的民国十五年(1926年)及民国十七年(1928年)两项调查表显示,当时闽南人已占在台汉人总数80%以上。据此推知,清朝之时在台的闽南人所占比例当不少于此。

　　清朝之时,由于闽南移垦人的增加,昔日未开垦之地,遂逐步拓垦。例如:竹堑竹北一堡一带,由同安人王世杰率同籍人垦殖;大加纳堡,由泉州人陈赖章开垦;蛤仔难(今宜兰),由漳浦人吴沙开垦(后由其侄吴化继续);竹南公馆仔至海口,由漳州人张微扬开垦;东螺之野、八堡圳,为泉州人施世榜集流民开垦;泉州人林列开垦竹堑埔40余庄,以至于海;晋江人吴洛垦彰化,以及丁台之野;漳州人郭光文偕勇106人,垦角崁社桃仔园地至于海;泉州人施长龄垦东螺;安溪移民进垦拳山;晋江人周家开垦淡水属之雾峉毛毛(号称六张犁);泉州人张伯宋、林文进等开辟淡水厅树林口后湖地(今林口乡);泉州人林耳顺垦殖中港社(竹南);漳州人郭元汾开辟淡北拳山埔,并建舍台川圳;漳州人何士兰开辟淡水厅内湖及内双溪庄(士林);泉州人周黄清开垦淡水沟子口地(木栅);漳州人林江由大里代庄耕种至猫罗新村(今雾峰);泉州人张启祥等开辟淡水木栅庄;泉州人高培全、郑守义、张文旭等开辟木栅;泉州人沈用垦殖锡口;漳浦人廖富椿开垦摆接;晋江人陈仁愿入垦香山。以上开垦列举并不完整,但都是在康熙、雍正、乾隆年间。说明当时沿海地区开垦几尽,闽南人的开垦步伐已逐步迈向山区。当时开垦之地,不仅变成良田,有的也逐渐变成繁华之市。例如泉州人陈赖章拓垦的大加纳堡,现今已是台北市的一部分;同安人拓展的大龙峒地区,早已成为商业发达之地;晋江、南安、惠安之泉州"三邑人"共同开发的艋舺地区(今名万华),在道光五年(1825年)即已成为台湾北部政治与文化中心。

　　闽南人开发台湾,曾经冒着风险,并付出了几代人的勤劳和辛苦。不要说清代以前,即使是清康熙收复台湾之时,台湾北部平原仍是满目野草荒烟。据当时到北投开采硫矿的郁永河在其《裨海纪游》中所记:"平原一望,罔非茂草,劲者覆顶,弱者蔽肩,车驰其中,如在地底。草梢割面破顶,蚊蚋苍蝇吮咂肌体,如饥鹰饿虎,扑逐不去。炎日曝之,项背欲裂,已极人世劳瘁。既至草庐中,四壁陶瓦,悉茅为之,四面风入如射,卧恒见天。青草上榻,旋拔旋生;

雨至,室中如流,一雨过,屣而升榻者凡十日。蝉琴蚓笛,时沸榻下,阶前潮汐时至;出户,草没肩,古木樛结,不可名状,慈竹丛生其间,咫尺不能见物。蝮蛇瘿项者,夜阁阁鸣枕畔,有时鼻声如牛,力能吞鹿;小蛇逐人,疾如飞矢。户阃之外,暮不敢出,海风怒号,万籁响答,林谷震撼,屋榻欲倾。夜半猴啼,如鬼哭声。余至之夜,有渔人结寮港南者,与余遥隔一水,累布藉枕而卧,夜半,矢从外入,穿枕上布二十八扎,幸不伤脑,犹在梦乡,而一矢又入,遂贯其臂,同侣逐贼不获,视其矢,则土番射鹿物也。又有社人被杀于途,皆数日间事。余草庐在无人之境,时其茂草中有番人出入,莫察所从来,深夜劲矢,宁无戒心?若此地者,在在危机,刻刻死亡矢。"此外,还要受到瘴气侵袭,"入人肺肠,故人至即病,千人一症"。这些记载,如实记录了开垦者所处环境的恶劣。开垦者须冒着九死一生,来从事开垦的事业。闽南人凭着他们敢拼的勇气,付出了难以估量的代价,在台湾开辟出一个新的天地,为台湾成为物产丰富、经济繁荣之地作出了巨大贡献,也使他们在这宝岛中取得了重要的地位,成为当今台湾最大的群体。

　　闽南人因其迁入台湾最早,开垦台湾土地最广,人口繁衍最多,故其分布也最广,由台湾南部逐渐移向北部,几乎遍布台湾西海岸的沿海平原及丘陵地区。至今这些地区,尚有以闽南原籍地命名的厝、寮、村、街、里等,如台南县(市)有:安溪寮(今台南县后壁乡顶安、长安、福安等村),诏安厝(今台南县白河镇诏安、广安、莲潭等里),云霄街(今台南市北区内崇安街之一段);高雄县有:同安宅(今高雄县永靖乡同安、同仁等村),南安宅(今高雄县田寮乡三和、南安、大同、田寮等村);彰化县有:同安寮(今彰化县芬园乡同安村),泉州厝(今彰化县线西乡泉州、曾家、蚵寮等村),安溪寮(今彰化县彰化市安溪里),诏安厝(今彰化县和美镇诏安里);嘉义县有:安溪寮(今嘉义县义竹乡平溪村),南靖(今嘉义县水上乡靖和、南和、美源等村);新竹县有:泉州厝(今新竹县竹北乡斗崙

村)、安溪寮(今新竹县竹北乡十兴村);台中县(市)有:同安厝(今
台中市南屯春社里),平和街(今台中市延平区一部),同安厝(今台
中县乌日乡溪尾村),同安厝(今台中县大甲镇铜安里);云林县有:
同安厝(今云林县东势乡昌南、同安等村),平和厝(今云林县虎尾
镇平和里);台北县有:南靖厝(今台北县莺歌镇南靖里),漳州寮
(今台北县林口乡一部),漳州坑(今台北莺歌镇内),诏安厝街(今
台北建成、中山区内);南投县有:漳州寮(今南投县南投市凤鸣
里)。这些都是因开垦而形成的同籍人或同一家族聚居的聚所或
村落,可以窥见闽南人开垦的足迹分布的一些情况。随着时间的
迁移和人口的繁衍,闽南人渐向其原住地周围拓展、延伸,分衍到
台湾各地,成为台湾散布最广的族群。据李栋民于 1956 年对台湾
人口资料的分析可知,当时台湾总人口 9308000 人,其中闽南籍有
6914000 人,占 60％以上。在今天,这个比例更高,闽南人已占台
湾总人口的 73.3％,但仍以台湾南部为最多。

二、台湾闽南人的家族

家族是宗法社会的产物。中国宗法社会延续了几千年,其思
想和所表现的形态——家族也延续不断,并且随着移民传入了
台湾。

台湾闽南人的家族,和许多地方的家族一样,是以家庭为基本
单位,并在此基础上逐渐延伸扩展而形成的。一个家庭,由子生
孙,孙又生子,传之不衰。若有两子,分为两"房";两子各生两孙,
各分两"房",则为四"房"。随着时间的迁移,子孙繁衍,"房"则越
多,同聚居于一屋檐下,或同一地,则家族因而逐步形成。由于人
口浩繁,分灶而食,但仍同住在一个空间,或邻近,同享公共的财
产;或无公共财产可享,但因住在同一村落、地域,且有血缘关系,
仍为同一家族。

这种家族的形成,是和土地联系在一起的。闽南人进入台湾

开垦之后，便拥有土地。在农业社会里，拥有土地就有财富，拥有财富就能娶妻生子，有的为了人丁兴旺，还娶妾。男丁多了，就增加了垦地的劳动力，可以扩大财富。财富的累积，一方面能养活众多的人口，一方面又能兴建巨大的房屋，以容纳众多的人口居住。既拥有巨大的财富，又有众多的人丁聚居一起，就自然而然地形成了家族。例如漳浦人吴沙入垦头围，其侄吴化继其后，扩大垦地，增加田产，厚积财富，兴建宅院，就形成了吴氏望族，直到日据时代，仍聚居在一起。有的入垦者在经营土地之外，还兼营商贩，以累积财富。有的入垦土地、富积财富之后，设塾延师以教子孙，向科举之途进取。家族有人中了举人，更增加了家族的声望。清代台湾实行科举之后，教育受到重视，世代书香之家受到社会的尊崇，名望大增，有些家族在拥有财富之外，还成为台湾的名流。日据时代，有些垦户转而投资工商业，不仅积累了丰厚的财富，而且成为工商业的资本家，成为台湾的望族。

为了团结和发展，台湾闽南人诸多家族通常采取下列各项做法：

祭拜祖先。基本上有两种：一是常年祭拜，二是喜庆时祭拜。前者有家祭、墓祭和祠祭，每年都要择期举行；后者则是每逢族人婚娶、添丁、建屋、中举等，都要举行祭祀活动。借由慎终追远、饮水思源，加强族人的团结凝聚。

多妻多子。为求家族人丁兴旺并扩大家族的力量，使家族传替不衰，早期有的娶妻之外还纳妾，甚至多妾。妻妾多，子嗣也多。

扩大财富。财富是凝聚和兴旺家族的物质基础，有此基础，才有可能养活家族中的众多人口以及办理有关家族之事。随着人口的增加，就必须不断地扩大和增加财富，一是广置田产，二是投资工商业。

提升名望。提升名望，就是提升家族在社会的地位和影响力。这种名望与财富具有同样重要的价值，甚至超过财富的价值。一些家族鼓励子弟读书,通过科举求取功名,或捐纳军功,以取得官职,既能光宗耀祖,享受某种特权,从而增强家族的维系力,又提高了其在社会的地位。同时又能直接或间接增加、扩大家族的财富。

建造房屋。诸多家族在拥有财富之后,便着手大兴土木,建造巨屋广厦,以容纳家族中众多人口,把人丁兴旺的家族凝聚在一起,使家族成为独据一方的望族。

参与社会。社会是由人组成的,家庭是构成社会的最小单位,家族则是这种最小单位的扩大的群体。在中国传统的社会里,家族成为政权的基础。家族的生存和发展,必须依靠政权的维护和支持,而政权也必须通过家族的支持和维护以达到统治全社会的目的。这种互动关系,往往是通过家族中掌权人或具有威望的人与官府的互动来实现的。他们争取官府的支持以扩大家族的利益,并尽力避免与官府发生矛盾,而官府也需要他们的配合,参与赞助社会公共活动,以便治理好地方。因此,参与官府主导下的社会活动,对家族来说是必要的,而且可以提升其社会地位,扩大其影响力,从而促进家族内部的团结和向外发展。

但随着时代的变迁和社会的发展,维系家族的经济基础和伦理观念也逐渐变化,家族的离析也难以避免。其原因有以下几个方面:其一,受土地减少困扰。土地是台湾闽南人家族形成和巩固、发展的基础,随着时间的推移,台湾土地高度开发之后,田园难以增加。以垦殖为增积财富的主要手段的家族此时逐渐陷入困境,然而家族的人口却有增无减,土地与人口的矛盾逐渐突出,原有的耕地不能养活越来越多的人口,即使购买土地,也难以减轻这种压力。唯一的办法是让家族中的部分成员,迁居外地,另谋出路。这是家族走向离析的主要原因。其二,原住屋难以容纳增多的人口。有些家族原有住宅十分宽敞,但传到几代之后,人口浩繁,已难以容纳,原住地又无可以扩建之地,不得不让有能力者离开祖屋迁往他地,另建新居。其三,家族内部产生矛盾。随着家族的发展,族中人口众多,人多则思想难以一致,也难以和睦相处,或因言语有失,或因利益冲突,或因小事处理不当,或因小孩之间的纠纷,产生了兄弟间、妯娌间、叔侄间等摩擦,互有怨言,致伤感情,于是不得不让有意离开的成员迁移出去。其四,良莠不齐。家族人口增多后,难免良莠不齐。有的勤俭,有的懒惰,有的善良,有的不肖,却共同处在一个屋檐下,共同享受公共利益,甚至发生不肖者盗窃或霸占公共财产之事,自然引起了不满和闹事的风波,于是不得不析产分家,各自分居,以平息家族内部的争端。其五,自然灾害。台湾多风灾,又多地震。常造成田产毁坏或房屋倒塌,人口死伤,在原地难以立足,逼使族中成员不得不各自离开,迁徙他方。其六,各立事业。当农业社会转型为工业社会之后,人们谋生之多而手段各异,有的仍在故地经营农业,有的则自谋职业,或经营渔业,或经营商业、手工业。从业的多样,遂使家族成员不能不离乡背井,从家族分化出来各往他乡另立事业。诸多的原因,说明家族的离析随着时代的变迁和社会的转型,已不可避免。

然而家族的离析,并不说明家族的衰亡,反而使家族在迁徙分衍之后,得到延伸和发展。就像一棵老树,长出旁枝新叶。例如宜兰赖氏家族,先是定居大弯从事农垦,七八十年之后,家族人口男女共百人,祖屋已不敷居住,于是分居各地,于今这个家族就分布在利泽、冬山、茅仔寮、五结等地。于是形成范围较大的宗族。

台湾的闽南人家族虽然开始散居各地,但有共同的血统,个人与家族维系着或亲或疏的亲情关系,就像树根树干和近枝远枝的关系。维系这种关系主要靠以下五个方面的活动和措施。

认祖认宗。修订家谱族谱,认定家族宗族的渊源,明确传承的辈分和发展的枝叶,使分居各地的子子孙孙,认定共同的祖宗和彼此亲缘的关系,虽然有亲疏远近之别,但同是一个血统,同出一个渊源,仍是一家人。近年台湾许多人来大陆寻根问祖,就是通过谱牒来认祖寻宗,确定亲缘关系的。

祭拜祖先。台湾闽南人敬自己的祖宗若神明,认为祖宗虽逝,但其在天之灵,能够保佑子孙平安顺利,因而十分重视祭拜祖先,每年祠祭、墓祭,男性子孙必往参加,不但成为义务,而且成为权利。祭拜不迟到早退,在祖宗神灵前庄重肃穆,虔诚礼拜。祭拜后会见族中之人,或围坐叙谈,或共同聚宴,视同家人,温馨亲切。因此台湾闽南人家族一般都有本族祠堂,既是祭拜之处,又是会亲之所,并在祭祀之时重温族规祖训,或对不肖者执行家法,以教育子弟。祠堂置有祠产,除供祭祀外,还用以济助族中困难者。通过这些活动,把远近亲疏的宗族凝聚在一起,视同同胞兄弟,往往为了宗族的共同利益,不惜牺牲个人的利益,有时甚至参加宗族与别的宗族之间的械斗。

祀奉共神。台湾家族或宗族,都祀奉祖先从大陆带到台湾的神像,作为家族或宗族的保护神。闽南人多祀奉妈祖或关帝、观音、保生大帝。每年祀奉之时,族中之人群集拜祭,祈求平安,并借以会亲叙旧,团聚宴饮,演戏谢神和娱乐,促进亲情的敦厚与和睦。

喜丧往来。宗族中各家庭有喜丧之事,由于血缘关系,被视为家族或宗族中的共同大事,族人对婚嫁之家同申祝贺,对丧事则致以吊唁,往往放下个人的工作,热心帮忙。这种一家有事,同族相帮,就在一定程度上维系了同族同宗的感情。

共享祖产。祖先留下的房产,虽已分给各房子孙居住,但仍是祖先的遗产,子孙共同享受,牢记着祖宗的赐与,不忘血脉相连。祖先的田产,虽也分给各房,但仍留下一部分作为家族的共同的财产。这种财产虽为子孙所共有,但只能作为祭祀之用,由各房轮值,一房应值一年,负责管理,并负责墓祭、修理公厅等。墓祭之时,全族参加,并参加墓祭之后的宴会,融融洽洽,共怀祖德,饮水思源,对于维系亲情,无疑也起了一定的作用。

第二节 台湾闽南人的生活习俗

一、台湾闽南人的饮食

台湾闽南人的饮食,基本上是对大陆闽南人的传承,但又有其独创性。

（一）主食

主食有稻米、麦面和杂粮三类。

稻米类,如:(1)米饭。主要有炊饭、焖饭两种。炊饭是把稻米放在水中煮熟后捞出,放在蒸笼中炊成。焖饭是稻米和适量的水放在锅里煮,米熟水干即成。(2)粥。把少量的米和多量的水放入锅中煮,直到米煮至熟烂,就成粥。饭和粥在蒸煮时,可以加入瓜菜,如番薯、南瓜、芋仔等,就成为番薯饭（粥）、南瓜粥、芋仔粥,同白米饭、白米粥相比别有风味。

麦面类,如:用面粉做成各种面食,包括面线（即线面）、面干（即切面）、大面（相当于馄饨）。此外还有用稻米制成的米粉面。面线细长,象征长生,人们在生日时必吃。

杂粮类,如:番薯、芋头等,多为贫家主食。

（二）副食

副食有蔬菜、鱼、肉、调味料等类。

蔬菜类,除种植的新鲜蔬菜外,还以腌渍法做成芥菜干、高丽菜干、菜脯（用萝卜腌制）和各种瓜类醃渍成的酱瓜。还有野生或人工培植的木耳、金针菇、香菇等。

鱼类,有淡水鱼和海水鱼,一般偏好淡水鱼。比较常吃的淡水鱼,有比目鱼、赤翅、鳝鱼、鲈鱼、鲤鱼等,尤以鲈鱼为珍贵,身体受伤者多吃可以补肉。较为常吃的海水鱼,有鲷鱼、赤鲷鱼、四破鱼等。生鱼可以晒制或焙制成鱼干,俗称鱼脯,是用四破鱼、乌鱼等制成贮藏，别有风味。

肉类，主要有猪肉、羊肉和鸡鸭肉，猪肉最常吃，羊肉和鸡鸭肉则在祭祀时作为牲醴，或作为进补之用。猪肉也可以用盐腌渍成咸猪肉。

蛋类，主要有鸭蛋、鸡蛋，煮、蒸、炒均可。鸭蛋则可以腌渍成咸鸭蛋。

调味料类，食用油有猪油、茶油、生油（又称土豆油）、胡麻油。酱油（又称豆油）、醋、盐、豆酱、砂糖（有赤砂糖、贡白糖）、乌糖（黑砂糖）、冰糖等。

豆制品类，用大豆制成的豆酱、豆腐乳等。

（三）饮料

酒，最常饮的是自酿的米酒，还有绍兴酒、五加皮、日本清酒等。

茶，平时饮的是粗茶，待客多用乌龙茶，新年则泡甜茶，如红枣茶、乌枣茶、龙眼干茶、荔枝干茶，图个吉利。

（四）水果

台湾盛产水果，不胜枚举，通常鲜食。有些水果可以制成果干久藏，如用橘、柿制成橘饼、柿饼，用冬瓜制成冬瓜糖，用龙眼制成龙眼干。

（五）点心

是在三餐之外，作为补充的食品，多是用米、面粉制成。有粿、粽、包等。（1）粿，多用糯米为皮，包以糖馅或咸馅蒸成，有甜粿、发粿、咸粿（或称菜粿、菜头粿）、九层粿等。（2）粽，有肉粽、菜粽等。（3）包，有肉包、菜包、甜包以及馒头等。（4）清粥，是一种很稀的粥，佐以酱菜、豆腐乳、咸蛋、皮蛋等。（5）甜粥，如绿豆粥、米糕粥等。（6）甜汤，如花生汤、绿豆汤等。

（六）节日饮食

（1）春节，有年糕（表示"年年高升"）、发糕（象征发财）、萝卜糕

(象征"好彩头"、"好预兆")、包子(取"金包银"之意)、面线(象征"长命百岁")。(2)元宵,有元宵圆(取"团圆"之意)。(3)清明,有艾草粿(用艾草和米粉掺和制成)。(4)端午,有粽子(祭屈原)、雄黄酒(避邪)。(5)中秋,有月饼(象征吉祥团圆)。(6)立冬,进补(吃猪肉、羊肉、鸡鸭肉等)。(7)冬至,红白两色汤圆。(8)腊月,腊八粥。

(七)餐宴礼俗

场所,一般在厨房隔壁设饭桌,如有客人则设在正厅,以示尊重。坐席,以正厅神位为中心,神位下方是首位,其他座位以首位为中心来安排,首位通常是由客人或年高的长辈来坐,表示尊敬。如无神位为依据,则以对着正门的座位为首位。动食,菜上桌后,应先由主人动食,礼请客人不用客气,并为客人斟酒、夹菜、添饭。

餐桌上有许多禁忌,如忌用筷子敲碗,忌张开手臂撑在桌上,忌在菜盘中翻拣,忌用手扒饭吃,忌一再换座位,忌用饭时把一脚踏在椅子上,忌边吃边抖动双腿,忌在碗中留下饭粒,忌吃饭时一直掉饭粒等。

二、台湾闽南人的信仰

这里所谓的信仰,是指对某种宗教或神明的信服和尊重,并以之为行动之指向。台湾闽南人所信仰的神明,许多是早期入垦台湾时从大陆闽南故乡带来的。早期入台者要渡过惊涛骇浪的海峡,要在举目无亲、遍地荒烟而弥漫瘴气的恶劣环境中,与自然界各种敌害以及人为的灾祸进行搏斗,冒着要付出血和生命代价的风险,无依无靠而又无医无药,百般无奈之下,不得不寻求冥冥中某种神祇作为自己的保护神,于是就把自己在家乡时所信仰的保护神随身带到台湾。由于大陆闽南各地民众所信仰的保护神各有不同,因而带来台湾的保护神也各有不同,例如泉州籍闽南人带来的是保生大帝、清水祖师,漳州籍闽南人带来的是开漳圣王等。这些信仰随着世代的交替而传承下来,并逐渐扩大其影响,经久不衰。这是台湾闽南人信仰中有诸多原乡地方神祇的主要原因。

这种信仰和人们节日所祭拜的天地诸神不同,天地诸神是普天共拜之神,而地方保护神则是直接地保佑一方的神,对他们来说更为切近而实际。只要能够庇佑自己身家无灾无祸和事业顺利并有灵验的神祇,就矢信不移地信仰。佛教信仰中,观世音的信仰者最多;道教俗神中,信仰妈祖者达数百万之众。因信仰某一神祇而举行的信仰活动往往是规模宏大,场面壮观,参与者动辄达数万人以至百万之众。这是十分罕见的。

这种信仰跟祭拜祖先也有不同,祭拜祖先和祭拜天地,是原始社会对自然神和对祖先的崇拜,祭拜祖先又与血缘相关,并深受儒家伦理思想影响,因而祭拜祖先既尊敬其为神灵,又是对祖先功德和对繁衍后代贡献的追念,故祭拜祖先只是一家一户或扩大至一个宗族的活动。信仰地方保护神,当然涉及居住该地方的每人每家的幸福和利益,因而信仰地方保护神成为一个地方的群众性活动,不分性别族群。因此,在一个地方都有居民共同信仰的一个或多个保护神,以至扩大到一个区域。例如泉州籍的入台者多在台南、鹿港、艋舺、淡水等地,共奉观世音为保护神,大多建有龙山寺,以供观世音。而奉妈祖为保护神的则遍及全台湾,全台妈祖庙之多难以准确计数。由此可见台湾闽南人对乡土保护神信仰的虔诚和热烈。这和闽南人开垦台湾的历史有相当密切的关系。台湾的闽南人既从大陆原乡和入垦台湾的祖先继承这种信仰,又从切身利益和幸福中寻求乡土保护神的福佑,因此造成台湾的闽南人有许多不同的乡土保护神,有许多不同的乡土保护神庙宇,有许多奉祀不同的乡土保护神的信仰活动。这恐怕在全球可算是独一无二的。

据台湾省文献委员会1959年出版的《台湾省寺庙教堂调查表》记载,台湾全省4220所寺庙的主祀神多达247种,其中地方性、乡土性的神占有极大比例,而庙宇多达 50 所以上的神祇,计有 15 种之多,大多是台湾的闽南人信仰中最受崇拜的神祇。今按其庙宇的多寡排列:王爷庙 717 所,观音庙 441 所,天上圣母(即妈祖)庙 383 所,福德正神(即土地公)庙 327 所,玄天上帝庙 266 所,关圣帝君庙 192 所,保生大帝庙 140 所,开台圣王(即郑成功)庙 57 所,开漳圣王(即陈政、陈元光父子)庙 57 所。

福德正神庙数只是登记在册者,台湾有云:"田头田尾土地公",可见尚有许多建在田头田尾的小土地庙没有在册,不计其数。现将上述神祇信仰的情况陈述如下:

王爷信仰。福建泉州称王爷为"瘟王",每年夏季瘟疫流行之时,居住沿海地方民众便建造一只精美的船,称为神船,船上供奉王爷像,还载有大米两包和鸡、羊等,把船放入海中,以为可将瘟疫赶走。当船漂流到某地时,便有该地居民到海边迎接,并建庙宇供奉,以为可免瘟疫扩散到该地。据泉州民间传说:王爷是汉代冤死的 360 位忠臣。又传说是唐代冤死的 360 位或 36 位进士。360 之数合一年 360 天之数,于是说王爷有 360 个姓,一人一姓。实际上台湾的王爷庙所供奉的王爷之姓,仅有 60 多个。有的王爷庙只供奉一个姓的王爷,如苏府王爷庙、邢府王爷庙、萧府王爷庙。也有合祀几个姓的王爷庙,如三府王爷庙,合祀朱、池、李三姓王爷。而麻豆代天府则供奉五姓王爷,称为五府王爷庙。所谓"代王"是传说玉皇大帝授命王爷"代天巡狩",视察人间善恶。台湾全省的王爷庙,大多分布于泉州籍居民地区,可见王爷信仰,是从泉州传来台湾的一种文化。台湾的王爷庙大部分为小型庙宇,但也有规模壮观的,如麻豆、嘉义、褒忠等地的王爷庙。如云林褒忠乡的马鸣山镇安宫每隔五年举办一次大祭典,故称五年王爷庙。王爷有多种称号,如老爷、大人、千秋、千岁、王公、府千岁等。其形象是五个土头铁身,或木头竹骨塑像,民间信奉其为能除灾驱害的神明,故一般每年祭祀一次,用轿子抬着巡视境内,以保护全境平安。随着时间的推移,台湾的信众逐渐把驱逐瘟神的王爷,视同掌理地方上司法与检察职能的城隍神,王爷庙成了城隍庙。南部沿海以及澎湖,则视其为保护渔民出海捕捞的保护神。

观音信仰。观音是佛教中最负盛名的菩萨,原称观世音菩萨,据传在唐朝时因避唐太宗李世民之讳,改称观音,又俗称观音大士、观音佛等。传观音有男性女性两种形象,原为男性,后为传教方便,变为女性。观音能为人们解灾,又能为妇女赐子,故最能受到女性信众的膜拜。观音不仅是中国全国性的神明,而且在东南亚国家祀奉观音的庙宇也比比皆是。但台湾祀奉观音却带有明显的大陆原籍的色彩。由于从晋江、惠安、南安等地来台的人,当初都从晋江安海龙山寺带来了香火,于是就在他们所居之地兴建与安海龙山寺同名的龙山寺,供奉观音,作为保护神。

天上圣母信仰。天上圣母俗称妈祖、娘妈。据传本名林默娘,系五代末福建兴化府莆田县湄洲岛林惟悫的第六女,喜诵经礼佛,后遇一道人传授铜符秘笈,曾涸水救父,又常于水中救人出险,并能驱邪济世,称誉乡里。29岁殁为海神,渡海者常传其灵异。宋、元、明各朝封其为天妃,清康熙二十二年(1683年)因其助施琅攻台,被封为天后。因从福建渡海到台者,以为能平安渡海是受到妈祖的神助,因而妈祖在台湾拥有众多的信仰者,超过了台湾的所有神明。虽然祀奉妈祖的庙宇不及王爷庙、观音庙之多,但任何乡镇最大的庙宇都是妈祖庙,台湾人最信仰的神明,非妈祖莫属。民间视其为有求必应的万能女神,每年举行的祭典和游神活动,其热烈的盛况为台湾所有神明所望尘莫及。例如北港朝天宫每年举行祭典时,有数百万香客从各地赶来。台湾的妈祖庙因神像来源不同,而有不同的称谓:由湄洲祖庙分身来的,称湄洲妈;由同安县分身来的,称银同妈;由晋江县分身来的,称温陵妈。由此可见台湾的妈祖信仰与大陆闽南关系密切。

福德正神信仰。福德正神,即土地神,俗称土地公。中国有句老话"皇天后土",把天神与地神并列可见其所受到的尊崇。这是远古人类对自然神崇拜的遗风,在农耕社会里,土地是衣食之源,也是财富之源。闽南人入垦台湾,天天跟土地打交道,为求开垦的顺利和种植的丰收,于是也把对土地神崇拜之风带到了新开发之地,在每块开发之地,都设有大大小小的土地庙。经调查,1959年全台土地庙有327所,也有统计为891所,实际上不止此数。也可见土地庙之多,超过了任何神的庙宇。奉祀土地公的庙,一般都很小,但也有颇具规模的土地庙,例如屏东县东城乡的福安宫、台北县瑞芳镇九份金瓜石的福山宫,都是四合院的建筑结构。此外,在农村,以八月十五日为土地公生日,用祭典敬奉。大约是因为此时是农作物丰收的季节,以此酬报土地公的保佑。在城市,工商业者及居民则把土地公尊为可以保佑生财的财神爷。这大概是从农耕社会土地可以滋生财富引申来的。因而每月初二、十六日,商家都举行祭拜土地公的活动,称为"做牙"或"做福",就是把土地公视为财神。祭奠土地公以头牙(二月初二)、土地生日(八月十五)和尾牙(十二月十六)最为隆重,头牙是祈求土地公保佑赐福,尾牙则是酬报土地公。这种风俗在大陆已不多见,而在台湾的闽南人之间依然风行。

玄天上帝信仰。玄天上帝又称北极大帝、真武大帝,俗称上帝爷。从"北极大帝"称呼,可知是北极星座之神。这也是一种对自然神的崇拜,但后来被道教供奉为道教的神明之一。对玄天大帝的信仰,是由郑成功从闽南传过来的。道教以湖北武当山的玄天上帝庙为全国总庙,郑成功祖籍南安县也有座武当山,山上也有玄天大帝庙,郑成功来台就供奉此庙中玄天上帝神,先后兴建小上帝庙、大上帝庙,作为镇守台湾的保护神。在其鼓励和推动下,故明郑时期上帝庙为数特多,信仰者多为入台的闽南人。现今全台的玄天上帝庙,以南投县受天宫香火最盛,是浊水溪南北两岸居民的信仰中心。

关圣帝君信仰。关圣帝君又称关公、关帝、文衡帝君、伏魔大帝、协天大帝、伽蓝爷等。称号既多,而供奉关帝之神的庙宇也有多种名称,或称关帝庙,或称协天庙,或称伽蓝庙。关帝就是中国历史上三国时代的关羽,不仅武艺高强,而且忠义诚信卓著,因而受后世景仰膜拜,因其武艺非常,故奉为武神;因其重诚信和义气,故奉为商业的财神和保护神。中国各地都建有文庙和武庙,关羽成为与孔子并尊的神明,也成为全国性的神明之一。台湾之信仰关帝,也从闽南传入。荷兰人占据台湾之时,即有从闽南入台开垦和经营者,在今台南县关庙乡建有关帝庙,奉关帝为保护开垦和经营商贸之神。明郑时期也建有武庙和关帝庙,清代则祀奉关帝以倡忠孝节义,鼓励兴建关帝庙。台湾的闽南人信仰关帝者众多,南靖籍的人建的关帝庙称为南靖关帝庙,东山县关帝庙则成为台湾诸多关帝庙的祖庙。全台关帝庙,以台南市的开基武庙、彰化市和新竹市的关帝庙、新庄市的武圣庙、鹿港镇和宜兰市的文武庙等因历史悠久而闻名。由于工商社会的发展,而关帝又是商业所崇拜的保护神,故信仰关帝者渐多,因而新建了不少规模宏大而壮丽的关帝庙,如台北市民权东路的行天宫、北投区的行天宫等。

保生大帝信仰。保生大帝又称吴真人。姓吴名本,宋代闽南同安白礁人,以医术闻名。同安人入台垦殖,奉其为医神,建庙供奉,各地道坛也大多奉祀,于是成为道教尊奉之神。台湾祀奉保生大帝之庙,最早建于荷兰人据台时期,明郑时期有所增建,如今全台的保生大帝庙,以台北市大龙峒保安宫为最大。

开台圣王信仰。开台圣王又称开山王,俗称国姓公、国圣公,为对开辟台湾有特殊贡献的明延平郡王郑成功。台湾供奉开台圣王的庙宇,大多分布在台北县、宜兰县和中部。清初禁台湾民间供奉郑成功,光绪年间福建船政大臣沈葆桢奏请清廷解禁,民间纪念郑成功始由秘密转为公开。台南市的明延平郡王祠即是沈葆桢所建,最具规模。

　　开漳圣王信仰。开漳圣王又称陈圣王，俗称圣王公，为唐代对开辟漳州一带有重大贡献的陈元光。漳州人移垦台湾时，即奉开漳圣王为保护神。台湾的开漳圣王庙，以桃园市的景福宫香火最盛。

　　清水祖师信仰。清水祖师原是宋代福建永春的高僧，据传与永春相邻的安溪县某年干旱，这位祖师以手杖敲地即有清水涌出，因而民间尊其为清水祖师。安溪人入台开垦，即奉清水祖师为保护神。台湾的清水祖师庙，以台北市艋舺的清水岩、台北县三峡镇的长福岩及淡水镇清水岩等处的清水祖师庙最著名。

　　综上所述，台湾的闽南人信仰，是大陆闽南人信仰的移植和延伸，闽南人入台开垦，即将其信仰移植到台湾，奉其信仰之神为保护神，在其新居之地为神建立庙宇，按时举行祭拜活动，让这些信仰扎下根基，从而让信仰的种子撒向全台各地。这实际上是使大陆的文化，渡过海峡延伸到台湾去，深刻而广泛地影响了台湾人民的文化思想和台湾社会的文化生活。而他们所信仰的诸神，有的是中国远古所崇拜的自然神，有的是中国历史上的名人，更多的是来自传说宋、元至明、清曾经施惠于福建闽南地区的人中之杰。这样，就使台湾社会的信仰文化，深刻地打下了中国悠久文化，特别是闽南地区文化的烙印。

三、台湾闽南人的服饰

　　服饰不仅用于装饰人们身体的外表，既求保暖、保身，也讲究美的享受。它既是人们生活的需要，又具有文化的内涵。生活和文化是随时代的进化和政治社会的变迁而变异的，服饰属于生活和文化的范畴，自然也不例外。台湾的闽南人从早期入台开垦到如今，数百年间经历了多个历史时代和政治社会，其服饰就在不断地演变之中。

　　入台开垦早期，闽南人虽离开了本土，但仍保持着有闽南特色的汉族衣饰之制,与台湾少数民族的服饰明显不同。虽然经历了荷兰人统治时期,但闽南人的服饰并未因此有所改变。这是因为荷兰人占据台湾的目的在于掠夺资源,暂时还无法改变台湾的社会生活、文化和习俗。

明郑时期,郑成功收复台湾,坚持反清复明,在服饰上也沿袭明朝典章制度,在台的闽南人自然也遵循其服饰之制,与被清朝统治的大陆民众不同,只是布料来自大陆。由于台湾气候炎热,多以夏布加工。

清统时期,在清政府的高压下,台湾男性除了"薙发结辫"外,衣饰也改变为满服之制。这种改变,曾受到强烈的抵制,清朝在其统治基本巩固之后,采取了缓和措施,默许女性保留而且沿袭明朝的衣饰。男性盛装为长袍马褂,女性盛装在衫、裤外加裙子。此时期台湾闽南人的服饰,以男性服饰为例,其上身如:短衫,为对襟式。长衫,又称长袍,右衽大襟式,另有直襟、琵琶襟两种,但不常见,衫装过膝。外褂,有长身外褂、短腰外褂两种,对襟式。马甲,为背心式的外衣。夹,有夹里的双层服,对襟式,又称袄。袭,夹里又夹层的厚重上衣,夹棉者称棉袭,夹皮者称羊哥袭,对襟式。其下身如:大裆裤,有单裤、夹裤之分。裤腿裤,穿在长衫之内。以女性服饰为例,其上身如:短衫,右衽大襟式,俗称大绚衫。长衫,右衽大襟式,后发展为旗袍。衫又有夹、袭两种。外褂,对襟式。其下身如:大裆裤。开裆裤,穿于裙子内。裙,有单裙(又称马面裙)、夹裙、袄裙(又称套裙)。当时台湾闽南人不分男女老少,皆穿肚兜,是闽南人穿着的一种特色。

日据初期,日本人对服饰未加干涉,但受社会影响,男性改穿西服,女性服饰则甚少改变,只是把马面裙改良为西式裙。日据中期至晚期,其采取"皇民化"政策,鼓励说日语、穿日装等,于是有男性青年改穿日式学生装、军装及和服,女性则改穿和服、西服及改良式长衫等。

光复后,由于在日据时期有男性已改穿西服,因此,仍沿袭此风,女性也已习惯穿西服和改良服,但和服已消失。随着国民党败退台湾,从大陆涌入将近百万人,带来了大陆男女的服饰,影响了台湾的闽南人。男性服装为中山装等,女性服装则是旗袍,特别是旗袍,曾经风行一时。后由于社会经济起飞、工业化浪潮和西方风气的冲击,男性几乎都穿西服,女性服饰则趋多元化。布料除棉布外,有尼龙、人造纤维等,色料及图案也多种多样。这样,台湾闽南人服饰的特色也渐渐淡出,已融入了台湾的大社会之中。

四、台湾闽南人的节日

节日是人们举行庆祝或纪念活动的特定日子。中国传统的节日,不仅历史悠久,而且蕴涵着深厚而丰富的文化积淀。有对远古以来对自然界的幻想和祈求,有对祖先和前贤功德的追念和颂扬,有对生产劳动和经营事业的愿望和企求,有对健康美好和富裕幸福的向往和祈祷,并通过一定的礼仪和活动向自然神、祖先及其所崇拜的神明表达。数千年来,传承不衰,相沿成俗,人们都要在各个特定的节日里,举行庆祝或纪念的礼仪和活动。在这些礼仪和活动中,都或多或少地渗透着儒家的人伦和礼乐思想、道家的神仙思想、佛家的因缘思想及对自然崇拜的思想,总是追求安康、幸福、和谐、欢乐,厌弃疾病、邪恶、困厄、悲伤。而在各种礼仪和活动的形式中,礼拜的程序、音乐的节奏、歌声的扬抑,以及礼拜的形象和种种装饰的图案,无不表现了中国传统的艺术之美。这一切都是中国传统节日之所以传承不休的原因。

台湾闽南人的节日习俗,是由闽南人入垦台湾时带来的,基本上沿袭了中国节日的传统,传承了中华民族的节日文化。其主要节日如下:

开正。时间:正月初一,是农历一年的第一天。习俗以初一至初五为"新正",因称初一为"开正",也就是春节的第一天。祭拜对象：天神、地神和祖先。供品：时花鲜果、年糕、发粿、长年饭菜，取年年高升、发财等吉庆之意。敲锣鼓、放鞭炮，洋溢节日气氛。活动：从初一至初四各行各业放假，穿新服，与亲友互相往来拜年，长辈给晚辈、儿童送压岁钱，互相都说吉利话。禁忌：吃干饭，忌吃稀饭，否则不吉利（一年到晚都要吃稀饭过活）；忌扫地、倒垃圾、倒粪便，以免将财运、福气都扫走；忌打架、吵骂、啼哭、说不吉利的话；忌用刀、杀生，否则不吉祥；忌打破碗盘等器物，如有不慎打破，赶快说"岁岁（碎碎）平安"或"撞破瓷，财钱一大堆"等吉利话。

天公生。时间：正月初九日为玉皇大帝的生日，玉皇大帝统领诸神，是天上最尊贵的神，故民间祭拜极为隆重和虔诚。祭拜：穿着齐整，开大门，望天空上香祝祷，并烧金银纸。供品：三杯清茶，三束面线，一桌素菜，以及时果等。禁忌：忌出秽言，忌倒粪便，忌晒女性内裤等。

元宵节。时间：正月十五日。道教以"三界公"（即天官、地官、水官）地位次于玉皇大帝，代表玉皇大帝赐福解厄，因而定上元、中元、下元为节日，上元（正月十五日）为天官大帝生日，中元（七月十五日）为地官大帝生日，下元（十月十五日）为水官大帝生日。故元宵节又称上元节。祭拜对象：天官大帝、神明、祖先、地基主等。供品：一对蜡烛、一对鲜花、三杯清茶、三束面线、五果、六斋、三碗元宵圆等。并烧金银纸。活动：元宵节又称灯节，挂花灯、猜灯谜、提灯游行、舞龙灯、狮舞，都成为这一节日活动的特色。已婚妇女还到各庙宇"钻灯脚"祈求生男丁。娘家则向初婚的女儿送"灯"，寓"添丁"之意。

作头牙（土地公生日）。时间：二月初二日和八月十五日，是土地公的两个圣诞日，二月初二日为头牙。土地神掌管土地，与人们居住、种植相关，又与商铺生意相关，故民间视为守护神和财神。祭拜对象：土地公、地基主。祭拜土地公到土地公庙去，祭拜地基主则在门口设供桌向屋内拜，或设于后门向屋内拜。烧金银纸。

供品:拜土地公用三牲、四果、春卷等,拜地基主用五味碗。活动:民家与亲友聚餐,商家则设宴犒赏员工。

清明节。时间:三月初三日,是二十四节之一,此时气清景明,故称"清明"。祭拜对象:祖先。到祖坟扫墓,也在家中祭拜祖先。祭拜时要先祭拜坟地守护神——后土。供品:两束鲜花、一对蜡烛、牲礼(三牲或五牲,或十二道菜,烧金银纸)。活动:清除坟上杂草,祭拜后要在坟上挂纸钱,俗称"挂纸"或"压墓纸",象征为祖先盖厝瓦,以示有后代子孙来祭祀。此外,还利用此日,在郊外游春赏观自然景色,享受清明之气,俗称"踏青"。

端午节。时间:五月初五日。又称重五节、重午节、五月节、端阳节、天中节、蒲节。祭拜对象:纪念古代爱国诗人屈原,并祭拜神明和祖先。供品:一对蜡烛、一对鲜花、三个酒杯及五牲、水果、粽等。烧金银纸。活动:门户悬挂菖蒲、艾草和榕枝所系成的辟邪物,系香包,喝雄黄酒,其意都在驱邪逐瘟。取"午时水"贮藏,据称可解热。此日还举行赛龙舟活动,以纪念屈原。包粽和赛龙舟是这个节日独具的特色。

半年节。时间:六月初一日或十五日。从正月到六月在此时恰好是半年。祭拜对象:天地、神明和祖先。庆祝家业丰收,感谢天地、神明和祖先的庇佑。供品:用糯米制成的"半年圆",或称"半年丸",取"家和、团圆"之意。活动:清代贡生郑大福在《风物吟》中咏半年节云:"六月家家作半年,红团糖馅大于钱;娇儿痴女频欢乐,金鼓叮当哴暑天。"

七夕。时间:七月初七日。又称"七巧节"。相传是牛郎和织女一年一度相会的日子。台湾闽南人则把此日作为七娘妈的生日。七娘妈,即天上七仙女,又称七星娘娘。祭拜对象:七娘妈、床母。两者都是儿童的保护神。还有牛郎、织女。供品:祭拜七娘妈的供品,有乌母衣、四果、菜粿及七星妈亭等。祭拜床母的供品,有一碗油饭、一碗麻油鸡酒,或一只鸡腿。并烧船母衣再加金银纸。

活动:祭拜七娘妈后,未满16岁的儿童要环绕七星妈亭走三圈,并从父母手持的七星亭下钻过,还要从供桌下匍匐钻行三圈,爬起来后表示已成年,将出人头地。再将七星妈亭投入火中,表示献给七娘妈。如果没有未满16岁的儿童之家,则用七种祭品,在门前祭拜七娘妈,并用"七巧粿"祭拜牛郎、织女,祭后食之,传食后可以"呷福气"。拜床母,要先上香祝祷,线香烧到1/3时,赶快烧化金银纸,撤去供桌(因为床母保佑儿童赶快长大,不可拜太久)。线香则插在床脚泥地或床沿,也可用小杯作香炉。七夕拜牛郎、织女,入夜摆上香案,供上汤圆、巧果、胭脂、椪粉、鲜花、针线后,在月光下穿九孔、七孔、五孔或一孔针线,祈求针织巧艺和白皙美貌。

中元节。时间:七月十五日。佛教则定此日为盂兰盆节。此月俗称鬼月。初一"开鬼门",到三十日"关鬼门",为期一个月,民间举行普度仪式。祭拜对象:祭祀孤魂滞魄(俗称"好兄弟"),让其在这个月回到人间享受香火和供品。七月十五日凌晨子时则拜地官大帝("三界公")。供品:七月初一祭拜门口"好兄弟",用米筒装米七分作为"浮炉"(香炉),插上三炷香,如不用香炉则将线香插在每件供品上(每件插一炷香),供上三只酒杯、蜡烛一对、五味碗(如鸡、鸭、鱼、猪肉、菜等五种)、糕、水果、米粉、米饭、酒,以及脸盆(装上水)、毛巾、牙刷、牙膏、口杯等盥洗用具。七月十五日拜"三界公",供品与正月十五日拜"三界公"同(见前)。七月十五日下午,再拜"好兄弟",供品比初一时丰盛,有三牲(或五牲)、五味碗、水果、米粉、米饭、酒等。七月初一及七月十五下午,要拜地基主,供品为五味碗。七月底送"好兄弟",供品如初一,与拜门口同。以上各种祭拜都要烧金银纸和经衣。活动:中元节是普度节,在一个月的时间中,普度仪式和活动盛况异常,有庙宇举行的公众普度、街坊举行的轮流普度及私家举行的普度,几乎日日不断。宜兰头城、屏东恒春等地的"抢孤"活动,吸引很多人前往参观。

中秋节。时间:八月十五日。祭拜对象:这一天晚上月亮最圆最亮,故人们祭拜太阴娘娘;又传说此日为土地公的神诞日,故家家户户祭拜土地公。此日也不忘祭拜祖先。供品:中午时分先祭拜土地公,供品有牲礼、月饼、四果(如柚子、西瓜、香瓜、苹果等圆形水果)、米粉、芋等。拜祖先的供品与前述类似。拜太阴娘娘的供品,有月饼、圆形水果(如柚子、柿子)等,表示庆祝月圆,象征家人团圆,柚与"佑"谐音,寓神明护佑之意。活动:赏月是最具特色的活动。一家人聚在一起,一边赏月,一边吃着月饼,一边吃着柚子,一边说着乐事,月圆人圆,洋溢着天伦之乐。亲友间还互送月饼,寓吉祥之意。

重阳节。时间:九月初九日。俗称重阳节或重九节,后成为敬老节。祭拜对象:祖先。台湾的漳州籍人则在此日为所有祖先举行"作总忌"的祭祀。于当日上午十点左右举行。供品:牲礼、米饭、五味碗、水果、发糕、麻糬、菊花酒。"糕"与"高"谐音,取"登高"、"步步高升"等吉祥之意,"麻糬"(用糯米粉包芝麻)取明目益寿之意,菊花酒饮之可以逐疫避邪,补气延年。活动:登山、郊游、放风筝等。

下元节。时间:十月十五日为上元、中元之后的下元节。祭拜对象:三界公,即天官大帝(主赐福)、地官大帝(主赦罪)、水官大帝(主解厄)。供品:与上元节、中元节供品同。

冬至。时间:冬至日。祭拜对象:先神明,后祖先。供品:拜神明用牲礼、四果及汤圆、菜包;拜祖先用剖开的牲礼、五味碗、汤圆、鸡母狗仔(用面粉制成的鸡、鸭、狗形状的熟品)、菜包。烧金银纸。活动:冬至前一个晚上,家家户户大人和小孩一起搓汤圆、捏制鸡母狗仔,用于次日祭拜神明、祖先,吃过汤圆之后,谓大家都算增长了一岁。

尾牙。时间:习俗以二月初二日为头牙,十二月十六日为尾牙。祭拜对象:土地公、地基主。报答土地公、地基主一年来庇佑而取得事业上的顺利和获益。供品:与头牙供品同。烧金银纸,后放鞭炮以示庆祝。活动：商家于此日夜设宴犒赏员工，以示慰劳。

送神。时间：十二月二十四日。祭拜对象：灶神。送灶神回到天上，向玉皇大帝汇报人间善恶，以定人们来年祸福吉凶。供品：牲礼（三牲）、水果、甜汤圆、甜粿、糖果、酒等，用黏性的甜品，让灶神在玉皇大帝前多说好话。最后焚化甲马（让灶神穿甲骑马），放鞭炮送灶神上天。活动：送神后家家户户要举行一年一度的大扫除。

除夕。时间：一年的最后一天。送旧年，迎新年，合家团聚，是一年中最重要的节日。祭拜对象：玉皇大帝、三界神明、灶神、床母、地基主和祖先。答谢诸神一年来护佑平安和幸福。供品：拜玉皇大帝用清素的六斋，或十二道菜碗、面线三束、水果、年糕、发粿等。祭毕玉皇大帝，将供品转过来祭神明，并供上长年饭。拜祖先可用刚才供品，但需将牲礼剖开，再加几道菜碗。拜床母用春饭、麻油鸡酒。拜地基主和门口"好兄弟"用五味碗、年糕。所有祭拜都要烧金银纸。活动：贴春联，晚上合家围炉聚餐，餐后分压岁钱，全家聚集一起守岁，从深夜到凌晨，或到著名庙宇祭拜"抢头香"，或到祖祠上香祭祖。

五、台湾闽南人的生育

生育是人类本性的要求，是传宗接代、延续生命的需要，儒家的"不孝有三，无后为大"，更把生育后代提高到孝德的层次，因而自古以来中国人十分重视生育，特别重视生男。早期闽南人入台开垦，很少带眷同行。当开垦事业有成并拥有土地及财富之后，就迫切需要生育子女以传其香火。有的在娶妻之外，还置一妾至三妾，其目的在于多生育子女，以传承并扩大其家业，因而生育又与经济利益密切相关。这些因素形成了"生育是人生第一大事"的观念，而有关生育的种种习俗，就是这种观念的表现。台湾闽南人的生育习俗，根据其生育过程，主要表现在以下几个方面：

　　求子。在科学不发达的年代,人们只能把生育子女,特别是生育男孩的希望,寄托于命运和神明。传说中南斗星掌生、北斗星掌死,而赐子之神则是注生娘娘。因此奉祀注生娘娘成为台湾闽南人的一种信仰,妇女们为求子嗣,多向注生娘娘祈求。台北市万华龙山寺、大龙峒保安宫,都祀有注生娘娘,参拜者众多。孩子出生后,则祭以鸡酒和油饭谢神。

　　怀孕。妇女怀孕以后,一要敬奉胎神。认为胎儿的灵魂有神明附着,孕妇的住宅、房间或任何器物上都可能有胎神存在,故不能随便移动家中的任何器物,否则就会引起肚子痛、流产或胎儿异状。孕妇在怀孕期间有种种禁忌:忌看傀儡戏,否则会生软骨的婴儿;忌跨过套在牛身上的绳子,否则要怀胎 12 个月;忌跨过秤,否则要怀胎 16 个月;忌捆绑物件,否则生出的婴儿的手指不能伸直;忌夹东西,否则会生出无耳或一耳的婴儿;忌贯穿东西,否则会生出眼睛失明的婴儿;忌烧东西,否则婴儿会被烧掉、烂掉或多黑痣;忌到丧家,否则会发生不吉利之事;忌接触死人棺材,否则不吉利。总之是不要冒犯胎神。二要安胎。孕妇如有不适或跌倒,要安胎。服"十三味"中药,直至临盆;或买安胎中药服,或烧安胎符。

　　生产。要请有经验的产婆或助产士帮助,产妇倚靠着低矮的"脚踏椅"待产,婴儿出生要剪断脐带,把脐带用布包起来,女婴的脐带丢到河里或埋掉,男婴脐带则用火烧成灰。婴儿出生不能马上洗澡,要用湿软纸、软布片擦身,再用麻油涂擦全身,后用干净的旧衣包裹好,用浸过盐水的软质布擦拭婴儿嘴巴,给婴儿喂服可除胎毒的甘草水、砂糖汤和熬好的白蝴蝶花汤,产后数小时或一两天,才给婴儿喂奶。

　　做月子。产妇产后的一个月内,要在寝室内休养,不要外出。要吃鸡酒、油饭、猪肉、素面等,以滋补身体,恢复体力。

　　三朝。产后三天,请产婆给婴儿洗澡,温水内要放一个较圆的小石子,取意是让孩子"头壳硬、身体强",并且性情圆融、变通,不死板。给女孩洗澡，就不放小石子。洗后把婴孩抱到正厅，礼拜神佛、祖先。拜后，送鸡酒、油饭往产妇娘家，娘家也向祖先礼拜，这就是"报酒"礼。同时也送鸡酒和油饭给媒人和邻居，以示产子。这一天，亲朋好友都会来祝贺。

满月。在产后满一个月的这一天，要给婴儿剃头发。剃发前要准备好煮鸡蛋和鸭蛋的汤水，倒入洗脸盆，再放进一个小石头、十二文钱、少量葱和一个鸡蛋，把葱碾碎，将汁浇在婴儿头发上，用蛋黄涂在头发上，汤水温和后就剃去头发，洗好头。汤水中放小石子，取孩子有头壳，身体健康之意；钱象征孩子长大后大富大贵，葱汁可使头发又浓又黑，蛋黄可以洗去污垢。洗好后可把婴儿抱到户外。这一天用油饭、鸡酒供奉神佛、祖先，娘家送来"头尾"（指婴儿从头到脚所穿用的衣物及银牌、金锁、脚环、手环等），亲朋也会以衣物相祝，产家也以油饭、米糕等答谢。这一日起产妇就可以走出室外做事了。

四月日。产后满四个月，准备好牲礼、红桃（桃形的红馒头，以砂糖、花生为馅）、红龟、酥饼等，供奉神佛、祖先。娘家则送来"头尾"及红桃等为贺，亲朋也随意送些礼物，产家则以红桃或酒宴为谢。这一天要举行"收涎"仪式，准备好酥饼12个（或24个），用红丝线串在一起，由亲友说4句吉祥话，拿1个酥饼在婴儿嘴上横拭一下，并唱："收涎收离离，明年拾小弟"，"收涎"之意是希望婴儿快快长大。

周岁。婴儿满周岁时，准备牲礼及红龟等供奉神佛、祖先，娘家又送"头尾"、红龟为贺，产家则以"红包"还礼。这一天，要备好书、笔、墨、鸡脚、猪肉、算盘、小秤、银、松脂、葱仔、田土等11种物品，放在正厅神桌上，让婴儿（男性）任取一件，婴儿最先取到的物品，就预兆其长大后做哪一等人。并准备包子（馒头）擦拭婴儿的嘴，擦拭时唱说："嘴臭去，香的来"，擦拭后的包子就丢给小狗吃，再拿米香糖给婴儿吃，表示周岁后，婴孩就可以吃各种东西了。

凡此种种有关生育的习俗,繁琐而多礼,可见其对生育后代的重视。这些习俗,与其说是台湾闽南人的习俗,毋宁说是福建闽南生育习俗的翻版,体现了中华民族的生育观,也表现了重男轻女的传统偏见。

六、台湾闽南人的婚礼

自有人类以来,就有男女匹配的婚姻,不同的民族,其婚姻的礼俗也不同,即使是同一个民族,由于历史、地理环境及社会等的不同,婚姻的礼俗也不尽相同。中国自周朝开始,就正式产生了婚礼制度,婚姻要按纳采、问名、纳吉、纳征、请期、亲迎等六个阶段进行。这种婚姻的六礼制度,在封建社会里传承了几千年,蔚然成风,相沿成习,大约在明郑时期,由入台的闽南人传入台湾,历清代至日据前期、中期而行之未变。日据中期之后虽有所改变,但严格来说,这种改变是缓慢的,直到光复初期,台湾闽南人的婚礼,仍按问名、订盟、纳采、纳币、请期、亲迎等六个步骤进行并完成。现将其分别陈述如下:

问名。问名是男方探问女方的态度和意见。男方请媒人做介绍人,让男女双方进行会谈,并交换双方的"八字"(即出生的年、月、日、时,配干支以八字表示)。"八字"是用一张宽一寸长八寸的红纸,写有要婚配的男女双方的出生年、月、日、时。如:

男……乾造○○年○○月○○日时建生
女……坤造○○年○○月○○日时瑞生

"八字"的文字数必须是偶数,取成双成对之意。交换"八字"之后,男女两家各取回放在自家正厅的神佛、祖先之前三天,烧香祈拜。三天内,如发生口角、盗窃及器物毁坏等事,认为是不祥之兆,婚姻便不成;如平安无事,便认为是佳兆,婚事可以进行。或请算命先生算"八字",若不合,便告吹;如相合,则可谈婚事。因此,问名实际上是试探婚姻的可能性。

订盟（又称纳吉、小聘）。订盟是订定婚姻的盟约，约定双方的婚姻和男方需送的礼金（即聘金），俗称"送定"、"聘定"或"小聘"。由女方选好吉日（又是偶数日），为"送定"之日，然后媒人带着男方的亲戚来到女家，送上礼物，有"生更"（即"八字"，"生更"两字用金线缝在红绸布上）、金花（金簪）、金手环、金戒指、耳环 1 对、红绸（2尺 4 寸）、乌纱绸（7 尺）、蜡烛 4 对、礼香 2 束、花炮、喜酒、猪肉、羊、糕仔、老花、莲招花（取多生贵子和好运不断之意）等。"送定"时，男方顺便由送礼的亲人"相亲"，趁女子（即定聘的对象）端着甜茶出来招待时，仔细观看其身材、容貌、态度以及有无残疾等，看完后，要拿出红包放在茶杯中，俗称"压茶瓯"。如果男方满意，就看女子的手相，主要是看有无"断掌"（即手掌中有无一条横线），习俗认为女人有断掌会成为寡妇。并看女子的手是否细软，判断是不是有福之人。一切都没有问题之后，就拿出用红线包好的戒指，套在女子的左手无名指上，表示姻缘红线牵。之后，女方把男方送来的礼物，供在神佛、祖先前，祭拜并烧金纸，以示婚姻已定，祈求保佑。最后，女方对男方送来的礼物和聘金接受一部分，以 12 件礼物作为还礼，并设宴招待来人，给所有的人送上红包，以表答谢。

纳采（又称大聘、大定）。"纳采"是六礼的第三个程序，比"订盟"更为隆重。男方要请择日师选好良辰吉日"纳采"，于"纳采"之日八九点钟出发，路程远的要提前出发。将聘金、金簪、金镯、珍珠项链、准新娘衣料、礼饼（按约定之数），以及整只猪、酒，还有龙眼干、香菇、干贝等，由杠夫抬着，男方指定准新郎的长兄（或由表兄代替）领队，媒人陪同前往女家。女家的男人恭迎入内，向来者各递上烟、茶，并递上面巾擦脸。男方来人坐定后，媒人向女方家长送上聘书，将聘物一一点明交给女方。女方家长将礼饼及部分聘物各取一些供在神明、祖先前，上香祭拜。此时女方请男方来人吃卤面当点心，然后向男方来人各送上一个红包。男方领队就率队告辞回去。女方回赠准女婿衣帽、鞋袜，及姻翁姻母之物等。这天中午,男女双方各设宴款待来贺的亲友,宴毕,"纳采"之礼完成。即男女婚姻已确定,虽未过门,但夫妻名分已定。

纳币。在"请期"之前,旧时还要进行"纳币"之礼,男方以各种礼物赠送女方,女方也以嫁妆回赠。现在则省略这一程序,与"纳采"合并,或结婚时进行。

请期。男方请择日师选好吉日良辰,确定迎娶之日后,请媒人同女方商量。双方都同意后,迎娶即成定局,而准新郎、准新娘各作准备。一是双方都要请缝纫师裁制新衣;二是准新娘要挽面;三是准新郎要剃头;四是男方在准备当作"新房"的房间里"安床",准新郎在结婚前不得在新床上独眠,必须由弟弟或亲戚中男童陪着同睡,寓成双成对之意;五是男方要准备好迎娶,女方要准备好送嫁。

亲迎。这是六礼中最重要的程序,礼数也较多。"吃上轿":是新郎迎娶前之宴。厅堂摆上宴席,有肉丸、猪肝、猪心、芋头、花生、鲤鱼等十二道菜肴,新郎坐首席,四位傧相、小叔陪坐。另有两席由舅父或姨父凑足。每道菜肴各人都要挟吃一下,但对鲤鱼则只能用筷子比划一下,不能挟吃。宴毕,新郎即动身迎娶。"迎亲":迎亲队伍的顺序,由两人提着一对写有姓氏的灯笼在前,次为八音,接着依次是媒人轿、叔爷轿、傧相轿、新郎花轿、新娘花轿,随后是聘物展示。新郎花轿和新娘花轿后面,都挂着画有红色八卦的米筛,意在驱鬼压邪。"偷茶杯":迎亲队到达女家后,新郎并不下轿,亲友街邻纷纷围着看新郎。四个傧相被女方引进厅堂,接受龙眼干、甜茶招待,女方人员即退进内室,傧相将茶杯内甜茶倒掉,各偷四至六个茶杯藏在衣袋中,准备带回到新郎洞房,覆放在新床下,以兆早生贵子。"吃姐妹席":新娘上轿前,要与姐妹和闺友聚宴,表示要离开她们出嫁。宴毕,向神明、祖先上香行跪拜礼,接着到父母跟前跪下辞行。然后头戴凤冠,身穿红色霞帔,下穿绿色百褶皱裙,由父亲盖上盖头,并由父母扶上轿。"丢纸扇和洗清水":

新娘上轿后,迎亲队伍起程,迎亲队伍吹起鼓吹,燃放鞭炮,新娘由轿里丢出纸扇,称为"放心地"。新娘父亲则将一碗清水猛然泼向轿后,表示希望出嫁女不要坐回头轿。"走布袋":新娘下轿,媒人拿着米筛遮新娘,有人赶快在地上铺上布袋,一个接一个地铺到大门,让新娘踩着走,称为"传袋",寓传宗接代之意。"跨门槛":新娘进夫家,切忌踩踏门槛,以免触犯门神。新娘进入厅堂,还要跨过炉火,再踩破新瓦片,称为"破瓦",与"破瓜"谐音,有传宗接代之意。"入洞房":新娘入洞房后,由新郎用秤杆挑去新娘头上的盖头,夫妻初次相见,接着新郎新娘一起饮交杯酒,象征同心好合。继而将铜钱或糖果撒到帐中去,任由亲友、孩子拾取,称为"撒帐",寓有早生贵子之意。"上床":新郎脱鞋上床,不能让新娘踩到鞋子,如被踩上,意味着要受新娘压制;新郎的衣服也要放在新娘之上。"出厅下厨":第三天一早,新娘就要洗漱完毕,修好仪容,由媒人陪着走出厅堂,先拜神明、祖先,然后端着甜茶,一一奉敬长辈。接着由媒人陪着下厨,新娘拿笊篱,媒人就唱:"笊饭笊得高高高,生团生孙中状元。"新人拿鱼,媒人就唱:"吃鱼尾叉,快做台家(即婆婆)。"一系列活动,都是做做样子,取吉祥之意。

由于时代的变迁、社会文明的进步,以上所说的婚礼习俗,也有了变化。例如把六礼中的订盟、纳采、纳币合并在一起,比以前简化了。用金钱来代替种种聘物,用轿车取代了轿子等等,都更加方便而比较实际可行。而自由恋爱,男女双方早已熟识,更无须什么"问名"、"请期"了。

七、台湾闽南人的丧葬之礼

自古以来,人们都认为人是有灵魂的,人死后灵魂脱体而去,存在于冥冥宇宙之中,时时关注和保佑其子孙,而子孙则应以礼拜祭。儒家认为行丧葬之礼,是孝道的表现形式之一,故有丧葬礼制之规定。后来受道、释等宗教及阴阳家、地理家的思想的影响,形成了流传于民间的丧葬礼俗。这种礼俗也在清初之时,由闽南人传入了台湾,由台湾的闽南人沿袭了下来,大同而小异。从死到葬的过程,种种礼俗都表现了生者"慎终追远"的哀思不匮。这些礼俗如下:

临终徙铺(即搬铺)。当人濒临死亡之时,要将其从睡房移至正厅(男的移正厅右侧,女的移左侧),在正厅旁放上两张长椅子,铺上木床板和草席,将即将过世者连同棉被移到其上。之所以如此,是因为人们认为如不徙铺,死后灵魂会吊在原睡房床上,不得立刻超度。

脚尾饭、脚尾纸。人死之后,需在死者脚边放上一碗饭和一双筷子,饭中放一粒鸭蛋,称为脚尾饭。同时要在脚边烧金银纸,并烧香点烛。烧金银纸是供死者往阴间路上作旅费,点烛是照亮死者往阴间的道路。

乞水。死者的家人要穿上丧服到河边取水,称为乞水。乞水前先掷筊,请示神明可否使用此水,如果可以,就投铜钱于河中,表示向河神买水,并烧金银纸,乞水回家再烧金银纸,并要跨过烧金银纸之火,方可用于擦拭死者身体。乞水要取河水,因为河水是流动的。

沐浴。乞水后,就由请来的"好命人"带着插有白布的竹子,将白布浸湿,做擦拭的样子。若死者是男性,则所有女性都要回避,只留下子孙在旁帮忙;如死者是女性,则男性要回避,留下媳妇和女儿帮忙。女性死后头发要剪去分成两份,一份放在脚边,一份在入葬时丢在路边。

剃头换寿衣。人死后要请理发师给死者剃头,女人死后则由长媳为其梳妆,须跪着边哭边梳,但不能让眼泪滴在死者身上。然后给死者洗身换上寿衣,称为"套衫"。梳栉之具则折断为两片,一片丢于路上,一片放在棺内。寿衣是用死者生前寿辰时儿女赠送的"张老衫仔裤",女之寿衣则用其嫁时新穿的白布衫白布裙。寿衣少则 5 件,多至 13 件,但需奇数,因是丧事不能用偶数。寿衣之资由孝女负担。

抽寿。换了寿衣后,亲人皆吃乌糖面线。(取化凶为吉、延长生命之意)。

守铺。死者纳棺前,子孙要守在死者铺旁,称守铺,表示孝顺。纳棺后,子孙要睡在棺旁,俗称"眠棺材"。

报外祖、接外祖。丧家死了母亲,子女要拿着半反的白布到母亲娘家向外祖报告死讯(外祖是母亲娘家的曾祖父),俗称"报外祖"。外祖得悉后,即拿手杖到丧家,死者的子女要在门外迎接外祖,称为"接外祖"。外祖要问明死因,如有可疑,认为看护不周致死,可用手杖鞭打子孙。如果外祖不能来,可由娘家其他亲人代替。要待外祖入丧家时,方可入殓。

发丧。向亲友发送丧事通知或讣文,称为"发丧"。一般是派人发送,如用邮寄,则要烧掉信封四角中的一角。发丧后要用白纸斜贴在门联上。

分孝服。死者的近亲,包括出嫁的女儿,这时一定要穿上丧服(即孝服),纳棺之前,丧家就要把孝服分发完毕,俗称"分孝服"。

入殓(又称纳棺)。入殓有下列事情要做:要放进草丝和草木灰。先把草丝放在棺底,再在草丝上面铺上草木灰,以吸收尸体的水气。要放进银纸和库钱。先放银纸在草木灰上,再放库钱在银纸上,作为死者往阴间的旅费。要放进桃枝,以便死者往阴间路上,驱赶遇到的恶狗。要放进一块石头、一个鸡蛋和一碗酱油面。因怕死者复活为鬼,放进石头、鸡蛋和酱油面,表示要到石头腐烂、鸡蛋变小鸡、酱油面发芽后才能复活。要放进"过山裤"。"过山裤"用白布剪个裤样,一边缝对,一边缝错,供死者在前往阴间路上遇到魔鬼时丢在路上,魔鬼穿时因有一边缝错,穿来穿去要花费时间,死者就可避免被抓。要放进"鸡枕",此枕用红布和白布制成,枕中有银纸。要放金器和宝石在尸体旁,以鼓励子孙日后为死者洗骨。

要放进"水被",盖在死者身上。要放进"掩身旛"。这是一种由道士做的白布,长度和棺材一样,死者有几个子女就撕成几条,剩下的放进棺中。

搁棺。因要请择日师、地理师择吉日吉地安葬,需停棺一时,称为搁棺或停棺,需雇工给棺木沽漆多次,以防湿防漏,俗称为"打桶"。

服丧。死者死于家,言"寿终正寝"。此时家人及亲族之人皆服丧,不穿皮鞋,不着华丽之衣。男女各按辈分高低和亲疏穿丧服。麻布:用于子女、儿媳、长孙。苎布:用于孙、甥、侄。线布:用于曾孙辈。黄布:用于玄孙辈。红布:用于直系玄孙之子(因自死者至玄孙有五代,引以为荣,故用红布)。白布:用于死者同辈及外亲。孝帽之制为:大人戴"草箍"(丧布以藁绳环之),小孩戴"老包"(以丧布叠折成帽形)。孝鞋之制为:男穿草鞋,女在布鞋上缝丧布。丧期中,孝子禁理发,夫妻不能同房,禁出外访友、参加喜宴及到寺庙参拜。服麻布衣,至七旬换白布条,百日后"脱孝"始理发。

封钉。将棺盖盖上棺木,四端各钉长钉一根,称为"封钉"。如果死者是母亲,需由娘家来打钉,打钉时要说好话。如果是父亲,则由与死者同辈或是同姓的"好命人"说好话打钉。最后钉上一根钉,称为"子孙钉"。要唱念吉利的话。

旋棺。封钉后,由道士鸣铙钹引导孝男孝妇绕棺三次,故称"旋棺"。"旋棺"时孝妇要靠在棺木旁号哭,孝男则跪拜在地。

绞棺。"旋棺"后,取木棍放在棺材上,用麻绳捆好,称为"绞棺"。"绞棺"之后,用物盖于棺木上,多用毛毡。

出殡(俗称出山)。出殡要请择日师选择决定。传统是"入土为安",故多用土葬,但也有用火葬的。出殡的仪式有许多。转棺:将棺木移出门,放在举行告别仪式的场上,称为"转棺"。吊祭:由外祖、女婿等供牲醴吊祭,丧家则以与牲醴等量或超过的金额回礼。发引:吊祭后就把棺木扛到墓地去,叫作"发引"。扛棺木的一般有 4 人或 8 人,如果棺木很大,则由 16 人或 24 人扛。发引的行列前后有序。猪羊:把整只的猪、羊放在台上,由 2 人扛。开路神:开路神用纸糊成,高约 1 丈,作除魔之用,腹内有猪内脏,葬礼后分给人。放银纸:沿途丢放银纸,供死者作为往阴间的路费。点草龙:捆好一把草点着火,给死者照路往阴间(同安、安溪籍的有此俗)。铭旗:白纸制成的旗,写有死者的姓名。孝灯:以竹子为骨用白纸糊成的提灯 1 对。吉灯:以竹子为骨的白纸灯上,用红布写上死者的郡望,或写上吉祥话。大鼓吹:营业性的音乐鼓吹队,吹奏葬礼进行曲。五彩旗:用红布、浅黄布、黄布、白布、麻布制成的五彩旗。铭旌:由女婿、孙婿赠的吊旗,旗上写有死者的姓名等。女婿赠的是红色,孙婿赠的是黄色。督旌:为掌铭旌的人,乘着两人扛的轿。礼生轿:掌祭祀的人,乘着两人扛的轿。火牌执事:营业性的小音乐队(用于"祀后土官")。祀后土官:后土的祭典(乘 4 人扛的轿)。大牌执事:拿写着"点主官"的木牌的人。点主官:乘 4 人扛的轿。挽轴:吊联及轴(为吊者送给丧家的)。香亭:放有香炉的亭子,由 4 个同姓人扛,炉中有净香。什音:北管乐的一种。像亭:放置死者的肖像。歌仔唱:台湾的歌谣音乐团。魂轿:木制,放入的东西,寓有期之意。艺阁:为行列中的车,中有二十四孝等像。南管:演奏福建泉州歌曲的音乐队。纸轿:在纸轿中放一纸人,代表魂身,而且象征由子孙扛的轿。柩旌:柩的赤旗。掌柩旗官:掌柩旗的人。幼吹:奏哀乐的乐队。道士:为乌头师公。金童玉女:为死者升天时的男女天使。纸旛:纸制成的旗。排路祭:在送葬行列经过的路旁设牲醴拜祭,拜祭者为受过死者生前恩惠的人,或仰慕死者的人。落葬:到墓地后,取去覆在棺木上之物,送葬的遗族男人在棺木右边,女人在左边号哭、礼拜、诀别。把魂帛放在桌前,和尚、道士念完经后就"放栓"(即在棺木上钻一孔,使空气流入,尸体早化。最后把棺材葬入墓内,丧主首先拿锹覆土)。孝土地公:祭以五牲或三牲,有保护土地之意。孝墓:供以三牲或五牲,祭拜后要烧香。祀后土:是祭祀墓地之神。点主:是请学者和官人或运气好的人在牌位上点红点,点的人称为"点主官"。这时死者的子孙跪在墓前,地理师则把部分五谷种子撒在墓上,剩余的分给子孙,并带一小块墓土回去,寓五谷丰收之意。走时,提"字姓灯"的走在最前面。返主:葬后把牌位带回家,称为"返主"。安灵:把牌位带回后,暂时安置在灵桌上,称为"安灵"。供上祭品,由和尚、道士诵经,行安灵礼,遗属要烧香礼拜,每天早晚两次,直至除灵之后。

做旬和孝饭。死者死后每七天供养死者一次,称为"做旬"。有大旬和小旬之别。大旬为奇数,如头旬、三旬、五旬、七旬;小旬为偶数,如二旬、四旬、六旬。大旬供的要丰盛,仪式较隆重,小旬则仪式简单。做旬一般是 49 天,在此期间,每天要供奉"孝饭",早晚两次跪拜烧香。

做百日。在死者死后 100 天,要祭祀死者,称为"做百日"。要供物祭拜,祭拜后脱去丧服称为"脱孝",将所有的供物和丧服全烧掉。泉州人于一年或两年后脱孝,漳州人则于三年后脱孝。

注:

①许雪姬总策划:《台湾历史辞典》,远流出版事业股份有限公司 2006 年版,第 1034 页。

第三章 台湾的闽南人(下)

第一节 台湾闽南人的民间文学

一、台湾闽南人的故事

台湾闽南人的故事,可分为两个类型,一是神话传说,一是民间故事。

(一)神话传说

神话传说主要是叙述神灵怪异之事。

关于神灵。《帝爷公》①叙述的帝爷公原是一个屠夫,后来反省自己的恶行,决心遁入佛门修行,终于被佛祖授给玄天大帝的名位。《保生大帝传奇》②叙述的保生大帝原名吴夲,福建同安人,因西王母授予医书及降魔之术,成为神医,治好许多疑难之疾,受到宋、明两代敕封,明仁宗封其为"万寿无极保生大帝",故闽南人称其为保生大帝。玄天大帝和保生大帝都是台湾闽南人所祀奉的神灵,这两篇故事说明所谓"神灵"本来就是人,一个人如果肯弃恶从善,或对人们有所贡献,就会被人们敬奉为神。《生灵》③写的是一个孝女,为了到神庙为老父祈神治病,竟然灵魂离体到神庙去求神。虽然荒诞不经,但说明只要人有至诚,其精神可以超越时空,去实现他的目的。

关于怪异。此类传说说的是怪事和异物。《蟾蜍山》④说的是蟾蜍山有蟾蜍精作怪,郑成功进军到古亭庄,看见蟾蜍山有一道浓烟吐出,使上空笼罩着一片黑云。派出的探子马上回报说,那是一座山,用刀枪无济于事,只有动用缺嘴将军——龙硕大炮攻打才行。于是郑成功立即下令将龙硕大炮朝向蟾蜍山猛轰,恰好打中蟾蜍精的嘴,从此蟾蜍精不再吐烟祸害人民。《龟崙岭》⑤说的是淡水河下游,左边有一座形似龟的山岭,称为龟崙岭。此山精灵常伸出头到淡水河喝水,但它并不扰人。后来郑成功领军到此,看见有只大龟走出来,把头伸到河中喝水,摇动了此山,使河水逆向上游而流。于是郑成功下令开炮,此龟方要缩头时,其头已被打中而死。《虎姑婆》⑥是一篇引人深思的怪异传说:有一家母亲和两个女儿,母亲因事需探亲戚,走前再三交代两个女儿,在家关紧门户。当天晚上,有人敲门,妹妹阿玉摇醒了正在睡觉的姐姐阿金,听敲门的说"我是姑婆,赶快开门。""姑婆"进门后,以"走得很累"为借口要和姐姐阿金一起睡。让妹妹阿玉到另一处去睡。半夜时,阿玉忽然听到那边传来吃东西的声音,就问"姑婆,你在吃什么?""姑婆"慌慌张张地回答:"吃花生。"阿玉要求给她一些吃,"姑婆"便丢一个东西给阿玉,阿玉一看是人的手指,吓得直发抖,知道姐姐已被吃掉,下一个就要轮到自己了。她骗"姑婆"要上厕所,然后逃跑。等"姑婆"发现阿玉逃跑后,阿玉已躲到山上的一棵榕树上,"姑婆"就威胁阿玉,要她下来,不下来就咬断这棵树。阿玉设计把整锅的沸油倒进"姑婆"的嘴里,"姑婆"发出震耳欲聋的哀嚎,在地上翻来滚去,终于死去,变成了一只大老虎。此故事中虎姑婆的狡猾、残忍,姐姐阿金的懦弱和容易受骗,妹妹阿玉的警惕和机智,都给人留下深刻的印象,每个主人公的性格都很鲜明,既教育人们要时时警惕坏人,要"以其人之道还治其人之身"来对待那些伪装的害人者,也说明害人者即使伪装得再好、再狡猾,都逃不了被识破而最终灭亡的命运。这一故事,早已流传于闽南和福州一带,有的题为"狼外婆",情节相似,只是故事中的主角有狼、虎之别,但狼、虎的本质是一样的。

（二）传奇故事

在台北联亚出版社 1981 年出版的林叟编的《台湾民间传奇》一书中,此类故事有 80 多篇,主要记述在台闽南各类型的传奇人物及其事迹。有代表性的如:

1. 开发台湾的传奇人物

《林成祖白手成大业》叙述漳浦人林成祖长大成人后,即有志到台湾开垦,后在朋友帮助下只身至台,先在大甲定居,后租田耕种,由于吃苦耐劳,收成日多,家产渐丰,成为一方望人。接着开凿大甲圳,灌溉农田,收获更多。但他并不满足,又到淡北,开发摆接堡、兴直堡等地,并凿成大安圳,灌田 1000 多亩,年收米谷 1 万多石。其后又将开垦事业延伸到新庄、后埔、新埔、枋寮、大安寮以及大佳腊（今台北市区）等地,岁入谷米数十万石。林爽文起义时,林成祖因树大招风,被清军逮捕,押送北京。其次子海门携巨款进京救父,在官居太子太傅的同乡人蔡新的帮助之下,冤情得解,并归还财产。蔡新将女儿许配给林海门,但海门在归台时不幸落水溺死。成祖回台后虽已年老,仍勤于农事,继续开垦,逝世时享年 72岁。他的财产已多到无法计数,拥有良田 3000 多亩,还开凿了许多有益于民生的灌溉农田用的水圳。

《宜兰之祖吴沙》记述了漳浦人吴沙入台开垦宜兰的事迹。吴沙来台先居于鸡笼（今基隆）,后到山区三貂岭从事番市,以盐、糖、煤油、刀枪等,与少数民族交换山鹿、山羊、山鸡等,因信用可靠,为少数民族所尊重爱戴。在与少数民族交易中得知山后有一大平原。林爽文之变后,林之余部多逃到三貂岭深藏,吴沙给各人米一斗、斧一柄,并约法三章,让他们披荆斩棘,开发宜兰平原。后又招募漳、泉、粤三籍人,组成垦殖集团,由乡勇 300 多人开道,于嘉庆元年（1796 年）秋自海路进入乌石港南方,筑垒设界,分地垦殖。由于开地日广,与少数民族发生对抗,其弟吴立战死。吴沙总结教训,派使者携带大批盐、糖、布匹等入番社见酋长,与之讲和。不久番社发生天花,死者甚多,吴沙即送药给番社,治好了不少人,番社之人因而奉吴沙为神明,划定土地给吴沙开垦,约定互不侵犯。于是吴沙进而开垦二围和三围之地,又得到淡水柯有成、何绩、赵隆盛等人的资金资助,并在漳州人萧竹的规划下,建成了一些城镇。经过一再努力,淡水厅终于发给垦地执照。于是吴沙公开招募佃农来宜兰垦田,并砍木筑路,设隘巡卫,以安定垦民。不料事业未竟,吴沙即于次年逝世,其子光裔无能,由其侄吴化继承其事业。当海盗蔡牵骚扰宜兰时,吴化率领垦民将其驱逐出境。经吴化力请,清廷始将宜兰编入版图,在宜兰设噶玛兰厅,厅治设于六结(今宜兰市),当时垦民已超过两万人。吴沙以区区一人,白手创业,开辟了宜兰平原,使宜兰平原成为富庶之区,在台湾有口皆碑,其开辟之功,足以垂范于后世。

《开台先锋颜思齐》叙述的是开台传奇人物颜思齐的业绩。颜思齐是明代福建海澄(今龙海)人,一说泉州人。年轻时练就一身好武艺,兼识水性。因受官宦人家凌辱,远走日本,住在平户(今长崎)以裁缝为生。因聪明机智,被请做了当地的头目,管理附近的华人。他也借此利用海船从事中日贸易。在贸易中结识了擅长航海的泉州人杨天生和善于策划的漳州人陈表纪,结为生死之交。又经杨的介绍,认识了旅日朋友洪隆、李德、张宏、郑芝龙等 28 人。当时日本在幕府统治之下,百姓不堪其苦,颜思齐想与侨居日本的华人举事,推翻幕府。被人告密,思齐便率领 28 人,乘坐 13 艘大船逃离日本,原计划到舟山群岛暂住,经商议后决定到台湾。当船到台湾北港时,遭到平埔番的敌视,为免战争,乃派杨天生、陈表纪前往求和,划定界线,互不侵犯。此后经过努力开拓,把荒地辟为良田,并将部下分为十寨,郑芝龙亦为寨主之一。随着开拓的进展,投奔而来者渐多,芝龙的胞弟芝虎、芝豹等都相继入台,组成了一支强大的纵横于海上的队伍。颜思齐等人除组织所属从事耕种、狩猎之外,还不时在海上抢夺商船,把所得的黄金财宝埋藏起来。不久颜思齐因染上瘴气一病不起,其所属公推郑芝龙为首领,经芝龙经营之后,声势更盛。当时福建饥荒,饥民投台者甚多,垦殖事业也日益发展,使台湾成为闽南人安居之所,而颜思齐开拓台湾的精神与业绩,也为台湾闽南人所追思不已。后来郑芝龙之发迹和郑成功收复台湾,都源于此。

　　2. 对台湾有贡献的传奇人物

　　《吴大人死尊阿里山之神》叙述了福建平和人吴凤在台湾被尊为阿里山之神的传奇故事。吴凤入台后,考取了理番通事,担任阿里山通事之职。在东堡社口庄设理番通事支厅,秉公处理汉人与番民的纠纷,并与汉、番双方约法三章。阿里山番社有"出草"的恶俗,每年新谷登场,要用一颗汉人头颅作为祭品。吴凤痛恶这种恶俗,在他就任通事那一年,番社酋长要求汉人交出人头作祭祀之用,吴凤不准,而酋长也不肯让步。吴凤就问酋长朱一贵之乱时,番族所杀的汉人首级骷髅有多少?他们说有40多颗。吴凤对其晓以杀人是罪恶的大义,并说如果现在废除"出草",你们一定不服,姑且准你们将40多颗头颅供作祭品,一年一颗,等用完了再议,若是违反,私自"出草",发觉后必定严惩。并送给他们猪羊牛、烟酒布帛等助其祭祀。到了乾隆三十一年(1766年),40多颗头颅都已供祭完,酋长又来请求供给头颅。这时吴凤已老,在番民中树立了威信,被尊称为"吴大人",然而还是未能改变"出草"的恶俗。这时吴凤依然不准用人头,只准用牛头。第二年,番人按捺不住,坚要人头,还说吴凤偏祖汉人。吴凤见番人气势汹汹,只得说:明天天刚亮时,有一个身穿红衣,头戴红帽的老人,骑着一匹白马到这里来,你们就把他的头砍下来。番人去后,吴凤即回家庙祭拜祖先,并召集家族,说明自己的决心。虽经儿子们哭劝,但他决心已定,绝不动摇。次日早晨,吴凤穿红衣戴红帽骑马依约前往,番人见到即乱箭齐发射死来人并割下了人头。他们欢呼着拥上前一看,原来是"吴大人"。惊吓得他们扔下头颅,四散奔逃。正好那年阿里山发生瘟疫,死亡不少,他们以为是因杀了"吴大人"遭到上天惩罚,于是番社设坛祭祀,恳求"吴大人"神灵赦免他们。并议定永久废除用人头祭祀的恶俗,一致尊"吴大人"为阿里山之神,并埋石立誓:"纵使八掌溪水枯干了,决不再猎人头。"这样,吴凤用牺牲自己来改变恶俗,为汉番人民的和睦作出了难以估量的贡献。

《吴光亮开辟横贯路》是叙述吴光亮对开辟台湾前后山通路的贡献。清同治十三年(1874年),沈葆桢任福建船政大臣时,到台办理海防事务,决定分兵三路开山抚番,命总兵吴光亮负责中路,即由台中到花莲的中部,开辟横贯东西的大路。吴光亮率兵两营驻于集集埔(今南投县集集镇),先遣人入山探路,然后于正月初九日亲率乡勇,由彰化县沙连保林圯埔与社寮两路分开,至大坪顶合为一路前进,到项城,计开路7835丈多;二月初七日又由项城开工,经凤凰山、平溪、大丘园等处,到茅埔,计开路3715丈多;两路沿途修桥道、宿站等,并安抚水里、番鹿、查抚等39社,归抚人7293人。三月初九日,又由茅埔经红魁岭、社仔坪,至合水,计开路4680丈,并建塘坊、花亭、大小木围、公所、小营垒等;四月初九日,又由合水,经东埔社心、霜山横排,至东埔坑头,计开路3790丈,并建塘坊、石桥、木栅、土围、公所、兵房等。于是由东埔坑头越群山最高峻的八通关而过至璞石阁,全程265里,历时仅一年便开辟成功。这一条横贯东西大路的开通,不仅使新寮庄人烟日密,成为大坪顶七处交易点的中枢,而且竹山、鹿谷地区也大大繁荣起来。凤凰山盛产的拜岁兰、万年松、樟树、大竹、笋干等,也源源运出,增加了当地的经济收入,木沙连所产的乌龙茶远近驰名。因而吴光亮的光辉名字也载入了台湾的史册。

3.行义的传奇人物

《义侠庄豫》说的是嘉义有庄豫这么个人,平时仗义疏财,匿居在嘉义梅仔坑大半天寮山中(今嘉义县梅山半天村)。当时嘉义有一个恶霸名叫纪彪，七个儿子都精通拳术，横行乡里，鱼肉百姓。第三个儿子纪傻看上了老农郭琬的美丽女儿，叫媒人到郭家说媒。郭琬婉言拒绝，纪傻大怒，叫来10多人手执刀棒到郭家抢走郭的女儿。郭琬年老力衰无法保住女儿，乡人虽然同情也无可奈何。这时有人找到庄豫告知情况，并请求其出面帮助。庄豫气愤地说："纪彪这家伙为非作歹太不像话了，我已好几次放过他，依然不改，我非好好地收拾他不可。"随即嘱咐郭琬住在他家，并说天亮前一定把其女儿带回来。庄豫稍作打扮，便"嗖"的一声不见了。当庄豫到纪家屋顶时，纪傻正逼迫鞭打郭女，要她就范。庄豫即在屋顶上发出警告，叫他不要再作威作福。庄豫即跳落院中，要纪彪交出郭家姑娘。纪彪却持刀刺向庄豫，庄豫一矮身，"嗖"的一声跳到院中高台上，纪彪的七个儿子都拿着武器围上来乱砍乱刺，说时迟、那时快，庄豫已从皮囊中取出几颗弹丸，口里喊出"看、看"两声，只听得"嗖、嗖"声响，纪家的老大和老四都惨叫着"哎哟"流血躺倒在地上，原来他们的两眼都被打瞎了。纪傻见了咬牙切齿恨不得杀死庄豫，当他抢枪直刺庄豫心窝时，没想到身体下部却先挨了一颗弹击，"唉哟"一声便满地乱滚，当纪彪还在发愣时，庄豫立即下令交出郭家姑娘。纪彪只得乖乖交出。庄豫立即背上郭女，一跃而上屋顶就不见了。月亮还没落山，庄豫已回到梅仔坑，郭琬父女相见喜极而泣，叩谢恩人后辞别而去。从此庄豫之名传遍台澎。而纪傻负伤而成为"太监"，纪彪受此沉重打击，也再不敢横行乡里了。

《义贼曾切仔》叙述的是盗贼曾切仔劫富济贫的故事。曾切仔家贫，从师学武，能够飞檐走壁，并学到拳术脚功。一生为盗，但只留下自己的生活费，其余都济助贫穷的人。因而受到一般贫民的欢迎。有一年年关时，一群人经济吃紧，要求他援助。他把所有人要的钱额加起来一算，需要500两，数额不小，但他当场答应，叫他们明天晚上来拿。这一干人走后，他决定向艋舺有名的财主张得宝"借钱"。当晚他身穿乌衣,带上尖刀来到张家,张家围墙有三四人高,还布上铁丝网。曾切仔纵身便上了墙头,正考虑如何跳入院内,却被张得宝元配发现,她瞧见墙头上有人影,便知道此人能跳上高墙,定是义贼曾切仔。于是她客气地请他下来,原来断定他无法打开铁丝网,不料只一盏茶的工夫,曾切仔便使出铁爪功撕开铁丝网,翻身跳到院子里了。张得宝元配吃惊不小,但又镇定地问:曾先生欠银子用吗?曾切仔回答说:不错。这个妇人便把一串锁匙递了过去,并说尽管去拿。曾切仔打开钱柜,许多黄金白银中,他只取了500两银子。然后对张妻说:我今天借了500两银子,敢保证这一年内,贵府一点东西都不会失窃。说完一纵身跳上屋顶就消失了。类似这样行侠的事不少。官府要逮捕他,但因他武艺高超,行踪不定,难以发现。后来捕快们经明察暗访,得知他和一个新寡的妇人住在一起。于是捕快们在一个夜深人静的晚上,布下埋伏,趁着曾切仔熟睡时逮住了他。曾切仔长得文弱,左手指甲一寸长,便装出一副可怜相,跪着哀号,摇着左手,说自己是个文弱的读书人,哪有胆子做贼。捕快们看他弱不禁风的样子,指甲又长,哪里像个来去无踪的大盗,以为是抓错了人,便把他释放了。不久,他母亲去世,办完丧事后,他便到福建去了。

　　4.发家致富的传奇人物

　　《艋舺黄仔禄嫂》说的是黄仔禄因保护一个富商,得到富商酬谢一百两银子。他用这银子投资进出口生意而发家,后又投资樟脑工业,并建一座大厦,承办科馆业务,使他成为艋舺一带炙手可热的企业家。正当他飞黄腾达之时,不幸病逝,由他的妻子接班。黄妻接手之后,把樟脑工业办得得心应手,不但建立了良好的制度,而且能破格任用人才,指挥工人日夜分班加工制造樟脑,从运樟木到加工成品以至出货,都有条不紊地进行,使樟脑事业大大地超过她的丈夫,所以发了大财。她又热心公益,救济贫民。如今的万华一带还留下一句谚语:"第二好,黄仔禄嫂。"

　　《李田螺双手致富》说的是李田螺父母双亡，一个人住在山边的草寮里，以拾田螺卖钱为生，因而大家都叫他李田螺。当地有个财主张员外，有三个女儿，大女和次女都嫁给门当户对的富贵人家，三女张玉姿娇媚而善良，父亲要把她嫁给富贵人家，遭到她婉拒，说要嫁的是个能自食其力、埋头苦干的年轻人。张员外虽然生气，却也无奈，于是找上李田螺，说要把三女儿嫁给贫穷的李田螺。有一天，大雨滂沱，山洪暴发，李田螺自然找不到田螺。于是坐在一棵榕树下，抽了一袋烟，忽地见到小河中流着一些褐色带绿色闪光的东西，他不经意地把尚未抽完的烟屁股投到那些东西上面，烟不但没有熄灭，反而燃烧起来。从此他家就用这些东西代替油灯，附近人家得知后，向他买了一些回去用。买的人多了，他赚了不少钱。有一位外来的客商，听说这事，就找到李家，说李田螺所卖的可能是火水的一种，请李田螺把发现的地点告诉他，他可以雇人去开采，将来利润一定不少。李田螺欣然答应。后来就在公馆福基大湖溪的南岸一带，用土法开采出石油和火水，李田螺分了不少红利，从此便成了有钱的人。岳父张员外六十大寿时，他和两位襟兄在同桌饮酒。大襟兄说："田地太多了，天天有人上门，要求这，要求那，好烦人。"二襟兄说："我也厌烦，不如把田地卖掉，倒来得清闲些。"李田螺插口说："我觉得田地越多越好，我倒想买一些来种种。"满座的客人都大笑起来，用轻蔑的眼光看他。大襟兄冷笑说："你要买，我只收半价。"二襟兄也开玩笑说："我也把价值一万两的田打对折卖给你吧。"于是他们两人就故意写了一张合同，请岳父一同签了字、盖了章，给李田螺看。李田螺慢条斯理地从怀中拿出带来的两张面值各五千两的银票说："好，这就成交了。"接着他又将带来的箩筐上面的田螺拨开，取出一千两白银，对着岳父说："这就当给岳父做证人的谢礼吧。"一时满座客人皆惊，两襟兄也懊悔不及了。从此李田螺成了猫里街数一数二的大富豪。他把买来的两块地中的山坡地，种上当地名产牛心柿，年年丰收，牛心柿闻名遐迩,不仅遍销全台还远销广州、日本等地。牛心柿还被制成柿子干,因其有健脾清肠、润肺宁咳的妙用,成为馈赠的上品,李田螺更成为一个大实业家。

这些传奇性的故事,反映了闽南人在早期台湾开发中所作的贡献和发家致富的艰辛历程,也反映了某些廉能官史治理台湾地方的才干。而一些义侠的故事则反映了台湾闽南人的道德观和价值观,也是闽南人重义重信性格的表现。

二、台湾闽南人的歌谣

台湾汉人的歌谣,秉承了大陆的传统,其语言不离大陆之语言,其形态,如以七字四句为一单元的格式,就完全是母体之翻版,至于抒情言志的表现形式,也不离中国传统的诗和歌谣。有区别的只是客观环境不同而取材不同,故而内容不同。台湾闽南人既然来自大陆之闽南,其抒情言志的歌谣、语言、音律、格式及表达形式,当然脱不开中国的传统。但是台湾的环境,毕竟不同于大陆闽南的环境,故其乡土色彩甚浓,多取材于其时其地,多抒发其对其地的情志。因而台湾闽南人的歌谣体现了中国传统和台湾乡土相结合的特色。

台湾闽南人歌谣从内容而言,大约有以下几个方面:

(一)反映台湾的社会政治

台湾社会政治与人们的生活、思想息息相关,人们往往以歌谣的形式来表达其对社会政治的态度,而当政者也必然从歌谣中了解和判断民众思想的趋向,而采取相应的措施,以巩固其统治。当日本军国主义者以武力统治台湾后,台湾人民没有屈服,往往以歌谣含蓄地表达其反抗的民族意识,其中就有闽南人的歌谣。例如:《人插花》和《也出日》:

　　　　人插花,伊插草。人抱婴,伊抱狗。

　　　　人睏眠床,伊睏红眠床,伊睏屎礜仔口。

　　　也出日,也落雨,刣猪翻猪肚。

　　　尪仔穿红裤,乞食走无路。

　　前一首中的"伊"指日本人,暗中讽刺日本人粗俗卑琐而不近人情。后一首则暗骂日本宪兵残暴而无人性。这两首歌谣曾经传遍全台,表达了台湾人民对日本人统治的愤恨。

　　再如下面一首:

　　　时机变迁搁快换,

　　　日本卜换清朝官,

　　　清朝有戏通好看,

　　　不免得惊烧夷弹。

　　这首歌谣诞生于二战后期,表现歌唱者热切希望改变日本统治的愿望,回顾日本人来台湾前的好日子,人们可以看歌仔戏,而且日本人走后就不用担心美国飞机投炸弹,可以过和平的日子了。这反映了台湾人民对日本人统治的深恶痛绝和对和平日子的渴望。

　　有的歌谣则以隐喻的手法,反映台湾人民反抗日本的统治,例如《士林(土匪)歌》:

　　　土匪两旁来起置,

　　　过来北山招兄弟。

　　　食酒结拜来讲起,

　　　不可良心来背义。

　　　自掠虑野做大哥,

　　　世事给伊去伐落。(伐落:发落。)

　　　土匪亦敢刮打操,

　　　台湾占返有功劳。

　　　……

　　　大狮管兵做头儿,

出来北山真出名。

日本探听及知影，

即时点兵来输赢。

日本相刣阵阵输，

不时给番结死队。（死队：死对。）

……

歌中的"土匪"是为掩饰而言，实指起义的武装，"番"，也是掩饰之言，实指日本人。这些歌词反映的是抗日义士简大狮起义反日，与日兵战斗的情形。这首歌谣在日占时期流传于台湾民间，虽然以隐喻作掩饰，以避日本统治者的耳目，但是台湾人民都知道歌中的意思。

以上歌谣都产生于日据时期的台湾民间，反映了台湾人民强烈的反日情绪和民族意识，政治性相当明显。

（二）表现历史的故事和传说

这方面的歌谣有大陆的历史故事和传说、台湾的历史故事和传说两类。前者如：《三国演义》、《李世民游地府》、《孟姜女送寒衣》、《薛仁贵征东》、《孙悟空闹天宫》、《山伯英台》、《陈三五娘》、《石平贵王宝钏》、《雷峰塔里的白蛇》等，都是大陆民间家喻户晓的历史故事和传说，因此这类歌谣是从大陆闽南随着开垦者流传到台湾的。后者有：《郑成功开台湾》、《扬本县过台湾》、《白贼七》、《乞食开艺旦》、《台南运河情死案》、《高雄苓雅寮大火》、《日本战败歌》等，都取材于台湾乡土。在前者历史故事和传说的歌谣中，往往有许多把历史故事、传说容纳在一篇之中的。例如《新样天干歌》：

甲字写来申欠头，千金小姐结彩楼。

绣球抛落吕蒙正，甘心破窑来相投。

乙字写来弯又弯，伍员连夜过昭关。

走来吴国投阖闾，三百鞭尸报父冤。

　　　丙字内上一相连,孟母断机教子贤。

　　　敬得三迁择邻处,别日著书做圣贤。

　　　丁字一下单脚跷,李旦落难过凤娇。

　　　客店二人结夫妇,后做正官选入朝。

　　　戊字仿佛戍共成,苏秦奋志求功名,

　　　官封六国都丞相,伊嫂伊妻来求情。

　　　（以下略）

　　此歌谣以天干引唱,唱出一些历史故事和民间传说。又如《改良十二生肖歌》：

　　　鼠今出世在壁空,大闹花灯是薛刚。

　　　场死太子惊皇上,连夜逃走九焰山。

　　　牛今出世受拖磨,高祖起义斩白蛇。

　　　萧何月下追韩信,九里山下埋伏兵。

　　　虎今出世人人惊,文广被困李州城。

　　　十作天洞治妖怪,宋朝猛将有名声。

　　　兔今出世目红红,罗通扫北打铜人。

　　　亏得英雄阵上死,罗仁七岁打铜人。

　　　龙今出世在半云,潘葛尽忠打梅伦。

　　　潘葛一家真厉害,假做苏美上绞台。

　　　蛇今出世身腰长,包拯尽忠眠龙床。

　　　三魂七魄归阴去,欲掠鼠精费心肠。

　　　（以下略）

　　此歌谣以十二生肖引唱,也唱出中国的一些历史故事和传说。

　　（三）歌唱男女爱情

　　这方面的歌谣数量最多,乡土情味也最浓。例如《天顶落雨嗔雷公》：

　　　天顶落雨嗔雷公,池个无水鱼乱闯,

　　　阮来爱兄怀敢讲,罪无老伙仔通牵公。

首句为起兴,二、三句以无水之鱼乱闯暗喻没有找到男人的姑娘的焦急心情,后两句说爱上了一个心上人却不敢说出来,又找不到老年人来牵红线。整首歌谣表现了一个姑娘追求爱情的焦急心情。

天顶落雨地下湿,荠菜开花黄岩岩,

娘侬生做这庄严,互你拖磨阮怀甘。

首两句起兴用"荠菜开花"之美,称赞一个姑娘之美,表明要娶她的意思。然后说这样美丽的姑娘,如果让她辛苦劳碌,自己心里就会过意不去。这首歌表现了一个男子对美丽女子的爱,表示娶到她之后,一定要爱护她怜惜她。

下面两首则是表现男女爱情坚贞不渝的:

你是未嫁我未娶,招你当天来咒诅。

我若先枭先死我,你若先枭随口化。

芙蓉花开会结子,愿共兄哥结百年。

谁人枭心雷打死,在先枭心路旁尸。

前首是男的表志,后首是女的表态,都用立誓诅咒的方式来表示两人要相爱到底,不许中途有变,态度十分坚决。

但也有女子生怕有变,就对男子唱道:

一只好鸟飞勿倦,脚踏花枝倒吊连。

阿兄欲枭利你便,庄中欲娶有少年。

这里女子用赌气的方式,表示你要是变了,本姑娘不怕,庄中要娶我的少年多着呢。

下面两首则表现男女相爱之情难舍难分:

阿哥有来娘有伴,阿哥若去娘孤单。

亲像孤鸟寻无伴,阿哥我子我心肝。

娘仔生美有缘分,十八廿二当青春。

　　　　　　勿得共娘同床睏，较惨汉王想昭君。

歌谣中的恋人感情奔放，似乎已不能自控了。

（四）反映生产劳动

主要是反映农业生产和渔业生产劳动的艰辛。

流行在台湾南部的《牛犁歌》：

　　　　　　透早的冷风唉，送我出门啊！

　　　　　　手牵水牛唉，行到田中央。

　　　　　　哪嗳哟犁田园，不惊脚手酸。

　　　　　　忍耐劳苦唉，日头长嗳哟喂。

　　　　　　哪嗳哟啊伊都犁田园，

　　　　　　不惊脚手酸，忍耐劳苦日头长。

　　　　　　炎热日头唉，照落田岸啊！

　　　　　　手按牛犁唉，嘴念牛犁歌，

　　　　　　哪嗳哟得拖磨，不可想懒惰，

　　　　　　用着手掩唉，来拭汗嗳哟喂。（手掩：衣袖。）

　　　　　　哪嗳哟啊伊都着拖磨，

　　　　　　不可想懒惰，用着手掩来拭汗。

　　　　　　日落西山唉，天色黑暗啊！

　　　　　　手牵水牛唉，踏着田岸路。

　　　　　　哪唉哟为生活，田园要照顾。

　　　　　　无论做风唉，抑落雨嗳哟喂，（做风：刮风。）

　　　　　　田园要照顾，无论做风抑落雨。

　　这首歌谣以农民为第一人称，唱出农民从早到午又到天黑地劳动辛苦，为了生活不得不冒着风雨、不得不付出汗水的处境，真实地唱出了农民的心声，也反映了在开发台湾和发展台湾农业的过程中，农民曾经作出的巨大贡献。

　　《牵网讲穑就也好》这首歌谣中，可以看出从事渔业生产的辛苦：

　　　　牵网讲穤就也好，

　　　　好天可比坐船启嗟跎，

　　　　痗天是透风俗落雨，

　　　　身穿雨衫兼雨裤，

　　　　穿得一身这么乌，

　　　　等待邀纱卜律大索，

　　　　大索律了手会粗，

　　　　兄弟朋友啊！

　　　　趁这款个钱银是真艰苦。

　　歌中意思是：牵网说来不好也不坏，天气好时就像坐船在游览，天气不好刮风又下雨时，身穿雨衣和雨裤，穿得一身这么黑，等待两船靠近就要拉大索，大索拉了手会粗。兄弟朋友啊！赚这种钱真是辛苦。

　　台湾四面环海，从事渔业生产者不少，要是捕鱼时遇到刮风下雨，就要冒着风雨作业，拉大索也要花费大力气，是很不轻松的。所以歌中说"趁这款个钱银是真艰苦"。

　　（五）描写台湾风俗

　　台湾闽南人的风俗，渊源于大陆的福建闽南，但由于环境的不同而有所不同。因而这类歌谣离不开大陆的影响，也会有台湾乡土的情味。例如《岁时歌》是唱岁时的风俗：

　　　　正月正，牵新娘，出大厅。

　　　　二月二，土地公，搬老戏。

　　　　三月三，桃仔李仔，双头担。

　　　　四月四，桃仔来，李仔去。

　　　　五月五，龙船鼓，满街路。

　　　　六月六，做田人，打碌碡。

　　　　七月七，芋仔番薯，全全劈。

　　　　　八月八，牵豆藤，挽豆荚。

　　　　　九月九，风筝马马哮。

　　　　　十月十，三界公，来鉴纳。

　　　　　十一月，挨圆仔粹。

　　　　　十二月，卖喷春花。

　　歌中所提到的物产，明显是取材于台湾本土，这是由于台湾的气候土壤的特殊，而造成岁时物产的特殊。

　　端午节是中国传统的节日，也成为台湾民间重要的节日，《端阳节歌》就是歌唱这个节日的：

　　　　　五月五日是端阳，家家插艾满庭芳。

　　　　　艾人艾虎与艾叛，听说都能被不祥。

　　　　　竹叶表黄裹粽子，咸甜都有是寻常。

　　　　　三牲果酌拜神后，一家老少共称觞。

　　　　　五月五日是端阳，娥江江水何苍茫，

　　　　　投江寻父抢尸出，孝女曹娥百世芳。

　　　　　龙舟纪念诗人节，千秋怨恨楚怀王。

　　　　　灵均法日沉江死，报国诗人姓字香。

　　这种节日风俗，跟中国大陆没有不同，显然是继承了中国的传统，歌词不用闽南方言，全用通行的国语，明显是由粗通汉文的知识分子写成的。

　　在风俗歌谣中，还有关于喜丧风俗的歌谣，例如唱婚嫁的《抬婚轿歌》：

　　　　　今着轿门两边开，金银财宝做一堆。

　　　　　新娘新婿入房内，生子生孙进秀才。

　　《抬子孙桶歌》：

　　　　　子孙桶，扛高高，生子生孙中状元。

　　　　　子孙桶，摇震动，生子生孙做相公。

　　　　　子孙桶，过户阈，夫妻家和万事成。

子孙桶，扛入房，百年偕老心相同。

又如《盖棺歌》：

一点东方甲乙木，子孙代代居福禄。

二点南方丙丁火，子孙代代发家伙。

三点西方庚辛金，子孙代代发万金。

四点北方癸壬水，子孙代代大富贵。

五点中央戊己土，子孙寿元知彭祖。

从这些婚嫁风俗歌中，可以看出所有祝辞，都反映了汉民族民间的善良的愿望，无非希望子孙富贵发达。闽南人到了台湾，代代传袭了这种愿望，并将其渗透在风俗的每一环节之中。

(六)劝世歌

劝世歌谣的内容主要是劝善戒恶。《人生必读歌》、《二十四孝歌》、《从善改恶歌》、《劝孝歌》、《劝戒赌博歌》等，都属此类。例如《劝孝歌》(节录)：

做人有孝为根本，不通无爸甲无君。

不孝世间人评论，做好会出好子孙。

有孝爸母免人笑，做人不孝大不着。

细汉给咱扒屎尿，红红幼幼艰苦腰。

人在世间无外久，一生不通相莽夫。

劝恁有孝千万句，勿晓有孝猪狗牛。

(以下略)

《人生必读歌》(节录)：

道德仁义爱着守，富贵二字难得求。

世间难得财子寿，若用开化免忧愁。

坏事劝人休莫做，举头三尺有神曹。

善恶到头终有报，只争慢早不是无。

(以下略)

《从善改恶歌》(节录):

　　　　劝人心肝着正道,奸雄遇时罪难逃。
　　　　若是少年有做错,改恶从善事就无。
　　　　在人心肝的志气,山是可改性难移。
　　　　(以下略)

《劝戒赌博歌》:

　　　　苟又爱博又懒惰,无做事业若鲈鳗。
　　　　无衫无裤通好换,裤底穿到要坚干。
　　　　输到无衫又无裤,三顿无米通哮菇。
　　　　乎缴害去者受苦,枉费乎咱做查埔。
　　　　……
　　　　有钱来博无就太,剥人的钱不应该。
　　　　(以下略)

　　此类歌谣都是从道德和知性角度,劝导人们要行善不要作恶,渗透着中国传统的道德和儒家的思想:"孝为诸善之首","道德高于富贵","人孰无过,过而能改,善莫大焉"等。其中也表现了佛家的因果报应的思想,从此类歌谣中,可以看出这些道德观和善恶观对台湾闽南人思想的影响。

　　台湾闽南人歌谣的表现手法有其鲜明的特点:

　　其一是多直抒胸臆。歌谣要表达什么思想情感或事物,就直接说出,上文所举的许多歌谣,多是一开头就说到要说的事,要吐的情。《犁牛歌》就直说犁牛之事,以诉农业生产劳动之苦。《岁时歌》则先点明岁时,后言此岁时的风俗。爱情歌大多也是直抒其情,例如"你是未嫁我未娶,招你当天来咒诅。我若先枭先死我,你若先枭随口化。"就是对对方直接说出,并用立咒来直接表达爱情的坚贞。这种直抒胸臆的唱法,表现了闽南人的耿直性格。但也有采用隐讳手法的歌谣,例如《人插花》,表面上是说"伊"与"人"行事的不同,直斥"伊"乖离人情,不是正常的人,而实际上是用"伊"

隐指日本人。作者善于把直与隐两种表现手法结合起来，以表达其真实的思想和情感。又如《士林〈土匪〉歌》，歌中表面说"土匪"、"番"，实际都是掩饰之言，"土匪"实指起义抗日的队伍，"番"则实指日本兵。唱者用隐讳的手法，歌颂起义队伍勇战日人。因此把日本统治者给蒙住了。

其二是铺陈。歌唱历史故事和传说的，多用此表现方法。例如《薛仁贵征东》，长篇铺叙了主人公薛仁贵从出生到征东立功的历程。《郑国姓开台湾歌》，也是长篇陈述了郑成功开发台湾、清朝治台和割台以及日本据台实行残酷统治的情况，表现了强烈的民族意识。《岁时歌》则按岁时的顺序，铺叙了各个岁时的风俗。《台湾物产歌》也是用铺排的方法历陈台湾各地的物产，展示了台湾物产的奇特和丰富。这种铺陈方法，就是中国诗歌传统中所谓的"赋"的写法。

其三是先用他物起兴引出正题。这种写法，最常见于情歌。例如上文举过的一首情歌："芙蓉花开会结子，愿共兄哥结百年。谁人枭心雷打死，在先枭心路旁尸。"先由芙蓉花结子说起，引出共结百年的主题，十分自然。又如"十五月亮圆轮轮，照看溪边映萝藤。久久无看娘仔面，见着一面重倍亲。"先说月照萝藤，引出要与情人相见的主题，是以景物引出爱情。"水桶勿离开桶索，咱嫂勿离得咱哥。见哥与你尽情好，被你先枭或敢无。"以水桶与桶索时刻不离，引出男女相爱不移的表白。都很顺理成章，也比直接言情有韵味。

其四用比的方法。比有明比、暗比。前者明，后者隐。《人插花》中的"伊"，就是暗比日本人。《也出日》中的"尪仔"，则暗比日本宪兵。因为这样比，很隐讳，日本人就不易察觉。《士林〈土匪〉歌》中的"番"，也是暗比日本人。

　　黄菊开花层层黄，用了钱粮无怨恨。
　　只惊娘仔谢圣恩，好娘不可侥负君。

　　　　一种柴名是石柳，一只鸟名是乌鹙。

　　　　前日合娘相接手，亲像死蛇活尾溜。

　　前一首"谢圣恩"是隐比，意为推辞。后一首末句是明比，意为思念之情虽死不绝。

　　　　猛虎住在房间内，半暝展成无人知。

　　　　阿君惊到心肝歹，含眠不时喝虎来。

　　　　好花会谢人会老，会晓虚华上等贤。

　　　　前娘缘分放伊过，跟吾相好著透流。

　　前首用"猛虎"明比悍妇，后首用"好花会谢"明比"人会老"。

　　台湾闽南人歌谣的语言多用闽南语，这在上文所举的歌谣中可以看到。而闽南人歌谣的句式多是七字句，中国自隋唐以来，七字句的诗已成为通行的句式，说明七字句的歌谣与之有传承的关系。从七字句式的歌谣来看，用韵有多种形式：

　　一是句句押韵：

　　　　房间无伴暗沉沉，亲像内山听鸟音。

　　　　倒落眠床日金金，心肝宛然弹月琴。

　　　　就造大船真正深，驶去海外半浮沉。

　　　　咱哥歹子嫂欲禁，你有吾无会伤心。

　　后一首"禁"是读平声，故也是句句押韵。

　　二是首句不押韵：

　　　　人食闲来讲闲话，讲咱二人有交陪。

　　　　此去姻缘若无配，汝咱二人大家衰。

　　　　八月天气还未冷，亲像你我的热情。

　　　　若是九月无变症，这层姻缘允当成。

三是第三句不押韵：（中国近体诗多是第三句不押韵，歌谣第三句不押韵者也多。）

　　小妹接兄亲嘴唇，二人相看泪纷纷。
　　咱嫂心肝不时闷，连饭燴食泔燴吞。

　　古井有水清而深，落落红柑半浮沉。
　　若是要沉沉落去，莫再浮起动人心。

四是隔句押韵：

　　光景真好龙山寺，艋舺出香莲花池。
　　并无一项做为记，用嘴相好无了时。

　　我娘与哥用心性，无想虚华想正经。
　　心肝想热无想冷，大家有念相好情。

五是不避同字押韵：

　　夜合开花透暝香，牡丹含蕊挂吊人。
　　娘仔迷哥着紧放，父母单生这一人。

　　一支雨伞圆轮轮，举高举低遮娘身。
　　一时无见娘仔面，骨头酸痛勿翻身。

这两首诗中，各首都出现两个"人"字、"身"字，字同而韵同。

六是平仄通韵：

　　十五月娘真是明，关渡妈祖真是兴。
　　招嫂姻缘嫂不肯，无采兄哥的工情。

　　木棉开花白猜猜，风吹管尾倒扫扫。
　　嫂嫂不知哥的代，兄弟暗时想返来。

前首的"肯"是仄声，与平声"明"、"兴"、"情"相通。后首的"扫"、"代"均仄声，与平声"猜"、"来"通。

牡丹开花笑微微,娘仔生得真漂致。

害我暝日病相思,想要与你结连理。

上面这首也是平仄韵相押。

由上可见,台湾闽南人歌谣的押韵多种多样,有的打破了传统,而用韵也相当宽,主要是语音所致,方言的音和通行的语音相混,因而合口音与非合口音通押,鼻化音与非鼻化音通押,入声与平、上、去通押。

三、台湾闽南人的谚语

台湾闽南人的谚语,从思想内容来说,所涉及的范围相当广泛。举凡人生、处事、道德、工作、社会、家庭、名利、接物、待人以及知识、言辞等,不可尽述。许多谚语反映了人们的伦理观、是非观、价值观和生命观等。例如:

一食二穿。

一样生,百样死。

前者说明吃、穿是人生每日不可缺少的;后者说明人都是一样生出来的,但死却有种种不同的死法。

一面抹壁四面光。

一时风举一时旗。

前者说明处事顾及双方,令双方都满意;后者说明处事能审时度势。

一诺千金。

一心无二心。

前者说明诚信可贵;后者说明忠直可珍。都是就道德而言的。

做一日和尚,撞一日钟。

一人做,不但千人知。

前者形容工作懒散,做一天应付一天;后者说明虽是一人做工作,但会人人皆知。

三年水流东,三年水流西。

天地,无饿死的人。

前者言社会的盛衰和贫富变化的无常;后者言天无绝人之路,人人各有生活的路。

大是兄,小是弟。

一千银,也不值一个亲生子。

前者说家庭中长幼有序不可违;后者说家中虽有钱,但不能没有亲生子养老继后。

一雷天下响。

树高,较受风。

前者比喻一旦成名,天下皆知;后者比喻地位高名声大,易受忌妒。

一个钱,一点血。

一文,看做三文大。

前者形容视钱如命,后者形容把钱看得很重,都有讥讽之意。

人食鱼,鱼食水。

人情留一线,日后好相看。

前者说人在世间,都是互助共生的。后者说跟人争执,要留一点情面。

三思而后行。

大事化小事,小事化无事。

前者说行事要慎重,不要冲动;后者说息事宁人最重要。

不识字,更要激喉管。

不惊不识字,只惊不识人。

前者讥笑不识字硬要装成很懂的样子,后者说识人比识字重要。

一言既出,驷马难追。

一样人,百样活。

一嘴,含一舌。

一句话,五十变。

第一条说明言辞不要乱发,说了不要失信。第二条说一样是人,但由于人心不同,各人说的话也不同。第三条用于形容木讷的人。最后一条形容人说话前后多变。

台湾闽南人的谚语千条万条,反映的思想有的相同有的不同,但都不离有关人生的一切,从以上所举的例子可以看出其大概的情况。

从表现方法来看,台湾闽南人的谚语有以下几种形式:

第一,直言式。

直接表达意思,毫无修饰。例如:

一命偿一命。

一食二穿(人生)。

人怕老,债怕讨。

第二,诠释式。

用后半句诠释前半句的意思。例如:

子婿,半子。

工字,无出头。

这两句谚语,前半句是提示,后半句是诠释。意思为:子婿,就像半个儿子。工字,就是说做工的没有出头的时候。

第三,夸张式。

用夸张的手法来表达,见出快慢、大小、高低等悬殊。例如:

一下雷,天下响。

一好,遮百丑。

一只虱母(臭虫),谤(夸)到水牛大。

前面一句是一鸣天下惊的意思,以夸张的手法说明名声之大和传播之快。中间一句以"一好"与"百丑"的悬殊,夸张地说明"一好"的作用之大,能够遮掩"百丑"。最后一句则以"虱母"之小与

"水牛"之大的悬殊对比,说明夸张失实之甚。

第四,比喻式。

用比喻的手法说明一个道理。例如:

　　一山不容两虎。

　　一蕊好花,插牛屎。

　　一面是沟,一面是圳。

前面一句比喻说明一个地头,不能容有两个地霸。中间一句比喻美女可惜伴个丑男。后面一句比喻做人左右难,不便偏向一方。

第五,对比式。

用两相比较的方法说明道理。例如:

　　一个半斤,一个八两(旧秤一斤合十六两)。

　　一日讨鱼,三日曝网。

　　千金买厝,万金买邻。

前面一条即半斤对半斤的意思,两相对比都一样,没有赢家也没有输家。中间一条前后对比,看出打鱼的日子比晒网的日子少,说明人工作懒散。后面一条前后对比,说明选邻居比买房子重要得多。

第六,对偶式。

前后句意思相对,但不是对立而是相辅相成的关系。例如:

　　一日风,一日雨。

　　人惊人,贼惊贼。

　　大尊大,小尊小。

第一条说明人每天不是冒风就是冒雨劳作,表示生活辛苦。中间一条是说不论是人还是贼,都会互相警戒怀疑。最后一条说明长辈与晚辈都要互相尊重。

第七,强调式。

前句说一种现象,后句进而用类似的现象强化前句的意思。

例如：

　　　　人爱人皮，树爱树皮。

　　　　人食嘴水，鱼食流水。

　　　　人也要命，鼠也要命。

　　第一句用"树爱树皮"说明不只"人爱人皮"，连植物也爱其皮，从而强调了"人爱人皮"的道理。后面两句都和第一句一样，用后半句强调前半句的意思。这种句式前后半句是主宾关系，前半句是主，后半句是宾，宾句起加强主句意思的作用。

　　第八，因果式。

　　　　一人作贼，一家遭殃。

　　　　一理通，万理彻。

　　这两条谚语，都是前因后果式。前句中"一人作贼"导致了"一家遭殃"的后果。后句意为由于通晓了一个道理，也就能了解万般的道理。

　　　　一粒米，百粒汗

　　　　耳孔痒，敢是有人在念。

　　这两条谚语都是前果后因式，意为"一粒米"是由劳动者"百粒汗"的耕种而收获的，"耳孔痒"是由于"有人在念"所致。

　　第九，判断式。

　　判断式有两种：

　　一是肯定的判断。例如：

　　　　人是妆，佛是扛。

　　　　十八、廿二，是青春。

　　前句意思是人靠打扮才美，佛靠抬才灵，是肯定"妆"和"扛"的作用。后句是说男女18岁到22岁正是青春期。这两条都用判断词"是"表示肯定。也有的不用肯定词，也表示肯定。例如：

　　　　一日平安一日福。

　　　　一日无事小神仙。

前句意为一日平安就是一日福,后句意为一日无事就是小神仙。

二是否定判断。例如:

　　　十鸟在树,不如一鸟在手。

　　　千人见,不值得一人识。

前句是用"不如一鸟在手"否定"十鸟在树"。后句是说大家看见,不如一个人知道,后半句是对前半句的否定。

第十,夸张式。

有些谚语往往用夸张的方法来表达意思:

　　　三分病,夸死症。

　　　一粒雨,掷死一个人。

　　　一粒饭,打死三只狗。

前面一句是人只有三分病,却夸大说是患了绝症,言过其实。中间一句也是夸张的说法,不合情理,夸大得令人难以相信。最后一句用夸张的说法,讽刺一个人既吝啬又贪婪,想用一粒饭就能打死三只狗。比喻想用很小的代价,便获得很多东西。

其实,台湾闽南人的谚语还有许多表现形式,以上所说的远没有包括所有的形式,但基本上能够看出其表现形式上的特点。从诸多谚语中也可以看出不少谚语源自大陆。例如:

　　　三人行,必有我师。

　　　三十六计,走为先。

　　　大丈夫一言放出,驷马难追。

　　　一个半斤,一个八两。

　　　千里送鸿毛,礼轻情义重。

　　　千金买厝,万金买厝邻。

　　　山高,皇帝远。

这类谚语还有许多,都是大陆流传甚广的谚语,足见大陆悠久的文化对台湾的谚语也有相当广泛的影响。

台湾闽南人的谚语还有一个特点,是其语言和音韵具有闽南方言的特征。例如:

一声不知,百声无事。

意为一问三不知,可以少惹事。"知"音"栽","事"音"代","知"、"事"同韵。

一代亲,二代表,三代不识了了。

表示亲戚往来,一代比一代疏远。"识"音"八","表"、"了"同韵。

三十岁查埔是真铜,三十岁查某是老人。

意为男人 30 岁最壮,女人 30 岁半老了,"查埔"是闽南语称呼男人的词语,"查某"是闽南语称呼女人的词语。"铜"与"人"同韵。

分无平,打到廿九暝。

意为分配不公平,时常吵架。"暝",夜晚。"平""暝"同韵。

目睭毛短短,交人无尾。

意为眉毛短,交情薄。"目睭",眼睛。"短"、"尾"同韵。

叫猪叫狗,不如自己走。

意为叫别人做,不如自己做得快。"自己",音"加治"。"狗"、"走"同韵。

这些例子说明台湾闽南人谚语,其音义离不开闽南的方言和方音。

第二节　台湾闽南人的民间艺术⑦

一、台湾闽南人的戏剧

戏剧是一种综合诗歌、舞蹈、音乐、语言、图画等的艺术,既是民族文化的一种体现,也是地方文化的一种体现。台湾闽南人的戏剧,既离不开中华民族文化的影响,又具有其地方文化的特色。

据台北南天书局 1999 年出版的莫光华所著《台湾各类型地方戏曲》一书介绍，台湾闽南人戏剧主要有以下几种：

（一）南管戏

南管戏本来流行于福建闽南一带，后来随闽南移民来到了台湾。台湾又称其为南曲。这种戏剧曲调以土话为词，唱的乐曲发音均由丹田发出，故一般人一次只能唱一曲，接连唱两曲则属不易。南管戏重视舞蹈，保存了不少古典舞蹈，零星散布在各出戏内。小旦常用汉时的翘袖舞、折腰舞，晋代的白纻舞、扇舞，贴旦常用汉时的大垂手、小垂手、独摇手等舞姿。南管戏的故事题材，或取于福建闽南本地的故事，如《韩国华》、《荔镜记》；或取于元代北曲，如《西厢记》、《昭君出塞》、《吕蒙正破窑记》等；或取于元代南曲，如《琵琶记》、《白兔记》、《拜月记》等。但其组织乐曲、道白、诗词、演法，都以闽南社会、风俗、习惯为旨归，故能受到社会各阶层的欢迎。

（二）九甲戏

九甲戏，即福建闽南所称的高甲戏。原先创始和流传于泉州一带，以武戏为主，文戏为辅。其特色是唱少说多，戏中最重小丑角色。表演动作多学习京剧，并有许多动作来自泉州的傀儡戏，尤显其特色。因其以武戏为主，故其题材常取于历史英雄故事，如《三国志》、《杨家将》、《岳飞传》以及《宋江戏》等。这些武戏往往连台演出。高甲戏传入台湾已有 250 年历史，由于其唱少、说多，说唱的都用闽南语，而且丑角表演滑稽幽默，故在台湾颇受欢迎，雅俗共赏，亦盛行一时。

（三）歌仔戏

台湾歌仔戏的产生，大约在 100 年前。明末，众多的闽南人入台垦荒，为调整劳动的辛苦、缓解精神的苦闷，常以演唱家乡带来的民歌或表演家乡带来的戏剧，作为娱乐。逢神诞祈神保平安时，则临时组团演出。明郑入台，为调剂军人生活，在军中组织各种戏剧队。当时文人沈光文则到大陆招聘戏班来台演出,于是大陆戏剧随戏班传入台湾。清康熙二十二年(1683年)施琅率军复台,清军从大陆带来不少戏剧。海禁开放后闽南大量移民入台垦殖,随身带来家乡的保护神,建庙宇奉祀,每逢神诞则演戏酬神。这种风气渐行渐盛,戏剧已成为台湾一种重要的娱乐活动。以大陆戏剧为基础,加上爱好戏剧的氛围和土壤,台湾闽南人通过模仿、改造创造了歌仔戏。

歌仔戏的产生是以模仿大陆的车鼓戏为主的。其舞台、服装、扮装、演员、唱词皆仿自车鼓戏。车鼓戏平时在地面演唱,迎神赛会时则临时搭盖简易舞台演唱。歌仔戏初期之舞台与之相似。车鼓戏服装以便衣为多,且角服饰则多借用富贵人家之女装,头饰以包巾包头,腰则围以一条10尺长的腰巾。歌仔戏初期之服装亦与之相似。车鼓戏的扮装:旦角在绸巾中央将一朵花装于头上,额上围以珠花,穿花红色长裤,腰系一条绸巾,左手挂手帕,右手持纸扇。歌仔戏扮装亦与之相似。车鼓戏演员多是旦、丑、副旦三种,而歌仔则以旦、丑、生为主,亦有相同之处。车鼓戏唱词以七字四句为主,间有五字或长至八字。歌仔戏唱词亦与之相同。歌仔戏之所以模仿车鼓戏,是由于车鼓戏流传于台湾甚久,而且有广泛的市场,有的歌仔戏名演员,本来就是车鼓戏的明星。这也是歌仔戏一产生就受到欢迎的原因。但是,歌仔戏虽模仿车鼓戏,却不因模仿而故步自封,而是广泛地吸收许多歌调,在表演方式及内容方面亦有不少改造。其唱腔、戏白皆用当地语,服装则改穿京剧服装,舞台则受到来台演出的福州旧赛乐、三赛乐等戏班的影响,增设了布景而且十分华丽。本来无剧本,后来也开始有了短篇的剧本大纲,如《孟丽君》、《八美图》、《五子哭墓》等。歌仔戏又吸收了京剧的唱腔和身段,并吸收了西乐,增添了手提琴、风琴等乐器。于是歌仔戏的演出逐渐丰富起来,受观众欢迎的程度远远超过了车鼓戏。因而歌仔戏成为台湾最著名的一个剧种。

二、台湾闽南人的舞蹈

台湾地区的舞蹈有两大系统,一是少数民族的民族舞蹈,一是汉民族的舞蹈。后者又有闽南人舞蹈和客家人舞蹈之分,都有各自的渊源和各自的特色。台湾闽南人的舞蹈,有的舞于庙堂之上,有的舞于祭神之时,有的舞于喜庆场合,都显出其特色。据蔡丽华《台湾传统舞蹈之美》(收入台湾省政府文化处1998年出版的林明德主编《台湾民俗技艺之美》一书)、大卷文化有限公司2005年出版的李天民、余国芳著《台湾舞史》(上、下)等书介绍,台湾闽南人主要舞蹈为:

(一)祭孔佾舞

这是一种庙堂之舞,由来甚古。佾,是指舞之行列。有四佾、六佾、八佾三种,八佾为八人一行,共八列64人。天子可用八佾之舞,诸侯则用六佾,士大夫为四佾。因孔子乃至圣先师,可与天子并列,故祭孔用八佾之舞。舞时乐、歌、舞一同进行,舞者左手执籥(乐器),右手持羽。如今台湾祭孔典礼时仍用此舞。典礼分初献、亚献、终献三个程序进行,共有96个动作,舞者分两半,动作相对。仪式隆重,舞姿端庄典雅,动作优美。每年教师节都举行祭孔大典,指定专人组织此种舞蹈,故佾舞已成为台湾汉民族传统的舞蹈。

(二)跳加官

跳加官是戏剧舞台演文戏的一种舞蹈,遇有高官或重要人物到戏场,则演跳加官,含有加官晋禄之意,以表敬重。演员开始跳时,面朝台里,稍立,即转向观众起舞。舞时手持封条,上写"一品当朝"。舞者需戴面具,锣鼓点文武场以"小连槌"、"小抽头"伴之舞,舞者以七字步或醉步为主跳之,舞后必得到到场的高官或重要人物的赏钱,以示奖励。

（三）车鼓舞

车鼓舞也叫"弄车鼓"或"车鼓弄"。所谓的"弄"，有调弄、戏弄、舞弄之意。古代百戏乐舞，称扮演角色或表演节目称为"弄"。"车鼓弄"是闽南的一种舞蹈，车鼓舞自福建闽南传入台湾以来，已有200多年的历史，曾在台湾盛行一时，新庙落成、建醮或民家喜庆、迎神庙会，都必有车鼓舞节目。此舞以边歌边舞的形式进行，音乐伴奏以南管的谢神乐为主要曲调，并以谢神乐结束。车鼓舞为双人舞，分旦、丑角色。丑角舞时双脚平行，半身微蹲作屈蹲步，以左右移动膝关节及胯为主要移动动作。屈蹲越低难度越高。动作剧烈，还要随时即兴打诨逗笑，因此不仅表演动作难度高，还要随机应变。旦角舞时双脚以云步或四方步为主，动作娇柔、细致，右手执扇，左手持手绢，并以灵活的眼神时时与丑角相互挑逗，趣味横生，因而受到观众的欢迎，成为台湾闽南人舞蹈中最富有地方特色的一种。

（四）跳鼓舞

跳鼓舞又称弄花鼓，两人一对，一人持凉伞，一人抱大鼓，凉伞回旋转动，大鼓则两面敲，一边敲一边舞，接着四个打锣手围着大鼓边打锣边舞，表演者表现出一种天真烂漫、爽然欲醉的情态。此舞或说为明朝庆祝名将戚继光平倭胜利而产生，或说为唐朝陈元光率军平定"蛮僚之乱"与民同乐而产生，或说为郑成功驱荷后军民同庆胜利而产生。故跳鼓舞是属于武阵舞的一种，动作轻快剧烈，随着伞的舞动，锣鼓并敲，阵形多变，或四门阵，或龙门阵，或孔雀开屏，以及穿锣、趋四角等阵，具有撼人的力量与节奏。

（五）弄牛犁

顾名思义，这是一种反映农耕生活的舞蹈。舞者通常为六人，一人扮牛（手拿用铁皮制作的牛头表示），一人推犁，两人扮作农夫，两人扮作农妇。扮牛者拿着牛头，上下左右作八字形晃动，双脚则以四方步灵活移动。扮驶犁者一脚裤管卷一半，头戴鸭舌帽，手扶犁向前推动,作犁田辛苦之状。扮农妇者在后推犁,边推边挑逗犁田者。犁田者为丑角,扮农妇者为旦角,旦角穿碎衣布衫,一手持扇,一手持丝巾,旦丑互相逗趣戏弄,在戏弄与滑稽动作中,结合收割、耕种等情状,以夸张的手法尽情表演,也可结合谈情说爱等情状,使舞蹈内容丰富多彩,生动活泼,充满农家生活的气息和情趣。因此在农村及庙会演出,特别吸引观众。

(六)狮子舞

狮子舞是源自大陆的一种民俗舞蹈。经常在新年、喜庆节日、迎神庙会上表演。舞时有踩高、走索、翻腾等各种杂技动作。既可以在舞台上演,也可以在空地上演,或沿街演出。有时狮前有个"狮子郎"(台湾也叫"狮鬼"),戴着笑面具,拿着面扇,逗引狮子边舞边前进,动作滑稽多变化,使舞场洋溢着十分风趣而活泼的气氛,舞弄的技艺有 18 种之多。

(七)七响

七响也是源自大陆闽南的一种民间舞蹈,也叫作"打七响"。男性演员双手交互拍打自己身体的七个部位:胸部、两腕、大腿、手臂、肘臂、手掌等。因拍胸部声音最响,故又称为"拍胸舞"。演员模仿农民在田里耕种的情形作出种种舞蹈动作,有的也做抓田鸡、学公鸡展翅飞跳,以及醉酒等动作。这种舞蹈既可一人演,也可一群男子集体演出,集体演出更有气魄。因此发展成为元宵节的踩街舞蹈,是元宵节十分抢眼、很受欢迎的一种舞蹈。

(八)布马

布马源于古代的一个故事:一个新科状元回乡,骑马上山迎娶,山路高陡,马童又不熟悉地形,因而一路爬坡又跌倒往下滑,走得十分艰辛而惊险,最后终于到了目的地。此舞只有两个角色:一个是扮状元的,一个是扮马童的。道具就是布马。布马是用竹藤制成马的架子,然后在马架子上粘贴布块,就成为像马的形状的布马。布马中空,扮状元的套在其中,露出身子作骑马状。表演时马童拉着布马。马童与状元两个角色的表演富有夸张性、戏剧性。其动作为或跑马,或过桥,或跌倒,或下滑,等等。其间还有互相对话,并配合上歌仔戏的音乐及锣鼓等伴奏,气氛热闹,颇受民间欢迎。

(九)春灯舞

春灯舞是元宵节的一种特有的舞蹈。元宵节来源于中国古代,这个节日的特色是万家灯火闹元宵,因而元宵节又称为"灯节"。福建泉州特别重视这个节日的习俗,随着移民入台,这习俗也传入台湾。如今台北市灯会闻名国际,来台北观赏花灯的游客风涌云集。春灯舞的道具,就是各种造型不同的花灯。舞者在灯火辉煌之夜,或一人持一灯,或两人、三人持一灯,在各种队形变化与穿插中,表演各种舞蹈动作。也可以数百盏灯列成阵形,曲折回环而舞,灯人相映,有时见灯不见人,只有各种变化的灯的图案,如梅花、"吉祥"、"寿"字或"天下太平"等字样,令人眼花缭乱,而又热闹和喜庆,真有万民同乐的气氛。

三、台湾闽南人的音乐

中华民族的音乐传统源远流长,随着闽南人移台开发,汉民族的音乐也传入了台湾。故台湾传统音乐的艺术,也传承了大陆闽南传统的音乐,有代表性的是南管和北管。据许常惠、吕锤宽、郑荣兴等著《台湾传统音乐之美》(台北晨星出版有限公司 2004 年版)、陈郁秀主编《音乐台湾一百年论文集》(台北白鹭鸶文教基金会 1997 年版)等书介绍,台湾闽南人音乐包括:

(一)南管

南管内容包括曲牌类的器乐曲(指套)、歌曲、标题性器乐曲(谱)。主要乐器如:拍板、琵琶、三弦、二弦、洞箫。在乐队组织方面,有固定的器乐与乐队编制。音乐活动以自发性的馆阁为中心,不带商业色彩,馆员以音乐陶养情性。与戏剧关系密切,如车鼓、太平歌、九甲戏等的曲调均取自南管。与其他音乐的关系也很密切,如大量被灵宝派道教及佛教用在其仪式的音乐之中。

以音乐艺术的层次来说,南管属高层次的艺术活动,乐器制作及材料要求严格,故经济成本较高。展演需充裕的时间,以完成较长的乐曲。南管音乐的曲调较为平稳,节奏迟缓,具有道家的清淡适性的情趣,适合文人闲散逍遥的性情,所以其活动主要集中在经济、文化发达的台湾西部沿海城镇,如台南市、北港镇、鹿港镇、台北市等地。

(二)佛教音乐

台湾闽南人信奉佛教的人口相当多,故佛教所举行的仪式也深入民间。佛教举行的仪式主要有两种:

其一是清修。每日早、晚两课念诵经忏。仪式皆以音乐方式进行。首先以歌唱方式咏唱香赞及洒净类的咒文,以安定心志,为法事作准备。继为主体法事,以简单的音调、平稳的节奏诵读经文。诵读后再以歌唱的方式赞颂诸佛。仪式中只以铜磬、木鱼、引磬、铃等法器击打节奏,以助唱诵。

其二是济度。济度为拔度亡魂的法事,其仪式也是透过音乐完成。仪式主持者演唱之佛曲,吸收了大量的南管曲。俗称“过场乐”之器乐,则来自北管。

(三)道教音乐

台湾闽南人每年都有许多迎神庙会的宗教活动,活动中除少数佛教诵经法会仪式外,很多是聘请道士主持法会,如建醮、普度等。其仪式在北部地区与中南部地区有所不同,北部为正一派道士,中南部为灵宝派道士,两派所用的仪式名目、神明系统虽然相同,少数的歌曲体裁与辞文(如步虚词、散花词、三清乐等)也通用,但道士所唱曲调的风格却完全不同,正一派道曲刚健,灵宝派则婉约华丽。这两派的后场乐都是北管,用的乐器有唢呐、小唢呐、壳子弦、三弦等,还有单皮鼓、通鼓(或大鼓)、锣、钹。

四、台湾闽南人的工艺

台湾闽南人的工艺,大多是随着移民而传入台湾的,移民入台后仍然保持着其原来的人情风俗,而台湾的气候土壤与大陆闽南相似,传入台湾的工艺所需资源在台湾亦多可寻,故能在台湾生根、发芽、开花。但毕竟环境有所不同,故工艺所取的材料、技法及产品的款式、色彩亦有所不同,甚至一些大陆闽南的工艺及其产品或已失传,却在台湾仍然得到传承。

（一）陶器工艺

闽南人来台初期,所用器皿都是随身带来的,后来不得不从大陆通过商船运来陶、木、瓷等器皿,以贮藏粮食和食物。并用以装上米、糖、茶等运往大陆。再后来则延聘制造各种器皿的工匠来台制造。例如陶制的器皿有罐、瓮、缸等。它们或用于装干物（如谷、豆等）,或用于装酒、油等。用黏土制坯,经塑造、晒干、上釉、窑烧而成。造型依需要而定,装饰简朴。荷占时期已有砖的制造,明郑时期则有制瓦,至清代,制陶业渐发达,莺歌、苗栗、北投等地都有制陶业。此时陶制的器皿花样也渐多,有酒壶、药罐、油灯、花台、鱼缸,甚至有小便用的夜壶。外形也多样,或圆,或长圆,或扁圆,或有提耳,或有手柄,不一而足。釉色有黑色、褐色、棕色、土黄色、橄榄绿等,器上花纹多姿多彩,或花草之纹,或鸟兽,或云彩。总之,无论形制、工艺都比早期丰富、多样且有所提高。

（二）竹器工艺

竹器是用竹为材料制成的器物。台湾盛产竹,种类也多,主要有麻竹、绿竹、桂竹、孟宗竹、观音竹等,故用竹制的器物比木制的多。用竹篾编成的器物有筹、筐、篓、奁、篮、笼、筛等,用薄竹皮编成的有圆箕、提篮、旅行箱等。以上竹制器物,一般有底、壁、边三个部分,先从底部中心编起,向器物周围延伸,然后收边。用竹制成的家具则有竹床、竹桌、竹帘、竹椅、竹橱、竹席、花盆架、书架等,这些家具有精粗之别,精制者配以藤条、木板,以木板为面,以藤条为边,或加装饰。竹干、竹节则可以为各种容器,如盐筒、茶筒、筷筒、笔筒、竹盒等。还可以制成箫、笛、笙等乐器,以及箭、钓竿等。

（三）纸制工艺

主要是扎纸、风筝和花灯。

扎纸又称糊纸。扎纸用的材料有竹篾、棉线和各色的纸张,加上剪刀和糯糊。先用细竹篾做骨架,骨架的形状和大小,根据需要而定。如要扎成人物,则先扎成人物的骨架,要扎成车辆,则扎成车辆的骨架。扎骨架时要用绵线或绵纸条加糯糊把每个接条固定好,然后按骨架的形状,糊上白纸或各种颜色的纸,再在纸上加以装饰,或贴上图案,或绘画。

风筝又称纸鸢、纸鹞。制作风筝以细竹、棉纸和纸张为材料,加上糯糊和剪刀。先用细竹制成骨架,骨架的形状由设计而定,例如设计制作蜈蚣形风筝,就制成蜈蚣形的骨架。制好骨架后,就用棉纸或薄绢做面,糊上各种质地的白纸,然后在纸面上绘画各种图案。风筝的造型常见的有鲳鱼、章鱼、蝴蝶、蜻蜓等。缀上线便可放上天空飞行。俗称放纸鸢。

"提灯笼,赏花灯"是元宵节的传统风俗,所以元宵节又称灯节。灯笼以细竹为骨架,然后糊上各种颜色的纸张。制作出的花灯有各种形状,如人物、吉祥物、鸟、鱼、十二生肖等,元宵之夜,家家户户门前都挂着花灯,街上店铺也挂着花灯,人人手上也提着一盏花灯,灯内装上蜡烛,照出花灯的各种形状和色彩,不仅灯明如昼,而且争妍斗艳,引得许多人观赏,故又称赏花灯。有的灯还贴有谜语让人猜,称为灯谜,猜中者有赏。

（四）石刻工艺

石刻工艺是用石为材料,刻成石鼓、石狮等。石匠的手艺是从大陆闽南传承过来的。台湾不产石材,所以石材也是从大陆运过来的,主要是青石（或称青岛石）,其次是花岗石,或称陇石。前者

绿豆色,后者乳白带淡黄色。还有观音石,质松,易风化。民居的
墙壁上往往有镂空的石刻图案作为装饰,多为花卉、风景、人物和
吉祥物。官宦的墓园则有石人、石马、石虎、石羊、石象等,例如苗
栗后龙的郑氏墓园。还有用石材雕刻成的牌坊,孔庙则有石雕的
龙柱。许多石刻都是精美的艺术作品。有的则拙朴,古意盎然。
孔庙龙柱上的石龙,则栩栩如生。这种工艺是先设计好样式,然后
选择适用的石材,依据石材的形状,确定雕刻的部位和顺序,然后
用刀凿。石匠经过认真思考,把石头雕成所要求的成品。

注:

① 林川夫主编:《民俗台湾》(第 4 辑),武陵出版有限公司 1999 年版。
② 林川夫主编:《民俗台湾》(第 1 辑),武陵出版有限公司 1995 年版。
③ 林川夫主编:《民俗台湾》(第 7 辑),武陵出版有限公司 1998 年版。
④ 林川夫主编:《民俗台湾》(第 5 辑),武陵出版有限公司 1995 年版。
⑤ 林川夫主编:《民俗台湾》(第 5 辑),武陵出版有限公司 1995 年版。
⑥ 林川夫主编:《民俗台湾》(第 7 辑),武陵出版有限公司 1998 年版。
⑦ 本节主要参考许雪姬总策划:《台湾历史辞典》,远流出版事业股份有
限公司 2006 年版,第 1034 页;林明德主编:《台湾民俗技艺之美》,台湾省政
府文化处 1998 年版;莫光华著:《台湾各类型地方戏曲》,南天书局有限公司
1995 年版。

第四章　台湾的客家人

第一节　客家人迁移台湾

　　明末清初,福建、广东人口的压力加大,除了向东南亚寻求出路外,台湾海峡东岸的台湾,也成为闽西南和广东东部客家人寻找生活出路的好去处,因为:一是台湾与大陆只隔一条海峡,距离不算远。二是此时台湾尚未完全开发,尚有大量可供开垦之地。据郁永河《裨海纪游》记载:"自斗六门以北,至淡水,都是荒芜的地域,林木蔽天荆棘遍地,麋鹿成群,在这一大长片的地区内,都是平埔番散居的部落所占据,为汉人所罕至。"蓝鼎元则记述:"凤山(今高雄)、诸罗(今嘉义)皆恶毒瘴地,令其邑者不敢至。"三是早些时候,有客家人曾到过台湾,多少传回了台湾情况的信息,引起了不少求出路人的向往。明末海盗林道乾(广东潮州人)、林凤(广东饶平人)遭到俞大猷等追剿时,都曾到过澎湖和台湾,广东揭阳人马义雄、周榆森则从鹿仔港登上台湾。四是明郑军队中亦有从闽西南和广东东部来的客家人,对于促使客家人移台肯定起了不少的作用。五是客家人虽多处于山区之地,但距离海岸不远,只要肯冒险,有舟楫是可以渡过海峡入台的。因此,明末清初客家人渡台者络绎不绝。

　　但客家人大规模迁台比之闽南人晚了一步,这有客观的原因,也有人为的原因。客观原因是地理上客家人多住于山区,不如闽南人多居住于沿海,能够捷足先登;而从历史上看,闽南人早于宋代即已开发澎湖诸岛,使之成为他们和后继者入台的跳板,为闽南人进入台湾开发创造了有利的条件。人为的原因是明郑收复台湾,带来的军队多是泉、漳之籍的士兵,而施行屯垦之策后,他们落户于屯垦之地,就在那里扎下了根基。施琅入台之后,建议清廷颁布了三条限制渡台的禁令:一是欲渡台者,先给原籍地方照单,经分巡台厦兵备道稽查,台湾海防同知查验,始许渡台,偷渡者严处。二是渡台者,不许携眷;既渡者,不得招致。三是粤地屡为强盗渊薮,以积习未脱,禁其民渡台。此三条中,最后一条对粤地客家人渡台下了禁令。闽南人可以通过向官方申请的正途来台,而客家人就不行,当然更不许偷渡。

这个条令大约在颁布 10 年之后,随着施琅去世,日渐松弛,粤地客家人渡台者渐多。有的走官定的航道渡台,先到厦门等待官方查验后,坐船到澎湖候风,再坐船到台南的鹿耳门,经官方查验后,由安平到达府城(今台南市)附近居住。这条路线与闽南人相同。无钱买通官方者,则唯有偷渡一途,趁着初夏西南风或七八月风势较稳时,乘小帆船冒险渡过海峡入台。因此这三条禁令虽然限制了客家人迁台,但实际上并没有完全禁绝。

然而这毕竟延误了客家人入台,当他们到达台湾之时,台湾南部及沿海之地,大多已为闽南人所开垦。据日本人伊能嘉矩所说:康熙二十五至二十六(1686—1687)年间,广东嘉应州所属的镇平(今改蕉岭)、平远、兴宁、长乐(今改五华)等县民众(即所谓"四县人"),渡海来台,计划在府治附近垦殖。是时府城附近的田园,已为闽南人所占有,没有余土可以开拓,乃于东门外垦辟菜园,以维生计。后发现下淡水溪(今屏东高屏溪)以东地区,尚有未拓垦的草地可以发展,遂相率移居其地,协力开垦,于是田园日增,生齿渐繁。广东的族人听到后,接踵而来,垦殖的区域更大,北起罗汉门(原高雄县内门乡)南界,南至林仔边溪口(今屏东县林边溪),沿下淡水、东港溪流域,大小村落,星罗棋布。康熙六十年(1721年)朱一贵之乱时,屏东平原就已有十三大庄六十四小庄的客家庄了。可见客家人到台之后,大多是在闽南人尚未入垦之地,来开辟他们在台湾的新天地的。

泉州人朱一贵在台举事反清,客家人组织武装自保,并有援助清军之举,蓝廷珍奉清廷之命来台,于是奏请清廷解除先前限制粤人来台的禁令。之后,广东巡抚鄂尔泰上书清廷,清准许去台者携眷入台:"凡有妻子在内地者,许呈明给照,搬眷入台,编甲为良。"认为:"若人人有室家之系累,谋生念切,自然不暇为非。"于是携眷禁令解除之后,客家人纷纷来台。除粤东三州府(嘉应、潮州、惠州)的客家人之外,福建汀州所属的长汀、上杭、武平、连城、永定等县的客家人也纷至沓来。

客家人虽然比闽南人晚到台湾开垦,但台湾还有许多山地、林地尚待开垦,客家人凭着他们在大陆原籍山区耕种的吃苦精神和经验、勤劳和冒险的传统,敢于向与少数民族所占有之地的接垠的未开垦土地开拓,并善于在闽南人已拓展之地见缝插针,立足于闽南人之间,或在立足之后觅可垦之地开拓。因而他们开垦的足迹,也遍布台湾南、中、北部,并及于台湾东海岸地区。

清康熙、雍正、乾隆时期,是闽南人、客家人开发台湾的最盛时期。这个时期客家人在台湾的开垦居住地如下。

南部地区:屏东县"六堆"、台南县(市)海丰厝。

中部地区:嘉义县(市)大林、梅子坑庄、竹崎塘下寮,云林县崙背、西螺、太和街,台中县(市)丰原、清水、神冈、潭子、大雅、雾峰、石冈、新社、东势、大甲、后里,南投县国姓、中寮。

北部地区:台北县(市)兴直堡、芝兰三堡、海三堡、石碇堡、拳山堡、金包里堡,桃园县南崁、桃园、平镇、八德、大溪、中坜、观音、新屋、杨梅,新竹县(市)新竹市、竹北、新丰、新埔、湖口、竹东,苗栗县猫里、头份、铜锣、公官、三义、通霄、苑理、西湖、卓兰。

东部地区：(乾隆以后的嘉庆年间，吴沙带领闽粤移民开发宜兰平原，客家也随之西至。)宜兰县多山乡、员山乡，花莲县奇莱、璞石阁。

嘉庆以后，虽还有一些客家人入台垦居，但已渐少。

客家人在入台开垦的过程中，除了要冒渡海风险外，还要与自然搏斗，受尽难以忍受的痛苦，这与闽南人所遭遇的情况相似。但由于他们晚来台湾，需向山区开拓，不免要与少数民族发生土地问题方面的冲突，或与先至的闽南人因争夺利益而发生械斗。客家人虽然勇猛，但人数居于劣势，曾被迫迁出原垦居地。例如在北部地区垦地，长期械斗，寡不敌众，不得不陆续迁往桃园、中坜一带；在中部地区，则为避械斗而迁往苗栗定居。

客家人经过努力奋斗，终于在台湾开辟出客家人的新天地。客家人随着时间的推移和开垦事业的成功，人口不断增加，其分布也遍及台湾南、中、北、东、西诸地。据 1968 年台湾人口统计，福佬人（闽南人）占 75.51％，客家人占 13.19％，外省籍人占 9.85％，台湾少数民族占 2.37％。以保守估算，当时台湾的客家人应有 300 万。据 1998 年 10 月庄华堂先生的《客家人、福佬客的开发背景与分布概况》一文，可以看出台湾客家人的分布情况：

1.南部地区

台湾南部高屏六堆地区的 12 个乡镇中，美浓、麟洛金为客家人所居，万峦、竹田、长治、内埔 4 乡镇客家人占 60％以上，新埤、佳冬、高树、杉林等乡占 50％，六龟约占 30％。

台南县市客家人较少，其地有海丰厝，乃是广东饶平来的客家人垦居之地。

2.中部地区

彰化县：客家人在埔心乡占 74％，永靖乡占 13％，员林镇占 22％，田尾乡占 22％，竹塘乡占 31％。

台中县：客家人在东势镇占 73％，新社乡占 95％，石冈乡占

85％,丰原镇占 57％。

南投县:客家人在国姓乡占 74％,中寮乡占 45％,埔里镇占 33％,水里乡占 25％。

3.北部地区

桃园县:客家人在中坜市占 52％,杨梅镇占 87％,龙潭乡占 80％,平镇市占 80％,新屋乡占 92％,观音乡占 63％。

新竹县:客家人在关西镇占 96％,新埔镇占 97％,竹东镇占 86％,湖口乡占 91％,新丰乡占 60％,芎林乡占 95％,北埔乡占 89％,峨眉乡占 96％,宝山乡占 91％,竹北市占 49％。

苗栗县:客家人在苗栗市占 79％,通霄镇占 64％,头份镇占 83％,卓兰镇占 91％,大湖乡占 94％,公馆乡占 96％,铜锣乡占 95％,头屋乡占 99％,西湖乡占 90％,狮潭乡占 92％,南庄乡占 86％,造桥乡占 71％,三义乡占 92％,三湾乡占 96％。

4.花东地区

花莲县:凤林镇客家人占 50％以上,玉里镇占 32％,安吉乡占 36％,寿丰乡占 28％,光复乡占 18％,瑞德乡占 33％,鹿野乡占 22％,池上乡占 35％。

5.大台北地区

台北市:客家人占该市总人口约 25％左右。

台北县:客家人在土城双和地区大约有 25％左右,在新店、板桥、三峡大约有 15％左右。

从以上可以看出,台湾客家人分布也相当广,在许多乡镇客家人口占绝对优势,形成了大家族。但也可以看出,客家人在全台仍不如闽南人庞大和广泛,在许多乡镇仍居弱势甚至空白,特别是大台北地区。虽然如此,但是客家人在台湾已成为台湾第二大民系,其影响力量不可忽视。客家人主要集中于农业生产地区,从事工商业活动不如闽南人,但客家人在传统上重视知识和教育,故其在知识界的力量相当突出。

　　客家人在迁移台湾的历程中，留下了许多实物，见证了当时客家人开发台湾的历史。如位于台湾新北市的淡水镇鄞山寺，由汀州籍客家人建造，被称为台湾汀州客家人的精神家园。台湾移民社会有两个最主要的特点：一是以地缘、血缘为凝聚力，二是将家乡的神明搬来奉祀。前来台湾开垦的汀州籍客家人也不例外，他们将故乡的汀州永定县鄞山寺的定光古佛搬到淡水奉祀，以求平安。鄞为古汀州别称，宋代闽西汀江曾被称为鄞江。与此同时，奉祀的庙宇还承担了落脚的功能。其建造的经过，据《淡水厅志》卷十三（二）载："鄞山寺：在沪尾山顶，道光二年汀州人张鸣岗等捐建。罗可斌施田，咸丰八年重修。"寺中古迹保存完整，庙中的楹联大多是道光三、四年题写的，有的题在山门的石壁上，有的题在柱子上，敬奉楹联和匾额的多为汀州府的移民，其不少内容记录了定光古佛的神迹和功能，彰显了定光古佛在汀州新移民心中的崇高地位和分量。值得注意的是汀州新移民将家乡汀州与台北淡水联系起来，如把家乡的"鄞江"、"汀南"、"汀郡"与台湾的"东都"、"东宁"联系起来，表现出汀州新移民希望家乡神明能继续护佑的期盼。从楹联和匾额的留名看，敬奉者大多是闽西永定的移民，也有个别是粤东的移民、当地的乡绅。这些楹联和匾额，传递了兴建时的兴盛，也印证了汀州移民在嘉庆、道光之际，从淡水河口岸登陆垦荒的史实。

　　鄞山寺中碑文有三，即：清同治十二年（1873年）淡水总捕分府出示的禁占庙地碑、清光绪十八年（1892年）的禁索借碑、清光绪十九年（1893年）的示禁规章。从这三块石碑的碑文，可得到多方面的启发：第一，鄞山寺的创建和所供奉的定光古佛，表现了当时台湾新移民的民间信仰，其信仰的人群具有极强的地缘性，其信仰的神灵具有鲜明的原乡情结。对鄞山寺的资助者均为汀州移民，故其也只为汀州移民服务。第二，鄞山寺的管理一开始就采用董事会这种较为科学的方法，这可能也是鄞山寺能历经风雨保存

完整的主要原因之一。台湾各庙宇,早期管理方法主要包括:聘请
专人管理制(请宗教界人士或在宗教方面有灵验者)、世袭制(即创
办者传子孙,子孙再传子孙)、轮流制(众多创办者轮流)、炉主制
(以抽签的方式定出炉主)、地方负责人兼任制(如由村长、里长兼
任)、董事会制(由民众选出若干董事,凡事由董事会集体决定)。
到 20 世纪 80 年代后,在台湾当局的要求下,各庙才纷纷改为管委
会制。在早期的管理的几种方法中,董事会制无疑是最为科学的,
既可集众人才智,办事又透明。第三,鄞山寺不仅是汀州移民的信
仰中心,还是台湾的汀州会馆,具有提供精神抚慰和和生活方便的
双重功能。汀州新移民刚踏上台湾这片土地时,面对种种压力,感
到需要家乡神明护佑;同时由于筚路蓝缕,万事开头难,也需要先
一步来到台湾的同乡帮助,鄞山寺从精神上、物质上都满足了汀州
移民的需求。第四,当时"内地汀人游台甚多",可见当时汀州人赴
台者不在少数;"一到台北即欲冒取花红",由此可知来台的汀州人
有不少是当年出资建庙者的后代,才有从前辈的投资中取回一些
"花红"作为回报的可能。这也看出当时汀州的移民不仅有地缘
性,还具有血缘性、家族性的特点。第五,汀州移民对每年春季祭
典非常重视,不仅"各董事务宜整肃衣冠",还由鄞山寺出路费,在
外地的汀州移民也要按时回来参加活动。

第二节　台湾客家人的家庭[①]

　　台湾客家家庭的特点主要体现在以下几个方面:
　　实行大家庭制。客家人历来重视伦理之道,这个传统在客家
人迁到台湾后,依然传承不衰。实行大家庭制度,家长在大家庭中
有绝对的权威,大事都由家长决定,家长操纵经济大权,不许任何
人有私蓄。家长健在,虽子孙满堂,不能分居,亦不许分财。大家
庭内成员尊卑长幼有序,济济一堂,多者数十人,少者十数人,以

"五世同堂"为荣。但工商社会兴起之后,以农业社会为基础的大家庭制度逐渐解体,家庭成员多出外求职谋生,即在谋生之地成家立业,小家庭渐居优势,"五世同堂"已不复存在。

妇女成为家庭中重要的劳力。客家妇女从不缠足,由于客家人多居穷乡僻壤,地少而瘠,男子多外出谋生,家中耕种及各种劳作,都由妇女承担,凡男子所作,妇女皆能。故客家妇女之勤劳能干,无与伦比。苗栗居民 7/10 为客家人,妇女多从事农业耕作,教育、商业、工业、理发,均有妇女参与其间,公交售票员、戏院营业员则多为妇女,即使是三轮车夫也不缺乏年轻妇女。

普遍收养养女。客家家庭收养养女相当普遍,原因为:其一,备作未来儿媳,以免除娶媳的沉重经济负担。其二,抚养长大可作辅助劳力,以免雇工;或长成后嫁出,坐取聘金之利。其三,家中如无亲生儿女可继,收养养女可备作招赘,视同亲生之女。

敬宗观念深厚。客家人特别崇敬祖宗,家中正厅必须设祖先牌位、香炉等。年长者于早晚进食之前,必向祖先上一炷香,年节更具供品祭拜,婚丧喜庆必在正厅举行。正厅既是敬宗拜祖之所,又是家庭相聚活动的中心。其氛围庄严肃穆而又和和睦睦,充满儒家伦理气息。

第三节　台湾客家人的生活习俗[②]

一、台湾客家人的饮食

客家人由于受到生活环境和生活条件的制约,素来自奉甚俭,饮食并不讲究。

主食:以米饭为主,米有黏米、糯米,黏米又有在来与蓬莱之分,前者粗硬,后者软黏,往往两种搭配煮食。米饭之外,有面类、芋类及番薯。客家人一日三餐中,早、午两顿干饭,晚餐食粥。

家常菜肴:各种蔬菜,瓜、豆、芋等,用新鲜蔬菜腌制成的酸菜、酱瓜等,鱼、肉、鸡鸭蛋、花生、豆腐、米酱汤、冬瓜汤,以及猪肚、鸡鸭内脏等,都是客家人喜欢吃的食物。烹制菜肴讲究咸、香、肥等口味,因为农业生产劳动强度大,流汗多,故需食偏咸和油腻的食物,而煎、炒的做法也特别多,如煎蛋、煎豆腐、煎咸鱼、煎肉饼等。

宴席菜肴有:冷盘,用咸蛋、猪舌、猪耳、猪肝、烧肉、萝卜丝等拼成。炒盘,如炒猪下水、炒墨鱼、炒虾仁等。汤类,如炖鸡鸭、炖猪脚、鲨鱼丸、猪肚汤等。还有红烧鱼、封肉等。

宴席主食不用饭,用炒米粉、炒面、八宝饭、面包、鸡蛋糕等代替。最后一道是甜汤,用凤梨、酸梅或咸李等煮成。

饮料:主要是茶。客家人多居于丘陵地区,故多种茶。苗栗的明德乌龙茶、桃园的龙泉茶、新竹的膨风茶均闻名全台。客家人有擂茶之俗,是把绿肥茶或茶菁、花生、芝麻炒熟后,放在擂钵中用擂棍槌打、研磨成细粉,注入水调成糊状后,再冲入热水拌匀。酒也是客家人喜欢的饮料,亲朋好友相聚,即举杯痛饮,故宴席上酒不限量。其酒或以地瓜酿制,味淡而不易醉。

二、台湾客家人的居住

客家旧式房屋多为三间横排,中为厅堂,厅堂为宴客之处,厅堂正中供奉祖先神主,朝夕焚香礼拜。日据之时曾下令禁止,迫令改奉天皇。但客家人则移神主于他处,依然供奉如故。厅堂两侧为卧房、厨房,人口多者则于两侧各增进一间,整座房屋连成凹形,中为空地,作为庭院。合族而居则巨厦相连,旁道曲达,称为大房,门户内外皆通,但采光、透气不足。

客家人房屋的屋顶,常见的有硬山式、悬山式、庑殿式、歇山式、捲卷棚式、三川脊式等六种造型,屋脊的形式则有燕子尾、马背式两种。屋墙则有土埆墙、版筑墙、砖墙、石墙、木竹墙、水泥墙等。门由门扇和边框两部分组成,门两侧往往有对联。

　　富家巨室的房屋则巨大华丽,位于桃园县新屋乡中正路的范姜古厝,为五座依次排列的三合院,均为范姜氏家族所盖的古朴客家民居。范姜为台湾独有的一个姓,源于乾隆初年(1736年),广东海丰范姜氏兄弟五人先后来台,在桃园艰辛开垦,终有所获,遂于咸丰五年(1855年)开始建屋,历经多年始成。这五座民居各有特点,其中最富丽堂皇的为第三栋:外墙为红砖砌成,屋脊为燕尾式,正厅门上的"陶渭流芳"匾用交趾烧贴成,屋檐下装饰着许多栩栩如生的交趾烧的故事人物像,马背下红砖砌成的山墙衬以花篮壁饰,隐透出屋主的爱好。位于新竹县竹北市六家东平村的六家林氏古宅,为典型的林姓聚落。乾隆十四年(1749年),林衡山、林先坤父子从广东来台,经过多年开垦,成为富甲一方的大户,各地族人相继迁来,开始在周围建土墙,并在东、西、南设隘门。聚落内有价值的古厝为大夫第、问礼堂及林家祠等三座建筑,其中问礼堂因是台唯一仅存的"家族法庭"而备受注目。当时凡林氏族人中有作奸犯科者,皆在此由族老进行审判,此权由官府授予。问礼堂为三合院,左右护龙分别称为"双桂轩"与"教宗第",前厅外墙由土砖砌成,外面再抹以白灰,屋脊平实,线条单一,毫不夸张。

　　佳冬萧宅位于屏东县佳冬乡佳冬村沟渚路,1985年11月27日公布为三级古迹。佳冬是客家人集中的聚落,其中以萧姓为大姓,萧宅是台湾目前保存最大最完整的客家民居。萧家祖先萧达梅于清乾隆五十一年(1786年)从广东梅县来台,经营酿酒业。其子萧清华于清光绪年间开始修建此屋,希望造一座与家乡梅县祖宅一样的建筑以解乡愁。这是一座五进四合院的民居,可容百余人,其规模之大,在台湾较为罕见。第一进为门厅,日据时期改为西式,窗下皆为石条,立面为花草动物浮雕,已为巴洛克式建筑;第二进与第一进之间用两道高墙连接,各开八卦门,两边石雕窗刻以夔龙纹,四扇木屏门雕以各类花卉;第三进与第二进之间用过廊连接,红砖矮墙各开一个遥遥相对的八卦门,四扇门板上绘着仙姑、仙翁、白鹤、麋鹿等;第四进与第三进之间虽用过廊连接,但仅对内庭开放,以矮墙隔出内外;第五进与第四进之间没有高墙也没有过廊,出现的大庭院给人以空旷的感觉。萧宅在空间组织上变化多样,或低矮,或高耸,或紧促,或开阔,或封闭,或开放,层次分明,舒卷自如。此建筑体现了客家人敬祖敬神及尊重文化传统的特点。

　　位于屏东县万峦乡西盛路的五沟水刘祖厝,开台始祖来自广东嘉应镇平县招福乡的刘氏家族。清康熙四十五年(1706 年),刘连智等刘氏族人来到五沟开垦。清同治三年(1864 年),后人建造了这座以宗祠门楼为中心,左右及后方有房间围绕,具有客家传统的"团拢屋"格局的民居。其特点是融东西建筑风格为一体,正厅为传统民居形式,屋脊有各类装饰物,两边为微微翘起的燕尾式,红瓦铺顶,墙面为各类雕饰,右侧护廊部分已改建为两层洋楼,与巴洛克式风格的凉亭一道展示着西方建筑的特点。

三、台湾客家人的服饰

　　客家人来台时,随身穿着大陆家乡的服饰。由于台湾气候多暑热,冬无霜雪,为适应此气候的特点,服饰要求宽松、简便。清代时期,客家人不分男女,都穿无领的"大襟衫",襟开于右边,以布制的纽带为扣。颜色主要是蓝、黑、黄、白四种,蓝、黑是用染料染的,价较贵,为了节省,一般多穿黄、白两色,黄色是用黄土染的,不必花钱。衣袖宽大,便于透风,又便于袖口往上反卷。裤子则为大裆裤,又称交头裤,裤裆宽,裤脚大,便于生产劳动,也为了适应当地的气候。裤头则用线织的带子束缚。不管衣或裤,都是棉布制成,夏季炎热时,则用苎麻织的白布制成夏衣,图凉爽。到了清末,男子多穿对襟短衣,夏天穿白色,冬天多蓝色,也有其他颜色。女则短衣右衽,颜色以蓝黑为主。这些都是为了适应生产劳动和气候的需要。日据时期,由于西风东渐,出现了西装革履的服饰。光复之后男子服装多样,或西服,或中山装,或短袖衫,也有穿对襟短褂者。女性服装更为多样,各形各色俱备。

发式方面,清代时男子留辫发,少女披发齐肩,已婚则梳圆髻。日据时期,男子光头短发,女则依旧。

穿鞋方面,在家常穿木屐,上山砍柴穿草鞋,下田劳动则赤足,只有出门作客才穿上自制的黑色布鞋。男子如此,妇女亦如此。今则木屐不见,鞋亦多样。

四、台湾客家人的节日

新年。烧早香,放鞭炮,敬拜天地祖宗,祭祖供品多用素,因为客家人正月初一要食素,不吃荤腥。人人穿新衣,讲好话,春联写的都是吉祥的字句。初二供品改用荤菜,家家也开始食荤。初三倒垃圾,俗称送穷鬼,故此日少出门。初四客人互相往来,妇女回娘家探亲,新婿要到岳父家去贺节。初五称为出年,年轻者舞龙舞狮,准备庆元宵。

天公生。正月初九日传说是玉皇大帝生日,早上备好汤圆、水果、六素(金针、木耳、香菇、菜心、豌豆、豆腐)、面线等供奉祭拜。此日不能晒衣服(尤其是妇女的衣服),也不能挑粪肥,以免亵渎天公。

元宵节。张灯结彩,全家团聚,家家做元宵祭祀天官祈福,晚上花灯游行,舞龙舞狮。花灯中有用客家方言、俚语编写的诗句、劝世文等,南部客家人在此日折榕树枝,拜过土地公后,回家插在鸡笼上,据说可避鸡瘟。

天穿日。正月二十二日,客家人家家户户备好甜饭敬拜女娲神,或叫拜天穿、补天穿。纪念女娲造福人类。

清明节。清明节是传统的扫墓节日,表示"慎终追远"不忘祖先之意。台湾客家人扫墓,有树墓、培墓和压纸三种习俗:(1)树墓。又有树墓一年和树墓三年之别。前者若死者于清明节前下葬,则当年不必扫墓,待次年清明节时扫墓;若死者在清明节后下葬,因清明节已过,故不必扫墓。后者从死者下葬的次年起,要连续三年树墓,第一年须在清明节前一天,第二年须在清明节当日,第三年则在清明节的后一天。(2)培墓。后代子孙娶妇、生子生孙或得功名都要整修祖墓,清除坟上杂草,为墓碑重新描朱,并具三牲祭品或十二色菜蔬(韭菜、鱿鱼、春干、甜菜、甜芋、肉醢、苴头、莴菜、莲子、枣子、竹笋、猪肠)和果类等敬奉先人。(3)压纸。为坟墓培土除草,在墓碑头上压上冥纸(称为坟头纸),作为一年一度拜墓的标志,也表达子孙的孝思。

端午节。又称端阳节。台湾客家人以此纪念古代爱国诗人屈原。此日家家门户上插有菖蒲、艾叶等,以驱瘟疫,孩子挂香包以避邪,备三牲敬神祀祖,包粽子、划龙船以纪念屈原。还有储藏"午时水"的风俗,传说此水长久不坏。诗人还在此日集会吟诗,弘扬诗歌,故端午节又是诗人节。

七夕。七月初七日为乞巧节,相传天上牛郎、织女在此夕由喜鹊搭桥相会。妇女于晚上设香案摆上麻油鸡酒、麻油饭、瓜果、饼干等祭拜,并摆有一脸盆水、镜子、胭脂、白粉等让织女(七星娘)梳妆,还对着天上穿针引线,祈求织女赐给一手好的针线技艺。未婚女子祈求能有一个如意的郎君。青年男女则相约密会,因而成为中国式的情人节。又传此日是七娘妈生日,民间认为七娘妈是儿童的守护神,每个人在16岁以下皆受七娘妈的庇护。因此这一天人们或到寺庙祈福,或在乞巧后用古钱贯钱,以保平安。

中元节。七月十五日是中元节,祭拜孤魂野鬼,俗称做普度。据传说孤魂野鬼游荡漂泊,无处依归,饥饿则为非作恶,于是人们于每年七月初一鬼门关开启放出孤魂野鬼(俗称"好兄弟")之时,供物祭拜,时间长达一个月,到二十九日或三十日中午前关闭鬼门关时结束,故七月又称鬼月。这一月天天做普度。普度又分私普和公普(庙普)两种。私普是在家门口祭拜,或邻里共祀,公普则以寺庙为据点,规模宏大而隆重,由各村庄轮流举行,后因所费不赀,时间太长,改为七月十五日统一举行。

中秋节。八月十五日是一年中月最亮的时候,月圆人聚,故又称团圆节。是夜,家家户户在庭院摆开桌子,放上月饼、糖果、花生、柚子等敬月赏月。月饼圆满如月,取团圆之意。柚子,"柚"与"佑"谐音,取吉祥之意。此日亲戚朋友间互赠月饼。客家人则趁第二期稻作收获之前的此时,在伯公庙上演平安戏,答谢庇护之恩。

重阳节。九月初九日是重阳节,又称重九节。古代人们在此日相约登高插茱萸以避祸。台湾人则认为九九是长久长寿之意,故定此日为老人节。此时天高气爽,有放风筝活动。客家人此时农事已基本完成,便宰牛羊祭天,庆五谷丰登,俗称"完福"。次日有山歌、采茶戏等活动。南部地区的客家人,则有引燃鞭炮,攻进城堡的"攻炮城"的民俗活动。

冬至。冬至节各乡人都到县城祠堂祭神(乡下的祠堂,年节时祭),所以县城特别热闹。家家团聚食汤圆。倘若此年生有男婴,要在冬至这天挂新灯于梁上,并在庙里分发红饭。

腊月。十二月初八日为腊月,煮七宝五味粥食,称为腊八粥。

祭灶。十二月二十四日是送神日,尤其是送灶神上天,各家都设供品祭送,供品大多是甜食,如麦芽糖、水果、糖圆等,让灶神上天汇报时讲好话,祈求一家幸福。

除夕。从祭灶之日起,便开始过年的活动。主要是准备过年用的东西,俗称"年料"。例如香烛、金银纸、红纸、门神等,还有杀猪宰鸡鸭等。然后开始种种过年的活动,如:贴春联,挂灯笼,大门口灯笼上写本屋的姓和堂名。例如本屋姓张,就在灯笼上一面写个"张"字,另一面写"清河堂"三个字。贴门神,在大门左右两旁各贴一张,用以避邪。贴红纸:在风车、砻、厨、猪栏、牛栏等各处都贴上红纸,以表示吉利。

到了三十日,即"除夕"。"除夕"的活动有:小孩敲锣打鼓,大人玩玩踏板，酬神完福，用药水洗身。吃团圆饭，饭菜必须有剩余，取粮食丰足好兆。留火种，团圆饭煮好后要留下火种，这样初一不必到别家取火。

五、台湾客家人的信仰

台湾客家人信仰多种神灵，分别为自然神、宗教神和人神。

自然神，主要是天神和地神。天神，如玉皇大帝，客家人称为"天公"，认为所有的神都在"天公"统率之下，其为至高无上之神，故在客家年时节日中，以正月初九日为"天公生"，即玉皇大帝圣诞。家家户户备好供品顶礼膜拜。另一个天神是中国古代传说中补天的女娲神，客家人认为女娲神创造了人类和婚姻制度，使人能够繁衍不绝，而且有补天之功，拯救了人类，故以正月二十为"天穿日"，准备甜饭敬神。土地神，即土地之神，客家人称为"伯公"。在农业社会，土地跟人们的生产和生活有着十分密切的关系，人们认为土地神是农业生产和六畜兴旺的保护神，而且也是建筑工程、交通工程和商人经营的保护神。台湾客家人每年有三个伯公生日：一是二月初二日，二是四月初八日，三是八月初二日。届时要备牲畜祭品等祭祀，祀后餐饮，称为"食伯公福"（简称"食福"），还要演戏，都是为酬谢伯公的庇护。

宗教神，主要指佛教诸神。最受信仰的是释迦佛、观世音、地藏菩萨。释迦佛是佛教教主释迦牟尼，台湾许多佛教寺庙佛堂，都奉祀释迦佛，并以四月初八日为释迦佛生日，各寺庙佛堂举行活动，煮香水为佛洗身。观世音传说能化 32 种形象来世间救人，具有千手千目，能救航海罹难者，又是送子娘娘，给妇女送子，因此特别受到渡台和已婚妇女的尊敬。据传二月十九日为观音转劫日，六月十九日为观音披剃日，九月十九日为观音正位日，习俗以转劫日为其生日，许多寺庙都有观音塑像或图像，信众的家里也奉有观音像，早晚烧香供奉。故在台湾客家有"家家阿弥陀，户户观世音"

之说。地藏菩萨又称地藏王,传说他统管阴间十殿阎罗王,奖惩人间善恶,善者升入西天极乐世界,恶者使堕地狱。其神像坐于灵兽地獄之上,庄严而慈悲,七月十五日是其生日,七月三十日是其成道日,每年此时,信众都涌向地藏神前上供跪拜,还有不少人通宵诵经。

人神,主要是祖先、义民和妈祖。客家人是十分敬奉祖先的,家家户户的正厅都供奉祖先牌位,或早晚烧香供奉,或年时节日备供品祭拜,以示不忘根本。台湾客家人虽远离大陆原乡,但对原乡的祖先仍然敬奉不替,以原乡的堂号为荣。客家人聚居之处则建有宗祠,供族人祭拜,而且按族谱追根寻宗,作为追念祖先的一件大事。所谓义民,是在朱一贵、林爽文等起事时,台湾客家人联宗联乡为保卫乡土而牺牲的民众。客家人把牺牲者奉为忠义之神,作为客家人的保护神,设义民庙奉祀。全台共有义民庙30多座,其中以新竹县新埔镇下寮里的坊寮义民庙的规模最大,祭祀范围最广,民众信仰最虔诚。每年农历七月二十日为义民节。此日,远近数以千计的客家人手持黑旗迎送义民爷回坊寮总庙,更换新的香旗,举行祭典后迎回家里奉祀。祭典中还举行竖灯篙、安大士爷、放水灯、普度等活动。客家人把妈祖奉为保护神,但祀奉活动与闽南人不同。闽南人在三月中,而客家人则在新年假期中,向北港妈祖庙迎请妈祖神像,游行至各村驱邪,并演戏,场面十分热闹。

客家人普遍信仰三山国王。三山国王本是粤东一带奉祀的保护神,随着客家人移垦台湾,三山国王神也随之到了台湾。台湾客家惯称其为"王爷"(与瘟神"王爷"有别)。"三山国王"是广东饶平县的独山、明山、中山等三山神的称呼。据说南宋末年帝昺在此地受困,有一匹马载其渡河脱离虎口,于是敕封三山神为"三山护国公王"。三山国王是台湾客家人重要的保护神,客家人在其聚居之处都建三山国王庙,所以有人说有三山国王庙之处就有客家人。全台共有三山国王庙180座左右,仅宜兰县就有34座。客家人以二月二十五日为三山国王的神诞,客家人都以五牲、鲜花、水果祭拜,举行盛大的祭典,并献演野台戏。

六、台湾客家人的生育

由于受到中国传统礼教的影响,台湾的客家人把生儿育女看作传宗接代的一件大事。其生育的习俗具体程序如下:

保胎。妇女怀孕,俗称"有喜"。怀孕期间举止要谨慎小心,食物也要注意,孕妇房中的器物不宜移动,以免惊动胎神。如有触动胎气,要及时服用"安胎散"或"十三味"。并买安胎符存在孕妇身上、床上,或烧之成灰洒于蚊帐上。怀孕十月时,亲朋好友于逢三之日("三"与方言"生"谐音)送蛋粉给孕妇食,称为"催生"。

做月日。客家人称分娩为"轻"。孕妇在家由产婆接生,胎盘用纸包好埋于自家宅旁的地里,不能随便抛弃。产后一个月称为"做月日",此期间,夫妇不能同床,产妇洗脸洗澡需用热水,但不能洗发,以免得"头风"之病。产妇需食麻油鸡酒以补身体。

洗三朝。婴儿出生第 3 天,用桂花心、柑叶、水煮成香汤,并在汤中放 3 块石子和 12 个铜钱,给婴儿洗澡,称为"洗三朝"。放石子是期望婴儿"头壳坚"(健壮),放铜钱是期望婴儿有财运。

报婆缮。在婴儿出生 12 天时,要备好红蛋、肉圆、酒等,送到外婆家报喜,称为"报婆缮"。外婆家也会回赠婴儿穿用的东西。

做满月。婴儿出生满一个月,要祀神祭祖,禀报生子喜讯,在祖宗牌位前,用朱笔写上婴儿名字及出生年月日时于家谱上。婴儿第一次剃头,称"剃满月头"。这一天贺客盈门,都会送礼,外祖父母则馈赠项链、八卦带链、被子、衣裤鞋帽等给婴儿。产家则宴请来客。

做百日。婴儿出生满百日,则举行庆贺活动,外祖父母会携带一些礼物来道贺,看外孙。

周岁。婴儿出生满周岁,婴儿家要祭祖祀神,感谢并祈求保佑婴儿。外祖父母馈赠鞋帽、衣服、玩具等礼物给婴儿,称为"做对岁",并让婴儿"抓周",即在男婴面前摆下书、笔、糕饼、钱币、酒壶、胭脂盒等,让其自取,以揣测其未来作为,称为试儿,又称"盘会"。如果婴儿抓取笔墨,则认为其会读书做官;如果抓取胭脂粉,则认为其会成为花花公子等。若是女婴,则摆些剪刀、针线、珠宝等,任其自取,以揣测其智愚和贪廉。

七、台湾客家人的婚礼

台湾客家人的婚俗,大约有以下几种程序:

说亲。男家托媒人向女家提婚,或媒人知道男女家找对象,就去提婚牵红线。如果双方都有意,下一步就是相亲。

相亲。男家托媒人到女家商量好日子,由媒人陪同男子及其爷母,到女家相亲。该女子由一个女子陪同端甜茶出来敬来客,然后退出。过一会儿,该女子再出来收茶杯,男方则放红包在茶杯内,红包内钱多,则表示男方已中意。

合婚。相亲后双方同意,女方则将女子的出生年月日时写在红纸上,托媒人送给男方,男方拿到后放在祖宗牌位前,烧香禀告,如果三日内没有发生不吉利的事,则将男女双方时辰八字请算命先生测算,称为"合婚",如果认为适合,就进一步调查了解对方的情形,例如家庭状况、个人的性情及健康等情况。

送定。双方都赞成这桩婚事后,由女家开列条件,例如聘金、金饰、礼饼等数量,托媒人送至男家,男家则提出要妆奁若干,双方条件商定后,用书面写成婚约(或称"合婚字"),双方家长及媒人均签字画押,各执一份为凭。这就是订婚,客家人称为"过聘"。女家接受过聘的聘礼,表示许嫁,男家则称为聘定。订婚之日,准新郎和其父母及亲戚等由媒人陪同前往女家,人数要合双数,以六人最为普遍,因客家话"六"与"禄"谐音。并带去婚书(男家送给女家的婚书,俗称"乾书")以及过聘的礼物。女家则收下,将部分礼品供奉于祖宗牌位前,焚香祭告后准新娘由一个全福妇人陪着出来敬茶,然后退入房中。来客饮完茶后,准新娘再出来收茶杯,准新郎要拿出一个大红包和金器等放在茶盘上,称为"扛茶压茶盘"。此时媒人请女家主婚人出来"收定","收定"后即开宴待客。准新郎离开女家时,女家把男方送来的部分礼物,回送男家,并要回复婚书(女家送给男家的婚书,俗称"坤书"),另外回赠6件、12件或16件礼物。

报日子。男方确定迎娶日期后,通知女方,客家人称为"报日子"。如果女方同意,则让媒人告知男方。女方则在新娘出嫁前一两天,会派且郎(帮新娘搬运嫁妆的称为且郎)把嫁妆送到男家,男家需送红包给且郎,称"且郎钱"。

迎娶。迎娶前双方都要做好准备。男方在迎娶前一天,请全福的老妇按占卜所定的时辰安置新床,垂挂蚊帐,当夜新床不能空着,也不能一人独睡,要有一个男人或男童陪新郎同睡。女方则请一位好命、富贵的长辈,为新娘开面(即用线拔去面毛,以兆吉祥)。结婚之日,新娘要早起沐浴,梳妆,穿戴好礼服,礼服一般是大红长衫,并披上红头巾。新娘向列祖列宗及父母亲人跪拜辞别,长辈为其蒙上大红头盖,用可以辟邪的米筛开路,让其跨过轿前下方一大把筷子(表示能顺利早生贵子),由高寿和儿孙满堂的至亲妇人引上花轿。花轿起程时,男家泼一盆水在轿顶,表示新娘到夫家能和睦相处,白头偕老,不再回到娘家。男家迎娶则由媒人或新郎之弟代迎。迎娶队列的次序:放鞭炮者先行,然后是拖青(由一童子拖桃枝开路,以袚除不祥)、子婿灯、媒人轿、新娘轿、八音队、舅仔灯(打灯轿)、迎娶者、送礼品。花轿到达新郎家时,有鼓炮迎接,新郎用扇敲击轿顶,使神煞避去。新娘由全福妇人引导下轿,媒人即用米筛遮在新娘头上,或用伞遮盖,尤其是用油纸伞,客家风俗以为油纸伞象征多子多孙(因纸与子谐音),油纸伞张开呈圆形,象征团圆。新娘被引入屋时,不要踩到门槛,以免触怒门神。

　　拜堂。吉时一到,新郎和新娘就在正厅先拜天地,次拜祖宗,再拜父母,然后夫妻对拜。但也有地方客家人只有拜祖宗的习惯,没有拜父母的习惯。

　　饮交杯酒。新郎新娘入洞房,洞房里已高烧红烛,桌上摆着鸡肉、面条和两个鸡蛋。所谓饮交杯酒,实际是将两个蛋分盛两碗,新郎新娘各端一碗,互相交换,新郎先吃一个后,新娘又把手上的那个也给新郎吃。吃完蛋后,把一颗糖圆放进碗里,倒一些酒磨溶后,再倒入酒装满一碗,让洞房内所有看热闹的人,每人都喝一口,分享喜悦。

　　以上种种结婚仪式,现今已有许多变化,男女自由恋爱以至结婚,已省去说亲、相亲、合婚、送定等程序,聘定礼物往往用现金代替,省去许多繁杂。而迎娶则由新郎坐汽车前往亲迎,婚宴则多设在酒店,也省去在家设宴的许多麻烦。甚至已简化到只行订婚、结婚两种仪式。

八、台湾客家人的葬礼

　　台湾客家人的丧葬有以下种种礼俗:

　　出厅下。病人无法救治,即将断气,就抬其放于厅下木板床上,男左边女右边,叫作出厅下。

　　买水。人一死,其子孙就拿个新瓦罐去河边,先烧纸钱,后汲河水拿回家给死者洗面洗身。称为买水。除为死者洗面抹身外,男死者要剃头发;女死者由媳妇为其梳头。

　　穿寿衣。病人一死,即给其穿上寿衣,"上六下四",即上身六重衣衫,取"六六大顺"之意;下身四重裤子(夹裤可算两重),与"能够下世"谐音。还要穿鞋、袜、手套,男者要戴帽子,鞋要穿布鞋,不能穿皮鞋。死人的衣裤要埋掉或烧掉。

　　点灯烧冥纸。在死者头之侧点上盏小灯,放一个瓦钵,并烧冥纸,意为送死者往阴间照明,使死者有零用钱。还要给死者口中放个银钱。

报丧。派人遍告亲戚,称为报丧。男死者,要向五服之内的亲属报丧,女死者还要告知外(娘)家男女。

小殓。小殓要选择吉时,在棺木内铺上一寸黄纸,将死者抬入棺内,死者头垫菱角枕,左手握扇子,右手握桃栲串的板(称"打狗板",给死者往冥间路上防狗之用)。并放入陪葬物,如烟筒、拐杖、梳子、镜等于死者身旁,又用银纸充填棺内,然后盖上被子,称为"盖面被"。

大殓。小殓选吉时,大殓要选吉日。大殓前先敲锣三响,死者如是男性,就由族内父兄主持,如是女性,则由其娘家父兄主持。先由主持人用小铁钉串五色布或五色丝线钉于棺盖头,然后由孝子孝孙的代表,用口咬起置于灵位前的香炉内,俗称"子孙钉"。接着用四支粗钉,钉在四角,俗称"四支钉"。封棺前要唱:"一钉,添丁及进则;二钉,福禄天降来;三钉,三元生贵子;四钉,子孙满厅台。子孙钉,子团圆,子孙富贵万万年。"棺盖盖上后就由木匠钉好,大殓之后,灵前每日三餐都要供茶、饭,并有盆水、面巾等。

成服。大殓之后,死者之家就要戴孝,称为"成服"。服饰按亲疏各有不同,孝子穿麻衫,戴麻帽,着草鞋,提孝杖。孝杖父死用竹杖,母死用桐杖。

做道场超度。一般在出殡前一天举行,请和尚念经,求观音菩萨超度亡魂。做道场后,就要布置好第二天吊丧的场面,摆好鲜花、果盘、挽联、花圈等。

出殡安葬。客家人认为人死后应早日入土为安,一般死者两三天即要入土安葬。出殡时有家祭和公祭两种仪式,公祭是由亲朋好友致祭。出殡先打三响铜锣,用四人或八人抬棺,在前面有个大人在散纸钱,称为"买路钱"。孝男要扛着香炉,香炉内插有用红纸写的神主牌。安葬后又把香炉扛回家,和尚边打铙钹边念经,用纸旗左招右招,称为招魂。每日三餐要在灵位前供菜饭,俗称"饿饭”,一直到七七四十九日满。

捡骨迁葬。客家人素有"二次葬"的习俗,葬后三年至十年间,必须请捡骨师开棺捡收先人骨骸,拂拭曝晒后,按趾、足、腿、股、脊、胸、手、头的顺序,放在高约三尺、径约一尺的瓮内,择吉日竖墓碑。

九、台湾客家人的祭祀

祭祀习俗,各民族各地方都有不同。台湾客家人的祭祀,有种种习俗:

祭祀仪式。一般分为公祭和家祭。公祭是祭祀公众共奉之神,如妈祖、城隍、土地(俗称伯公)、孔圣等,其中以祭祀妈祖最为隆重。家祭又分为堂祭、墓祭、祠祭。堂祭限于祭祀高、曾、祖、考四代先人。四时节令或以上所举的先人忌日,都需举行礼式。墓祭是祭祀先人之墓,每年清明节或十月朔日,由家长、族长率领家族中子弟扫墓并致祭。祠祭则到本族祠堂祭祀合族祖先,每年春秋两次。

祭祀程序。神前摆列祭品;点烛;向神献茶三杯;焚香迎神;献上第一次酒;掷杯筊问神何时降临,"神降"则献上第二次酒;向神祈祷,并掷杯筊问神是否应许;双手捧上冥纸鞭炮,供神明察;焚冥纸,燃鞭炮;献上第三次酒;掷杯筊问神餐毕否;以酒泼冥纸灰烬。

祭祀供品。祭祀所用供品称牲醴,一般有三牲、五牲之别,五牲用于地位比较高的神,指的是猪肉、鸡、鸭、鱼、蛋(或以他物代)等,三牲用于地位低的神(如土地公、灶君等),在五牲中任取三种。祭孔依古礼要具大牲,以全头牛、全头羊致祭。除牲醴之外,还有菜饭、菜碗、果盒等供品。菜饭是油饭和十二种以上的荤菜,用于祭祀祖先或野鬼孤魂。菜碗则是十二碗各种素菜,用于祭佛(如释迦、观音等)。果盒是用盒或盘盛的糖果、鲜果、糕点等,用于一般祭祀。

茶酒。一般是清茶三杯,杯中放干茶叶亦可。拜神用酒三杯,祭祖先则五杯、七杯、九杯或十一杯,必须取奇数。

跪拜之礼。有徒手拜、跪拜、焚香拜之别。所谓徒手拜,即是空手未带香烛来拜,佛、道不同,佛家以双手合掌而拜,道家则以左手包住右手,右手又抱于左手大拇指之外,取阴阳两仪全抱之意。跪拜是有拜有跪,一般是一跪三拜,拜时头要触地。三跪九拜则表极为虔诚,跪时先出左脚,手触地时要手背向上(代表阴)。拜丧则要四跪十二拜,跪时先出右脚,手心向上(代表阳)。焚香拜,要燃一炷香或三炷香,也可多燃,但阳事需用奇数,奇属阳。丧事或拜阴神则用双数,双属阴。插香需用左手。

拜神次序。至寺庙拜神,如有诸多神位,要按神的格位高低,决定拜的先后次序,先拜天公,再拜寺庙的主神,后拜从祀之神,对于两旁诸神,则先右后左。

掷筊是向神请示吉凶祸福。掷筊前先向神说明掷筊请示的原因,拿起神案上的筊,双手合十参拜,在神案香炉上的香烟中绕一次或三次,然后把筊投到地上,落地的筊便会出现三种不同的情状:(1)两筊一正一反,俗称“卜有否”,表示神许诺。(2)两筊皆反,俗称“卜无否”,表示神怒,凶多吉少。(3)两筊皆正,表示吉凶参半,或不明其意。可再向神陈述原因,再继续投筊,直到能辨明吉凶为止。

第四节　台湾客家人的文学艺术[③]

一、台湾客家人的歌谣

当台湾客家人的先人来台时,沿海平原已为闽南人所开垦,不得不到未开垦的丘陵地带开辟农耕事业,环境恶劣,劳动十分辛苦,而且来台者文化程度都不高,既没有闲暇,也不能用纸笔从事文学作品的创作。但是客家人在闽西、粤东一带的山区,就有口唱歌谣的传统,来台的客家人在劳作之余,少有娱乐,便以口唱歌谣来抒发心中的苦闷和激情。这种口唱歌谣随兴而唱,既不费时,又不需纸笔,是一种最为便宜而又最为真实的歌唱文学,也是台湾客家人早先最主要的草根文学。到了后来这种口唱文学被有文化的人记录或写成,于是才留传下来,有的数十年后才被人们发现。台湾客家人的歌谣按其内容和形式,主要有以下几种。

(一)叙事歌谣

这种歌谣是以叙述的方法,诉说一个事件或某个经历。如《台湾番薯歌》叙述客家人移垦台湾的经历。《温苟歌》记述清代道咸年间发生在今之新竹县横山乡的一个事件,主人公温苟受到刘阿城告发,为官差追捕,逃入西鳌社(今五峰乡茅圃村)成了番社的人。《记麻歌》记述北埔金广福垦号姜家第三代家人和一个名叫记麻的人之间的恩恩怨怨。《吴阿来歌》则记述今之苗栗县铜锣乡吴阿来于清光绪二年抵抗清军讨伐之事。《姜绍祖抗日歌》则记载了姜绍祖抗日的不平凡事迹。这些歌谣多是以手抄本留传,可见失传的一定不少。

(二)抒情歌谣

此类歌谣,主要是男女情歌,男女双方互诉相爱之情。例如《客家相褒歌》:

　　　　(男唱)讲起爱恋就来恋,人无两世在阳间,
　　　　人无两世阳间在,花无百日在高山。
　　　　(女唱)今唔风流等何时,莫来阳间郁死里,
　　　　阴间还系过日子,阴间正系老住居。
　　　　(男唱)到处杨梅花一样,哪有阿妹唔恋郎,
　　　　哪有阿妹柬贞节,贞节久里命唔长。
　　　　(女唱)哥哥讲来真情理,今唔风流等何时,
　　　　贞节也毛牌坊起,风流一时正一时。

（以下略）

这一对男女已是生死之恋，敢于冲破传统道德的束缚。

客家歌谣主要是五七言，间亦有三言，押韵是用客家方言的音韵，不讲求平仄。

二、台湾客家人的谚语

谚语是先人在生活和生产的实践中得到的一种具有普遍指导意义的体验，并用通俗语言说出的话，所以往往能给人的生活和生产起引导的作用。客家人的谚语是其祖先留下的宝贵文化遗产的一部分，有的产生自大陆，有的产生于台湾，两者组合成台湾客家谚语。按其内容可分为以下几个种类。

（一）关于人生处世

人争一口气，佛争一炉香。

人怕无光，树惊无皮。

火要窿空，人要灵通。

出门低三辈，处处是方便。

瓜田不纳履，李下不整冠。

百般皆可让人，绝不能脱裤做人情。

你敬人一尺，人敬你一丈。

见人说人话，见鬼说鬼话。

来说是非者，便系是非人

食人一口，还人一斗

（二）关于学习

后生不肯学，老来无安乒（后生：年轻）。

读不尽的书，走不完的路。

老来学吹笛，吹到会来须又白（意为要趁早学习）。

若爱学问好，必行问三老。

三更灯火五更鸡。

古井水蛙(讽刺不学)。

（三）关于伦理亲情

打在子身,痛有娘心。

打虎亲兄弟,出阵父子兵(喻亲人最可靠)。

惜花连盆,惜子连孙。

一母生九子,连母十条心。

一代亲,二代表,三代没了了。

公不离婆,秤不离砣。

（四）关于贫富

富人一口,穷人一斗。

富贵若是长存在,河水也会倒退流。

钱是传手宝,左手来右手去。

钱唔系(不是)万能,无钱万万不能。

冤枉钱,水流田,血汗钱,万万年。

家贫不是贫,路贫贫死人。

（五）关于人品

当让不让,十九上当。

猫哭老鼠,假慈悲。

谦者成功,夸者必败。

玉兰有风香三里,桂花无风传千里。

但存方寸地,留与子孙耕。

（六）关于谈吐

三寸舌麻(舌头),害了六尺身。

良言一句三冬暖,恶语半句六月寒。

病由口入,祸从口出。

闲话一大堆,正经无一撇。

嘴唇两层皮,讲好讲坏都由你。

逢人只说三分话。

卖花人讲花香,卖药人讲药方。

(七)关于婚姻爱情

五六七摆(次)母相亲,八九十世也无缘。

新打茶壶锡鎏铅,总爱有惜正有缘("惜"与"锡"、"铅"与"缘"谐音)。

藤生树死缠到底,藤死树生死也缠。

看对头,毋看门楼(意为要看对象,不要看门户高低和贫富)。

花莫乱采,娇莫乱贪。

嫁鸡随鸡飞,嫁狗随狗走。

靓丑无比止,中意正惨死(漂亮)。

(八)关于民俗

初一食日斋,初二转(回)外家。

年到初三四,各人打主意。

年到初五六,无酒又无肉(意为注意养生,不要喝酒吃肉)。

年到初七八,家家持粥钵(意为恢复平常的生活)。

灯笼恁靓(很漂亮)爱点灯,阿妹恁靓爱笑容(指过元宵)。

(九)关于节候农事

正月雷鸣二月雪,三月无水做田缺,四月秧打结(意为正月雷鸣二月下雪,预兆三月会旱,农事将不顺)。

清明前好莳田,清明后好种豆。

四月四桃子来李子去。

四月初八晴,瓜果好收成。四月初八雨,牛虻慢慢死。

五月南风涨大水。

七月头立秋,早暗也有收。

云启遮中秋月,水打元宵夜。

十月小阳春,无雨暖温温。

大寒不寒,人马不安。

从以上可以看出台湾客家谚语的特点:其一,多为五七句型,其次是四句,七字以上的句型罕见,这是受到中国诗歌传统句型的影响。其二,不少谚语是以对偶形式组合而成的,例如"富人一口,穷人一斗。"意为富人吃一口可顶穷人一斗粮。又如"谦者成功,夸者必败"、"良言一句三冬暖,恶语半句六月寒"、"玉兰有风香三里,桂花无风传千里"等。其三,先以别的事物提起,后说出正意。例如:"火要窿空,人要灵通。""惜花连盆,惜子连孙。""猫哭老鼠,假慈悲"等。其四,先言正意,后以别的事物引证。例如:"人争一口气,佛争一炉香。"意为连佛都要争第一,人岂能不争气。"公不离婆,秤不离砣。"意为秤离不了砣,夫妻岂能分离。其五,多用方言。上列谚语中,用了一些客家方言,例如"后生"、"系"(是)、"爱"(要)、"唔"(不)、"舌麻"、"摆"、"次"、"惨死"、"恁靓"等等。

三、台湾客家人的音乐

台湾客家人虽都来自大陆的粤东北及闽西南一带,但由于移入台湾时间的先后和来自故乡的不同,造成了台湾南部和台湾北部客家山歌所用的音乐曲调有所不同。

(一)台湾北部客家山歌的音乐曲调

早期客家人从大陆移入台湾的,多是从广东的嘉应州和海丰、陆丰地区来的,故苗栗地区的山歌多使用四县腔(梅县、蕉岭、兴宁、平远四县),大湖、卓兰使用饶平腔,新竹、桃园地区则多使用海陆腔。而台湾北部的山歌音乐曲调,主要为《老山歌》、《山歌子》、《平板》和《小调》。《老山歌》是曲牌名称,为台湾北部客家人最古老民歌乐曲,歌调由唱者即兴而发,由四句七言组成。《山歌子》也是曲牌名称,此曲由《老山歌》发展而来,故其曲调形式与《老山歌》相同,歌词也是由唱者即兴而发。《山歌子》后来演变成《初一朝》、《上山采茶》、《送金钗》、《打海棠》、《劝世文》等小调,《山歌子》虽由

《老山歌》发展而来,但其节奏与《老山歌》不同,《老山歌》节奏自由,向上音延长,拖得较长,而《山歌子》节奏则较为固定,速度较快。《平板》由《山歌子》演变而成,又称为《改良调》或《代茶调》,歌词也是七言四句,由唱者即兴而发。唱起来有板有眼,颇有韵味,故深受客家民众欢迎。《小调》即是客家民间小曲。每首小曲的名称、旋律、歌词都是固定的,不像前三种那样可以即兴演唱。有些小曲是从广东客家家乡传来的,如《闹五更》、《瓜子仁》、《五更调》、《十八摸》和《十二月古人》等。有些是在台湾受到其他的民歌影响而形成的,例如《撑船歌》是与闽南的《桃花过渡》结合而演变成的,《都马调》则取自歌仔戏中的《都马调》。

(二)台湾南部客家山歌的音乐曲调

广东客家人开垦台湾南部,始于清朝康熙年间清军入台,明郑军队和清军中客家人在军队解散后开发六堆地区。后来往周围发展到美浓地区。美浓地区三面环山,一面依水,封闭的地理环境,加上人口几乎全是客家人,造成了这个地区独特的客家文化,与台湾北部客家文化有所不同,成为台湾南部客家文化的代表。当地特别重视对大陆家乡客家传统文化的继承,不忘祖宗和耕读传家的风气特别浓厚,因而爱唱客家山歌也成为美浓客家人的传统。美浓客家山歌既继承了大陆家乡山歌的传统曲调,又因在本地环境中受到其他民歌的影响而创造和发展了独特的曲调。美浓山歌曲调有的是来自广东家乡的器乐曲调,如《大埔调》是广东大埔地区流传的笛子唢呐高调《广东大埔调》的片段,经过加工后以家乡之名命名《大埔调》。有的是受其他民间音乐的影响而产生的,如《桃花间》、《五更鼓》、《病子歌》等,是借用了闽南系歌舞小曲的曲调,改用客家话来演唱。《串山谣》的曲调是台湾少数民族所唱的一首民歌,美浓人则称为《番仔曲》。《都马词》是歌仔戏里的一种重要唱腔,自台湾北部传入美浓后,受到美浓人的喜爱,便改用客家话即兴填词演唱,并将歌名改为《下南调》,取北部南下之意。有的直接取自戏曲曲牌调,如《卖酒歌》的曲调,是取自流行的北管戏曲中的《闹五更》的前半段,加以变化而成客家山歌。但也有的是美浓地方产生的道地的美浓山歌调,如《大门声》(一)(二)、《新民庄调》、《大埔调》、《美浓小调》、《送郎》等,都是其他地区客家人不会演唱的美浓歌谣。歌唱者都可以自由选择适当的歌词演唱。七言四句,以两个乐段成为一首完整的山歌。例如《美浓小调》歌词:

> 牛眼打花叶扒扒,老弟住在山寮下,
>
> 大家上下要来聊,先杠槟榔后扛茶。
>
> 山歌唱来大家听,莫嫌山歌莫嫌声。
>
> 前生吃来鸭公肉,今生唱歌鸭公声。

（三）台湾客家人器乐

台湾客家人有所谓"八音"之称。中国古代的"八音"是指金、石、丝、竹、匏、土、革、木等八种材料所制的乐器。金乐器主要是钟、镛、钲、铙等,石乐器指各种磬,丝乐器主要指琴、弦琴、瑟等,竹乐器主要指管、龠、箫等,匏乐器主要指簧、笙、竽等,土乐器主要指缶、埙等,革乐器是各种鼓,木乐器则有祝、敔。而台湾客家所称的"八音"是指团乐队的编制,其演奏时所使用的乐器,一般有四类:吹管乐器,如唢呐、管、笛(竖箫与横箫)等。拉弦乐器,如二弦、喇叭弦、京胡等。弹弦乐器,如三弦、秦琴等。打击乐器,如单皮鼓、拍板、邦子、竹板、通鼓、小钹、小锣、小铮锣、大锣等。这些器乐的演奏,是依演奏的场合而定的。美浓客家人演奏,一般分为四人组、五人组、六人组、七人组和八人组。最普遍的是四人组,八人组规模最大。在演奏吹场音乐(俗称闹厅)时,吹奏《大开门》、《大团圆》、《福禄》,以唢呐吹奏为主,鼓钹锣伴奏为辅。吹奏客家名曲则以单支唢呐为主奏,而以胡琴、扬琴、鼓、击板等协奏为辅。

四、台湾客家人的戏剧

台湾客家人的戏剧,一般认为源自大陆赣南的采茶戏。明代赣南盛产茶叶,采茶女在采茶时常唱采茶歌,如《十二月采茶歌》。久之,受到当地马灯、龙灯,以及粤东采茶灯的影响,在唱茶歌之时,增加了灯、扇、茶篮等道具,载歌载舞,于是形成了有歌有舞的采茶灯。明末清初采茶灯在东河戏影响下,进一步发展为唱、做、念、舞都具备的采茶戏。早期的采茶戏只有三个角色,两旦一丑,故称三脚采茶戏。例如《姐妹采茶》戏中,两旦扮大姐、二姐,上山采茶唱《十二月采茶歌》,手持茶篮,且歌且舞,丑扮茶童,摇着纸扇打诨。后来增加了戏的情节,成为较完整的小戏,例如《送哥卖茶》,就有开茶园、炒茶、盘茶、送郎下山卖茶等情节。

当时赣东南、粤东北、闽西南一带,新居者大多是客家人,而移入台湾垦殖的客家人多来自这些地方,于是客家三脚采茶戏便随着传到了台湾。成书于光绪年间的《安平县杂记》的《风俗现况篇》,已提到当地在年中之普度时,表演"采茶唱"。到了清末民初,采茶戏在以丑、旦调情戏谑的基础上,经过自编,扩展成为有身段、有丰富故事情节和唱腔变化多样的相褒戏。至民国十余年,台湾各种剧种盛行,如歌仔戏、北管戏、正音班、车鼓戏等,尤其是上海京班、福建闽班来台演出,并受邀至歌仔团、客家戏班教授,因而客家戏班既受台湾歌仔戏、北管戏的影响,也向大陆的京班、闽班多有借鉴,学习其台步、行头、布景等,并增加了戏的内容,于是逐渐形成了大戏。

大戏形成后,有的戏班只演采茶戏,有的和京剧杂在一起演出。采茶戏的内容一般有十出:《上山采茶》;《送郎出门》,发妻送卖茶郎出门卖茶;《送郎十里亭》,发妻送别时依依不舍;《罐酒》,卖茶郎卖茶后找酒店女寻欢,忘了回家;《劝郎怪姐》,卖茶郎把钱花光,酒店女劝其回家,卖茶郎反怪其无情义;《接哥转屋》,卖茶郎回家与妻相见;《盘茶》,妻子盘问卖茶郎;《山歌对》、《打海棠》,过场戏,用的是演唱曲调方式;《十送金钗》过场戏,用演唱曲调方式;《盘赌》妻问为何无钱回来,卖茶郎以赌博输掉为答,妻生气回娘家,卖茶郎哀求得到发妻原谅,背妻回家;《桃花过渡》,背妻回家过渡,这一出结尾,包括《撑船头》、《寻夫记》、《撑船歌》三种曲调。这种小戏演出,虽有固定的唱词,但也有角色之间即兴式的对答。有的则在基本架构之下,将卖茶郎在外的境遇、其妻在家的情况,由演员随意变到剧中。故剧情架构大致相同而演出的过程则不一定相同。

客家三脚采茶戏在其发展过程中,吸收了许多地方的不同口音和唱腔,也吸收了许多地方的民谣,故其曲调乐器与唱腔十分丰富,素来有"九腔十八调"之称。由于这种小曲的内容和形式,不适合宗教庙会的要求,不能在庙会戏台上演出,只能在空地、广场、草寮、田边演出,但有时由于观众的要求,也可以在四平、北管等正戏演完之后,演出一段《送金钗》、《打海棠》等,但需经庙会主持者的同意。这种小戏虽不登大雅之堂,但它能够深入民间和偏僻之地,只要有空地有观众就能随时演唱,并且能为卖药厂商宣传服务。

采茶戏班为了生活和营利,必须拓展演出的空间,因而邀请歌仔戏师傅来教唱歌仔调,以便往闽南村庄演出。但没有全盘接受歌仔戏的影响,而是在内容、故事上向歌仔戏学习,把本事搬过来演,唱调则混合歌仔调,台词也有所不同,如果不到闽南村庄演出,则根本不唱歌仔调。所以不能说采茶戏就是客家歌仔戏。

至于采茶大戏,由于打破了三个角色的限制,扩大了演员队伍,角色增加了,有文有武,吸收了许多曲调和演出的故事,增加了身段行头、布景等,戏路渐宽,逐渐能够演出诸如《还魂记》、《错配姻缘》、《三娘教子》、《关公出世》、《桃园三结义》、《目莲救母》等,适应了宗教庙会的要求和需要。但在日据时期,特别是日本在台推行"皇民化"运动时,已经走入戏院成为职业化演出的采茶大戏,和诸如歌仔、北管等戏剧,都受到禁演或摧残,直到光复之后才再度兴起。现今的采茶戏常被客家人用作庙会酬神之用,于是有平安戏和二月戏之称。

　　所谓平安戏，是每年八月秋收之后，为了酬神和祈求平安，搭台演出，故称平安戏。通常是一庄演完一庄接着演，如果是同一乡镇或同一祭祀区，可连演一两个月。既是酬神求平安，又是乡村一种难得的娱乐活动，因而此时往往人们倾村、倾乡而出，故有"采茶入庄，田地翻荒"之说。

　　所谓二月戏，是在二月统一扫墓之日，募捐集资，请戏酬神，连演几天几夜，成为客家特有的节日。

五、台湾客家人的工艺

　　这里所谓的工艺，主要是指用手工制造的艺术，取材多种多样，凡土、石、木、草、竹、金属等，经过加工制造，都可以成为人们所需要的生产和生活用品。这种用手工制造的工艺品，有精粗之别，粗糙的工艺品利在经久耐用，精细的工艺品不仅要求适用，还要求美观、具有欣赏的艺术价值，其加工制造的技艺相当复杂而精巧。中国的工艺具有悠久的历史，许多技艺精湛而独特，许多工艺品的质量和价值往往令人望之而惊叹。随着移民入台开垦，中国传统的工艺技术也随之传入台湾。客家人固有的工艺也不例外。客家人自原来的家乡带来了制作的工艺，取材于台湾，根据台湾的自然和社会环境及风俗，精益求精地创作出许多精巧而具有创意的工艺品，不仅种类繁多，而且达到了相当高的艺术水平。

　　在雕塑艺术方面，主要为雕、刻和塑。雕，就用材而言，有木雕、石雕、玉雕、牙雕、竹雕、皮雕、漆雕、骨雕、甲雕等；就表现方法而言，有浮雕、圆雕（又称立体雕、六面雕）、透雕。浮雕又有高浮雕、半浮雕和浅浮雕之分。这些方法都根据所雕塑的主题和形象而变换。刻，就用材而言，有木刻、碑刻、金石刻和铜版刻；就表现方法而言，有阴刻、阳刻和阴阳混合刻三种。塑，用可塑的材料，诸如黏土、陶土、人造釉土等，塑造出各种形体。其中最为著名的是石雕、陶器、漆器和刺绣。

石雕。石雕常见于寺庙和住宅等建筑物上,如石柱、石门槛、石柱础、石柱头、石珠等。这些石雕品往往还雕有八宝、葫芦、狮角、鱼、龟、螺等图案,以象征吉祥。石雕还用于纪念性的建筑物,如牌坊、碑碣、坟墓等,这些建筑物上,也雕有精美的图案,显得雄伟而庄重。有的石雕则是日常生活用品,如桌椅、笔架、笔筒等;有的雕成各种动物作为欣赏用的艺术品。过去台湾未发现适用于刻的材,所用的花岗石、青斗石几乎都从福建运来,近20年来发现台东与花莲之间,有蕴藏丰富、质地优良的大理石,为台湾的石雕工艺的发展和品质的提升,提供了有利的条件。

陶器。在台湾未有玻璃、塑料器物之时,客家人使用的日常生活及生产的容器,普遍是陶制品,如盘、碗、壶、杯、瓮、罐、缸、炉以及烛台、香炉等,还有用陶土烧制成的神像,如关公、文昌帝君、西王母、南极仙翁等。后者既适应人们敬神的要求,又提升了制陶业的层次。

漆器。台湾的漆器工艺自明末清初即开始发展,既运用于宗教的神像上,也运用于人们的日常生活需要上,如在雕漆的神像上涂上罩金,造成金碧辉煌的效果。在器物上以朱漆、黑漆为底色,画上花纹或施以螺钿,增添器物的优美和雅致。由于此种工艺复杂,难度又高,近年来改变了传统的制作方式,采用树脂模型造出各种精巧的器物和形象,既便捷又美观。

刺绣。刺绣是一般妇女最擅长的一种工艺,据《台湾府志》记载,台湾妇女善刺绣,其工艺之巧几乎与苏杭相媲美。清代台湾刺绣品主要用于日常生活和敬神。前者如荷包、帽子、鞋面、被面、枕头、床帐、袖口、裙幅等,绣上花鸟、山水以及吉祥图案,以增添美观和吉祥之气。后者如神衣、神帐、佛幡、桌帏、绣旗等,"装点寺庙的神光"。客家妇女农闲之时,多能编能绣,继承传统的刺绣工艺,或自绣手帕、荷包及床上枕、被、帐等,也以刺绣作为一种副业,出售刺绣品以增加家庭收入。后来由于机绣的出现和发展,渐渐取代了耗时的手工刺绣,传统的刺绣工艺也随之陷入了困境。

美浓油纸伞。在客家人的传统观念中,油纸伞是一种吉祥的象征。"油"与客家话中的"有"音相似。"纸"与"子"音相似,繁体"伞"字中有四个"人"字,象征多子多孙,而伞张开则呈圆形,又象征圆满。故客家人常用油纸伞赠送给结婚之家,寓有婚姻圆满、早生贵子之意。纸油伞也用于迎神庙会和驱恶避邪。迎神庙会时,用油纸伞撑于神像前,迎娶时新娘下轿则撑开油纸伞遮蔽以避邪恶。高雄县美浓镇是客家最集中的地方,聚集了数家专门制作油纸伞的工艺中心,产出的油纸伞称为美浓油纸伞。其制作的工序,先挑选上等的孟宗竹,经过锯、防蛀等处理后,再以竹简制作伞骨,又经过穿洞、编排、穿线、定型、贴伞纸、套伞柄、装伞码、套伞头、涂上防水桐油等工艺,就成了具有乡土风情的美浓油纸伞。既可用以避雨遮阳,又充满着吉祥的意义。

三义木雕。苗栗县三义居住者多客家人,这里到处有香味奇佳的樟木,用以制作茶盘、大炉具、屏风等器物,甚受欢迎,于是从事木刻工艺者纷纷来此经营,以樟木为主要材料,雕刻人物、动物及器具等,人物如寿星、孔子、关公、观音、释迦牟尼、弥勒佛、圣母玛利亚以及渔翁、农人等,动物如虎、狮、鹰、龙、马等,器具如桌、椅、屏风等。由于用材特殊,工艺水平高,销路日广,经营者也日多,木刻艺术馆林立,使三义成为著名的雕刻之乡。木刻品远销至亚、欧、美各地,尤其受到日本观光客的喜爱。近年还成立了木雕博物馆,专门展示木雕。

注:

①本节主要参考张祖基等著:《客家旧礼俗》,众文图书股份有限公司1994年版;林川夫主编:《民俗台湾》(第6辑),武陵出版有限公司1996年版。

②本节主要参考张祖基等著:《客家旧礼俗》,众文图书股份有限公司

1994 年版；曾逸昌编著：《客家概论》，曾逸昌 2003 年自印；黄荣洛著：《台湾客家民俗文集》，新竹县文化局 2000 年版；戴宝村等著：《大台北都会圈客家史》，台北市文献委员会 1998 年版；姜义镇著：《台湾的乡土神明》，台原出版社 1995 年版；姜义镇著：《台湾民俗与特产》，武陵出版有限公司 2002 年版。

　　③本节主要参考曾逸昌编著：《客家概论》，曾逸昌 2003 年自印；黄荣洛著：《台湾客家民俗文集》，新竹县文化局 2000 年版；吴瀛涛著：《台湾谚语》，台湾英文出版社 2001 年版；何石松著：《客谚一百首》，五南图书出版有限公司 2003 年版；《客家音乐专集》（下），《民俗曲艺》第 120 期，财团法人施合郑民俗文化基金会 1999 年版；黄心颖著：《台湾的客家戏》，台湾书店 1998 年版；林明德主编：《台湾民俗技艺之美》，台湾省政府文化处 1998 年版。

第五章　台湾的外省人

第一节　三个时期来到台湾的外省人

对台湾的外省人,有不同的界定。第一,指历史上来到台湾的外省人。"在清领时期来到台湾的官吏与军人,并不只来自闽、粤两省,还来自闽、粤以外的其他省份。他们之中有些人退休以后仍留在台湾,他们被问及是哪一省人时,就说是'外省人'。"①第二,指1945年台湾光复后来到台湾的外省人。"而所谓'外省族群',又称'新住民',主要指台湾光复后……移居台湾的大陆各省居民而言。这些人当中大部分与闽南人、客家人一样,都属于汉人,但有小部分是满、蒙、回、苗各民族,所以成分比较复杂,本难成为一个族群,但因为他们有共同的历史命运和奋斗目标,在台湾又处于特殊的社会地位,因此仍被统称为'外省人'。"②光复后入台的外省人有其鲜明的特点:"台湾光复以后,台湾地区又涌进了大批中国人。这次来台的中国人大多是军、公、教人员,而不是前期的冒险家和农民,籍贯也不仅仅限于闽、粤二省。他们不但带来了大批台湾过去所没有的姓氏,也为台湾注入了簇新的血液。因为他们多数不是农民,所以多住在都市及其边缘地带。近40年,他们对台湾的许多方面影响极大。"③第三,指1949年前后随国民党败退而来到台湾的外省人。"1949年前后,约200万人随着国民党来台,除了少数高官高级将领外,大部分都是乘船来台,而后国民党当局将外省人安迁至台湾各地,因此,台湾各地皆有一定的外省人分布。"④

台湾统计的 1931 年以后外省人口数如下:⑤

年份	合计	男	女
1932 年	42017	27816	14201
1933 年	43595	28856	14729
1934 年	48193	31926	16267
1935 年	53900	35738	18162
1936 年	59015	39103	19912
1937 年	46196	29949	16247
1938 年	43239	27877	15362
1939 年	45300	29530	15770
1940 年	46190	29885	16305
1941 年	48483	31380	17103
1942 年	50429	32246	18183
1943 年	52020	33098	18922
1944 年			
1945 年			
1946 年	31721	19433	12286
1947 年	58655	36709	21946
1948 年	127167	80646	46521
1949 年	416697	250788	165909
1950 年	524940	315042	209898

从上表可得知,至 1950 年,外省人口激增。但以上仅指居民,并未包括军人。

1949 年随国民党败退而来到台湾的外省人到底有多少? 台湾有 120 万之说:"一九四、五〇年代随国民政府由中国大陆迁台的'外省人'总共约一百二十余万人,其中约六十万为军人。"⑥ 至 1987 年 11 月底,这 60 多万军人中已有 57 万余人退役,成了"荣民"("荣誉国民")。虽然原来"荣民"也包括外省籍将校级或转任公教职的退伍军人和台湾籍的退伍军人,但曾几何时,在民间从事不固定、低技术性的工作,住在"荣民之家"或散居的外省低阶退伍军人,被称为台湾社会观念中的"荣民"。

对来台湾部分外省人的安置,有不少是集中在眷村。台湾曾有诸多著作对眷村现象作过描述,如《我们台湾这些年》写道:"来台的外省人多集中居住在当局安置的地点——在台湾形成的特殊文化的眷村。眷村可以说是一个独立于传统台湾人社区的小聚落,里面可能有自己的一切公共设施,有点儿类似大陆的大院,所以,外面的人看里面神秘,里面又视外面好像随时要欺负他们,几十年来小矛盾不断,但也没有发生什么大问题。"作者还进一步描写道:"关于本省人与外省人,有着有趣的昵称:'芋仔(外省人)'、'番薯(本省人)'。当初许多孤身随军来台的官兵,国民党承诺等未来'反攻大陆'之时,每人可以分到一块田耕作,配发了证件叫'战士授田证',但后来反攻无望,这根本变成废纸一张。他们许多人在台湾娶了媳妇,但台湾本省人因对国民党印象不是很好,因此在娶媳妇过程中也不免引起许多家庭问题。若无家眷,许多人晚景都挺凄凉的,只能住到荣民之家去。在我成长记忆中,许多卖早餐豆浆油条的都是这些人;每到下午,也都有个山东口音的阿伯骑着破摩托车在家附近喊着卖大馒头之类的话;或者,他们也只能当大楼管理员、清洁工之类的基层工作。而说到这里,不得不提的就是'川味红烧牛肉面',这种以前根本没有的东西,就是这些外省老伯在思乡情的驱使下,凑合着台湾现有的食物材料作出来的。另一个比较有名的例子是,高雄岗山最有名的特产就是明德辣豆瓣酱。原来岗山是空军官校所在,国民党当初从成都最后带了一批人停留在此,形成一个眷村,这些退伍的老兵没事干,只好做自己家乡特产来卖,没想到还卖出个名堂来。"⑦

台湾有关部门近些年也注意发掘外省人的文化资产,把眷村文化列入文化资产保护,如 2005 年由高雄市主办的"高雄市'社区文化性资产守护纲'守护员研习课程",专门召开"左营眷村发展论坛",将保存眷村文化列入"社区文化资产守护实务个案研究",组织专家进行研讨。台湾"中华民国专业者都市改革组织"主办了"再现空军一村:三重市眷村文化公园规划设计工作营",其中有"空军一村空间与活动观察"、"眷村文化空间保存案例经验交流"、"与眷村长辈聊一聊"等活动。

1949 年前后外省人入台,对台湾产生了极大的影响:

一是为台湾输入了充沛的人力资源。100 多万的外省人中(特别是军队),大多是青壮年,多为身强力壮的青年男子,退役后成为丰沛的劳动力资源,大大填补了当时台湾人口仅近 700 万人的劳力缺口。被称为"荣民"的外省籍的退伍军人,曾参加了台湾的多项主要建设,如东西横贯公路、曾文水库、"十项建设"、"十四项建设"等。特别是东西横贯公路是一项相当艰巨危险的工程,是在非常有限的技术水准下,集结"荣民"的劳力完成的,外省籍的退伍军人作出了突出贡献,有人还献出了生命。

二是为台湾输入了丰富的管理经验。当时不少赴台的外省人具有丰富的管理经验,有的曾在国民党政府各部门任职多年,熟悉各层面的管理,大大解决了因遣返日本人所带来的管理的空白。

三是带来了各省的文化,进一步推动了台湾文化的多元化。如来台的外省人组织了"外省台湾人协会",并纷纷组织了同乡会,创办了各种介绍本省的刊物,如:《山西文献》(季刊)、《山东文献》

（季刊）、《中原文献》（月刊）、《中原客家》（双月刊）、《甘肃文献》（季刊）、《江西文献》（季刊）、《东北文献》（季刊）、《河南同乡》（季刊）、《浙江月刊》、《陕西文献》（季刊）、《湖北文献》（季刊）、《湖南文献》（季刊）、《广西文献》（季刊）、《广东文献》（季刊）、《黔人杂志》（季刊）。《台湾多元文化》一书中指出："一九四〇年代至五十年代来台的外省人，更随着政府的迁移来台而带来了大量的中华文化。因此，这数十年来，无论是中国哲学、佛学、文学、史学、国剧（京剧）、国画（中画）、书法、国乐（中乐）、中医药乃至传统手工艺等等，在台湾都得到很好的发展。"⑧

外省人到台湾后，为台湾的发展带来了新的契机，正如《台湾简史》书中所言："撤退到台湾的陆、海、空军等约 60 万军人，多为身强力壮的青年男子，退役后成为丰厚的劳动力资源。70 万大陆移民中，有三分之二是具有特殊技术、专门职业的壮年男子，接受过西式教育，具有丰富的行政经验或科研能力，妇孺仅占极少数。江浙资本家带去大量的资金和机器设备。130 万大陆新移民的匆忙到来，给仅 3.6 万平方公里、人口近 700 万的台湾带来新的发展契机，无意中填补了由于遣返日本人所产生的管理缺口、技术缺口、劳力缺口。美元解决了台湾经济发展所需的外汇和市场。这些举措为台湾经济发展带来新的契机。"⑨

第二节　外省人在艺术方面对台湾社会的贡献

"艺术是族群历史明显的印记。"⑩本节拟就台湾外省人在艺术方面对台湾社会的贡献，作一些肤浅的探讨。

一、外省戏曲在台湾

（一）京剧

1948 年底，顾正秋的"顾剧团"应永乐戏院经理之邀，前来台湾作一个月的演出,后因观众反应热烈而留在台湾,被称为"京剧在台奠基者"。之后,陆续加入"顾剧团"的名角,不少是在大陆就有名声的京剧艺术表演家,他们以个人身份来台,如戴绮霞、李同春、赵君麟等人。顾正秋曾拜梅兰芳为师,并得到张君秋、黄桂秋等名家亲授,有"顾派独家唱法"的美称。顾女士以"流派传人"的身份定居台湾,对正宗的传统京剧在台湾的传播,发挥了重要的作用。"顾剧团"演员水平齐整,将生旦净丑各种流派、唱念做打各种表演,全面地展示给观众,使台湾观众知晓京剧。剧团解散之后,主要演员如胡少安、李金棠、刘玉麟、张正芬、周金福、于金骅、王克图、侯佑宗等都转入军中剧团,成为台湾京剧界的重要演员,有的成为琴师和鼓佬,有的还担任教学工作,认真做好传、帮、带,培养了一批台湾的京剧人才,为台湾人进一步认识京剧,作出了自己的努力。^①此外,1950 年成立的"大鹏国剧队",其主要演员大都出身于北京"富连成"、"荣春社"、"鸣春社"、"北平戏曲专科学校"等北方著名科班,如老生哈元章、武生孙元彬、花脸孙元坡、小花脸马元亮、小生朱世友、小花脸董盛村、武净赵荣来、老生马荣祥、小生马荣利、花脸张世村、小花脸王鸣兆、武生王永春、武丑李金和等,这些演员功底扎实,演艺精湛,见识广博,不仅让台湾人欣赏到高水平的京剧,还带出台湾本土的一批京剧演员,后来被称为"小大鹏"。

　　外省人将京剧带到台湾,使京剧成为台湾大戏的经过,还与台湾军中剧团关系密切,正如台湾有关书籍所记:"一九四九年之前,许多名角随政府军队来台,后来成为军中师团级剧团主干,如伞兵'飞虎剧团'、'百韬剧团'及'劳山剧团'等。而'大宛剧队'、'干城剧队'(中部)及'龙吟剧队'(南部)则非常活跃,著名的'大宛剧队'是由名武生李桐春合并'百韬剧团'与'虎啸剧团'而成。一九五〇年成立空军'大鹏国剧队',由于其规模健全,对日后台湾京剧之发展产生深远影响;海军的'海光国剧队'于一九五四年成立;一九五八年又成立陆军'陆光国剧队';而联勤总部的'明驼国剧队'则于一九六一年成立。"⑫

（二）豫剧

台湾豫剧团的最早组建，与来台外省军人的喜爱有关。大陆豫剧的表演人才于 1949 年随军队来台，最早演出是 1950 年元旦。当时台中平等里眷村举行晚会，杜玉柯集合一批爱好豫剧的外省籍空军官兵和眷属，安排演员演出《辕门斩子》。因颇获好评，空军 7441 部队以此为班底组织豫剧团。同年，高雄凤山的陆军 206 师 617 团演出了《南阳关》等一批河南梆子剧目，因造成轰动，遂成立了"中原豫剧团"。之后，一些在大陆早已成名的豫剧表演艺术家来台后纷纷加盟军中豫剧团，使豫剧的表演水平大为提升。如 1951 年，被称为豫西调之首的演员毛兰花来台后加入空军业余剧团，大大提升了该团的实力。毛兰花在 1940 年已在大陆成名，以"哭得好"为人所称道，曾与"唱得好"马金凤、"舞得好"徐艳琴、"长得好"阎立品并称"四好名旦"。在大陆有"全才旦角"美称的张岫云于 1953 年从越南来台，在军中成立了"飞马豫剧队"。许多大陆来台的豫剧演员成为台湾豫剧薪火相传的重要骨干，正如有关文献记载："河南梆子之传来台湾，系民国三十八年岁秒，黄杰将军率国军退据越南富国岛，军中有豫剧名伶张岫云，乃与同好组织克难式的'中州豫剧团'推行军中康乐活动，四十二年随军来台。编入海军陆战队，乃以'飞马豫剧队'命名，以张岫云的丈夫李久涛任队长。当时该队经费不足，'行头'甚差。由豫省热心人士张金鉴、孟昭瓒等出面，为之捐募三四万元，以供购置行头之用，基础始告稳固。该队为培养人才，先后招考学生班，其中王海伶、李海雯、刘海燕、刘海霞、王海云、刘海天、郭海珊、万海蛟、余海楼等，都是早期毕业的学生，皆成为今天'豫剧'中的佼佼人材。"⑬张岫云在台湾演出的剧目不下百余出，几乎是场场爆满。如 1956 年在台北环球剧场公演时，一张黄牛票叫价 70 元，而当时张岫云月薪尚不足

200元,可见豫剧受到当地民众欢迎的程度。张岫云等外省籍豫剧表演艺术家还培养了台湾本土第一代豫剧科班学员,其中最有名的如1952年出生的台湾姑娘王海玲,她继承了老一辈艺术家的传统,唱了40多年豫剧,亲身见证了豫剧脱离河南原乡后在台湾发展的历程,并推陈出新,无论是传统老戏,还是新编大戏,都挥洒自如。1985年,台湾河南同乡会举办了一场"加冕典礼",册封王海玲为新一代的"豫剧皇后",原豫剧皇后张岫云晋升为"豫剧皇太后",并获"教育部"颁发的第一届民族艺术薪传奖。

在外省人和台湾本省人的共同努力下,豫剧在台湾从军中休闲活动转向社会普通百姓的娱乐生活,从仅仅为了抚慰人们的中原乡愁,逐渐蜕变为台湾表演艺术的重要资产。正如台湾学者所言:"1980年代以前,台湾豫剧最大宗的支持者,就是军队和同乡会。演、职员也多来自河南。但1990年代以后,豫剧的观赏大众,已经转为学生和文艺爱好者,演员更是老成凋零,新人辈出。后继之人,无一不在台湾土生土长。'豫剧皇后'王海玲,名义上虽是湖北黄陂人,然实为台湾人。队长韦国泰,是道地的高雄人。演员伍海春及武场领导高扬民,则是原住民;分别出自阿美族、邹族。仔细检视现今的国光豫剧队,竟无一个河南人。'族群融合'在这里,显然不是口号。"[⑭]目前在台湾流行的豫剧,有《杨金花》、《精忠报国》、《智破双龙谷》、《四代请缨振国威》等。

(三)昆剧

1949年,一些外省籍的昆曲曲友随国民党的败退来到台湾。出于对昆曲的热爱,这些曲友到台湾不久,就开始举办曲会。1949年9月,由陈霆锐、徐炎之、周鸡晨三人发起昆曲第一次曲叙,以"同期"为名,其后每两周举行曲会一次,至2004年,已持续举办50余年,超1300余次。特别是建会之初,曲会在各曲友的家中举行,后来才辗转到有关单位的堂所举行。除了"同期曲会"外,1951年,一些外省籍的曲友如夏焕新、焦承允、王鸿磬等又组织了"蓬瀛曲集"，每周活动两次，与"同期曲会"隔周交错举行。这两种曲会的活动内容，除了清唱和学习身段外，还举办公演活动。曲会的活动，在一定程度上推动了昆剧在台湾的传播和影响，如上个世纪50年代初期，台湾不少大学、中学成立了昆剧社团，其指导老师多为这两个曲会的骨干成员。如常在多所学校的昆剧社团担任指导的徐炎之，当年曾就读于北京师范大学，不仅经常参加"北京曲社"的各种活动，还得到吴梅、王季烈、刘凤叔、溥侗等昆曲名家指点，在南京任职期间，曾参加"公余联欢社"，并灌录了昆曲唱片。徐炎之与夫人张善芗来台湾后，致力于昆曲的普及，除主持曲会活动外，还到多所学校指导昆曲社团的活动，曾获"教育部"颁发的第一届民族艺术薪传奖。其指导的各高校昆曲弟子，曾于1987年徐氏90岁时，成立"水磨曲集"，不定期举办公演活动，并在各高校中指导昆曲社团，以传承、推广昆曲。[15]

　　此外，1949年迁居台湾的京剧演员，无论是在民间剧团，或是军中剧团，都演出了多出昆曲剧目，京剧团在演出时常以《天官赐福》、《封相》等昆腔戏为开场戏，以图吉利。据魏子云先生整理，台湾的京剧团演出过的昆曲剧目，武戏有：《安天会》（花果山、蟠桃会、偷桃、盗丹、闹天宫）、《水帘洞》、《火焰山》、《金钱豹》、《哪吒》、《扈家庄》、《岳家庄》、《通天犀》、《界牌关》、《状元印》、《单刀会》、《芦花荡》、《祥梅寺》、《宁武关》、《盗仙草》、《盗库银》、《水漫金山》、《挡马》、《夜奔》、《探庄》、《挑滑车》、《艳阳楼》。文戏有：《春香闹学》、《游园惊梦》、《拾画叫画》、《佳期》、《拷红》、《思凡》、《下山》、《乔醋》、《跪池》、《秋江》。吹腔有：《贩马记》（哭监、写状、三拉、团圆）、《百花赠剑》、《汉明妃》。

　　总之，外省籍的大陆曲友对台湾昆曲的影响是深远的，正如台湾研究昆曲的学者洪惟助、孙致文所言："1949年以后，随着大陆曲友来台，昆曲不但在曲社传唱，也开始扩及各大专院校。1991年'昆曲传习计划'开办后，不但使台湾传统戏曲爱好人数逐年增多,更培育出昆曲唱曲、吹笛人才与专业演员。在此基础上成立的'台湾昆剧团',则象征昆剧不但已在台湾扎根,且已日渐成长。"⑯

（四）越剧

越剧在台湾的传播,与浙江籍的外省人关系密切。"越剧的传来台湾,当然要归功于随军来台的康乐单位,它能够在台不断地演出,更是爱好越剧的浙江籍人士大力提倡的结果。"⑰

1950 年,随着国民党军队从浙江的舟山群岛败撤台湾,军队中的"风虎越剧队"也随军来台。开始在军中演出,后于 1953 年离开军中,在台北市红楼剧场公演,剧团也改称"越风剧团"。《中华日报》1953 年 8 月 19 日刊出的广告词称:"21 日起,敝团特色,美丽女子演技精湛,苏杭服装时式崭新,新腔唱词,道白新颖。"名震一时的演员中,有被称为"越剧皇后"的吴燕丽、被称为"越剧皇帝"的朱凤卿。当时的名伶还如:小生李琴飞、葛少华、邵赛君、陈淑华,老生宋天飞、鲍成芳、徐艳琴,丑角喇叭花,旦角魏水红等。演出的剧目如:《原来你是假女婿》、《新白蛇传》、《悔之晚矣》、《风雨之夜》、《凋落奇花》、《洛神》、《烈女救父》、《错爱》、《新木兰从军》、《父子登科》、《孤女魂》、《四香缘》、《杀错》、《苦海花》、《八仙庆寿》、《一盆花》、《新十三妹》、《孟姜女哭倒长城》、《百花台》、《梁山伯祝英台》、《贩马记》、《三凤缘》、《风流天子》、《梅妃》、《钗头凤》、《西厢记》、《红娘》、《清宫秘史》、《林黛玉》、《小白菜》等。至 60 年代,外省来台的最有代表性的演员为 1944 年出生于上海的周弥弥。她来台后,于 1952 年进入大鹏剧校,18 岁起正式登台演唱,致力于越剧在台的传播,曾于 1989 年获美国颁发的"亚洲杰出艺人奖"。"她不仅是台湾越剧的代表者,也是越剧的推广者,更是越剧的传薪者。……她最终的目的是:'以越剧感化人心,以越剧陶冶性情,以越剧教育民众,让越剧无远弗届。'"⑱当前在台湾流行的越剧有:《陈圆圆》、《兄与弟》、《李亚仙与郑元和》、《杨娥》等。

二、外省音乐在台湾⑲

（一）外省佛教音乐传入台湾

台湾佛教仪式音乐的唱腔派别，主要有两种，即海潮音（也称外江调）和鼓山音（也称本地调）。前者主要指 1949 年之后由大陆陆续抵达台湾的外省籍法师所传唱的唱腔，后者主要指 1949 年前即在台湾本土传唱的梵呗唱腔。

1949 年后大陆江浙系统焰口和水陆法会开始在台湾传承，主要为常州天宁寺和南京宝华山唱腔系统，并对台湾本土佛教唱腔造成巨大影响。

台湾佛教界江浙系统唱腔的代表人物如下：

大诠法师，1924 年出生，江苏省兴化县人。1949 年来台，在台湾佛教梵呗演唱方面具有举足轻重的地位，有《唱诵利人天》及个人修行唱诵梵呗系列、丛林传统梵呗系列、瑜伽焰品 DVD 全集等有声出版物。大诠法师曾在台湾各大型法会担任维那、主法之职，曾任圆光佛学院梵呗教师，主张唱诵音要能从丹田入，中气才能十足，而唱诵者要具备"宽、堂、甜、密、脆"的好音。

广慈法师，1925 年出生，江苏省如皋县人，18 岁时曾在大陆常州天宁寺天宁佛学院学习梵呗焰口。来台后，致力传授大陆丛林梵呗，对台湾佛教梵呗教学有重要影响力，星云法师在宜兰地区的大弟子，如慈庄、慈容、慈惠等法师，高雄佛光山的心定、慧明等法师，都曾随广慈法师学习唱念。广慈法师还常应邀到台北法鼓山农禅寺等处教授梵呗。

戒德法师，1908 年出生，江苏省江都县人，曾在大陆宝华山等处学习焰口唱诵，1949 年到台湾，是台湾"中国佛教会"中有代表性的僧人之一，经常担任传戒戒师，并主持水陆法会和焰口等经忏佛事。戒德法师把天宁寺和宝华山的唱诵精华传到台湾，其梵呗唱诵在台湾佛教界极具代表性。为了满足佛教界教学的需要，曾于 1971 年录制了宝华山大板焰口的 LP 黑胶唱片,在台湾广为流传。

守成法师,1921 年出生,江苏人。在大陆时,曾在广修佛学院、静安寺学习各式佛事唱腔。1949 年来台,长期主持台湾各种佛事活动,以其熟知的佛事音乐的身份,多次担任焰口法会和水陆法会的主法。

(二)外省器乐音乐传入台湾

1949 年前后,一批外省籍器乐家来台。他们有的以军公教业为正职,业余参加一些琴乐活动,如私人所举行的雅集、公开举行的音乐会和广播及电视节目等。有的开始授徒,并到学校兼任教师。他们中一些人既是演奏家,也是教育家,培养了台湾许多优秀的器乐演奏人才。

1949 年前后来到台湾,有代表性的器乐演奏家和教育家有:

侯佑宗,1909 年出生,1992 年去世,河北三河人。1948 年随顾正秋的剧团在上海演出后来台,1949 年定居台湾,精于京剧锣鼓,参加台湾多种剧团的演出,并在多所艺术院校讲授锣鼓课程,培养了大批锣鼓人才。为台湾"教育部"1989 年首批选出的七位"'国家'重要民族艺术师"之一,代表传统音乐"锣鼓乐"一项。

胡莹堂,1897 年出生,1973 年去世,湖北孝感人。曾在国民党空军服役,1948 年任高雄港务局主任秘书。来台后,与章志荪、梁在共同组织"海天琴社",担任首任社长,亦精于书画。曾于 1962 年在高雄市举行书画古琴展览,为台湾首次举行的古琴展览。

邵元复,1923 年出生,1996 年去世,江苏南通人。1949 年来到台湾,为梅庵琴派第二代传人之一邵大苏哲嗣。在台湾多次参与公演活动,如巡回演出、开古琴讲座、为电台录播古琴知识等,并教授了一批古琴学生。撰有《梅庵琴曲考证与研究》,并于 1995 年将此专著与已出版的《梅庵琴谱》、字谱简谱合编,增录论著及书信等资料,汇整出《增编梅庵琴谱》上下两集。

戴粹伦,1912年出生,1981年去世,江苏苏州人。曾任上海音专校长。1949年来台,曾任台湾师范大学音乐系主任,教授小提琴、指挥、合唱等课程。对台湾小提琴教育影响深远。曾任台湾交响乐团团长兼指挥,带领全团在台湾巡回演出,为台湾交响乐团的发展奠定了基础。对台湾音乐教育、音乐活动贡献良多。

董榕森,1932年出生,江苏绍兴人。为胡琴演奏家、作曲家及音乐教育家。1949年来台,曾任"政战学校"(今"国防大学")国乐科主任,将中国传统音乐正式纳入正规音乐教育体系。长期从事音乐理论研究、作曲、音乐教育工作,对台湾的国乐教育有重要贡献。

刘俊鸣,1927年出生,2001年去世,四川荣县人。作曲家、胡琴演奏家。1956年加入"大鹏国乐队"及"中广国乐队",退伍后曾在"中国文化学院"(今"中国文化大学")国乐组、艺专(今台湾艺术大学)国乐科、复兴剧校(今台湾戏曲学院)音乐科任教。曾任台湾中华胡琴学会理事长,积极推动胡琴教学,其胡琴作品为台湾胡琴音乐的里程碑,广受台湾乐界喜爱。

司徒兴城,1925年出生,1982年去世。广东开平人,出生于上海。小提琴家、弦乐教育家。1949年来台,两年后担任省交(今台湾交响乐团)首席小提琴。后赴美深造,返台后担任省交首席小提琴及副指挥。曾在各大学及中小学音乐班授课,分别教授小、中、大提琴及低音提琴,为台湾少数擅长交响乐团中各种弦乐器的演奏家之一,在弦乐教学上对台湾贡献良多。

孙培章,1920年出生,1994年去世。江苏江阴人。琵琶演奏家、指挥家、音乐教育家。1949年来台,一生致力于推广中国传统音乐。举办中国传统音乐训练班,组建业余的"中广国乐团",逐渐扩大为二三十人的中型乐团,担任乐团指挥10年。曾在台湾师范大学音乐系、"国防大学"、艺专(今台湾艺术大学)、"中国文化学院"(今"中国文化大学")、实践家专(今实践大学)、女师专(今台北市立教育大学)等院校授课,教授中国音乐概论及中国乐器技法等课程多年,并利用寒暑假在青少年中创办中国音乐训练营,培养了许多音乐种子,对台湾现代音乐的发展贡献良多。

薛耀武,1928 年出生,2004 年去世,河南确山人。单簧管演奏家、音乐教育家。1949 年来台后,应聘担任省交(今台湾交响乐团)单簧管首席演奏者。曾赴美进修单簧管演奏。返台后,在台湾师范大学、艺专(今台湾艺术大学)、"中国文化学院"(今"中国文化大学")、东吴大学等高校任教,为推进台湾音乐教育不遗余力,如今活跃在台湾乐坛的木管演奏家大都出自其门下。

(三)外省音乐人才在台湾

1949 年前后来到台湾的音乐人才,除了以上提到的器乐演奏人才外,还有作曲家、音乐教育家、音乐理论家、歌唱家等,也有个别到台湾时年龄并不大,是在台湾成了音乐人才的。他们通过自己的努力,对台湾音乐界产生了不同程度的影响,为台湾的音乐繁荣作出了自己的贡献。

外省来台的作曲家、词作家、音乐研究者和音乐家、教育家,有代表性的有:

戴逸青,1886 年出生,1968 年去世,江苏吴县人。1949 年来台,曾任"政战学校"(今"国防大学")音乐系首任系主任,主持系务17 年,为军乐作曲家、音乐教育家,特别对台湾军中音乐干部的培养有重大贡献。

李中合,1917 年出生,江西九江人。1949 年来台,曾任"国防部"康乐总队("国防部"艺术工作总队前身)督导,上校军衔,并兼任"中国文化学院"(今"中国文化大学")等校教席。为作曲家、音乐教育家,曾创作歌剧及各类歌曲 1000 多首,至 1998 年已出版曲集 35 种。

刘德义,1929 年出生,1991 年去世,河北涿县人。为作曲家、音乐教育家。1948 年应台湾省教育厅邀请,来台担任国语推行委员。曾赴德国深造,返台后,曾任教于台湾师范大学音乐系和音乐所、"中国文化学院"(今"中国文化大学")与"政战学校"(今"国防大学")音乐学系,并创作了众多的独唱曲、合唱曲、器乐曲,并改编了大量的民歌。

刘燕当,1928 年出生,江西赣县人。音乐教育家。1949 年来台,任教于"国防大学"音乐组、艺专(今台湾艺术大学)、"中国文化大学"、辅仁大学、实践家专(今实践大学)、师大附中等校,并在《中央日报》副刊发表过百余篇音乐文章,还曾与军中电台制作过《音乐花束》古典音乐节目。

卢炎,1930 年出生于江苏南京,祖籍江西南康,2008 年去世。作曲家、音乐教育家。1949 年来台,曾赴美攻读音乐教育,返台后任教于东吴大学音乐学系。其作品在平静中流露出清丽自然的气韵,形成了深远简约的意境,在台湾有较大影响。曾创作了大量的器乐曲和声乐曲,代表作有《忆江南》、《国乐五重奏》、《雨港游记》等。

罗授时,1923 年出生,1981 年去世,江西南城人。歌词编撰家、作曲家,毕业于福建音专。1949 年随军来台,长期供职于"国防部总政治部二处",后任"国防部"艺术工作总队副总队长。创作了大量歌曲,在军中推展音乐不遗余力。

钱南章,1948 年出生,江苏常熟人。作曲家、音乐教育家。出生数月后全家来台。1966 年入"中国文化学院"(今"中国文化大学")音乐系就读,主修钢琴。1973 年进入慕尼黑音乐学院就读,主修作曲。返回台湾后专任于艺术学院(今台北艺术大学),并创作了大量的作品,其创作特色是运用现代音乐的作曲技巧,融合古典音乐的特色,创造出独特的音乐风格。

申学庸,女,1929 年生,四川江安人。音乐教育家、文化行政官员。1949 年毕业于成都艺术专科学校音乐科,因与时任成都军校教育参谋的郭铮相恋而来台。1957 年创立台湾艺术专科学校

（今台湾艺术大学）音乐科，以 28 岁成为最年轻的科主任，被称为台湾创办音乐教育的先锋。1962 年创办"中国文化学院"（今"中国文化大学"）音乐学系，1966 年协助筹组台南家专（今台南科技大学）音乐科。曾任"行政院文化建设委员会主任委员"，又成立"中华民国声乐家协会"，成为台湾音乐的推手。

史惟亮，1925 年出生，1977 年去世，辽宁营口人。作曲家、音乐教育家。1949 年来台后，入台湾省立师范学院（今台湾师范大学）音乐系。曾前往马德里皇家高等音乐学院深造，返台任教于台湾艺术专科学校（今台湾艺术大学）。1965 年成立"中国青年音乐图书馆"，进行台湾民歌采集活动，共采集了台湾各族群歌曲 1700 多首。曾任台湾交响乐团团长、艺专（今台湾艺术大学）音乐科主任，创作了《琵琶行》等大量的音乐作品，出版了《音乐历史求证》等学术著作，积极推广学术研究与音乐教育。创"中国现代乐府"，鼓励本地作品的创作和演奏，对 20 世纪后半叶台湾音乐的创作、教育与研究，有重要的影响和贡献，特别是他强调分析研究的治学态度、从历史观点出发的创作理念，为作曲家中少见。

夏炎，1926 年出生，四川泸洲人。作曲家、音乐理论家、音乐教育家。1949 年来台后，即于 1951 年筹办"大鹏国乐队"。毕生致力于在大专院校中推广中国传统音乐，除了担任有关大专院校的音乐系等教职外，还热衷于指导各大专院校的国乐社团，为中正理工学院、"国防医学院"、"国防大学"、台北师专（今台北教育大学）、台北工业专科学校（今台北科技大学）、新竹师专（今新竹教育大学）等校的国乐社团指导老师，并创作了大量的乐曲。

萧而化，1906 年出生，1985 年去世，江西萍乡人。作曲家、音乐教育家。1943 年任福建音乐专科学校校长，1946 年赴台，受聘担任台湾省立师范学院（今台湾师范大学）音乐专修科主任，1948 年该科改制为音乐学系后任创系主任，并兼任艺专（今台湾艺术大学）、"政战学校"（今"国防大学"）教职。台湾"光复"后，萧而化是少数有能力在高等音乐学府中教授作曲理论的教师,因此当时在台湾接受专业作曲训练的音乐人才,或多或少都受到他的影响。他撰写的许多著作,是台湾音乐工作者的重要专业书籍;他编写的许多音乐教材,在台湾音乐教育发展初期发挥了重要的作用。他还创作、翻译了大量的音乐作品。作为台湾当时音乐界的代表人物之一,他为当时极度缺乏本土音乐作曲人才的台湾撒下了音乐种子,可以说,他的音乐生命发展牵动着台湾音乐的发展。

　　张锦鸿,1908 年出生,2002 年去世,江苏高邮人。作曲家、音乐教育家。曾任教于南京中央大学音乐系。1949 年来台后,任教于台湾省立师范学院(今台湾师范大学),教授音乐理论与音乐教材教法,后曾任音乐学系主任,创作了大量的乐曲,撰写了《怎样教音乐》等多部著作,是当时台湾音乐界的拓荒者之一。同时,还在"政战学校"(今"国防大学")、"中国文化学院"(今"中国文化大学")等高校教授音乐史论课程,还积极推动台湾的音乐教育工作,如编审教材、举办教师讲习会、修订课程标准、审查专门名词等,积极推动当时的台湾文化协进会举办全省音乐比赛。

　　庄奴,1921 年出生,北京人。歌曲撰词者。1949 年来台后曾从事记者、编辑等职,后开始撰写歌词,至今共撰写了 3000 多首,曾获 20 余项大奖,尤其是 2006 年 4 月 2 日在北京获颁终身成就奖,更是实至名归。代表作有《小城故事》、《甜蜜蜜》、《冬天里的一把火》等,并为佛教团体慈济功德会撰写歌曲,如《心愿》、《渡化人间》、《静思》、《凡人可成佛》等。

　　左宏元,1929 年出生,湖北大冶人。作曲家、音乐教育家,笔名古月。来台后先后毕业于陆军装甲兵音乐训练班、"政战学校"(今"国防大学")音乐组第二期,毕业后在音乐系任教官并教授钢琴。退伍后参与电影配乐工作,也从事流行歌曲创作,擅长将台湾传统歌谣及中国传统音阶的元素融入歌曲中,创作出台湾风格的流行歌曲。

　　孙仪,1929年出生,天津人。流行歌曲作词者。1949年随军来台,退伍后任"华视"编审,创作了4000多首歌词,代表作如《月亮代表我的心》几乎成为华语界久唱不衰的歌曲。还为电视剧(如《包青天》)、电影(如《早安台北》)及大量的卡通片撰写主题曲的歌词,在流行歌坛活跃了40年。

　　外省来台湾的音乐传播者、歌唱家、音乐研究者有:

　　张继高,1926年出生,1995年去世,天津人。音乐传播人。1949年来台,曾在报刊开辟音乐专栏,系统介绍古典音乐,对台湾20世纪50年代音乐的推广贡献良多。后于"中广"电台主持《空中音乐厅》节目,并接办远东音乐社,经营台湾首创的音乐表演经纪公司。曾创办《音乐与音响》杂志,并在"中广"开播音乐节目,其音乐活动影响了当时台湾人的文化生活。

　　赵琴,女,1940年出生,上海人。音乐评论家、音乐传播人。毕业于台湾师范大学音乐学系,主修声乐。后赴美深造,获旧金山州立大学音乐史硕士、加州大学洛杉矶分校民族音乐学博士。返台后,曾任教政治大学、台北教育大学、东吴大学、"中国文化大学"、世新大学等高校,主要教授中西音乐史、世界音乐、音乐欣赏、音乐美学、音乐传播学、声乐美学、节目制作研究等课程。积极推动台湾的音乐普及工作,曾任"中广"音乐组长,长期主持《音乐风》、《爱乐时间》、《中广儿童音乐世界》、《中广乐府》、《音乐小百科》等节目,曾任"中华民国民族音乐学会"秘书长、传统艺术中心《台湾音乐馆——资深音乐家丛书》主编,并为报纸杂志音乐专栏撰写了百余万字的文章。

　　邓镇湘,1929年出生,广西上思人。音乐传播人。并为作曲家、作词者、音乐教育及电视制播人。1950年随军来台,先在军中任职,后于"政战学校"(今"国防大学")音乐组第一期毕业,专攻声乐及作曲。长期在军队中从事歌曲教学、创作及音乐工作策划推广等工作,深得军中、社会、学校人士喜爱,所创作歌曲有的传唱至今。退伍后从事音乐的推广工作,任"华视"音乐组副组长、节目部编审、制作人,曾制播《华夏歌声》、《晚安曲》、《每日一曲》等音乐节目,以选曲严谨、格调高雅而获好评。

庄本立,1924 年出生,2001 年去世,江苏武进人。音乐研究者、音乐教育家。1946 年来台,曾组织"晨钟国乐社"、"华冈国乐社",并任教于艺专(今台湾艺术大学)音乐科、"中国文化学院"(今"中国文化大学")艺术研究所等,曾担任"中国文化学院"音乐学系"国乐组"主任、"中国文化学院"副院长、华冈艺术学校校长。对中国音律和乐器有深入的研究,对祭孔乐舞的改进与重建多有贡献。在考证古乐、仿制古乐器、改良乐器方面做了大量工作,曾复制编钟、编磬等多种古乐器,创制三弦提琴、小四筒琴、大四筒琴、庄氏半音笛、庄氏八孔及十六孔半音埙、竹筒琴、腰鼓等新乐器。

王菲,1929 年出生,山东烟台人。流行歌曲演唱者、演员。来台后曾任空军音乐教官,创作了大量的歌曲,擅长将生活中的事情编成歌曲,其中《甘蔗与高粱》,描写外省人离乡背井到台湾,见到台湾的甘蔗,想到故乡的高粱,引起许多外省人的共鸣,抒发了游子心中的酸楚。

张帝,1942 年出生,山东青岛人。流行歌曲演唱者。小学时随父母来到台湾,原本为外科医生,因个人志趣而转向演唱流行歌曲。他以嬉笑怒骂、机智幽默的现场说唱成就了自己的风格,其独特之处是:在现场演唱中,台下听众提问,台上的他马上填词唱答,最常用的歌曲是《蜗牛与黄鹂鸟》、《望春风》,台上台下互动,气氛活跃,兴趣盎然,因此被称为"急智歌王",在台湾乃至世界华语歌坛都独树一帜。

三、外省舞蹈在台湾

1949 年前后,进入台湾的外省人或将祖国大陆的舞蹈带入台湾,或加入台湾的舞蹈行列,为台湾的舞蹈注入了大量的新元素,使台湾舞蹈更加绚丽多姿。正如台湾著名舞蹈教育家李天民所言：“台湾当代舞蹈的真正开拓、启动，进而繁荣，则是在五十年代开始，得力于民国三十八年前后入台的外省籍舞蹈家，和本土原有的舞蹈家的共同努力。外省籍来台的舞蹈家，出身于正规舞蹈艺术学校，经历过社会的磨练，具有较扎实的舞蹈理论、技术功底和实际的经验，他们早在大陆已有成就，是知名的舞蹈家和舞蹈工作者。他们的来台，带入中国传统舞蹈和当代舞蹈创作理念、方法和教学体系，在开发推进台湾的舞蹈和教育上，与时代同步，并经其特具的身份和能量，使台湾舞蹈迅速起飞，并普及到社会各角落，成为舞蹈园地真正的开拓人。”[20]

从 1949 年 3 月 7 日起，国民党在大陆招募的 360 多位外省籍女青年陆续来台。这批女青年年龄约在 16～25 岁，被编入“国防部总政治部”女青年工作大队。舞蹈课是她们所要学习的课程，开始只是进行一些劳军演出，后于 1950 年 5 月开始对外公演，如 5 月 16 日至 20 日，在高雄每天举行两场表演，内容多样，如边疆舞《青春舞曲》、《美丽的帽子》，土风舞《嬉戏》，时代舞《雨中人》、《莱茵舞》，艺术舞《银环》、《祈祷》，南洋舞《夏威夷之夜》，古典舞《蓝色多瑙河》等，引起观众和各界的反响，被称为“在台湾舞蹈史上是一次先例”，《中央日报》等撰文说：“女青年大队的舞蹈，有美丽的旋律，有力的节奏，像香槟酒一样的醇厚，像玫瑰花一样的艳丽，使你徜徉在轻松愉快的诗境里，使你激荡起生命的浪潮，有幽雅恬静、充满诗意的境界，有使人振作、兴奋的旋律，也有沉痛、勇敢、伟大的场面，富有艺术价值，为荒漠的舞蹈园地放出异彩，而其中的佼佼者，北方姑娘陈新被称为舞王，南方小姐余国芳被誉为舞后，除个人独具特色的独舞外，合演的双人舞《雨中人》，手执雨伞，两人共撑，舞动起来，观众疑置身于天雨之中。”[21]文中提到的“南方小姐”余国芳，1932 年出生，为安徽芜湖人，对战后台湾舞蹈贡献良多。之后，这些外省籍女青年不同程度地参加了台湾舞蹈界的各种活动,如台湾省青年服务团文教大队的舞蹈活动、各种文化工作队的舞蹈活动等,为普及、推动当时台湾舞蹈作出了杰出的贡献。

外省籍的舞蹈工作者还在台湾创办了各种舞蹈研究所,以教授台湾民众学习舞蹈,由此普及、推动了舞蹈在台湾的发展。有代表性的如许家骐舞蹈研究所、李天民舞蹈研究所。许家骐曾就读于复旦大学音乐学院,是一位资深的舞蹈教师,1946年到台湾,在各高校授课,1957年在台北开设舞蹈研究所,其宗旨是:"表演只是争取他人赞美,我却是用我的感情透过韵律和姿态表露出来,去引起知心人的共鸣。"[②]他以此自勉和要求学生,为台湾舞蹈界培养了一批人才,并编导过一些舞蹈作品。李天民于1953年在台北开设了舞蹈研究所,招收青少年和社会上喜爱舞蹈者。他教授的课程包括民族舞、现代舞和芭蕾,在教学过程中,不断向社会推出成果展示,其中有代表性的如芭蕾《圣诞之梦》《白雪公主》等,在台北引起轰动,各主要报纸相继报导,其中一些参加演出的青少年,日后通过自己的努力,走上专业舞蹈演员之路,有的成为一代明星。

来台的外省人还在台湾推出了一批大陆少数民族的舞蹈。以新疆舞蹈为例:1949年,一批新疆人来台,爱好歌舞的新疆人组成了"新疆歌舞团",多年来,活跃于台湾各种节日的庆典中。这些来到台湾的新疆儿女虽然擅长歌舞,但却缺少编舞和导演人才,于是由李天民为编导,选择新疆舞蹈的特殊律动形态,编成独特的新疆舞蹈节目,到台湾各地演出,广受欢迎。同时,还引发了民族舞蹈运动中的新疆热,许多舞蹈社团和业余舞蹈爱好者纷纷仿效,并创造出多种不同形式的新疆舞。[③]随着满族、蒙古族、回族、苗族、藏族等不同民族的居民迁入台湾,不同民族的舞蹈也被带进了台湾,如萨满舞、藏族舞蹈、《跳月》(苗族、布依族、壮族、仡佬族、侗族、瑶族等多民族的舞蹈形式),大大丰富了台湾的舞种。

来台的外省籍舞蹈工作者还推出了一批古典舞、民俗舞,如

《礼容舞》、《霓裳羽衣舞》、《飞天舞》、《天女散花》、《伎乐天女》、《凤舞》、《拂舞》、《绸舞》、《盘舞》、《莲舞》、《扇舞》、《旗舞》、《剑舞》、《刘海儿戏金蟾》、《凤阳花鼓》、《小放牛》、《手绢舞》、《老背少》、《蚌舞》、《刺绣舞》、《嘉宾燕舞》等，为台湾舞蹈百花园增添了绚丽的色彩。

外省来台的舞蹈艺术家、舞蹈教育家、舞蹈研究者、舞蹈组织者、舞蹈创作者，有代表性的有：

何志浩，1905年出生，浙江象山人。台湾舞蹈的开拓者、组织者、推行者。何志浩并不是舞蹈家，但却是战后台湾舞蹈界中一位举足轻重的人物，是台湾舞蹈当之无愧的推手。他曾任台湾军中"总政治部设计委员会主任委员"，中将军衔。1967年退役后，为"中国文化大学"聘为教授。1952年，何志浩为推行民族舞蹈，担任"民族舞蹈推行委员会主任委员"，又于1964年担任"中华民族舞蹈学会"理事长，1977年担任"中华民国舞蹈学会"理事长。何志浩曾担任台湾舞蹈学术团体负责人达40年之久，与台湾的舞蹈结下了不解之缘，对台湾舞蹈的推广和发展作出了积极贡献。何志浩曾积极在军中和学校推广舞蹈，不仅亲自策划一些大型活动，还亲自参与系列活动，如在培训民族舞师舞蹈队时，他就曾亲自主持民族舞蹈理论课程。他深感小型的单个民族舞蹈、简单的歌曲已不能适应现代舞的要求，就将汉族、满族、蒙古族、回族、藏族、苗族、瑶族等少数民族，及各省、各地方的民歌，编成《中国民歌组曲集》，以供舞蹈之用。何志浩倡导把历史故事编成舞剧，将劳动精神与工作生活编成歌舞，通过歌舞提倡礼义廉耻，以歌舞为社会教育的工具等，大大提升并扩大了舞蹈在台湾社会的影响和普及，并在台湾舞蹈界被公认为民族舞蹈初期的开创提倡者而备受推崇。当时有名家赠联称："公孙大娘之舞，因老杜之歌咏，留名更久；台湾女士之舞，因老何之提倡，进步更速。"

高梓，女，1901年出生，江苏南通人。台湾舞蹈教育的开创者。高梓在大陆时毕业于上海体育师范学校,当时体育课有舞蹈训练,高梓迷上了舞蹈,并被选送至美国威斯康星大学深造,回国后,在多所大学从事体育舞蹈教学工作。1949 年来台,在多所中学、大学任教,曾任"中国文化大学"体育系舞蹈组主任之职,在台湾舞蹈教育无前例可循的情况下,厘定舞蹈教学内容和序列,编写体育舞蹈教材多种,对台湾高等学校舞蹈教育产生了积极而深远的影响,是台湾体育舞蹈、儿童舞蹈和大学舞蹈教育的重要开拓者之一。

高棪,女,1916 年出生,江苏南通人,高梓的妹妹。在舞蹈上曾受姐姐高梓的启蒙,在大陆时曾任中央大学副教授等职,主要从事舞蹈理论和技术方面的教学。1949 年来台,曾在台湾师范大学教授舞蹈,并向台湾少数民族演员传授舞蹈基本知识和舞艺,积极创建和推进民族舞蹈工作,发表了大量高质量的舞蹈作品。后到"中国文化学院"(今"中国文化大学")创建和主持舞蹈教育,建立起台湾高校第一个舞蹈专修科,并出任第一届科主任。文化学院升格为文化大学后,在高棪的努力下,终于建成独立的舞蹈系。高棪蝉联系主任兼舞蹈教授,时间达 26 年。在此期间她多次受"教育部"委托,主持台湾的舞蹈教育座谈会,审定舞蹈教材,向当局提出有关报告和建议,对台湾舞蹈教育多有建树。高棪还发表了《怎样教唱游》、《中国民族舞蹈》、《韵律活动》、《中国舞蹈概论》等论著,是荣获"教育部"颁发的传统民族舞蹈薪传奖的第一人。必须提到的是,高棪还创办了"华冈舞蹈团",并兼任团长,团员由文化大学舞蹈系师生担任,旨在定期进行教学成果的展示演出。虽是业余性质,却因好评如潮而经常参加各种重要庆典和节日的演出,并成为台湾舞蹈节、艺术节、音乐节及各种重要公益活动中不可或缺的演出团体。

李天民,1925 年出生,辽宁锦州人,从事舞蹈创作、舞蹈教学、舞蹈研究。早年在大陆即热衷于舞蹈,曾被称为"北方的青年舞蹈家"。1948年11月来台,曾从基层舞蹈教育入手,创编了一批儿童舞蹈。继而深入台湾少数民族地区,以少数民族天籁之声和原始动力之舞步,创编了一批新舞蹈,在军队、社会、学校中推广,为台湾舞蹈的振兴,做了启蒙。在台湾学校舞蹈教育上,李天民是重要的开拓者之一。他从事舞蹈教育的范围广泛,包括幼儿园、小学、中学、大学、各类专业学校以及军队、工厂、社团等,可谓桃李满天下。李天民一直活跃在台湾舞蹈界,几乎参加了台湾舞蹈界各个时期的重大活动,是台湾当代舞蹈的创建者、推动者和见证人。曾被选为"中华民国舞蹈学会"理事长,任台湾艺术大学及相关舞蹈院校教授,长期推广舞蹈,参与台湾各种节日的庆典舞蹈表演,举凡各种比赛、义演、文艺季,都可看到他的身影。其作品数量丰富多样,在台湾还没有人能出其右,涵盖民族舞、现代舞、芭蕾舞、土风舞、联欢舞、全民舞、儿童舞、学校舞、爵士舞及大型舞剧、歌剧等,数目多达数百个。曾率舞蹈团赴欧洲、美国、中南美洲、亚洲等地巡回演出,出版《台湾舞蹈史》、《舞蹈艺术论》、《中国舞谱》、《中国舞蹈发展史》、《中国舞蹈集》、《中国联欢舞集》、《台湾原住民舞蹈集成》、《舞拓》、《中国舞蹈史》、《世界舞蹈史》、《台湾传统舞蹈》等著作50余种,论文300多篇,曾获各种舞蹈大奖项数十种。

余国芳,女,1932年出生,安徽芜湖人,李天民的妻子。舞蹈教育家,舞蹈活动家,从事舞蹈创作、舞蹈教育和舞蹈演出等活动。1948年来台,先在军队教授歌舞,1953年起,在台湾各级学校、舞蹈教师研习会、联欢舞讲会、舞蹈研习营等单位和部门传授舞蹈知识,后任艺术学院副教授,除教授学生外,还常深入民间指导各地舞蹈社团工作,长期担任各种舞蹈竞赛的策划、筹备和评判工作。为儿童舞蹈教育与舞蹈活动付出了很大心血,为台湾播下舞蹈的种子。曾创办儿童舞蹈团,培养了一批爱好舞蹈的儿童,并长期坚持为中、小学教师"传统舞蹈教学研习营"授课,并推动各地开展"快乐儿童舞蹈活动",每年定期举行若干次舞蹈表演。曾发起"笑傲小江湖"活动,在台湾首创儿童表演会演出新模式,引发了台湾各地儿童舞蹈社团的纷纷加入,推动了台湾舞蹈新生代萌芽的成长。

刘凤学,女,1925 年出生,黑龙江龙江人。舞蹈教育家、舞蹈艺术家、舞蹈研究者。长期从事舞蹈教育、舞蹈研究和舞蹈创作,是当代台湾舞蹈开拓者之一。1949 年来台,曾在台中师范学校、台湾师范大学任教,后任艺专(今台湾艺术大学)舞蹈科的教授兼科主任,后又出任中正文化中心两厅院主任,首创台湾专业舞者和剧院设立"明日之星"制度。推出一批中国传统舞蹈重建的作品,在台湾久演不衰。专门到少数民族聚居区进行田野调查,编制了一批取材于少数民族的作品,通过举行"山地歌舞演出会",将少数民族的舞蹈介绍给台湾广大观众。"曾把舞蹈基本步法'十八种'及'十种练习舞'作为教材,对学生进行自然律动的舞蹈基础训练",培养了大批优秀的舞蹈艺术家和教育工作者。曾赴日本、德国、英国学习舞蹈,并于 1987 年 62 岁之时,获伦敦大学拉邦舞蹈学院授予的舞蹈哲学博士,成为台湾第一位舞蹈博士。创立台湾第一个正式标榜"现代舞"的社团——现代舞蹈中心;创办"新古典舞蹈团",自任总监,以传统为依据创造现代,推出系列精典舞蹈。创作的百余种作品中,出版了的有《唱游创作集》、《教育概论》、《舞蹈理论》、《伦理舞蹈——人舞研究》等专著。曾被"教育部"授予民族传统艺术舞蹈薪传奖。

梁秀娟,女,1920 年出生,山西阳曲人,曾寄居北京。戏曲舞蹈家。1955 年以来,先后在台湾艺专(今台湾艺术大学)、"中国文化大学"、华冈艺校担任戏曲科主任及从事教学,曾从事于戏曲新教材的编写,著有《手眼身法步》等出版物。长期致力于改编戏曲舞蹈,取得显著成效,如"水袖舞蹈"、"天女散花之云路"、"水漫金山之舞水旗"、"翻筋斗"、"跳将神"、"霸王别姬之舞剑"、"贵妃醉"、"小放牛"、"武剧之三岔口摸黑"等,这些改编的戏曲舞蹈突出了舞蹈的元素,去掉了"唱",全以舞蹈的方式表现,并定期演出,获得观众,特别是来台游客的好评。

潘香凝,女,辽宁黑山人,毕业于吉林女子师范大学。学校舞蹈教育家。来台后执教于各大中学。对舞蹈有深入的研究,对早期台湾舞蹈有开拓之功。代表舞作有《天山恋》、《月光曲》等,著有《韵律运动》等书。

刘玉芝,女,黑龙江哈尔滨人,毕业于长白师范学院体育系。儿童舞蹈家。1949 年来台,执教于屏东女中及台北第一女中。1954 年在台北创立刘玉芝舞蹈研究所,积极推进舞蹈工作。在儿童舞蹈方面有创新,创作的代表舞有:《青梅竹马》、《花环舞》、《烛影摇红》等。

四、外省人在台湾的绘画

1949 年前后,一大批外省画家来到台湾,带来了中国文人笔墨传统,对台湾画坛产生了深远的影响。在日据时期曾风行一时的日本胶彩画,开始为水墨画所代替。相继来台的外省水墨画家中,最为有名的是有"渡海三家"之称的张大千、溥心畬和黄君璧三人。张大千虽较晚于 1977 年才抵台定居,"但他们三位皆透过教学、展览、担任评审等方式,具体影响了 20 世纪后半期台湾水墨画的发展"[24]。

张大千,1899 年出生,1983 年去世,四川内江人。张大千涉猎多种山水画法,晚年尤以泼墨泼彩为主,画中既有"闲云野鹤"的优雅,又有"大风起兮"的雄浑,开创了水墨画的新风格,如他的泼墨荷花兼重写意与写生,同时注入拟人的气质,突破了前人的表现范围。其晚年尺幅硕大的山水画作《长江万里图》与《庐山图》,泼写兼施,气象万千,具有深厚的历史人文情感。他最重要的艺术成就在于总结了中国上千年以来的绘画传统,并为传统中国绘画在向现代化转化的重大开创方面,树立了典范。[25]

溥心畬,1896年出生,1963年去世,为清恭亲王奕䜣之孙。1949年来台后,曾任教于台湾师范大学美术系,并在寓所设塾授徒。1954年以《寒玉堂画论》一书获得台湾"教育部"第一届美术奖,1959年举办"溥心畬书画个人展",1960年拍摄纪录片《溥儒博士书画》。他的山水画以北宗为基,辅以南宗劲挺秀逸笔法。他"铁画银钩"的线条用笔,以及淡雅细丽的设色,形成他洁净典雅的特殊艺术格调。他的画题材广泛,除了花木竹石外,鬼怪神趣等无不跃然纸上。值得称道的是他虽然远传宋人衣钵,但书画却未落于古典形式的僵化,而有其生命内涵的真实与精彩,这是其艺术创作能在台湾令人激赏的原因。^㉖

黄君璧,1898年出生,1991年去世,广州人。1948年冬来台湾任台湾师范大学艺术系教授兼主任,1971年退休。其水墨画风糅合中西,撷取西方写实技法,融合浓墨与乾笔侧锋笔法,已自成风格,创点线交杂画法,尤以流泉飞瀑与烟霭云雾著称。他以传统中国的笔墨技法来表现视觉再现的写生效果,是对传统中国画在新时代的转化作出的有利尝试。他在台湾"提倡国画写生,着重光影明暗的写景技法,生动有力,为传统中国画灌注了新的表现效果,对台湾水墨艺坛产生了很大的影响"^㉗。

对台湾画坛产生影响的,还有人称"闽人三杰"的余承尧、沈耀初、郑善禧。

余承尧,1898年出生,1993年去世,福建永春人。1946年以中将军衔退伍,1950年来台,曾经营药材生意,1954年起专心投入绘画创作,用细碎密结的笔法,皴擦出山岩,再由多块山石或山峰结组密实的山形,成为独具一格的画风。其1986年在台北雄师画廊的首度个展,震动了台湾画坛。他以率真的笔墨,让山水的复杂性展示得更加充沛,大大矫正了暮气沉沉的传统水墨画的固定格式,一扫台湾画坛长期以来的沉闷之气,兴起传统与创新之论、素人与文人之辩,为台湾水墨画的发展提供了新的契机。

　　沈耀初,1907 年出生,福建诏安人,1948 年赴台,曾在台湾各地写生。1949 年在台中市省立图书馆举行个展,之后在台湾各中学教中文。1953 年参加"自由中国"美术展,1958 年辞去教职,在高雄举办个展。其间多次参加台湾各类美展。1973 年 8 月 5 日,"国立历史博物馆"经过严格审查,正式邀请沈耀初的画到"国家画廊"展出,80 多幅作品在当时引起轰动,广受好评。1974 年获"中华民国画学会"金爵奖,并出版第一本画集。此后沈耀初的画作频繁参加各种类型的画展,一发而不可收,影响也随之日益扩大。1987 年被台湾"文化建设委员会"遴选为十位代表台湾的画家之一。沈耀初以其以简代繁、宁拙勿巧、以新为上、以变取胜的独特艺术风格,成为台湾画坛一道不可取代的亮丽风景线。

　　郑善禧,1932 年出生,福建龙溪人。1992 年自台湾师范大学美术系教职退休后,继续从事绘画创作,曾获多项美展荣誉。1997 年台湾第一届"国家文化艺术基金会文艺奖"美术类奖得主。其绘画题材十分广泛,举凡生活中一切人、事、物均能入画,如《仙翁迎福图》、《童稚同趣》、《红花绿草山海亭》、《砌琼新春》、《青松鸣禽图》、《高苍松白云流瀑》、《牧童渡河》、《渔父图》、《秋壑鸣泉》、《翠峦居》、《双喜鸣庭》、《达摩参禅》等。由于其对中国文学、民间美学有着长期的研究和兴趣,常在画中加些有趣的歌谣或诗句,使作品出现和谐的色彩交响乐,画面既充满个人独特的笔趣,又具现代感,为台湾水墨画吹进了一股清风,有着革新的指标意义。

　　除了以上 6 位,还有许多活跃在台湾画坛的外省人,如:

　　江兆申,1925 年出生,1996 年去世,安徽歙县人。1949 年来台,曾在中学任教,1960 年与同好组成"七修金石书画会",每月集会交流书画篆刻心得。1965 年在台北中山堂举办第一次个展,后任职于台北"故宫博物院"书画处处长、副院长。1991 年退职后隐居埔里揭涉园,专心艺术。江兆申的书画篆刻艺术几乎全是自学来的,其在绘画上的艺术成就被誉为"台湾最后一个文人画家"。

他除了创作了大量的绘画作品外,还主编了《故宫宋画精华》,著有《关于唐寅的研究》、《文徵明与苏州画坛》等。

沈以正,1932年出生,江苏武进人,本科毕业于台湾师范大学美术系,硕士毕业于文化大学艺术研究所。先后任教于文化大学、台湾师范大学,现任职于台北"故宫博物院"。著有《山水画论研究》、《敦煌壁画艺术》等书。其代表作如《夏令进果图》,画面为威武的钟馗与一裸身跪地小鬼,小鬼头顶一盘切半的西瓜等夏令果品进呈主人。画面幽默诙谐,充满荒诞不经的情趣。[28]

周士心,1923年出生,江苏苏州人,早年毕业于苏州美专。来台后,长期从事艺术研究和绘画创作,作品曾获台湾美展佳作奖、"中国画学会"金爵奖等,作品为美国哈佛大学、斯坦福大学所收藏。著有《四君子画论》、《八大山人及其艺术》、《梅谱》等书,编有《周士心画集》等。其代表作如《花卉》,以焦墨枯笔写白石,以较湿润的水墨写花,干湿水墨,对照成趣。红花绿叶,色墨交融和谐,用笔简洁,创造出一种静谧的意境,不求工而自多情趣。[29]

李可梅,1929年出生,湖北荆门人。毕业于台湾大学中文系,曾从高逸鸿先生等名师学习,长期从事绘画创作,作品入藏台湾各博物馆、艺术馆。自创"复兴画苑"传授画艺,曾任教于台湾大学、台北第一女中国画社团。编有《李可梅画集》行世。其代表作如《牡丹》,以左上右下对角线布局,右下最前方以大写意画石头,石头后两朵牡丹盛开,设色互异但相调和,半朵朱红隐约在后,绿叶、树桠穿插陪衬,画面热闹,突出了吉祥富贵的主旨。[30]

陈丹诚,1919年出生,山东即墨人。擅长书画篆刻。历任文化大学、"国立"艺专教授。曾任台湾各级美展评审委员,荣获"中国画学会"金爵奖等,台湾历史博物馆曾出版了《陈丹诚画集》。其代表作如《南瓜》,以篆隶笔法写南瓜,以行草的线条画藤蔓,藤蔓从上而下成为"S"形,拓出空间距离,一只麻雀神气十足地昂首张嘴,整个画面动中有静,静中有动,行笔落墨,雄健豪迈,挥洒自如,充满生命律动。其作画用笔以简驭繁,笔墨凝重古拙,构图浑然天成。[31]

邵幼轩,女,1918 年出生,浙江东阳人。其父邵逸轩精通山水花鸟画,早年曾受父亲影响,颇有家学渊源。曾为张大千弟子,并入北平艺专,得王梦白、齐白石等名家指导。来台后,曾任教于"国立"艺专美术科等,作品曾荣获中山文艺创作奖,并多次赴美国、智利、东南亚等地讲学和举办画展。其代表作如《花鸟》,构造出一幅江南三月的暮春景象,画中两串紫藤花随风摇曳,花叶中充满了生命,一对飞燕上下相盼,穿梭花间,与紫藤花相映成趣。画家笔墨运用自如,着色浓艳却脱俗,布局开阔,意境高雅,特别是通过花叶的摆动和飞燕的顾盼,将难以表现的春风表现得恰到好处,给人一种清新的感受。[32]

王农,1926 年出生,辽宁沈阳人。早年毕业于北平艺专西洋画系,事师徐悲鸿。来台后,曾任教于历史博物馆美术研习班。曾获中山文艺奖,并在日本、韩国、菲律宾、新加坡等地举办个人画展,尤擅画马,有《王农画集》问世。其代表作如《牧野风光》,背景用侧笔淡墨刷出一座隐约可见的远山,左边三位分别着装为红、黄、蓝的骑士各具神态,右边远处若隐若现的马群,使整个画面更加虚无缥缈。画面用笔简洁,仅寥寥数笔,就神貌俱现,竟得"遍地野草,荒烟无尽"的开阔意境。[33]

赵松泉,1923 年出生,江苏溧水人,早年毕业于苏州美专,曾得到徐悲鸿、张书旂指导。来台后,在花鸟画上用工最勤。多幅作品入藏台湾艺术馆、历史博物馆。其代表作如 70 岁所绘《花鸟》,图中题款曰:"粲粲金英秀可餐,二三野鸟偎轻寒,此生无愧仰高节,放眼三秋天地宽。"书法飘逸,舒卷自如,画面上四丛盛开的菊花迎风摇摆,五丛含苞待放的菊花蕾与绽放的菊花相映成趣,活色生香,竹篱笆上的三只野鸟相互顾盼,栩栩如生,笔墨苍挺,意境不俗。

颜小仙,女,1925 年出生,江苏扬州人。自幼寄居外祖父家,外祖父颜二民为名画家,母亲颜裴仙亦为画家,故有家学渊源。曾获"中国画学会"金爵奖等,作品为历史博物馆、艺术馆、中山纪念馆等收藏。其代表作如《花卉》,以紫花成串,争奇斗艳,设色浓艳而不俗。以水墨写枝叶,运笔流畅活泼,疏密构图相间,聚散自如,气质古雅,墨韵苍润,使整个画面元气淋漓。[34]

傅狷夫,1910 年出生,浙江杭州人,1926 年开始学画,专攻山水。1949 年来台,曾任"国立"艺专等校教授,为台湾早年著名的山水画大师,其作品常表现苍岩竞秀,坚实有力,笔墨老辣,画面丰饶雅致,擅长描绘流水、浪涛,独树一格,在台湾有"傅派"之说。著有《山水画法初阶》、《心香室画谈》、《心香室漫谈》等书,并有个人画集及行草书集行世。其代表作为《清泉石上流》,表现水流依山附石辗转奔流,气势不凡,生动活泼,岩石苍劲雄浑,奔腾而下的山泉清澈而充满活力。画面以扎实的笔墨功底表现出其特有的"傅派"风格,显示出作品整体不凡的特色。

注:

①陈绍馨:《台湾的人口变迁与社会变迁》,联经出版事业公司 1985 年版,第 449 页。

②洪泉湖等著:《台湾的多元文化》,五南图书出版股份有限公司 2008 年版,第 22 页。

③潘英编著:《同宗同乡关系与台湾人口之祖籍及姓氏分布的研究》,台湾省文献委员会 1987 年版,第 7 页。

④廖信忠:《我们台湾这些年》,重庆出版社 2009 年版,第 26 页。

⑤陈正祥:《台湾的人口》,南天书局有限公司 1997 年版,第 84 页。

⑥张茂桂等著:《族群关系与国家认同》,业强出版社 2001 年版,第 280 页。

⑦廖信忠:《我们台湾这些年》,重庆出版社 2009 年版,第 27 页。

⑧洪泉湖等著:《台湾的多元文化》,五南图书出版股份有限公司 2008 年

版,第 32 页。

⑨张海鹏、陶文钊主编:《台湾简史》,凤凰出版社 2010 年版,第 119 页。

⑩李淑卿、萧琼瑞:《台湾全志·文化志·艺术篇》,"国史馆"台湾文献馆 2009 年版,第 17 页。

⑪陈芳主编:《台湾传统戏曲》,台湾学生书局有限公司 2004 年版,第 217 页。

⑫林茂贤编撰:《福尔摩沙之美:台湾传统戏剧风华》,"行政院文化建设委员会"中部办公室 2001 年版,第 96 页。

⑬刘振鲁辑:《当前台湾所见各省戏曲选集》(下册),台湾省文献委员会 1982 年版,第 119 页。

⑭陈芳主编:《台湾传统戏曲》,台湾学生书局有限公司 2004 年版,第 330 页。

⑮陈芳主编:《台湾传统戏曲》,台湾学生书局有限公司 2004 年版,第 527~528 页。

⑯陈芳主编:《台湾传统戏曲》,台湾学生书局有限公司 2004 年版,第 534 页。

⑰刘振鲁辑:《当前台湾所见各省戏曲选集》(上册),台湾省文献委员会 1982 年版,第 294 页。

⑱莫光华著:《台湾各类型地方戏曲》,南天书局有限公司 1999 年版,第 183 页。

⑲本小节主要参考薛宗明著:《台湾音乐辞典》,台湾商务印书馆股份有限公司 2003 年版;吕钰秀等主编:《台湾音乐百科辞书》,远流出版事业股份有限公司 2008 年版。

⑳李天民、余国芳著:《台湾舞蹈史》(上),大卷文化有限公司 2005 年版,第 355 页。

㉑李天民、余国芳著:《台湾舞蹈史》(上),大卷文化有限公司 2005 年版,第 150 页。

㉒李天民、余国芳著:《台湾舞蹈史》(上),大卷文化有限公司 2005 年版,第 309 页。

㉓李天民、余国芳著:《台湾舞蹈史》(上),大卷文化有限公司 2005 年版,第 150 页。

㉔李淑卿、萧琼瑞：《台湾全志·文化志·艺术篇》，"国史馆"台湾文献馆2009年版，第21页。

㉕徐天福主编：《翰海霞光：近百年名家书画》，"国立历史博物馆"2007年版，第24页。

㉖徐天福主编：《翰海霞光：近百年名家书画》，"国立历史博物馆"2007年版，第24页。

㉗徐天福主编：《翰海霞光：近百年名家书画》，"国立历史博物馆"2007年版，第24页。

㉘林炜镇等：《典藏书画赏析专辑》，彰化县文化局2001年版，第71页。

㉙林炜镇等：《典藏书画赏析专辑》，彰化县文化局2001年版，第73页。

㉚林炜镇等：《典藏书画赏析专辑》，彰化县文化局2001年版，第76页。

㉛林炜镇等：《典藏书画赏析专辑》，彰化县文化局2001年版，第77页。

㉜林炜镇等：《典藏书画赏析专辑》，彰化县文化局2001年版，第79页。

㉝林炜镇等：《典藏书画赏析专辑》，彰化县文化局2001年版，第83页。

㉞林炜镇等：《典藏书画赏析专辑》，彰化县文化局2001年版，第85页。

第六章　台湾的少数民族(上)

第一节　台湾少数民族的家族与村落

一、台湾少数民族早期的氏族社会

本书的台湾少数民族,主要指被称为"原住民"的台湾少数民族,不包括 1949 年后从大陆进入台湾的少数民族。

台湾少数民族早期曾存在过母系氏族社会,其中以阿美人最为典型。阿美人在氏族之下,有亚氏族、家族。亚氏族共有一个族长,族中的成员可以参加葬仪,共分猎肉及渔获品,成员之间互相帮忙,共建家屋,可参加决定婚事的亲族会议,并共同负担聘礼,互相邀宴。家族以其家之祖名为名。在氏族之上,有氏族联族,因为他们认为几个氏族共同出于一个祖氏族。因此氏族的司祭权为各氏族所共有,可以互相帮助和代替。阿美人实行大家族制度,成员上辈包括母亲、父亲、母之父母、母之姐妹及其夫,平辈包括本人(女)、本人之夫与姐妹及其夫,下辈包括自己子女及姐妹子女,组成三代亲属。①

卑南人母系氏族社会中,存在着宗族与家族关系。他们有的以个人的血亲关系,来推算其亲近疏远的双亲血亲群。即以一对夫妇所生子女为基点,按父母双方的血缘关系,将父与父之兄弟、母之兄弟,皆同样称呼。而这样两者的父母,对自己皆为祖父母,依此上推血亲范围可以到五代,而两者的子女与自己则为从兄弟姐妹。如此双系血亲群相当大,如果包括由婚姻关系所构成的血亲群,常达千余人之多。

台湾少数民族的父系氏族社会,包括有父系核心家族和父系大家族两种。前者有泰雅人、雅美人;后者有布农人、曹人、赛夏人。泰雅人的家族制度有两种:一是以家屋为单位的小家族,包括父母、夫妻、子女三代亲属。这实际是一个家庭的组织。另一种是伸展家族,共有土地共同耕作,其成员除父母、夫妻、子女外,还有兄弟等。这种家族的家长由男性尊长担任,家长死后由其长子继任,长子死则依兄终弟及的原则由次子承继。父母在,长子娶妻不另立新家,仅为父家的分户,幼子则从父母奉养。父母死,以长兄为家长,直至分家。

赛夏人的家族制度采取父系制,大家族之中包括三世代的亲属与两世代的配偶群。在家族中以男性尊长为家长,父死后叔父或长子继承家长权。无叔父也无长子的,长女可执行家长权。长子或幼子婚后,仍与父母共同居住,其他儿子婚后则分居另住。家族财产原则上不分割,如要分家只给少许财产,主要财产仍保留在本家族。

同一血缘关系的共居聚居一处为家族,而以房为单位分居散处外地,则成为宗族。宗族与家族没有血缘关系之别,而只有亲疏之分。这种亲疏之分是地缘关系使然,同是族亲,但分散外地就不如共居聚居那么亲近紧密。随着时间的久远,可能更加疏远,但毕竟还有血缘关系的纽带维持联系。

台湾少数民族以社为组织聚居,所以有社族。社族实际上是同一个民族成员组成的部落,部落实际上也就是宗族。例如卑南人,有两个部落单位,大头人为第一领袖,头人为第二领袖。在领袖的领导下,凡部落内宗族的问题,例如婚姻、财产继承、犯罪等,均召开宗族会议解决。如果是宗族之间财产或犯罪纠纷,则先由宗族会议决定处理后,再由宗族族长向部落首长提出,请其对处理意见作出决定。又如布农人有部落首长和军事领袖,部落首长从各户长老中选出,部落会议由部落首长召集,参加者为各家家长。军事领袖也是由各户从作战有功者中选出,战争时是部落的最高指挥者。实际上部落就是宗族,而部落的首长就是宗族之长。但是,汉人的宗族之长是按宗法制度的嫡长继承的原则来决定的,而部落之长则是由部落内各家家长选举产生的。汉人族长有宗法的权威,而部落之长则兼有行政、军事的权力。汉人宗族主要是以血缘关系为纽带而形成的宽松群体,而部落则是具有氏族、民族的属性并具有行政、生产和防卫等功能的组织群体。

台湾少数民族早期是母系氏族社会或父系氏族社会,亲属的称谓很特殊。阿美人是实行母系家长制,男入赘女家,子女出生母家,从母居住。子女名字,后面连以母亲名字。长女有优先承继权,次女以下如分居,可分得一部分财产,而男子出赘只能带少许衣服器具。卑南人以父母双系血亲关系称谓亲属,把父亲、伯父、叔父,同舅父都称为父,把母、姨母、姑母都称为母。而伯父、叔父、舅父、姨母、姑母的子女与自己则是从兄弟姐妹,伯父、叔父、舅父、姨母、姑母的父母,都是祖父母。赛夏人曾经是父系氏族社会,在亲属中实行父子连名制,每一氏族均有传统的男女名字,让氏族成员子孙循环使用,父子连名,孙袭祖名。

二、台湾少数民族家族的族规

台湾少数民族家族的族规并无成文规定或记载,但各族均有不成文的规矩,虽各有不同,而比较有共同性的如:

婚姻。禁止近亲通婚。

战争。全体成员都要参加,男的在第一线作战,女的搞后勤工作。

对犯罪者必须惩罚。其罪罚如:(1)杀人罪。允许被害者亲属及亲族报复杀人者。(2)伤害罪。或罚财物,或罚酒,向被害者赔罪。(3)盗窃罪。归还赃物,另杀一猪分给社人。(4)奸淫罪。未婚私通,如非禁婚范围内,罚猪与酒,令其结婚;或处罚后让其断绝关系,各自成婚。(5)通奸罪。已婚通奸,将两人捆缚沉于溪中溺死,或枪杀;近亲通奸,男女均逐出社外,逐期最少一年,期满后永久不能参加祭祀。(6)放火罪。责其赔偿并放逐。(7)诽谤侮辱罪。罚杀猪或罚酒。(8)叛逆通敌罪。轻者放逐,重者处死。尽管各部落的刑罚有所不同,但基本是一致的。执行族规的头人,有的是族长,有的是部落首领。他们或是世袭,或是选举后产生。母系氏族社会的阿美人,实行母系族长制,共同拥戴一位女族长。父系氏族社会的布农人,部落居民从各户长老中,推选出一名部落首长。部落首长为具有才能和经验的人,是终身制。同属父系氏族社会的曹人,由各氏族长老联会组成一部落长老会议,氏族首长为氏族领袖,并为部落会议的召集人,一切重要事务,都要通过部落会议决定,然后由各氏族首长执行。同属父系氏族社会的赛夏人,其部落领袖由主要氏族的首长担任。部落首长之下有氏族长老会议,讨论和决定部落中的一切重要事务。部落首长为终身制,若死亡则从其氏族中选取出贤能者担任,或有世袭首长。

三、台湾少数民族的祖灵祭

台湾少数民族普遍相信灵魂不灭,因此都十分重视祖灵祭,台湾少数民族的狭义祖灵祭,主要为酬谢祖祭,但也会有祈祷祖灵对农事、狩猎等给予保佑的活动。

(一)祭祀的次数和时间

排湾人有五年祭,每五年一次迎祭祖灵,祈求农、猎丰收,家人平安。第二年则举行送灵祭,祭送去年迎祭的祖灵。

赛夏人每年于开垦后、播种后、收获后共举行三次祖灵祭。

曹人于每年在粟播种前、稻收获后,共举行两次。

　　阿美人、卑南人于稻谷收获后,举行一次。大祭则每隔几年举行一次(如阿美人为三四年或数年,曹人为两年)。

　　此外,还如:渔猎祭。雅美人有渔祭,祈求捕鱼丰收。曹人有狩猎祭,祈求狩猎顺利,获得更多的猎物。鬼神祭。赛夏人有鬼神祭,每隔一年举行,邀请鬼神吃喝,祈求无灾无病,一家平安。

　　布农人有驱疫祭,目的是禳除疫鬼,祈求平安。赛夏人还有一种矮灵祭。据说赛夏人地区从前曾为矮人所居住,双方互相来往。矮人身材虽矮小,但善于巫术,又有力气。赛夏人每到稻成熟时,便请矮人来点检水稻结实的状况,以卜丰年。矮人乘机凌辱、调戏赛夏人妇女。于是赛夏人设计让矮人坠入深渊。但矮人死后,稻米不再年年丰收。为此赛夏人每两年秋季举办一次小型的矮灵祭,每十年举办一次大型的。目的是通过祭奠,解除与矮人的仇怨,使水稻丰收。祭时常有泰雅人、客家人等应邀参加,同歌齐舞。移民平地的赛夏人,也扶老携幼赶回参加。

　　(二)祭祀礼仪

　　家祭。例如阿美人举行家祭,由各家请巫师进行,先由巫师将饼放在一只手上,另一手持酒,向四方招请祖灵,以烟草、饼、槟榔等供祭。

　　共同举行的大祭。阿美人的大祭有每年共同举行的祖灵祭和每隔数年共同举行一次的大祭两种。前者祭时以社内六位长老中的一人为主祭,分数次祭祖灵,先进行数日舞蹈后供祭品,舞蹈结束时,长老牵出一猪宰杀,取出肠、胆与肉供祭,并倒酒于壶内用大饼盖住,放在舞蹈者中间,招请祖灵,唱祝词,祈求幸福顺利。然后将酒与饼带回主祭家,滴酒于床上,祈求本年丰收;社内男子用酒洗手。随后巫师来到主祭家,以祭品招待祖灵神明,祈求社人外出不发生灾祸,不与外社发生纠纷。接着巫师、主祭者共同做驱邪的动作,众青年亦仿效。并招请相关神灵,祈求赐予猎获物。最后主祭者与长老向祖灵祈祷,祈请赐给健康平安,祭仪告成。后者祭祀以巫师为主祭,巫师以芭蕉叶包饼、烟草、槟榔等,并以土器盛酒供祭,先向东方洒酒,次向西、南、北方洒酒,以招请祖灵。接着唱祝词,祈求全社平安。祭毕,促祖灵归去。

泰雅人的大祭。各地泰雅人祖灵祭有所不同。大嵙崁泰雅人,祭日各户于天明之前制小粟团丸,由男子带到主祭家,包以槲叶,系以麻丝,挂在主祭家树枝或竹片上,主祭拿着,众人随后,到距主祭家东或西约80~100米处,挂在树枝上,呼喊祖灵来飨,诵祝词祈求社内平安、农事狩猎顺利丰收。祭毕,众人奔跑回家饮宴。溪头、南沃等群,祭时每人手提一个盛酒的竹筒和一个装有肉片和粟糠等的竹筒,到主祭家集中后,由主祭带领到屋外数十步处,各人将带来的竹筒挂在树枝上,招请祖灵献祭。[②]

曹人的大祭。祭日各家家长携酒、饼上山,招请祖灵献祭,祈求社内平安、农事狩猎顺利,然后用指头沾酒洒在地上,接着将酒筒、饼筒挂在树枝上后回家。有的社群于大祭前五日各户酿酒,翌日青年上山狩猎准备祭日之用。世袭主祭家藏有小贝十数个,为主灵寄托处,祭时大家都向其供祭、唱祝词,祈求社内平安及农事狩猎顺利。

赛夏人的大祭。祭日内同姓人组成共祭团祭祀,各人携米一把到主祭家制成饼。主祭用桶将米蒸熟,挂在神位(即主祭家梁上悬挂的古传蜂巢)下,向神灵唱祝词,祈求狩猎成功,并将祭品向上抛,众人也仿照主祭祷告,然后食饼散回。

四、台湾少数民族的村落组织

台湾的卑南人、布农人、曹人和东部海岸的阿美人、山地的排湾人,都有公廨组织。公廨又分为单公廨和多公廨,一个村社有一个公廨,公廨即为村社组织,也即是村落组织。多公廨是一个村社有几个公廨,以其中最大的一个为总公廨。公廨会议是村社的最高权力和决策机构,凡是村社中的大事,如决定战争、祭祀、讲和、防卫、狩猎、修路、审判等,都要经过公廨会议的通过,然后交村社的领袖去执行。鲁凯人凡涉及全部落的大事,由政治领袖(社头)在公廨召开村民大会讨论决定。据讨论内容不同,又分为祭仪会议、防卫会议、出征会议、狩猎会议等。公廨会议由军事领袖主持,讨论青年训练、选举战争领袖、防卫等问题。布农人的军事领袖,在平时为公廨的领袖,战争时则是部落的最高指挥者。阿美人有些社以部落领袖会议为部落的最高决策机构,但在马兰社则以头目制与公廨领袖制并行,旧习惯部落中的事务仍由公廨领袖主管,重要事务则需经部落领袖会议、高级领袖会议、村民会议、战争会议等讨论决定。卑南人南北部各有1所少年公廨、3所青年公廨,南北6所青年公廨分属6个氏族,由氏族首长领导。公廨为教育训练和集体行动指挥机构。后来6个青年公廨合并为南北各1个,以北部青年公廨为全村社的总公廨,总公廨附近设有青少年操场等设施,一切村社祭仪均以总公廨为中心,同时公廨又是集体财富和活动的中心。全社渔区均属于总公廨,渔获品三分之一要交给总公廨。不设公廨的雅美人,各社有聚落长老,聚落长老为聚落中受人尊敬的高龄长者,是聚落中传统承认的社会权威。聚落中的大事,由长老中最年高的长老,召集长老会议讨论决定。③

台湾少数民族各村社的领导人及其选举,各有不同的情况。如曹人设有首长、司祭、军事领袖、刑官、外交官等,首长以一强大氏族的长老担任,司祭从诸长老中选任。刑官、外交官则由首长提名,由部落会议通过任命。雅美人虽设有村社首长,但传统上承认聚落长老为社会权威,以年龄最大的长老为聚落首长,有事时召集长老会议讨论决定。阿美人各社有10~12人的部落领袖,组成部落领袖会议,作为最高决策机构,互选一人为部落首长,被选首长条件是勇敢、负责、公正、有指挥能力、善言辞、善渔猎、熟悉历史和习惯。

台湾少数民族曾被称为"化外之民",故早先是政令达不到的地方,每一个部族、村社,上无所属,都可以自成一个独立的王国。因此,其村社的职能主要是对内和对外两种。对外方面是战争,战争主要是防卫村社土地被侵占,防止农作物、渔猎产品被掠夺。所以许多村社都设有军事领袖,负责对青年体格和武艺的训练,负责战时的组织和军事行动的指挥。例如阿美人、排湾人、曹人、布农人、鲁凯人都设有军事领袖,雅美人则设有复仇战斗领袖。有的村社还进行战争教育和训练,例如阿里山的曹人,男子从 11 岁开始,就住宿在公廨里,接受狩猎与战争训练,学习使用与制造武器的技能,学习村社历史、战争和狩猎的冒险故事,农闲时参加狩猎演习,随父兄参加集体狩猎。17 岁以后受到更严格的训练,服从公廨军事领袖指挥,随时投入战争。对内方面主要是组织农渔猎活动、各种农事祭祀活动、部落村社的审判、渔猎收获物的分配,处理居民之间的财产或犯罪纠纷等。还要组织村社传统的歌舞和体育等活动。总之,村社的职能是保证部落村社的生存和发展。

五、台湾少数民族的信仰

阿美人信仰日神、月神、司命神、守护神等。

排湾人所信仰崇拜的多为善神,如他们认为人类的生命来源于太阳神、司理生育的月神等。

卑南人信仰的也多为善神,如天神、地神,地神又分为田神与山神,他们认为这些善神能养育生物,帮助种田、狩猎,赐给人们恩惠。

曹人信仰的多为司理神,有善神和恶神之分。善神又有上神和下神之分。上神居于上界,包括创造神、大神、司令神、军神等。下神居于下界,包括土地神、河神、粟神、稻神、猎神等。他们认为创造神与大神是最高主神,诸上神和土地神都受其管辖;诸下神则受土地神管辖。恶神包括瘟神、痘神、凶煞、水灵等。当恶神侵犯人体时,可请大神驱逐;侵入生活环境时,可请土地神驱逐。

雅美人信仰天神,认为天神主宰世界,能赐予好气候,赐予丰年和丰富的渔获。天神之下还有司命神,司理人的诞生。雅美人相信天有三界,地有三界。第一天界为主神居住,主神是律法的监督执行者、人的生活必需品的供应者,司理食粮,支配农业生产。住在第二天界的是司理水产食品的渔神。住在第三天界的有三个天使神,即风神、雨神和吉祥神。风神、雨神主管风、雨,吉祥神接受人们的祭品运回天上,献给主神和渔神,也将二神赐给人们的食粮、渔获品携到地上。在天界与地界之间,住着两个司命神,管理生育,一个造男孩,另一个造女孩。地的第一界为人寰,为人与死灵所居住;第一界之下为第二界,为丑人居住;第三界(最大的地界)则住着大蛇、一般的蛇等,大蛇爬行时若尾巴触地,便发生地震。④

从以上可以看出台湾少数民族对自然神的信仰和崇拜,在原始时期,他们不了解自然界变化的原因和规律,以为自然界存在着某种神秘而无所不能的力量,主宰着人世的一切,因而凭借着种种想象创造出许多自然神,虔诚地信仰崇拜,以求避灾弭祸,丰衣足食。虽然在今天看来幼稚可笑,但在原始时代的条件下,也可见出他们丰富的想象力和对安定幸福生活的追求。

第二节　台湾少数民族的人生仪礼⑤

一、台湾少数民族的诞生礼

台湾少数民族都把生儿育女看作是一件大喜事,其原因是多方面的:一是早期少数民族生产条件差,营养不足,卫生情况不理想,婴儿死亡率较高,一般家庭都希望多生子女;二是把生儿育女看作是先祖神灵所赐予的;三是把生儿育女视为已婚男女对家庭、社会、民族的义务。所以,无论生的孩子是男是女,一视同仁,没有重男轻女的偏见。但对双胞胎、怪胎、死胎，或因难产而母子俱亡之事，则认为是"恶神"作祟，视为不吉利。

台湾少数民族的婴儿出生，必有庆祝。一为表示族人对婴儿降生的欢迎，承认其在社会上的存在和应有的地位；二为祝福其健康成长。庆祝的方式大致相似，但各有各的特点。

泰雅人的诞生礼。报喜：把孩子诞生之事，向孩子父母双方的族人通报，约定日期举行庆祝仪式。并且酿酒、腌制鱼肉、备足油、盐、柴、米等，以备庆祝仪式之用。举行仪式：时间一般在婴儿出生后一个月左右，主要视产妇和婴儿的健康情况而定。先宴请族人头目、老人以及同辈男女。宴请族人之后，即抱着婴儿、携带礼品到母亲娘家设宴招待其族人。以厚礼赠送舅表。一为对娘家父母、兄弟姐妹及族人的关心、支持表示感谢；二是正式确定舅表关系。厚礼有铁器、布匹、衣服等，但以盐、火柴、酒、肉等较为普遍。

赛夏人、布农人和曹人的生育习俗，与泰雅人基本相似。但更注重母方家族对新生儿的关心和支持。婴儿一生下来，立即送喜报到母方娘家及其亲族，向婴儿的舅舅赠送小刀。婴儿出生两个月后，夫妻抱着婴儿回娘家，并携带酒、肉、小米年糕等宴请女方族人。

排湾人、鲁凯人、卑南人在婴儿出生后，父母双方的家族都要送礼祝贺。有的地方是父方家族向新生儿家送酒、肉等，新生儿家则将这些酒肉招待或分送母方家族。

阿美人婴儿出生，男方的家族备酒、杀猪，送往女方家，女方家要设宴招待，共同祝贺孩子的降生，并祝福孩子平安。

台湾少数民族妇女都比较强壮，怀孕期间，即使临盆之日依然照常劳动。分娩之时，大部分妇女不需别人帮助，剪断脐带、清洗婴儿、清洗污秽物等都由产妇自己动手。分娩后三四天，产妇就可以从事一般的劳动。所以台湾少数民族的产妇并没有"做月内"的习俗。

　　台湾少数民族也有给婴儿命名的礼俗。其仪礼为：(1)梦卜。他们认为自己的一切行为都由祖先的神灵所指使，而祖先的旨意往往是通过梦来昭示。婴儿出生后，其父母如梦到使人高兴的事，即可为婴儿命名；反之，梦到不吉利的事，命名就必须延期，直到梦得吉利的事为止。为婴儿命名，一般都在婴儿出生，产妇回娘家之前。泰雅人是在婴儿满月之后命名。(2)命名之权。阿美人和卑南人处于母系氏族社会，命名权掌握在祖母手中。通常由婴儿的父母得到吉梦后向祖母提出命名的建议，由祖母决定；或由祖母直接命名。布农人和曹人处于父系氏族社会，一般由父亲命名。而同处在父系氏族社会的赛夏人，则要由姑母命名。(3)名字之含义。一般来说，命名男女有别，男者多取象征勇敢、健壮、英雄之义，女者多取聪明、勤劳、美丽之义。但各部族亦有不同的命名习俗：①父子连名制。泰雅人和雅美人，命名是在婴儿名字之后加父名，无姓。②氏族婴儿连名制。布农人命名是在氏族名字之后加婴儿名字。③房名婴儿连名制。排湾人、鲁凯人命名是在房名之后加婴儿名字。④阿美人则以婴儿出生时，其父母所遇到的事情来命名。例如恰巧抓到鱼就命名为"布郎"(鱼)，正逢割稻就命名"得不斯"(米)。

二、台湾少数民族的文面、文身、凿齿和穿耳

　　台湾少数民族在未成年或婚前有文面、文身、凿齿和穿耳之俗。

(一)台湾少数民族的文面

　　泰雅人传说，其祖先原为兄妹二人，长到成年时，妹妹叫哥哥沿着左边小路走，到后山遇到文面的女人就与她结婚。哥哥走后，妹妹在自己的面上刺纹，沿着右边的小路走到后山，于是两人成了亲，代代繁衍，就形成了泰雅人，文面也就成为泰雅人的习俗。

　　文面的时间，一般有两次。第一次时间，男性约 14～16 岁之

间,女性在 12～15 岁之间,称为"少年纹"。第二次时间,男性17～20 岁之间,女性 15～18 岁之间。这一次要全部完成文面,称为"成年纹"。

文面的部位,一般来说,男子在前额中央,自前额上缘到眉心,刺纹约 5 厘米长;下腭与前额相垂直的部位刺纹 3 厘米长,宽约 1 厘米。赛夏人便是如此。泰雅人文面的部位,是在面颊到嘴角之间,刺成"V"字状。赛夏人女性只在前额中央刺纹一条,长度、宽度与男性大致相同。

（二）台湾少数民族的文身

对于阿美人、赛夏人和泰雅人的一部分来说,文身是为了显示身体之美。排湾人、鲁凯人和卑南人的一部分,以文身显示地位和资格。贵族才能文身,平民、佃农一般不许文身。排湾人的一部分,平民、佃民若要文身,可先向贵族、头人申请,取得许可并缴纳一些贡品后,才有资格文身。文身还显示文身人的荣誉,参加过猎首或狩猎,表现勇敢而猎获多的人,也可以文身。

排湾人男性文身部位在左右胸的上部,横向两肩刺带形的纹,并刺至左右两腕;背部接两肩处,往里稍弯,再往下刺至腰部,再往腰部下刺至臀部,纹宽约 20 厘米。女性则在双手的手背上刺纹,个别地方的女性手面也刺纹。有的地方(如浊水溪)的女性,在脚部刺纹。

（三）台湾少数民族的凿齿和染齿

泰雅人、布农人、曹人男女从八九岁到十一二岁之间,都有凿齿之俗。有的拔掉左右犬牙,有的拔掉小臼齿各一颗,有的是大牙、小臼齿各一颗。他们认为这是古来的习俗,笑起来也显出一种美。

排湾人、阿美人、雅美人没有凿齿之俗,但都嗜好食槟榔,用槟榔汁染齿以装饰,如不够黑,则用草木的液汁涂染,以显美观。

（四）台湾少数民族的穿耳

台湾少数民族不分男女都要穿耳，以便在耳垂处嵌入耳环等装饰品。男女儿童四五岁或七八岁时，由父母或兄姐把番薯切成小片塞住内耳，拿一支穿线的缝衣针，穿过耳垂，线则留着，待针痕愈合后，抽掉线，插入一支茅草茎，以后逐次增加两支、三支……使耳洞逐渐加大，可以嵌挂大小各种装饰品。

随着时代和社会的进步，台湾少数民族文面、文身、凿齿、染齿和穿耳等习俗，已逐渐淡化，现在已不多见。

三、台湾少数民族的成年礼

台湾少数民族的成年礼，主要是承认成年的资格，各部族的依据有所不同。

泰雅人的成年礼，早先以猎得人头为依据，男子猎得人头就具有成年的资格。后来改变了猎人头的习俗，男子出猎，猎得鹿、野猪等，就可以在额头上刺青，被公认为已经成年。女子成年的依据早先是能够熟练地纺纱织布，在脸上刺青，就成为成年人；后来以初次月经来临为依据，刺青也废止了。

布农人、曹人的男子满18岁，并熟悉农耕和狩猎后，就由头目或长老在祭典或集会时，当众宣布其成年的资格，并宣告其列入族中壮丁的行列，为其戴上皮制的帽子，成年礼也就完成了。

四、台湾少数民族的婚姻仪礼

台湾少数民族无论哪个部落，原则上都实行一夫一妻制，禁止近亲之间通婚。虽然有自由选择配偶之俗，但是一般还得取得父母、长辈的同意，方能结婚。由于各自情况不同，在婚姻风俗上也各有不同。

阿美人的婚姻仪礼。（1）婚制。实行女招婿、男入赘之制。男女可以自由交往相爱，女方看中男方时，即可主动求婚，但需取得母亲、祖母和舅舅的同意。（2）婚前服役。女方取得长辈同意后，女方母亲即请人到男家说亲，如得男方母亲同意，女子即择日盛装带礼物到男家服务一个月左右，从事操持家务、饲养家畜家禽等劳动，直到男方母亲满意为止，才可结婚。（3）结婚之礼。结婚之日，新娘由亲友陪伴到新郎家迎亲，新郎故意逃避，由其好友相劝并陪伴送到新娘家。次日新郎由新娘陪伴到新郎母家，其家邀请家族人员饮宴，宴后新婚夫妻与双方家人同到河里捕鱼虾，再回到女方家，邀请女方家族及村里男女青年会餐庆贺，饮酒歌舞通宵达旦。

泰雅人的婚姻仪礼。（1）婚龄。男 18 岁，女 16 岁以上。（2）婚制。自由选择配偶，但必须取得双方父母的同意。这时男方托人向女方家长提亲，带上布料、酒等物品作为见面礼。女方若乐意，收下礼品，即表示同意，并热情款待来人，商定婚期。双方各自通报各自家族、亲友，承认这一婚姻关系，筹办结婚喜事。（3）结婚之礼。①新郎送聘礼。结婚之日，新郎由族长或父母及青年好友陪伴到新娘家，送上礼物，或新衣各一套，或铁质农具以及布料和针线，或酒、肉、盐、火柴等，随经济条件许可而行。新家及其亲族，也以各种饮食热情款待，祝贺美好姻缘，热闹通宵。②迎娶新娘回家。次日新郎及陪伴其来迎娶的人迎接新娘回家。新娘流泪表示惜别父母和亲人。到新郎家后，新娘首先要打开嫁妆，向新郎及其父母兄弟姐妹献出自己制作的礼物，表示自己成为家里的一名成员。③结婚仪式，由于堂屋小，在屋内只设老人和贵宾的酒席，其余的客人则在庭院围着篝火铺上草席作为餐桌。菜肴有腌制好的各种鱼、肉，炸制的各种菜和糯米饭。仪式由族长主持，村社酋长致祝词。新郎新娘站着侍候老人及宾客，直到夜半。老人借着酒兴对歌、讲故事，青年男女则围着篝火，饮酒歌舞，到天亮始散。

排湾人的婚姻仪礼。（1）婚龄。一般要 18 岁以上的男女始可结婚。（2）婚制。男女有选择配偶自由，但因排湾人已出现领主、贵族、平民和佃农阶级，故婚姻讲究门当户对。领主阶级一般不与平民、佃农阶级通婚。同时排湾人实行双系长嗣继承制,只要是长嗣,不分男女,对家庭的土地财产和社会地位(如领主、酋长)都有继承权。因此在婚姻上实行男娶女嫁和女招男婚的两重制。而领主、贵族和平民、佃农的婚礼也不一样。领主、贵族阶级婚礼为:婚姻由父母包办。婚礼白天举行,以鸣枪五响为号,全村必须前去参加以表祝贺。平民、佃农阶级婚礼为:婚姻自由选择,男方取得女方父母同意后,即将头巾等礼物送给女方表示求婚,如女方接受,即算定了亲。男方即托人送酒、肉、槟榔、头巾等给女家。女家接受则表示对此婚姻永不反悔。然后由男方送彩礼(主要是铁制的农具、铁锅等生产生活用具)到女家,女家满意,即可确定婚期。婚礼晚上举行。

布农人的婚姻仪礼。(1)婚制。婚姻必须按照父母的意愿,并由氏族或家族长老会议包办。(2)求婚。男子到了20岁婚龄,父母即请氏族或家族长老派人到女家求婚。如果女家与媒人交换烟斗吸烟,求婚即算成功。(3)订婚。求婚成功后,男家即备好礼物让媒人带着再到女家,商量聘礼品种和数量,如果谈妥,就算是订了婚。男家按谈妥的条件备好聘礼,让媒人再次到女家,商定婚期。(4)结婚之礼。①男方迎亲。结婚之日,男方的父亲或家族长老率领族中青年多人,由媒人带往女家迎亲。当晚在女家与女方氏族成员等通宵饮酒、唱歌,共同庆祝。②女方送嫁。新娘由其父亲及本氏族和母方家族多人,送到男家,傍晚举行婚礼。双方家长致祝词,既表示对新郎新娘的祝福,又祝愿联姻的两个氏族的情谊永存,表现了他们对氏族之间友谊的重视。③次日晚上才能圆房。布农人婚俗,新婚之夜,新郎新娘不能圆房,必须在次日随女方父亲及亲友回家,当晚在女家圆房。但第三天一早,新婚夫妇必须返回男家,开始共同过新的生活。

鲁凯人的婚姻仪礼。(1)婚制。男女自由择配,但必须经家长同意。(2)定情求婚。男女自由交往后,如情投意合则男方先赠女方一饰物表示同意定情。于是男家即可托媒人往女家求婚。(3)订婚。媒人受托求婚,如果得到女家同意,男家需送酒、肉、糕、槟榔、香烟、花环和饰物给女家,作为订婚之礼。一个月后,女家也以同样礼品回赠,并商定聘礼和婚期。聘礼一般有铁制器具、陶罐、银饰、肩带、刀和珠饰等。(4)结婚之礼。结婚之日,男家带着聘礼前往迎亲,新娘则藏匿到僻静之处,新郎照新娘暗示找到新娘,让同伴背她回家。在婚礼上,宾客让新郎、新娘互换嘴衔的槟榔行初吻礼,然后婚宴开始,喜宴歌舞常延续两三天。第三天新娘回娘家,两三天后回夫家,从此与新郎在一起生活。

卑南人的婚姻仪礼。(1)婚制。以招赘为主,嫁娶为辅。(2)定情求婚。不管入赘或出嫁,都由男方先向女方求婚。有自由择配定情和求婚的权利,但要取得家长的同意。男方看中了女方,即以头巾、槟榔带密赠女方,女方接受后即算定情。定情后男方经常打柴送给女家,女方也常到男家帮做舂米、汲水等家务。男家父母、舅父、姑母认为合适后,就请人做媒,带着酒和槟榔向女家求婚。女家如表同意,即收下求婚的礼物,确定双方舅父为主婚人。媒人继续来往于两家之间商定聘礼。结婚前10天,将聘礼送往女家,女家回赠酒、糕等品。(3)结婚之礼。结婚之日,女家由氏族人带着酒、糕等到男家和新郎所属公廨迎亲。男家族人设酒宴款待。饮罢伴送新郎到女家,在女家欢宴、歌舞。当晚新郎仍回到所属的公廨住宿,次日晚由媒人送新郎到女家,才与新娘同居。

曹人的婚姻仪礼。(1)婚制。实行氏族外婚、部落内婚制。今已改变,可与外村外部落通婚。(2)订婚。青年男女情投意合,男方父母即请媒求婚,如果女家同意,男家送给两三丈黑布作订婚礼,如女家接受,双方即商定婚期。(3)结婚之礼。结婚之日,男家父母兄弟带着酒到女家,与女家共饮喜酒后,即迎新娘回家。新郎新娘要同坐在炉边,由媒人各喂数粒炒糯米饭,表夫妻共食之意。然后宴请氏族中人,宴毕,媒人送新郎新娘入洞房。次日,婆婆领着新娘带一把小锄，到田间行试耕礼。然后新郎必须跟随新娘同到岳父家，新郎应在岳家服务一两年。如果要免除，男家需在婚后一两个月，拿数升酒、一把小锹和一支小箭给女家，说明其意，得到允许后，新婚夫妇才能回男家共同生活。

雅美人的婚姻仪礼。(1)婚龄。男子以能独立驾驶小船出海捕鱼为准(约 20 至 30 岁)，女子学会种芋、织布即可出嫁(约 18 至 20 岁)。(2)婚制。婚姻自主，可以自择配偶。但需父母同意。(3)求婚。男女相爱要结婚时，男方母亲托媒带着玛瑙珠一串、镯子、银钱及其他首饰等礼品，到女家提亲求婚，如果女家接受礼品，即表示同意。(4)订婚。求婚得到女家同意之次日，女子盛装由父母陪同到男家回访，男家即宰杀一猪或一羊，一半送给女家带回，一半留着和亲族共食，即算已经订婚。(5)结婚之礼。结婚之日，男家宰杀一猪两羊，煮水芋、鱼干等，迎娶新娘回家，设宴款待亲族、宾客，结婚之礼即告完成。

赛夏人的婚姻仪礼。(1)婚龄。一般是男子 20 岁左右，女子 18 岁左右。(2)婚制。男娶女嫁，均由父母做主，并需取得家族长老的许可。(3)求亲订婚。父母为儿子选定对象后，请家族长老一同到女家求亲，如果女方父母及家族长老同意，就与求亲者交换烟斗以表示许婚，并栽一棵树苗，作为许婚凭据。(4)迎亲。结婚之第一天，男家请女家及新娘到男家查聘礼。男家以酒款待，新郎将一件珠裙送给新娘的兄弟，作为礼物。第二天，男家选派几个人，由新郎嫂嫂或家族中的中年妇女，带着盛装服饰及聘礼，陪同新郎前往迎亲。(5)结婚之礼。新娘休息片刻后，结婚仪式便开始。①首先新娘动手将屋内打扫干净，并到泉水处提水回家煮饭。②次日，新郎的父母及族人，领着新郎新娘，并带酒、肉、鱼、糕等到女家探亲，设宴请新娘一家及其亲族，祝福成婚喜事，直到夜深。③第三天一早，男方之人皆返回，临行时，新娘父亲向女儿训话，并赏以一杯酒饮之。男方父母告辞，新婚夫妇留下，要到"祖灵祭"前才能同回男家祭祀,祭祀后公公赠一块芋糕予新娘食,新娘才成为男家的一名成员。全部婚礼才算结束。

五、台湾少数民族的丧葬

台湾少数民族深信灵魂不灭,以为祖先虽逝,祖灵仍在,人的生、死、祸、福全是祖灵意旨的安排。他们又相信善恶报应之说,认为:人为善,得善死;人为恶,得恶死。因而他们对于丧葬之礼极为重视,不敢稍有懈怠;并尊重在家因病而善死者,以礼办理丧葬;对于死于非命而又在外者,不许运回而均在野外草草掩埋。

台湾少数民族一般实行土葬,也有少数实行水葬、鸟葬等,对于遗体的处理、丧葬之礼等,都有其独特的做法和仪礼。

阿美人的丧葬。埋葬方式:实行室外土葬。挖好墓穴,穴底下用木架作尸床,将尸体安放好后用土埋葬,坟头高出地面如半球形。服丧:重视服丧之礼,夫妻间服丧期一年。

泰雅人的丧葬。埋葬方式:实行室内土葬。在死者床底下挖墓穴,将尸体仰卧,然后掩土深埋。葬后子女必须另迁新址盖屋居住。遗体处理:葬前要给遗体梳洗好,让死者穿上生前喜穿的衣服,并以白麻布覆在遗体上。服丧:死者家属服丧三至五天,在此期间不许唱歌、吹口哨、说笑和大声喧哗。

排湾人的丧葬。埋葬方式:实行室外土葬,埋葬时必须面向东方,坟头要立碑。遗体处理:需由近亲处理,处理时,给男性死者的头戴上花圈,插上羽毛,领主阶级插四根,普通人插一根,女性死者则要穿着盛装,戴上包头巾,包头巾里塞上槟榔子。服丧:服丧期间,女子要穿丧服,头戴黑色挑织巾。

布农人的丧葬。埋葬方式:实行室内土葬。非正常死亡的恶死者则就地简单掩埋,不举行仪式。服丧:家人服丧五天,氏族人三天,村社人一天,夫妻一方死亡,配偶则服丧一至数月。服丧期间屋内外不能打扫,不许洗衣服洗澡,不许喝酒、食肉,第六天才可上山打猎,第九天才可下地耕种。

　　鲁凯人的丧葬。埋葬方式:实行室内土葬。由近亲在室内挖墓穴,将遗体横置,死者面向东方,放入穴内后用石板封穴,再用土覆盖严实。遗体处理:人死之后马上为其换穿新装,将遗体屈曲成蹲踞状,用布包扎好,在两肩上打结。然后将遗体移到石板床上,让遗体靠在石板墙壁上,供人吊祭。葬后要把死者生前所用衣物全部抛弃于野外,死者亲属及所有参加葬礼的人都要一起到河里,用水净身后回家。

　　卑南人的丧葬。埋葬方式:实行室内土葬。在室内挖墓穴,遗体要头朝东、面向上入穴埋葬。死者(特别是男性)生前所用的衣物,以及男用的腰刀、女用的锄头,也一同葬入。遗体处理:人死后,由家族长老主持,把槟榔放在死者手中,后将遗体四肢屈曲成蹲踞状,用布包裹好移至中柱下,让人吊祭。丧仪:死者的配偶,需移床于墓穴之上,睡觉时头面所朝的方向应与死者相反。次日请女巫占卜,重新生火、汲水,以示开始新生活。第三天,参加葬礼者要用茅草浸水,洒到每人身上,以示"除秽"。晚上由女巫举行驱灵祭。第四天,死者家属要带米、水和炊具,到田间煮饭祭祀土地神,后才生产劳动。第五天,男人上山打猎,回来后请全氏族人饮酒、食肉,以表谢意。第十天,死者家属由女巫陪同,带上槟榔子、料珠到祖灵前致祭,然后在灵屋内脱下孝衣,表示丧事结束,从此恢复正常生活。

　　曹人的丧葬。埋葬方式:与布农人同。遗体处理:人在家病危时,立即为其换盛装,从床上移至屋内中央地面的茅草上,因为曹人认为死在床上不吉利。待气绝后扶起遗体,四肢屈曲胸前作蹲踞状,用三根木头支撑遗体,男用藤皮、女用布带扎紧。将遗体放入室内挖成的圆形墓穴,让其坐在穴中,面朝正门,用石板盖上,先由妇女撒上红土,继由男人培土,把土踏平后,在坟上架柴烧火烘干坟面。葬礼:一般要请氏族人及母亲家的亲族参加。

第三节　台湾少数民族的传统建筑

对于台湾少数民族的传统建筑,除了清代有关文献的记载外,较有影响的是日本人千千岩助太郎从 1930 年起,在台湾少数民族地区进行调查,1940 年起陆续在《台湾建筑会志》上发表其研究测绘的史料,并结集为《台湾高砂族住家研究》一书。同时,日本人藤岛亥治郎于 1936 年受日本学术振兴会援助,在台湾作了 21 天的建筑调查,写下了《台湾的建筑》一书。由于当时为日据时期,日本人有不少便利条件,这些成果较为真实地反映了当时台湾建筑的情况。特别是《台湾的建筑》一书从文化人类学角度切入台湾建筑现象,并不以惯用的编年体作为叙述发展的线索,而是以族群分类进行研究。在台湾少数民族建筑实例急剧减少的今天,这些研究成果不仅成为 20 世纪 90 年代以来台湾复建各少数民族代表性建筑的参考蓝本,也是笔者写作的参考依据。台湾少数民族的建筑,各有其鲜明特点,现逐一论述如下。

泰雅人的传统建筑。泰雅人在台湾少数民族中人口数最多、分布最广,聚落形式是村集。建筑类型如主屋、谷仓、鸡舍、猪舍、头骨棚架、望楼等。主屋是建筑的中心,室内有凹陷式与平地式两种,凹陷式一般在中部,有两米深;平地式一般在西部,但据早期调查,东部、西部早期可能都出现过凹陷式,因为凹陷式有御寒取暖功能。其建筑平面,有单式正入式、复式正入式、侧入式等格局。其建筑结构,屋顶为山墙式,凹陷式的地基则用石头砌成墙体以挡泥土,外墙常用木柱来支撑长屋檐。屋顶所用材料为石板、桧木皮、茅草、竹子等,屋顶样式一般为两坡落水斜,倾斜度较缓,屋檐出挑较长。墙壁有积木壁式(即在凹陷的地面用保持一定间隔的圆木为柱,将木板竖立堆叠)、竹壁式(即在竖立的圆柱上横向排上圆竹)、茅壁式(即用茅草束捆排列)、木板式(即将木板锯开后排列）。主要附属建筑有谷仓（一般为干栏式）、猪舍（用木或竹做成单面斜顶小屋）、鸡舍（壁用竹或茅草捆绑，单面斜顶）、瞭望台（在村庄入口处，建在数根埋在地下的圆木或竹子上，旁边再用数根圆木或竹子支撑）。屋内多为通间，地表为土面。泰雅人中部、东部、北部的住宅在地基样式、墙壁、屋顶等方面，均有所不同。

赛夏人的传统建筑。赛夏人人口数较少，文化受泰雅人和汉族影响。聚落形式为三至五族组成一村，渔区、猎区、耕地为数个主要宗支与分支共有。建筑类型有主屋、谷仓、鸡舍、人头棚、猪舍、厕所及前庭等。主屋为中心，一般屋身被隔为两个以上房间，空间的出现反映了对隐私的保护。起居室在中间，左右为厨房，一般除了正面设有出入口以外，内壁或侧面壁也会有出入口，墙壁为竹壁式。屋子左右边为鸡舍或猪舍，屋前为稻田，后为高架的谷仓。主屋多为矩形平面，地基呈畚箕形，为平地式，屋顶为正入或侧入山墙式。构架大体以中央及两侧列柱为主体，再安大梁和楣梁。

布农人的传统建筑。布农人的聚落形式为三两户人家聚集一处，为散村形式。建筑类型有家屋、前庭、工作室、储藏室、猪舍、凉台等。主屋为中心，一般建在将斜坡铲平的山坡上，大多为半地穴的凹陷式，这样可御寒取暖。主屋山墙结构为正入山式，屋内为长方形，分割出前、中、后三室。前室左右为卧室，如有多人，再另加卧铺；中室左右有炉、台；后室为谷仓。主屋一般不开设窗户，以防毒蛇猛兽的侵害和敌人的进攻。屋顶为两坡落水，以木料为骨架，上铺石板、木板、皮、茅草等。两墙大多用石块垒砌。前庭大都铺石板，猪舍等也用石板构造。

邹人的传统建筑。邹人人数不多，聚落形式为集村形，其成员一般婚后自行住一处，为小家制。建筑类型有主屋、猪舍、鸡舍、柴房，并有供全村部落使用的大集会所。主屋的平面格局为椭圆形，屋内为单室制，以灶居中，旁边四个角落为床铺，茅茎围成屏障。

房屋以圆木为架构,在柱子之间绑上圆木或圆竹为墙壁。主屋周围为谷仓。屋顶为半截式椭圆形,以茅草铺顶,正面入口处屋檐离地面距离要高于左右双壁面屋檐。集会场所为干栏式,不设壁而只有栏杆,木梯上下,这是邹人政治、信仰、文化活动中心,只有成年男子才可以从正门出入。

鲁凯人的传统建筑。鲁凯人为小家庭制,各家均有姓氏及家号,以示社会阶层。聚落形式较为密集,排列有序。建筑类型有居屋、前庭、仓廪、牛栏、猪栏、鸡栏、织布小屋、冶锻小屋、田间小屋、烘芋棚、工作场等。主屋材料以板岩、木板为主,屋内用木柱、木梁支撑,柱身雕人形图案,被认为神圣不可侵犯。石板用以砌墙和铺地,屋顶以石板为支撑,再用石板排成两坡式。屋内分前后两部分,前部两侧均有床铺,后部为饮食、工作之处。前庭用石板铺成,与屋前部齐高。仓廪为干栏式建筑,以四至八根柱子撑起一米高,以石板做底防鼠。织布小屋以石垒成,冶锻小屋多无墙,顶为茅草。

排湾人的传统建筑。排湾人为大家族制,多户居一房。聚落形式为密集村型,建筑类型有主屋、前庭、谷仓、猪舍、鸡舍、司令台等,有时因东、西、南、北、中地点不同而有所区别。主屋左右伸展为长方形,地面均铺石板,屋分前后两部分,前为寝室,设床铺,后为谷仓,以木材为框,石板嵌入而戎,或在后壁横向处挖一长型凹洞。屋顶以屋脊为中心,顶面排着厚板,再盖以石板。凡头目住的房屋,往往以丰富的木雕来显示身份的尊贵,如在门、横梁、柱上雕刻许多图案,有男女人像、猎鹿图、背负山猪图等,最让人敬畏的是被排湾人视为灵兽的百步蛇神像。猪舍和鸡舍用杂木围起栅栏,再将一部分用木板或石板隔开。司令台建在头目家隔着前庭的地方,用石板筑起按石阶而上的方坛,以供在遇到紧急情况时召集族人之用。

卑南人的传统建筑。卑南人由八个主要部落组成,由长女继承家屋与家产,兄弟婚后要从妻居或另建家屋。聚落形式为集村型,建筑类型有主屋,聚落内还有青年会所、少年会所、青年操练场、祖灵屋等。主屋平面为长方形,多以木料构成,墙为竹篱,屋顶为茅草。屋子内中央设两根木柱,中柱后两侧设床铺,左后方由木板围成谷仓。青少年会所是青少年训练生活礼节、知识体能与战斗技能的场所,为使受训练者精力集中,会所为干栏式,呈圆形,屋顶为茅。

　　阿美人的传统建筑。阿美人每户人口很多,住家也大。聚落形式为组织严密的大家族制,凡事通过聚会解决。建筑类型有主屋、厨房、工作场、公廨、谷仓、水车房、畜舍等。其主屋因南、北、中区域不同而有所区别,北部以正入式居多,南部以侧入式居多,中部两式兼有。正入式是长方形平面,室内不隔间,四周为床铺;侧入式即室内用木板隔离,各睡房之间不互通,有较强的隐蔽性。建筑材料以木、竹、茅为主。主屋顶为两坡式,屋檐很低。墙壁先将木柱固定后,再辅以竹、草、板,门以竹茅杆编成,地面大多铺木板,也有少数泥土地。厨房为独立建筑,结构与主屋相同。工作场为双室,一边做工作室,一边放置牛车。谷仓为正入山墙式,屋顶为平地式,上铺树皮。公廨即集会所,形态与主屋一样有北式、南式,只是构造更大。

　　雅美人的传统建筑。雅美人有六个村落,每座屋子住有数户人家。聚落形式为大家族制的集村型。建筑类型有主屋、工作场、产室、谷仓、畜舍、凉台、船仓等。主屋多顺应地势,为防海风而凹入地下,有时深达两米多,室内为长方形,三面靠墙,墙壁为双重,分前后室,地基依前后室渐渐提高。屋顶为两坡式,用木竹搭成基架,再编铺以茅草。工作场为铺地板的单室,并配有用于储藏物品的地下室。产室为妇女初产时用,是独立的凹陷式建筑,木板铺地,墙壁亦为木板,屋顶为茅草铺葺。谷仓为干栏式建筑,建在四根与地面拉开距离的木柱上,墙壁和屋顶皆用茅草葺扎而成。畜舍以石头堆砌,小部分用树枝围扎。凉台建在四或六根圆柱上,内铺地板,周围用圆木捆扎。船仓供放置刳木拼板舟,地基面向水边,雅美人造船技术精湛,船仓为不可或缺的场所。

综上所述,台湾少数民族在传统建筑方面的特点为:在建筑格局上,或单室,或复室,或单、双室兼有。在建筑类型上,除了主屋外,还包括其他一些附属建筑,这些附属建筑的类型各有各的特点。在建筑样式上,大多数为平地式,也有凹陷式,特别因南北方差异等原因而各有特点。在建筑主体上,以墙壁为例,或用竹条,或用茅草,或用石块;或前壁木板,后壁石块;或积木壁,或双重壁。以屋顶为例,大多为正入山墙式、侧入山墙式,也有龟甲型、半圆筒型等。在建筑空间上,一般以主屋为主,或分前后两个部分,或分前、中、后三个部分,或分左右两侧。在建筑使用上,一般分为居住区、饮食区、作业区等。在建筑材料上,以竹木居多,石块其次,也有竹、木、茅草、石块一起使用的。

第四节　台湾少数民族的服饰⑥

泰雅人的服饰。(1)上衣。泰雅人衣着主要是为了保暖、遮体和装饰。上衣一般有几种:①背心或有袖的长上衣;②套袖;③无袖的长上衣;④无袖短上衣;⑤珠衣。女子的上衣也有几种:①长袖对襟长上衣,是一般女子的常服;②白色无袖上衣,外套上有白色套袖;③另有一种长袖对襟长上衣,衣上装饰直条和菱形的花纹,色彩缤纷,为新娘的礼服;④胸兜。(2)下服。男子用一块黑棉布制成长约六尺的带子,由后腰围至小腹处打一个结,再把带子的两端垂在前腰下,以遮蔽下体。女子下身穿白色单片式长裙。裙上缀满用多种颜色丝线织的几何形花纹,腰上围着腰带。

赛夏人的服饰。(1)上衣。男女通用的对襟无袖长上衣,长到膝部。在长上衣外,套上对襟无袖短上衣(即短背心)。长上衣有两种：一种全白无花纹，是平时常服；另一种是有红、白、黑三色夹织的花纹，供祭祀时穿用。女子穿的短背心，有华丽的饰物；男子则以贝珠、纽扣或铜铃缀饰。（2）下服。男子下身穿一块单片式前遮片或短裙，遮片是用一块长的白色或黑色棉布制成的，折叠后缠绕腰部两圈在腹前打结，下垂部分形成两层前遮片。女子下身围一条单片或长裙，用一片长方形黑色棉布制成，也有的在裙上用红、白、黑三色夹织条纹，三色条纹相间。

雅美人的服饰。（1）上衣。雅美人以衣服为遮体、御寒之用，对衣服的装饰性并不如其他族群那么重视。男子夏天赤裸上身，冬天则穿用兽皮制成，或用麻布制成的外衣。女子夏天亦赤裸上身，也有的穿用麻布制成的短袖上衣、长袖短衣。（2）下服。男子夏天不穿裙、裤，只用一条丁字带遮护阴部。女子下身则围一条裙子。但是男子的礼服则相当讲究美观，男子穿着长外上衣，下穿绑裤，头戴羽冠；女子则穿着有袖上衣、裙，头戴珠冠。

邵人的服饰。（1）上衣。男子上衣有对襟无袖的皮背心、皮制的披肩、皮制的套袖。女子上衣有对襟立领长袖短上衣和对襟无领长袖上衣，前者长及胸部稍下，无纽扣或绑带，敞开；后者长至齐腰，有暗扣。（2）下服。男子有单片式短裙，多为浅、深褐色。还有后敞裤（又称绑腿裤），早先以兽皮制成，后用麻、毛或棉织布两块，在上端纵向局部叠缝，前面看似一条长裤，实际只是片，并用四条绑带相缚小腿之上，而大腿后面却是敞开的，故名后敞裤。女子下身围一单片的裙子，以棉布、丝织品制成，并用珠子、纽扣、铃铛等装饰。

邹人的服饰。邹人居住于高山地区，善于狩猎，其服饰多用兽皮制成。（1）上衣。男子如皮背心、皮披肩、皮套袖、胸衣、礼服等。女子上身多穿用棉布、丝、绸缎制成的对襟长袖短上衣，前襟敞开，内穿胸兜。另一种是右襟长袖短上衣，有长绑带系在背后，或缠绕在腰间。（2）下服。男子下服有敞裤，上腿部分只遮盖前面，后面敞开;下腿部分为筒形,裹住全脚。裤子上端有皮绳,可绑在腰部,下端则束在小腿上。妇女穿单片或长裙,用长约两尺半、宽约两尺的黑布两块,一块自左、一块自右围住下体,再用腰带束在腰间。

布农人的服饰。(1)上衣。男子上衣为无袖对襟长背心,用白麻布制成,有的全部没有花纹,有的则在前、后襟或两腋下纵向穿织或挑织花纹。妇女上身大多穿汉式右襟有领长袖半长衣,开襟处内面,缝一小口袋,可装小物品。还有对襟无袖短背心,长至腹部,夏穿单件,冬天用作短外套。(2)下服。男子下服有几种:①单片或围裙,与短上衣搭配穿着;②后敞裤;③对襟无领长袖长上衣,在传统的长背心上加缝两袖而成;④长袖皮衣,寒冬狩猎时穿用;⑤毛皮衣,冬穿御寒,下雨时反穿防雨。女子常着单片式或双片式长裙。单片式直筒裙是用两块单片麻布分别对折,横向上下缝合而成,裙头系以绑带。

鲁凯人的服饰。(1)上衣。男子上衣为对襟圆领长袖短上衣,外加皮背心。女子身着右襟圆领长袖长衣,或对襟圆领长袖短上衣。(2)下服。男子下身系一条单片或短裙,裙外加套一条皮制后敞裤。女子则围一条或两条单片或长裙,小腿处再套一对裹脚布,还有一种长围裙,与对襟圆领长袖短上衣配穿。

排湾人的服饰。排湾人的服饰与人们的阶级、社会地位有相当密切的关系。(1)上衣。早先排湾人男子平常穿对襟圆领长袖短上衣,衣短会露出肚脐部分;盛装时外加一件无袖长上衣。前者不分阶级地位高低都穿,但阶级地位较高者则在前襟缀以人头、人像或蛇形花纹。随着时代的改变,其背后、袖口也缀上花纹(如虎、鹿等),现在则整件都缀满花纹。女子上穿右襟圆领长袖圆摆长衣,一般平民穿的长衣没有任何花纹,只有贵族的长衣才可缀饰人头、人像、蛇形等花纹,以及缀珠、贴饰等装饰。(2)下服。早先男子下穿单片或短裙,套上一条后敞裤,裤长至踝部,一般平民穿的不能加缀纹饰。女子不论阶级高低都穿长裙,以黑或蓝色棉布制成,但只有贵族才有纹饰。

卑南人的服饰。卑南人服饰明显地表现了"不同年龄的等级层次"。(1)上衣。长袖短上衣,男女皆穿,多为深蓝色或黑色。男子也穿兽皮背心,或用黑布、白布制成的长背心。女子穿有胸兜,男有披肩。(2)下服。男穿黑色或蓝色有花边单片式的短裙,黑色短裤(裤背绣有十字花纹)、后敞裤等。女子着两条单片或短裙,一为内裙,一为外裙,系一条绿色腰带,小腿围一对护脚布。

阿美人的服饰。早先用树皮布制成衣、帽等,线用香蕉杆纤维搓成,缝衣针为竹针。后因树皮布易破损,改用麻布。(1)上衣。男子上穿对襟圆领长袖短上衣、对襟无领无袖长上衣、对襟圆领无袖短上衣等,还有胸布、套袖。女子则穿长袖短衣、短袖上衣。(2)下服。男子穿短裙,夏天则上身赤裸,下身用前遮片掩蔽阴部。女子下身围裙,夏天上身赤裸,下围一裙。

第五节　台湾少数民族的饮食⑦

一、台湾少数民族的主食和副食

台湾少数民族的主粮为稻米、粟、黍,杂粮则有番薯、玉蜀黍、芋、花生、薏米、芝麻及豆类等。所以他们的主食是用稻米或黍煮成的饭和粥,用糯米、黍、糯粟蒸制的糕、糍粑和类似粽子的干粮。芋、薯煮熟后也当作主食。台湾少数民族的副食品主要是瓜和菜,常见的有白菜、萝卜、茄子、姜、韭菜、南瓜、竹笋等,由于各族群不同,住地的自然条件和环境不同,其主副食也有差别。

阿美人的主食和副食。主食:用大米蒸成的米饭;用大米、粟米、番薯、蔬菜混合煮的粥;把薯、芋烤熟后脱皮而食。副食品:将瓜、菜、笋、萝卜等煮熟食用;豆类及花生加盐煮食;干肉、干鱼;鱼、虾等煮食。

泰雅人的主食和副食。主食:用稻米、粟、黍煮成饭或稠粥,或加番薯煮熟为日常主食;饭团或熟番薯作为田间劳作、出猎时的干粮。副食品:南瓜、野菜、胡瓜、姜、韭菜、辣椒加盐煮食;豆类煮熟加盐连汤食用。

布农人的主食和副食。主食:粟与薯、芋。早餐常以粟、薯、黍为饭,午餐在田间常煮薯、芋为食,晚餐则以粟粥加野菜和盐为食。出猎、远行以米糕、粟糕为干粮。副食品:平时极少食用副食品,佐餐仅有辣椒、盐水,或以豆类煮汤加盐食用。

排湾人的主食和副食。主食:粟、稻米和薯、芋,日常以粟米饭、粟米粥、粟米团、稻米饭、米粥、菜粥等为餐,也食煮芋、煮番薯、烤芋、烤番薯、稻米糕、糯米粥等。副食品:姜、辣椒、盐、蜂蜜等。

卑南人的主食和副食。主食:以稻米、粟、番薯、芋为主食,还有高粱、玉蜀黍、树薯等杂粮。日常食粟饭、稻米粥、菜粥等。副食品:咸菜(以芥菜、芥蓝菜等腌制)、熏肉、咸鱼、瓜、豆类、野菜(加盐煮)等。

鲁凯人的主食和副食。主食:日常主食有米饭、粟饭、糯米饭、粟粥、糯米包、糯米糕、粟米饭团、煮芋、煮薯等。副食品:南瓜、豆、野菜。

赛夏人的主食和副食。主食:稻米、粟做的干饭,糯米、粟做成的糕,用米和薯、芋、豆类混合煮的饭或粥。副食品:蔬菜、姜。

雅美人的主食和副食。主食:番薯、芋等。副食品:鱼、贝类。位于台湾岛东南小岛兰屿的雅美人,每年渔汛季节都要到海上捕捞,捕到鱼人人有份,颜色鲜艳的鱼分给女人食用,深色的鱼归男子享用,小鱼则分给孩子们食用。捕到河豚时,就用牙齿撕去鱼表面上的一层硬皮,去掉有毒的部分,生吞鲜食。

二、台湾少数民族副食品的传统制法

腌肉、糟肉、熏肉的制作。腌肉是将生肉切块,加盐后放在木桶或缸中密封,数日后即可取食。糟肉是将肉放进装有糯米糟的木桶或缸中,加入姜、盐、辣椒等调味品,七八天后即可取食。熏肉制作有生熏法和熟熏法两种。生熏法是将生肉加盐腌后用火熏熟,熟熏法是将肉煮熟或半熟,再用火熏干。

鱼食品制作。咸鱼:将新鲜的鱼,用盐或盐卤腌制。鱼干:将新鲜鱼加适量的盐腌制后晒干,或用火烘干。

蔬菜食品制作。腌制法:将芥菜、芥蓝菜等切成条状、晾干后,加盐放入缸中密封,六七天后可取食。晒干法:将蔬菜、萝卜、竹笋等切成条状或片状,晒干后储藏,随时取出煮食。

台湾少数民族的副食品制作,有两种方法很有特色。一种是石烤法,是在地上挖一个半米深的洞,上铺石板,石板上放着生的食物,并用柴草盖严,石板下烧柴火,让烧热的石板烤食物,香味散开,就可以取食。另一种是石烹法,在槟榔壳里装上肉、菜、水,把烧得炽热的石子丢进去,水沸了,肉、菜也熟了。他们外出劳动或狩猎,常用这两种方法烧制食物。

三、台湾少数民族的酿酒

酒是很普遍的饮料,但台湾少数民族平日不常饮酒,而年节庆典或待客时则饮酒。布农人只在祭祀、喜宴时才饮酒。阿美人平日一般不饮酒,过"丰年节"时,举行七天七夜的庆祝活动,就聚集在一起痛饮,一边饮酒,一边唱歌跳舞。排湾人在庆祝"五年祭"活动中,也要饮酒唱歌跳舞。酒的酿制,各有所不同,例如:

泰雅人将米或粟蒸熟后,放在缸中,加入酵母白籼酿成。白籼多是用其他物品交换来的,但也有自制的酵母,是由妇女嚼碎米或粟(其中混有唾液),放入竹筒加盖,吊挂于炉灶之上,四五天后即成酵母。

赛夏人饮的是粟酒,酿造之法是先将粟蒸熟,放入木槽中,冷却后用手抓进嘴里咀嚼后(混有唾液)放进缸里,再加些捣碎了的黍,混以少量的水,让其发酵而成。

曹人以粟、米酿酒。将粟,或米泡软后,放入石臼中粉碎,然后慢慢加入有温水的锅中,逐渐加热,用铁算搅拌成糨糊状,倒进藤制的盛具中冷却,用手抓进嘴里咀嚼,使其含有唾液,吐入缸中加盖让其发酵,两三天后即可成酒,经过滤后饮用。

阿美人以粟酿酒。将粟蒸熟,晾干后放入坛子中,加入酒曲混拌加盖,经发酵即成酒。

由上可知,台湾少数民族酿酒方法大都比较粗糙原始,所以度数很低,但是后来他们也从汉人中学到比较先进的酿酒方法,酒的质量也随之提高。

四、台湾少数民族的食俗信仰与禁忌

阿美人祭祀的食品有芭蕉叶包饼、烟草、槟榔等,并用土器盛酒供祭。祭时先向东方洒酒,再向其他三个方向洒酒,表示礼待神灵。大巴塑社的祖灵祭,由长老牵一头猪,宰杀后取出猪肠、猪胆与猪肉一起供祭,并置酒壶中,以大饼盖上,放在舞蹈者中间,招请神灵。

泰雅人祭品有所不同。大嵙崁泰雅人要在天亮之前制好小粟丸团,用槲叶包好以供祭。屈尺泰雅人则用酒糟、粟粒、肉片代替粟丸团。溪头、南澳泰雅人用两个竹筒,一个竹筒装酒,另一个竹筒装上肉片和粟米等供祭。大湖泰雅人的祭品,是一个竹筒装酒,一个袋子装米、饼、肉等。

曹人于祖灵祭日,带酒、饼上山致祭,祭后酒洒于地,将酒筒、饼筒挂在树枝上后回家。

总之,台湾少数民族祭祀所用的祭品,不外酒、肉、饼、米、粟、粟团丸等。主要的禁忌,是在祭祀中禁止食鱼。台湾南部的少数民族,则禁止在祭祀中食鱼、米、盐、番薯、生姜及饮水等。

注：

①田富达、陈国强著：《高山族民俗》，民族出版社 1995 年版，第 136～138 页。

②田富达、陈国强著：《高山族民俗》，民族出版社 1995 年版，第 209～210 页。

③田富达、陈国强著：《高山族民俗》，民族出版社 1995 年版，第 127～134 页。

④田富达、陈国强著：《高山族民俗》，民族出版社 1995 年版，第 260～263 页。

⑤本节参考田富达、陈国强著：《高山族民俗》，民族出版社 1995 年版；铃木质著：《台湾原住民风俗志》，台原出版社 1994 年版。

⑥本节参考叶立诚著：《台湾服装史》，商鼎文化出版社 2001 年版；李莎莎著：《台湾原住民衣饰文化》，南天书局有限公司 1998 年版；田富达、陈国强著：《高山族民俗》，民族出版社 1995 年版。

⑦本节参考田富达、陈国强著：《高山族民俗》，民族出版社 1995 年版；陈奇禄著：《台湾土著文化研究》，联经出版事业公司 1999 年版。

第七章　台湾的少数民族(下)

第一节　台湾少数民族的生产劳动①

一、台湾少数民族的生产方式

台湾腹地有高山、丘陵,沿海有平原、高山。丘陵森林密布,沿海平原广袤,独特的地理条件加上四季恒春的气候,最宜于农耕。所以台湾少数民族生产的主要方式是农业生产,其次是狩猎和渔业生产以及林牧业生产。

台湾少数民族的农业生产,多以家庭为单位自种自收。但在一些已出现阶级的社群中,领主或头目成为土地所有者,而耕种者则成为佃民。如鲁凯人的社群,就有头人、世族、佃民三个阶级,排湾人的多数社群也实行头人、世族、佃民三阶级制。以鲁凯人好荣社为例,156 家中,24 家属头人阶级,10 家属于世族阶级,其余皆属于佃民阶级。占人口 76% 的佃民,需向占人口 23% 的领主、世族承佃耕种,向他们纳税服役。台湾少数民族的农业生产多处于刀耕火种的原始状态,因而产量不多,也无力扩大种植面积,故要以采集和狩猎等来弥补农耕生产的不足。后来由于与汉族人接触,渐渐由刀耕火种转而实行牛耕、施肥、浇灌的稻作农业,生产始有很大的改观。

台湾少数民族的渔业生产,对居住在海岸或岛屿的阿美人较为重要;傍山临溪河而居的泰雅人、排湾人和曹人,捕鱼之风很盛,鱼类成为他们主要的副食品。相反的,布农人则禁忌捕鱼和食鱼。捕鱼方法有网鱼法、射刺法、鱼筌法、毒鱼法和涸鱼法。他们用的渔具有弓箭、鱼叉、鱼刺、鱼镞(以上用于射鱼)、渔网(用于网鱼)、鱼筌、鱼帘、鱼栅(用于筌鱼和堰鱼)。还有钓钩,是用以在溪河边钓鱼。阿美人一般在每年四月至七八月风平浪静之时,或台风过后,结队携带渔具乘竹筏入海,晨出日落而归。捕鱼方法有曳网、立网、钓鱼等几种。雅美人海上捕鱼,分为大船集体捕鱼和小船单独捕鱼两种。大船集体捕鱼主要是以父系亲族为单位,组成捕鱼船组,船上有一位舵手兼船长,船头摇桨者为副船长,其余船员分坐两边固定棹手的座位上。此种捕鱼方式主要用于春、夏集体捕鱼季节。小船单独捕鱼多在五六月至七八月间飞鱼汛期以后。但时至今日,由于捕鱼技术和用具的不断改进,他们渔业生产的技术已与汉人相似,居住于兰屿的雅美人则已有了现代化的渔船。不过传统的捕鱼方法和渔具,在一些山区尚可看到。

台湾少数民族所居住的地区,大多山高林密,生长着许多飞禽走兽,因此,狩猎成为他们仅次于农业的重要的生产。布农人以农耕和狩猎为主,泰雅人、鲁凯人、卑南人、赛夏人、曹人则农耕兼事狩猎。他们在农闲季节或主要祭典前后,相率入山狩猎。出猎前先作梦占、鸟占,吉者即出猎,凶则改期。狩猎的方法有武猎、焚猎、陷猎、诱猎等几种。鲁凯人、排湾人因猎场属领主、贵族所有,猎人需以猎物向其交付猎租。鲁凯人以猎物的后腿及胸部为猎租;阿美人以兽皮、兽头归猎主,内脏由猎者在山上煮食,肉则运回公廨,按不同的年龄分配,或平均分配给出猎者。布农人猎主可得头骨及一只前腿,大王分得兽皮及一只前腿,其余则运回平均分配给各家。他们狩猎的对象,主要是鹿、山羊、山猪等,其他有熊、豹、山兔、山猫等。

台湾少数民族的家畜饲养,以猪、犬较为普遍。养犬主要是为了狩猎,养猪成为妇女专门的副业。男子养猪成为禁忌,男子不能触摸养猪的饲料、饲料盆以及煮饲料的锅。在东部的阿美人和卑南人,饲养水牛较为普遍。雅美人、泰雅人和布农人有放养山羊者,但不多。家禽饲养以鸡较为普遍,但排湾人和鲁凯人视鸡为禁忌,以至于不食鸡蛋。有些部族也以养鱼、养蜂为副业生产。排湾人和赛夏人多养蜜蜂,泰雅人和曹人则在自己地区的溪流中放养鱼苗,并放置标志禁止他人捕鱼。此外,采集也是一种副业。布农人和雅美人的采集皆由妇女和儿童负责。布农人采集竹笋、木耳、野菜等作为副食品,山栗、白果、山枣、野橘、鸟卵作为妇女儿童的食物,草药、野草作为药用或染料。雅美人以采集为主要的生产方式之一。采集野果、野菜以供食用,如蕨、山棕、百合、山苏花等野菜,榄仁、叶下白、珍珠莲等野果。他们还采集白苎麻、黄苎麻、木棉等纤维植物作为纺织和编织之用,采集藤、竹等作为编制藤器和竹器之用。此外,雅美人还采集两栖动物和贝类作为副食品。

二、台湾少数民族的作物种类

台湾少数民族由于历史和地理环境等原因,其种植作物的品种较少。

五谷类,主要是粟、黍、稻。阿美人农业生产较发达,已能犁耕灌溉进行水田种植,所以稻作除旱稻外,还有水稻,而水稻又有早稻和糯稻之分,还种植大麦、高粱、大豆、芝麻等。泰雅人的五谷作物,主要有粟、旱稻、黍、稷等。布农人主要种植粟、黍、玉蜀黍、旱稻等。排湾人主要种植粟、旱稻等。卑南人主要种植粟,此外还有玉蜀黍、薏米、赤豆等。但晚近以来已发展梯田种植水稻。赛夏人以旱稻为主,其次为粟。雅美人主要种植粟。

蔬菜类,主要种植山葱、韭菜、姜、辣椒、南瓜等。阿美人还种植黑芋、番薯,排湾人、鲁凯人、卑南人、布农人、曹人、赛夏人、雅美人都种植芋、薯。

纤维植物,主要有苎、麻、木棉。

水果。雅美人的果树园艺比较发达,所以种植水果较多,而品种也多。有橘、凤梨、龙眼、面包树、毛柿、木瓜、椰子、林投、芭蕉等。其中橘就有三个品种。而槟榔的种植在台湾少数民族中较为普遍,甘蔗的种植也较多。

其他,如茶、漆树、烟草。随着台湾山区经济的不断开发,台湾少数民族种植作物的种类已有了很大的改变,水稻、水果的种植面积逐渐扩大,产量也有较大的增加,改变了过去以薯、芋为主粮的生活习俗。

三、台湾少数民族的耕种方式

台湾的汉族人主要是从闽粤一带迁移来的,因此其耕作方式与闽粤相似。但是台湾少数民族的耕作方式却与之有很多不同,各部族又有不同的特点。

阿美人的耕种方式。耕作制:焚垦轮休。即焚垦一地后,次年另焚垦新地,隔年再焚垦原地。这样做有利于地力的恢复。所谓焚垦,即选定一地,把树木砍倒,茅草锄尽,划出隔火带,放火烧之,灰烬则成灰肥,可以肥田。耕作过程:如旱田,犁田碎土;撒播粟种于土中,进行一次平土;除草(在粟苗生长至二三寸时);收割。用竹刀切断粟穗,束扎成把,用牛车运回贮藏。如水田,育苗,使用旱苗法,播种种子于苗床上,苗床上不放水;插秧;中耕除草两次;收割,穗连杆切断扎成捆运回收藏。

泰雅人的耕种方式。耕作制:以焚垦轮休为主。耕作过程:焚垦;整田,焚垦土地冷却后,即清理田场,平整出一块块农田;播种,平松田土,撒上种子,然后用足平土,以遮盖种子;中耕,禾苗长至三四寸时,由妇女到田间拔除杂草;收割,全家男女用手刀收割,禾穗连杆切断,用棕叶扎束后运回谷仓,干后贮藏。

排湾人的耕种方式。耕作制:烧垦轮休为主。耕作过程:开垦—播种—除草—收割—整田。

布农人的耕种方式。耕作制:烧垦轮休。耕作过程:冬季十一月烧垦;一月播种,播种粟子时,一人在前撒下种子,另一人持锄随后平土盖上种子,种稻田用条播法,种薯、芋用穴播法;除草,粟田由妇女徒手拔除杂草,旱稻由妇女以锄除草;收割,穗连杆用手刀切断,束成把后用背篓运回家中。

卑南人的耕种方式。耕作制:焚垦轮休。耕作过程:一月播粟,二月粟田初次除草,三月再次除草,四月种番薯,五月播种黑豆,六月收割粟,八月播种旱稻,九月旱稻初次除草,十月旱稻再次除草,十一、十二月旱稻收获。

鲁凯人的耕种方式。耕作制:焚垦轮休。耕作过程:一月、二月开垦稻田、芋田并整田;三月继续整田,粟田除草;四月旱稻播种;五月粟田收割;七月稻田除草;八月稻田第二次除草,并开垦芋田;十月收获糯稻、芋;十一月收割旱稻;十二月开垦粟田。

曹人的耕种方式。耕作制:焚垦轮休。耕作过程:一月播种旱稻、粟;二月稻插秧;三月播种花生、薏米,种植芋、薯、粟、旱稻第一次除草;四月种植芋、薯,播种旱稻;五月粟、旱稻第二次除草;七月旱稻收获;八月晚稻除草,粟收割;十月薯田除草,晚稻收获,薯收获;十一月收获黑芋。曹人农业生产原由妇女承担,男子只参加开垦和收获,近30年来其始参加农耕。

雅美人的耕种方式。耕作制:既有焚垦山田,也有灌溉水田。耕作过程:十二月焚垦,建渠引水于田。播种:粟与苎麻用撒播法,胡瓜、南瓜用点播法,薯用插蔓法,芋用插根法。粟播种两个月后除草一次,薯、芋栽种一个月后除草。粟种三个月后收割,薯在插种四个月后收获,芋八个月后收获。

雅美人男性主要种植粟和苎麻,芋由女性种植,其他作物的种植则不分男女,全都参加。

四、台湾少数民族的生产用具和制作

（一）农业生产用具和制作

台湾少数民族早期的农业生产用具比较简陋，仅有掘杖、手锹、木末等。后有直柄镰刀、斧、刀等。掘杖、手锹用于挖土、铲土，木末用于耕地，镰刀用于收割作物，斧、刀用于砍伐树木和割草。但各部族使用的农具种类也有所不同。例如：

泰雅人使用的农具主要有锹、掘杖、镰刀、锄头、手刀等。

排湾人的农具以锄为主，还有手锹、耙、镰刀、刀、小刀等。

布农人的主要农具有手锹、镰刀、耙、刀等。

卑南人的农具主要有掘杖、锄、犁等。

鲁凯人的主要农具有掘杖、手锹、镰刀、斧、锄、小镰刀等。

赛夏人的主要农具有手锹、锄、镰刀、耙、刀等。

雅美人以掘杖为最重要的农具，还有石锹、割刀、斧、镰刀、弯头镰刀等。

从上面可以看出，最普遍使用的农具是镰刀，其次是掘杖、锹、刀等。掘杖和木末是用木头制作的。掘杖长1米，直径3厘米，形状如木棒，上端装有木柄，下端将木头削尖以便掘土。锹，早期是用石器制成，把石器绑在弯形的木柄上，用以锄草，后改为铁质。镰刀、斧、刀，早期也是用石器制成，装上木柄，用以收割作物或砍伐树木等。后逐渐改为铁质。弯头镰刀则从汉族人处传来。

（二）狩猎生产用具和制作

狩猎是台湾少数民族仅次于农业的生产。猎物之皮可制衣服，猎物之肉可供食用，而且是祭仪的重要供品，也是招待宾客的珍贵食品。所以除农闲季节狩猎之外，在主要祭仪前后，他们必成群结队集体狩猎。特别是阿美人和卑南人，每年必举行一两次仪式性的集体狩猎。狩猎的用具比较原始简单，主要有：

弓箭，弓身和箭杆是用竹制的，弓弦则用麻、苎或藤制造，用于远距离射伤或射杀猎物。

标枪,枪身一般是用竹制的,枪尖是用石器磨成或用铁制成,用于近距离投掷以杀伤猎物。

刀,早先用石器磨制,后来用铁质之刀,用于砍杀猎物和剥兽皮、切割兽肉。

火药枪,台湾少数民族早先没有火药枪,是后来西班牙人、荷兰人入占台湾时,少数民族与之战斗而得来的,火药枪更适用于远距离猎获禽兽。

在使用火药枪狩猎之前,用途最广的是弓箭,有三簇、四簇等,既能射杀走兽,又可射下飞鸟。

他们在狩猎的过程中,积累了许多经验,能够制造用于捕猎的简单而灵巧的机械。

现在,台湾少数民族已经多用猎枪狩猎,但随着草原猎场日益减少,狩猎已渐衰落,不过山区仍有用陷阱机关捕捉鸟兽的习俗。

(三)渔业生产的用具和制作

台湾少数民族渔业生产仅次于狩猎,其捕鱼的用具主要有鱼刺、鱼叉、弓矢、渔网等。

鱼刺,是用铁或竹制成的尖刺,铁制的装有木柄,在水中见到鱼,即用鱼刺对准鱼刺捕。

鱼叉,有铁镢、竹镢两种,多属有钩齿的三叉镢。鱼叉头部系有绳子,以便渔叉刺进鱼体后脱柄,将绳子拉回,把鱼取下。鱼刺、鱼叉均用于浅水捕鱼。

弓矢,以竹为弓,以铁为矢,用于清水中射鱼。

镖枪,镖枪头部装有两刃镢,标杆长四尺多,在十余步距离内发镖取鱼,镖无虚发。

渔网,戽袋形,用麻线结网,网口用藤枝或软竹缚成圆口,以长竹竿一端固定在网对边中央,见鱼即用此网捕取。

鱼笼和竹罩,用竹篾编织成,放在溪流下游狭窄之处,人在上游用竹竿驱鱼顺流而下，鱼落笼罩中，便可捕捉。

雅美人在海上捕鱼，则有竹筏、钓钩、鱼刺、掬网等渔具。竹筏用七八根粗长毛竹绑扎而成，用于乘载人出海捕鱼。钓钩用于钓捕鳗鱼。掬网、牵网等用于网捕鱼类。

五、台湾少数民族的农事节日和祭祀

台湾少数民族的农事节日较多，几乎农耕生产的每个环节，都有农事节日和祭祀活动。只是各部有所不同。阿美人有祈年祭、粟播种祭、粟收获祭、开仓祭、新年祭。泰雅人有开垦祭、播种祭、除草祭、收割祭、新谷入仓祭、开仓尝新祭。布农人有冬月祭仪、开垦月祭仪、追走月（十二月）祭仪、作田月祭仪、播种月祭仪、除草月祭仪、收获月祭仪、收仓月祭仪。卑南人有粟播种祭、粟收割祭、粟入仓祭、稻播种祭、稻收获祭、稻入仓祭。曹人有粟播种祭、除草祭、收割祭、收藏祭、丰年祭。赛夏人有开垦祭、播种祭、收割祭、入仓祭、开仓祭、收割祖灵祭。

台湾少数民族各种农事祭的祭祀仪式，各部族也各不相同。

（一）台湾少数民族的新年祭

阿美人于祭期于收割结束后的下一个月十三四日开始，延续十数天。祭仪于第一日举行诸神尝新祭，以新粟所酿之酒洒地为祭，祭后聚饮，青年与未成年者终日欢舞。"午夜前最低阶级的男子到海边建小舍"，作为本营。第二日老人们到前一日所建的小舍（本营），"其以下阶级另建小舍（分营）"，人们都到海边捕鱼，日落回小舍分鱼评功，食鱼后留宿小舍。第三日活动与第二日同。第四日人们绕分营小舍三周后拔掉小舍，又至本营小舍绕三周后食鱼，拔掉本营小舍回到社中公廨，评比渔捞成绩，评取前五名，以酒奖励。然后欢宴，年轻男子与女子共舞，如此延续十多天，青年男女可以借此谈爱求婚。

（二）台湾少数民族的播种祭

阿美人，祭期约有十天。第一天收藏渔具，以免触犯禁忌。第二天妇女从仓中取出粟种，放在屋内地上用脚踩踏使之脱壳，男子到山上采大萱，当晚壮丁敲锣打鼓巡行，以示驱除害虫，男子在公廨中表演角力，以祈求粟苗壮成长。自此夜起，夜夜都表演角力，直到祭期结束。第三天行初播礼，前夜住在公廨的男子，天明前到长老家用餐，男女们盛装并佩着犬牙铃，随着锣鼓队到田间，先在一家的一块田里举行播种仪式，播种后不能浇水，由长老手持大萱向天祝愿："我粟如大萱，不要像不结实不出穗的粟!"然后把大萱种在田里。接着到另外一两家的田里，举行同样的播种仪式。结束后男子回家，需在家门外脱衣赤身入屋卧伏作熟睡状，不一会儿起身，说"已黎明"，象征播种日已过。第四天夜间，男女拿着火把到海边寻拾海贝，一直持续到天明之前。第五天男女带着海贝到村长和长老家，向老人敬酒，共食海贝，然后休息、游玩。

卑南人，粟播种祭在阳历一月某日。祭前先到祭屋周围除草清场，然后由司祭携带祭品——含料珠的槟榔子，到祭屋外祭祀，并在祭屋内供上含料珠的槟榔子。接着举行梦占，占吉，次日即派妇女到祭田播种粟种，并将穗梗埋在田地中央，让穗梗的一端露出地面，用含五粒料珠的槟榔子供祭。第三天起，正式开始播种。

曹人，粟播种祭在李花开时举行。第一天打扫房屋，到溪里捕鱼；第二天到野外汲水、采茅；第三天在祭田初播粟种、祭祀，第四天正式开始播种。

赛夏人，阳历二月举行播种祭，祭前男子出猎准备供祭的兽肉，家家户户酿造粟酒，祭前之夜做好糍。祭日由司祭到祭田敬供酒、糍等祭品，回来后各家向司祭敬酒，司祭则请各家长宴饮。宴毕各自访问亲朋，饮酒歌唱，欢乐终日。第二天各家举行家祭，待祭田的粟抽出一两片叶芽时，即开始正式播种。

布农人，阳历一月举行播种月祭仪。第一天做甜酒，第二天祭田播种,由司祭取一些粟种,经脚踩脱壳后放在瓢里,在祭田里用小锹进行播种,并采茅笋两根竖在田里,以祈作物成长结实。

　　(三)台湾少数民族的收获祭

　　阿美人,祭期多在粟成熟时的下弦月之日。祭期第一日,男子上山采棕榈叶和藤,以备扎束粟穗之用;妇女则到自家田里举行初摘穗仪式,摘取一束粟穗放在背篓里背回家,从中抽出几支穗捣后煮食,并念祝词祈望丰收。第二日,全社人到某一块田里,并肩成行摘取粟穗。第三天,正式开始收割。全社收割完后,人人到海边采拾贝类,天亮前回来煮食贝类。

　　泰雅人,祭期在稻谷成熟后商定。一般在猎祭归来次日举行。由两个司祭带着祭品、酒与镰刀到田里,向天神、祖灵、稻灵祈求丰收,割下四支稻穗,将糍、酒洒泼地上。回来后将镰刀和四支稻穗悬挂于户外壁上,分祭酒、祭糍给各家各户。第二天举行祖灵祭,祭后开始盛大酒宴。

　　卑南人,阳历六月粟成熟后举行粟收割祭。祭日司祭到祭屋祭祀,仪式与播种祭同。第二日,由一个妇女到祭田,供三粒槟榔子,并用小刀割下粟两三穗,盖在供祭的槟榔上;祭后再割一束粟穗带回,挂在三米多长竹竿的上端,竖立在屋子前沿。次日起开始正式收割。

　　曹人,九月举行收获祭。祭期九天,第一天打扫房屋,第二天至第四天编织装粟用的竹箩,第五天司祭到祭田祭酒,第八日祭田初收割,第九日尝新。

　　赛夏人,祭期在作物成熟之后,由于是家祭,故无统一的祭日。各家在祭前举行梦占,占得吉梦即到田里,交足向东而立,闭目拔起稻两三根,晒干后新谷即混入当日食粮中煮食尝新。

　　布农人,收获月祭仪在六月收获时举行。下弦月酿酒,酿酒之第四日举行祭仪,早餐后各户派出四个人盛装到田里,其中一人为司祭,身佩一串猪肩胛骨、下颚骨,两耳及蹄趾和祭具,供在田里,并在田里拔起硕大结实的粟株,缚以茅草放在田地上,祈祝粟丰收。祭后把粟株运回,饮酒共乐。次日正式收割。

(四)台湾少数民族的开垦祭

泰雅人,选好新开垦地,在其中一小块地上先作象征性采伐,取两根竹或树枝,砍掉旁枝,交叉竖在空地上,按家中人数砍小枝丫制成小锹,挂在竖立的两根交叉的竹或树枝上,当夜作梦占,占吉,则在该地开垦,不吉则另找新地。

(五)台湾少数民族的除草祭

泰雅人,播种一个月后,由各家自己举行,早餐前家长到田里拔一根草放在田里石头或横木上,让它晒干,象征田里杂草枯萎。到稻子长至四五寸时,正式开始除草。

曹人,粟开花结穗前举行除草祭。祭期第一天打扫房屋,第二天关闭粟仓,至祭田除草,并熏烤兽皮,以驱逐兽、虫。

布农人,除草祭在阳历三月举行。

(六)台湾少数民族的开仓祭

阿美人,择吉日举行开仓祭,祭日天未明妇女即起床开仓,开仓时念祝辞:"今日良辰,我来开仓。"随即取出一些粟穗。此后便可自由开仓。

泰雅人,开仓祭选在晦日举行。祭日天未明各家家长或主妇不持火把,即到谷仓打开仓门,取一颗新谷,用手搓脱谷皮,啐吐一口并念祝辞,然后取一束新谷穗回家,炊煮为晚饭,让子女尤其幼子先尝,谓之尝新,食时禁忌吹口气,也不能全食尽,寓有余之意。

(七)台湾少数民族的入仓祭

泰雅人,新谷收割、晒干后,选于晦日举行入仓祭。各家家长取下屋外壁上的四穗稻谷,改挂在谷仓之下,祭稻灵,祈求稻谷永远不减少。

卑南人,粟收割完后,举行谷神尝新和新谷入仓祭:由妇女取挂在竹竿上的新粟几颗,脱去粟皮,含在口中;并将挂有粟穗的竹竿移入屋内,下垂粟穗即成为谷神神位。在神位前陈列四排槟榔子,以及石灰,旁边供上糍和酒。开祭时,司祭三次将酒泼洒在地上,取糍掷祭粟神,并念祝辞,一家人也随着仿效。祭后将新谷收入谷仓,在新粟上放置含三粒料珠的槟榔子,再压上最先收割的三束粟穗,祈求粟子不减少,免受虫、鼠之害。次日正式收藏新粟。

曹人,上山打猎,以兽肉祭地神,收藏祭后,即举行饮宴。

布农人,八月举行收仓月祭仪,共五日。第一日酿酒,第四日早上由男人捉一头猪放在新粟堆旁,司祭将最初收割的粟束放进仓内,又随意取其他粟三束放进仓内。接着一人用竹刀刺杀猪,司祭持收割用具在新粟上不断挥动,以示猪的叫声可将他处的粟引来。然后将新粟堆放在旧粟之上。第五日司祭将所宰的猪的下颚骨、蹄趾、双耳系在收获祭具上。

第二节　台湾少数民族的工艺[②]

一、台湾少数民族的编织

苗栗的赛夏人、泰雅人以蔺草、苎麻为编织材料,其编织的纹样具有文字与表意的功能,不同的颜色与不同的纹样,就能读出其中不同的文化意义。但是随着岁月的流逝,这种具有丰富的人文意涵的传统编织工艺已逐渐消失。泰雅人徐年枝嫁到赛夏人的地区后,兼具两族的编织经验,掌握两族编织的特色,从古老的赛夏织物中找出"卍"字的使用方式,深入观察"卍"字符号所代表的含义,重建了隐晦的族群区别纹样,创造了具有现代感的新赛夏文物。南投的台湾少数民族利用苎麻纤维编织各式背带、网带,或用藤、竹编织各式背篓、簸箕、筛子、篮子等。其中布农人的编织很有特色,将野生的月桃叶晒干后压平,织成十字纹坐席或床席,还编成储物箱、衣物箱等。

二、台湾少数民族的纺织

织布是台湾少数民族妇女的工作,其材料主要是苎麻。纺织过程各族群大同小异,但在形式、纹样、色泽上各有不同,泰雅人纺织时是站着或坐着,所用的织布机是水平式背带机,其织布方式以平织、夹织、挑织等为主。花莲县少数民族妇女夹织的纹样有条纹、曲折纹、方格纹、三角形及菱形等,颜色以红、黑、蓝为主。南投县少数民族妇女是用足撑式的水平背带织布机织布,大量运用红、黄、绿等色彩织成各种图案,线条粗犷奔放,表现了台湾少数民族劲勇、淳厚的民族气质。

三、台湾少数民族的木雕

台湾少数民族的木雕工艺,以排湾人、鲁凯人较为发达。由于这两个部族有贵族制度,所以屋内雕饰比较讲究。排湾人立柱雕刻有佳平式、泰武式、佳兴式、来义式、客台式、大南式等九种地域性式样。木雕艺术风格"具有平面、装饰的与填充的特征"。阿美人、泰雅人的木雕已有相当长的历史,但其中有 400 多年的断层。近年来已有人在努力传承阿美人的雕刻文化。例如袁志宽的雕刻,以族群生活样态为主,有捕鱼、工作、生活等题材,造型自然而神秘,质感丰富,保留了强烈的凿刀刻痕。

四、台湾少数民族的刺绣

台湾少数民族的刺绣,以排湾人和鲁凯人最为著名。排湾人刺绣,早期是贵族妇女的专利,一般平民从事农耕、狩猎,无暇刺绣,而且平民妇女穿长衣、长裙,不许有刺绣的装饰。排湾人刺绣不用绣绷,常见的技法是十字绣、锁链绣和直线绣等。鲁凯人刺绣是一般妇女所必须掌握的技艺,刺绣不精便会被取笑。早先以竹针刺绣,后受汉人影响,改用金属绣针。其刺绣一般都在领围、袖口、裙缘、前襟及右襟,作为衣服的装饰。技法有缎面绣、十字绣、锁链绣、直线绣、圈饰绣等。其中以十字绣为最基本、最重要的技法。通常以黄、红、绿三色相配,多为对称连续的图案花纹,以象征神圣的八角星形纹为主。直线绣是在白色细纱布上,绣出三角纹、花叶纹和曲折形纹。圈饰绣是将绣线从圆形外向内围绕而绣成。最精致的是缎面绣,讲究绣面平滑,多为菱形纹和曲折形纹。卑南人女子从小即学十字绣,用来装饰衣裤,相当亮丽眩目。布农人刺绣多用于头巾、男子长袖短上衣、女子双片或长裙上,通常用十字绣、直线绣、缎面绣,以及边缘外的装饰绣等技法,主要花纹有花草纹、菱形纹等。其他如阿美人、赛夏人、泰雅人等都有刺绣工艺,虽然绣的花纹有所不同,但针法却大同小异。

第三节　台湾少数民族的音乐

一、台湾对少数民族音乐的研究和收集

台湾少数民族早期民歌的原始情况,现在只能从早期一些史料中查获,如林谦光《台湾纪略》(1685 年)及《番社采风图考》(1747 年)。日据时期,一些日本人出版了一些与高山族音乐有关的文献,如小池生《番人与歌谣》(1898 年),伊能嘉矩《台湾土番十二个月的唱法》(1907 年)、《台湾土番的歌谣与固有乐器》(1907 年),森丑之助《台湾番俗志》(1917 年),张福兴《水社化番的歌与杵音》(1922 年),田边尚雄《台湾音乐考》(1922 年)、《第一音乐纪行》(1922 年),桑田芳藏《台湾民族的文化观》(1922 年),一条慎三郎《阿美之歌》(1925 年)、《排湾、布农、泰雅之歌》(1925 年),移川子之藏《头社熟番的歌谣》(1931 年),竹中重雄《台湾番族音乐的研究》(1932)、《台湾番族乐器考》(1932 年),冈本新市《花莲港厅番人音乐的考查》(1934 年),佐藤文一《关于排湾族的歌谣》(1936

年)等。其中最有代表性的为黑泽隆朝的《台湾高砂族的音乐》,将高山族民歌内容分为 7 类 22 项:(1)祭典歌。①赞颂祖先或神的歌;②播种小米之歌;③收获感谢之歌;④猎首之祭歌;⑤狩猎祈愿歌。(2)咒诅歌。①咒诅歌;②乞雨歌;③驱病魔之歌。(3)劳作歌。①狩猎歌;②农耕歌;③山歌。(4)相思歌。①恋爱对歌;②思恋歌。(5)饮酒歌。①款待客人之歌;②饮酒歌;③欢乐歌。(6)庆典歌。①成年仪式之歌;②未成年之歌;③结婚仪式之歌。(7)叙事歌。①叙述传说;②叙述英勇事迹;③结婚仪式的祝词。此书还将高山族民歌的歌唱形式分为 3 类 10 项:(1)单音歌谣。①领唱与和腔唱法;②朗诵唱法;③民谣唱法。(2)和声歌谣。①协和音唱法;②自然和弦唱法;③自由合唱法。(3)复音歌谣。①平行唱法;②轮唱法;③顽固低音唱法;④对位唱法。由此可看出台湾少数民族音乐的丰富多彩,唱歌已成为生活中不可缺少的内容,无论是祭仪、耕作、打猎、恋爱、饮酒甚至连出草都要唱歌,而且这些歌词因内容不同,语言不同,风俗不同,唱歌时的形式技巧也不同,有男声合唱、混声合唱、女声轮唱、复音形式唱法、独唱、齐唱等。

　　20 世纪 60 年代,台湾发起了"民歌采集运动",少数民族的音乐成为重点调查对象。史惟亮、许常惠、吕炳川等一些台湾音乐工作者对台湾少数民族音乐进行了深入全面的研究,取得了可喜的成就。

二、台湾少数民族的音乐概貌和特点

　　根据学者的研究和台湾少数民族的音乐原生态现状,可知台湾少数民族的音乐概貌和特点有以下这些:

　　1.歌唱形式的差异性。因区域不同、族群不同而呈现出文化不同,故台湾少数民族歌唱形式没有一个统一标准,差异极大,据许常惠统计,有 4 类 11 种,即:(1)单音唱法。①朗诵唱法(特别是雅美、排湾人);②曲调唱法(阿美、泰雅、曹人等);③对唱法(泰雅、

雅美人);④领唱与和腔唱法。(2)复唱法。①五度或四度平行唱法(布农、赛夏人等);②顽固低音唱法(排湾、鲁凯、阿美人等);③轮唱法(泰雅人);④自由对位唱法(阿美人)。(3)和声唱法。①自然和弦或泛音唱法(布农人);②协和和弦唱法(布农、曹人等)。(4)异音唱法。(雅美、排湾、鲁凯人等)③

2.歌唱内容的广泛性。台湾少数民族个个都是唱歌的能手。从五六岁到 80 多岁,无论干什么都离不开唱歌。据《台湾省通志·同胄志》载,台湾少数民族民歌共有这么几类:(1)祭祀类。如祭颂祖先与神之歌、种粟歌、收获感谢歌、狩猎祈祝歌等。(2)仪典歌。如未成年之歌、成年仪式之歌、结婚仪式之歌等。(3)祈求类。如乞雨歌、退散病魔之祷歌等。(4)饮酒歌类。如欢迎客人之歌、介绍客人之歌、饮酒歌、联欢歌等。(5)恋爱歌类。如恋爱问答歌、结婚之歌。(6)叙事类。如叙传说与故事歌、叙战功之歌等。台湾少数民族的歌唱是人类生存过程的一种反映,表现出一种强烈而纯朴的生命力,因此也有人类学家将之分为三大类:(1)人与自然的关系。如农耕歌、狩猎歌、捕鱼歌等。(2)人与超自然的关系。如驱魔歌、祈愿歌等。(3)人与人之间的关系。如恋爱歌、欢乐歌、婚礼歌等。④

3.歌唱特色的复杂性。台湾少数民族中各族群歌唱决不雷同,各有特色。据许常惠分析,其各自特色如:泰雅人的基本音组织有三音组织、四音组织,以单音唱法为主;赛夏人的基本音组织有三音组织、四音组织,其祭典歌以巧妙的押韵给人以美妙的享受;布农人的基本音组织以自然和弦组织为主,有五度(或四度)平行的唱法,以团体歌唱为主,其祈祷小米丰收的祭典歌为代表作;曹人基本音乐组织为协和和弦组织,歌唱包括单音与和声唱法,丰年祭中的祭祖歌和迎战神典礼上所唱之歌为代表作;排湾人基本音组织有四音组织(Do、mi、Fa、Sol)、五音组织(Do、Mi、Fa、Sol、La),两者都有半音,歌唱时除了单音唱法外,他们还擅长于复音唱法中的顽固低音,以庆祝仪式的团体歌为其代表作;鲁凯人音乐与排湾人大体相同;阿美人基本音组织为五声音阶,其擅长于单旋律曲调唱法、单音唱法的全部形式、复音唱法中的自由对立为其特点;卑南人基本音组织是五声音阶,歌唱只有单音唱法;雅美人基本音组织有二音组织(Do、Re)、三音组织(Do、Re、Mi),演唱方式大部分属于单音唱法中的朗诵形式,其庆祝工作房落成的叙述歌是代表作。⑤

4. 表现手法的多样性,同一族群表现同一内容的歌,往往因表现手法的多样性而使民歌更加绚丽多姿。如赞美家乡的民歌,因表现手法不一样而风格也有所不同。比如同为赞美太鲁阁的民歌,《太鲁阁之歌》与《我家》就不太一样。同是情歌,其表现手法也是多元性的,如《卑南情歌》、《山地情歌》与《凉山情歌》就不一样,它们或抒情,或缠绵,或急促。同是表现与朋友告别,《再见》、《朋友即将远去》与《朋友勿忘我》,对感情的抒发,或直截了当,或委婉反复,或干脆利落。同是男女间诉衷肠,《心上人》以乞求口气反复叮嘱,再三表白;《站在高岗上》则居高临下,以青山白云为背景,大气磅礴,似乎相爱理所当然。

第四节 台湾少数民族的舞蹈⑥

一、台湾少数民族各部族有代表性的舞蹈

台湾少数民族能歌善舞,他们通常在祭祀喜庆之时连续几天以歌舞庆祝或祈福,歌舞的形式因族群的风俗习惯不同而不同。他们用歌舞表示劳动生活的辛劳和欢欣、对丰收的喜悦和祈求、对幸福美好的期望和向往、对爱情的愉悦和追求。

排湾人的舞蹈。排湾人的舞蹈多在生活饮宴时举行,或在祭祀时举行。舞蹈在户外举行,男女老少均参加。男女相间交叉牵

手,或女性牵手围成圆圈在内,男性在外。舞群或是圆形,或是开口圆,或是弧形,或是螺旋形,舞蹈沿着顺时针方向进行。舞蹈动作比较简单,多以下肢跳动为主。其"狩猎舞"是由男性舞者摆成一横排,以写实动作表现狩猎时的机警与攻击。排湾人舞蹈的唯一禁忌,是不可在清晨进行。

赛夏人的舞蹈。赛夏人最盛大的祭礼是矮灵祭,过去为连续五天,如今改为三天,祭典以歌舞为主。歌舞者除本族群外,还欢迎外来的人参加。歌舞时出入队伍自由,可以随时插入舞群,也可以随时离队休息。参加者常有数千人,通宵达旦。整个祭祀过程中人们边唱祭歌边进行舞蹈,舞蹈动作有走步、跑步、侧踏步、前后跃步等。舞步与日常生活中之舞蹈没有显著的不同,只是在速度、力度及舞者的态度上有不同的变化。在舞蹈时舞者臂铃随着动作发出有节奏的声音;一人肩负着肩旗,在场中央穿梭,指挥舞蹈的进行。舞蹈沿逆时针方向,以单行开口圆形进行为多,便于向圆心跑步、冲刺或退出,有时也取蛇行进行。

泰雅人的舞蹈。泰雅人是为抒发感情,或为集体欢乐,或为表示爱情而舞蹈的。但播种祭、收获祭、祖灵祭则不举行舞蹈。其舞蹈动作的特征是:下肢有走、跑、举足跳步、双足跳踏、蹲等动作;上肢有牵手、不牵手、摆动两臂、摆手、手拉耳垂等动作,躯干或前倾或后仰,两臂有向面侧移动的动作。同一舞蹈动作可能适用于多首歌曲。

鲁凯人的舞蹈。鲁凯人个性开朗,富幽默感,每个人都是歌舞能手。鲁凯人文化长久以来受到排湾人的影响,因此其社会结构、祭祀仪礼,尤其是舞蹈方面与排湾人有共同点。舞蹈的空间结构完全相同,舞步也多类似。其男性跳"狩猎舞"时,边歌边跳,歌声雄壮,动作写实,好似在原野上追捕猎物的狮子。其舞步与排湾人相同,只是臂部动作有所不同。女子出嫁时,先由年长的妇女在屋内唱歌赞颂女方的家世,出嫁女也边唱边哭,若干少女则在庭院中围成圆圈边唱边舞,另一个男子站在女家屋顶上拿着烧菜锅,一边敲锅底一边唱歌,直至新郎背负新娘走出家门为止。

阿美人的舞蹈。阿美人有两个最大的礼仪:一是丰年祭,一是男性的成年礼。丰年祭连续三天歌舞。第一天迎神,男女盛装歌舞通宵达旦;第二天整天歌舞,歌舞者可自由插入舞队,也可随时离队休息;第三天下午送神,继续歌舞至傍晚。歌声轻松愉快,舞蹈动作显现出高度的活力,颇能撼人心魄。舞蹈动作以下肢为主,有走步、跑步、转、蹲等,上肢动作较少,躯干水平变化,最常见的是中水平,也有高、低水平的变化。舞蹈空间结构通常是开口圆、圆、同心圆、蛇形。舞蹈按逆时针方向进行,有前、后、斜前、斜后等形式。舞蹈结构有二段式、三段式,但大部分以同一舞步配合乐曲,反复进行。

卑南人的舞蹈。卑南人舞蹈,有女性舞蹈,男性不参与,但大部分舞蹈为男女混合同舞。舞步有走步、跑步、单足跳步、侧踏跳步、前踏跳步、侧踏并步等,可配合任何歌谣,如《凯旋歌》、《童歌》、《感谢来客赠物之歌》、《猴祭歌》、《葬礼悼歌》等,依场合不同,舞蹈的表现形式也随之调整,或表现欢乐,或表现严肃,以配合歌词和场合的意义。舞蹈空间结构,多是圆形、开口圆、半圆形、同心圆,或集体,或二人自由组合一组,以逆时针方向进行舞蹈,向圆心或向外扩散。舞蹈由领唱(舞)者开始,如中途变换乐曲,也由领唱(舞)者开始。他们举行大狩猎祭,整个活动包括连续七天的歌舞,歌舞时青年经过老年人旁边要停下斟酒、点烟或站着听候差遣。

布农人的舞蹈。布农人在举行任何祭典时,必有宗教性的歌舞仪式,其中最重要的歌舞就是《祈祷小米丰收歌》、《夸功宴》。后者舞蹈时,男子互相牵手围成圆圈,将右足拖至左足前后,向左或向中转动跳跃,女子则站在男子后面拍手跳跃唱和。每一个男子自报打猎或猎敌首的功绩,以夸耀自己。每报一句,众人跟着回应一句,在一唱一和中,表现狩猎英雄的豪迈气概。

　　雅美人的舞蹈。最动人并能代表雅美人传统的舞蹈是头发舞,跳舞时,妇女们手拉手自然地舞动身体,随着节奏,弯下腰把长长的头发披落下来,再猛然抬头朝后仰,此时千万发丝摇曳飞舞,扬起一道优美的弧线,像冲来的一笔泼墨,浑然天成。雅美人的勇士舞也很有特色,男性穿着传统的丁字裤,裸露上体,双手握拳上下抖动,不时咬紧下嘴唇,瞪大眼睛,整个脸型扭曲拉长,表现强烈的张力和威严。

　　邹人的舞蹈。阿里山的邹人的迎神舞,只限男性参加,舞者手牵手交叉在胸前,以简单的舞步,随着浑厚雄壮的歌声起舞,或前倾或向后仰,动作稳重,线条流畅。他们相信神灵会来享宴并观看歌舞,因此舞姿十分简洁庄严。

二、台湾少数民族舞蹈的形成和发展

　　台湾少数民族的舞蹈有着悠久的传统,它的形成和发展,与以下几个方面关系密切:

　　与生产劳动有关。每逢耕种或收获等喜庆日子,台湾少数民族都要通过舞蹈进行庆祝,或模仿狩猎姿态,或表现捕鱼情景。比如:卑南人将妇女耕作锄草编成舞,并以敲打锄具来伴奏;鲁凯人有表现男人猎功及英勇的庆功歌舞。

　　与祭祀仪式有关。如赛夏人的矮灵祭要举行三天通宵舞蹈,祭仪有迎灵、娱灵、送灵,老人吟诵领唱,其余人则围成圆形,以顺时针、逆时针及螺旋队形交叉进行。卑南人则有猴祭、年祭及大猎祭,大家聚集在一起跳舞。雅美人的小米祭舞蹈乃是为庆祝小米丰收而舞;阿美人的丰年祭歌舞从七月初持续到十月初一,先由成年男子跳“久比海”,第二天全体一起跳舞,最后一天由妇女跳“米比嗨”。

　　与日常生活有关。排湾人在头目结婚时,往往举行大场面的歌舞盛会;雅美则有转蹲舞、头发舞、竹竿舞等;阿美人有欢迎

舞、访问歌、饮酒歌、结婚歌、老人欢乐歌等舞蹈;卑南人有结婚舞、绕村舞。

与传统民俗有关。如雅美人和赛夏人在中秋之夜联欢共舞为传统习俗。

三、台湾少数民族舞蹈的特点

1.种类繁多。其内容有祭舞、酒舞、模拟舞等,其形式有拉手舞、甩发舞、口弦舞等。由于各部落之间的差异,所以即使表现同样内容的舞蹈,其表现形式也不一样。如,同是表现庆丰收的小米祭舞蹈,同是雅美人,只有朗岛村是专属男人跳,其他五个村落则禁止男人跳。再如,同是阿美人的丰年祭舞蹈,各村落跳法也不一样,"如台东马兰村南阿美的丰年祭与宜湾村的丰年祭及北阿美奇美村的丰年祭,舞步迥异,歌唱亦不同,但多以圆圈队形,手牵手表示手心相连、团结与共的精神"。此外,每个族群都有自己的代表性舞蹈,如,阿美人的丰年祭、结婚舞、乞雨舞,泰雅人的口簧慕情舞,赛夏人的矮灵祭,曹人的战祭,卑南人的年祭、大猎祭,排湾人的结婚舞、勇士舞、乞雨舞,鲁凯人的结婚舞,布农人的夸战功歌,雅美人的头发舞、勇士舞。

2.以集体舞为多,也有几人舞和个人舞。台湾少数民族的舞蹈多为集体共舞,以舞者交叉牵双手或自然牵手成单圆为普遍形式,有的族群(如鲁凯人)通常女性在圈内成半圆,男性在外围成半圆,由领唱人引领舞步变化队形;有时几个人为了助兴吹着口琴跳舞;也有单人跳的,主要由少女翩翩起舞,有时跳到支持不住而倒地,往往要由长者出面制止,也有的族群都是集体舞,如雅美人传统上没有单人舞,都是集体舞,其舞蹈动作为单线的反复动作,重点放在屈膝的动作上。

3.往往以简单乐器伴奏。如泰雅人舞蹈常以单簧口琴、双簧口琴、四簧口琴伴奏,排湾人以直笛和鼻笛伴奏。舞者随着乐器传送的旋律,作出或轻快,或激烈的动作,舞蹈逐渐进入高潮。

4.动作繁简不一。如曹人舞蹈时双手只牵手,没有动作,脚的动作仅为重心前后移动。布农人在表现战功的舞蹈中以叫喊配合,叫喊时双脚为一踏一并,两步踏并步,双手屈上前,后往下甩,身体配合节奏左右摆动。雅美人舞蹈动作为首线反复动作,重点在于屈膝。阿美人舞蹈基本动作为四步舞、二步踏并、踏踢及屈膝踏走等。

5.男女动作有不同程度的差异。如鲁凯人舞蹈虽都以四步为基本动作,但女性动作较为缓慢、端庄,身体、四肢动作小,男性动作移动幅度大,范围涉及上下左右。

第五节　台湾少数民族的歌谣

台湾少数民族的歌谣具有独特的质朴风格,充分表现了其地方的生活习惯,洋溢着浓厚的乡土情调,按其内容分述如下:

一、祭歌

台湾少数民族祭典很多,在仪式上都有歌舞,用歌表达对神的崇敬和祈求,祈求狩猎和农作物的丰收。例如布农人的《祭猎枪之歌》:

> 我们来做猎枪祭啊! 我们来做猎枪祭啊!
> 背起猎枪啊! 背起猎枪啊!
> 昨夜梦兆是猎物啊! 昨夜梦兆是猎物啊!
> 非常特别啊! 非常特别啊!
> 所有的水鹿啊! 所有的水鹿啊!
> 所有的山猪啊! 所有的山猪啊!
> 所有的山羊啊! 所有的山羊啊!
> 所有的黑熊啊! 所有的黑熊啊!

所有的山猫啊！所有的山猫啊！

所有的山羌啊！所有的山羌啊！

所有的动物啊！所有的动物啊！

所有的小动物啊！所有的小动物啊！

全部都要啊！全部都要啊！

全部进到猎枪来啊！全部进到猎枪来啊！

昨夜梦兆是猎物啊！昨夜梦兆是猎物啊！

非常特别啊！非常特别啊！

歌中多四环重复，强调狩猎一定获得丰收，满载而归。又如邹人的《玛雅斯比祭典歌》，主要祭祀对象是战神。祭歌内容有迎神、送神、祭歌、历史颂、青年颂、勇士颂、悼亡魂颂等，其中前三者是祭仪时的舞歌，其余是在祭祀结束后进行数日之久的歌舞中反复唱跳的祭歌。现将前三者录之于下：

天神啊，猪已杀妥，血也准备，请下来享用吧！（迎神）

为你进行的祭典已经结束，为你唱的歌也已唱完，请你回到天上，我们会继续唱你喜欢的歌，希望你给予我们力量！（送神）

祭典正在进行，青年人赶快来参加！祭典是天神所传授的，也是祖先传给我们的。（祭歌）

祭场上的火就是永久的生命，女子们！你们从家里带火把加入祭场上的火，并且加入我们祭舞的行列。（祭歌）

二、庆丰收歌谣

台湾少数民族主要从事农耕生产，年年丰收是他们主要的祈求和期望。丰收也给他们带来最大的喜悦和欢乐，他们用歌谣表达他们这种心情，例如邵人的《丰收乐》：

潮光闪闪，小米成熟了。

带少女及幼童，一起来帮助收成啊！

高兴又高兴! 今年丰收年。

他们不仅用歌谣来表达丰收的喜悦,而且边歌边舞通宵达旦,不尽兴不罢休。如《天籁》:

　　火金姑(即萤火虫)闪烁发光,
　　飞过祖先狩猎山区。
　　族人啊!
　　我们趁此丰收良宵,
　　迎着只只扑面而来的火金姑,
　　大家快来快来聚集部落的广场,
　　就要尽情歌舞歌唱到天明。

有的歌谣是用一再重复的歌词来表达和强调他们的喜悦与欢庆。如阿美人的《庆丰年歌》:

　　今年呀丰收,今年呀丰收,今年呀丰收,呀嗨!
　　我们来庆祝,我们来庆祝,我们来庆祝,呀嗨!
　　让我们围拢跳舞唱歌,庆丰收呀! 呀嗨!

三、情歌

男女间的爱情,从来都是各个民族歌唱的题材。阿美人的情歌声韵柔美,悠扬而有韵律,有独唱,有合唱。如:

男唱:

　　喂! 喂! 爱人名字叫什么?
　　想写情书送给你,
　　你很怕羞来接受,
　　但你没有答应我。

男女合唱:

　　出外采野菜姑娘,
　　你为何人采野菜?
　　姑娘不必开口讲,

　　　　采得野菜送情郎。
男女合唱
男唱：
　　　　月亮出来照白岩,金花银花滚下来,
　　　　荷依唷嘿嗨呀! 金花银花我不爱,
　　　　只爱情妹好人才。
女唱：
　　　　月亮出来照半坡,金花银花落半坡,
　　　　荷依唷嘿嗨呀! 金花银芄我不爱,
　　　　只爱情哥好山歌。
男女合唱：
　　　　月亮出来亮又亮,犀牛望月妹望郎,
　　　　荷依唷嘿嗨呀! 郎有心来妹有意,
　　　　有心有意结成双。

四、其他歌谣

　　有工作歌、生活歌、亲情歌、童谣等。例如泰雅人有一首怀念
母亲的歌,译成汉语是：
　　　　每次每次睡眠的时候,
　　　　我的梦中都有我母亲的影子。
　　　　每次想到她的时候,
　　　　一定会泪流满面。
　　　　好想念您啊,
　　　　我的妈妈!
　　这首歌谣真切地表达出对母亲的思念,可惜有不少歌谣很难
译出来。

第六节　台湾少数民族的故事

一、对大自然现象的解释

《山崩》讲过去知母罗社与达邦社交战,知母罗社有人在山顶将钢铁插地,用双手紧握一端,身向后仰,即造成山崩,大败对方。《洪水》讲古时闹洪水,只剩巴克山顶还浮在水面上。海神托梦要供一女才会水退。先奉一丑女,洪水不退;又奉一美女,洪水始退。《彩虹》讲伏塔那维生前深受社民尊敬,死后化为彩虹,庇佑族人。《火种》讲洪荒时期,从玉山逃难到卓社大山的人忘了带火种,但四周都是大海,只好叫鸟去取火种,先后三只鸟都未完成任务,最后开皮斯的鸟携回了火种,他们从此禁止打杀此鸟。《月亮中的影子》讲一对夫妻的孩子去世,夫妻每天悲痛不已,后仔细凝视月亮,发现月中有个扛着锄头,锄头上挂着竹篓的影子,那就是他们的儿子。

二、动植物的传说

《稻谷的起源》讲噶玛兰人中有位富人看见一根稻穗从天而降,就将稻子取下试播,结果大获丰收,因此送给穷人试种。初次成功,但后来稻谷的灵魂开始飞向富人家,所以穷人每年都发生稻谷短缺现象,从此富人更富,穷人更穷。《灵树》讲的是四个壮汉在出草后拿着人头在一棵千年大树下休息,壮汉里有一人拿刀向树砍去,放在树下的人头突然大叫,顿时乌云笼罩,刮起一场风暴,两个壮汉丧命,另一个壮汉成了哑巴,一个一言不发的才安然无事。《榕树》讲海中有一棵大榕树,其根蔓可达他国,有三人由此达到目的地,但另一人到他国后带回一女人,并砍掉了树根,从此榕树消失了。《琪里牟鸟》讲山中有一对母子相依为命,一天小孩出去后就没有回来,母亲悲痛得不停地叫着小孩的名字:"琪里牟! 琪里牟!"最终变成了一只鸟。《灵鸟》讲过去人们是用头倒立着走路的,乌鸦和志烈克鸟要帮人改掉这难看的样子,乌鸦叫,人还是倒立着用头走路;志烈克鸟叫一声,人才用双脚立地走路,今天人们用志烈克鸟的啼鸣来占卜吉凶。《山猫和穿山甲》讲穿山甲骗山猫说身居芳草的间隙就不会被烧死,结果山猫上当被烧死。《猴子》讲一个懒人整天不做事,一天偶然到田里耕作,不料一连握断了四根锄头柄,他气得用木柄打自己屁股,木柄插入屁股变成了尾巴,他全身也长出了毛,只好逃进深山。猴子脸平常是白的,见人后因怕羞而会变红。《鲸鱼》讲一人不慎落水,被冲到海中,为鲸鱼所吞。但又被鲸鱼排泄出,鲸鱼又送他回到故乡。《老鼠》讲一家夫妻有两个女儿,父亲去狩猎,母女三人去掘芋,母亲不管女儿饥饿,掘到芋自己煮了先吃,后来两个女儿分别变成托尔菲鸟和卡卡伊鸟,将母亲虐待她们的情况告诉父亲,父亲回家后用滚烫的开水泼在妻子身上,妻子变成老鼠吱吱乱叫,因此心怀仇恨地啃破所有人家的东西。

三、生产工具的传说

《铁种》讲阿美人祖先住在拉喀山时,有两个平地人传授给了他们铁的种子,这些种子被种于沙毕里斯,后来人们用其长出的铁块打成刀剑、铁锹,但一次有人带了被称为拉普尼的一种粟给它们做养料,却再也长不出铁块了。《矢镞》讲一对兄弟去打猎,兄用铁当镞猎了很多鹿,弟用骨当镞,一只也打不到。弟发出咒语,从此只有好猎手才能获得山鹿。《武器》讲山地人发明竹枪、弓箭、骨镞、铁镞、火绳等的经过。《独木舟》讲猎人追猎白鹿到湖边,见老鼠坐木片过河,也把树木挖为船渡湖;又见老鼠利用竹叶过溪,还做了竹筏。《机织》讲人们从原来用草叶、木皮防寒到学会织布的过程。《鞣皮》讲一被射死的鹿化为人,用布裹在脚上,把随后追来的猎人抓住后,用力向树干挤压杀死,后人们发现一张被日晒的皮,始知鞣革的方法。

四、对非常现象的解释

这些解释,看似荒谬,却或有合理成分,也是对后人的某种暗示或告诫。如《同姓结婚》讲一个从岩中生出的男子和一个从竹中生出的男孩,各以右膝和左膝生了一个男孩和女孩,由于从岩中生出的男子的子女互相结婚、从竹中生出的男子的子女也互相结婚,所以他们的子女不是聋哑就是跛足之类的残废者,后来禁止近亲结婚,子女才不残废。《妊妇》讲某妊妇去偷韭菜吃,丈夫知道后将她打死,后发现她肚中胎儿口里含着韭菜,始知是胎儿想吃韭菜。《兽肉》讲古时鸟兽和人相处一起,人要吃肉,只要拔下三根鸟兽的毛就可变为肉。但有贪心的人想一下取得很多肉,将前来的鸟兽全部斩杀,从此鸟兽都不再近人。《神人》讲一个叫埃谷弗脱的神人能用手杖帮人涉水,但一天他经过一个菜园时被园主打死,其手杖冲进河里化为深渊,从此河里每年都要淹死很多人。

五、族人祖先的传说

如《钓蛙》讲一个叫沙维卡洛的人在沙地里钓了一只青蛙,青蛙却变成小孩,长大后娶妻结婚,现在的塔布塔贝斯人为其后裔。《哆嗦美远族的传说》讲哆嗦美远人的祖先从加里曼岛迁来时遇到大风,被海浪冲击漂在海上,这时一只大鲨鱼浮到水面上,大家以为鱼背是陆地,便爬上去起火取暖。鲨鱼用尾巴把大家甩到宜兰平原上,救了大家一命。所以今天哆嗦美远人不吃鲨鱼肉。《水草》讲"平埔番"和"山番"原先都住在平原,因人口增多,就靠用草茎做的签来定谁迁往山间峡谷,后因人口太多,双方都靠杀死对方取其头颅的办法来减少对方人口。

六、怪异的传说

《嫁给食人鬼的女孩》讲有个女孩不幸嫁到食人鬼家,她逃回娘家后,母亲将她卷在草席里,藏在家里墙角处。她公公找上门时,母亲不肯交出女儿。她公公坐在石臼上,忽然吸起烟来,紫色的烟飘向草席。吸完烟后公公说已经饱了,转身回去。母亲打开草席,发现藏在里面的女儿因内脏已被吸光而气绝了。《浮首》讲一壮丁在山里过夜,这时出现了一个没有身体只有头部的妖怪,壮丁强自镇静地大喊:"我是已经出草一百多次的勇士!"妖怪吓得不敢再来。

注:

①本节参考田富达、陈国强著:《高山族民俗》,民族出版社 1995 年版;黄应贵主编:《台湾土著社会文化研究论文集》,联经出版事业公司 1998 年版。

②本节参考许瀛洲、徐韶仁著:《台湾原住民的工艺》,载林明德主编:《台湾民俗技艺之美》,台湾省政府文化处 1998 年版;田富达、陈国强著:《高山族民俗》,民族出版社 1995 年版。

③许常惠:《台湾少数民族的音乐》,载林明德主编:《台湾民俗技艺之美》,台湾省政府文化处 1998 年版,第 30～31 页。

④许常惠:《台湾少数民族的音乐》,载林明德主编:《台湾民俗技艺之美》,台湾省政府文化处 1998 年版,第 30～31 页。

⑤许常惠:《台湾少数民族的音乐》,载林明德主编:《台湾民俗技艺之美》,台湾省政府文化处 1998 年版,第 30～31 页。

⑥本节参考蔡明华:《台湾传统舞蹈之美》,载林明德主编:《台湾民俗技艺之美》,台湾省政府文化处 1998 年版;田富达、陈国强著:《高山族民俗》,民族出版社 1995 年版。

下篇

台湾地区宗教

第八章　台湾地区宗教概述

　　台湾地区宗教的兴盛,可从 1981 年—1991 年、1998 年—2008 年、2009 年三个时期的数据来考察。

　　1981 年—1991 年,台湾地区各宗教发展统计如下:(据台湾 1992 年《"中华民国统计年鉴"》)[①]

年度及宗教别	寺庙及教堂数	神职人员	信徒数	外籍传教士	神(佛)学院数	大学
1981 年	10495	26702	2724360	1579	45	5
1983 年	10653	26850	3102128	1604	46	5
1984 年	12428	30620	4391233	1353	47	5
1985 年	13701	31111	5981025	1419	40	5
1986 年	14149	32652	6054350	1531	42	5
1987 年	14333	36107	6547520	1573	66	5
1988 年	14620	149617	8195866	1595	70	7
1989 年	15838	158753	9124876	1586	73	8
1990 年	16597	159534	9732211	1550	81	5
1991 年	16667	162663	10343940	1555	76	8
佛教	4020	9130	485600	—	32	—
道教	8084	29150	3270000	—	2	—

续表

年度 及宗教别	寺庙 及教堂数	神职 人员	信徒数	外籍 传教士	神（佛） 学院数	大学
天主教	1761	1958	304432	674	2	2
基督教	2422	2399	421605	853	35	6
伊斯兰教	5	10	5200	—	—	—
轩辕教	19	113	172000	—	1	—
理教	113	630	127093		3	—
巴哈伊教	2	—	14000		1	—
天帝教	35	17	114000	—	1	—
一贯道	64	118620	978710			
天德教	16	169	106100			

1998 年—2008 年,台湾地区宗教发展统计如下:(据台湾"内政部"统计)[②]

年别	寺庙 教堂数	信徒 人数 （依各宗教 皈依之规定）	寺庙		教堂		
			寺庙数	信徒 人数	教堂数	神职 人员	教徒 人数
1998 年	12492	1588904	9375	1000565	3117	5297	588339
2000 年	12533	1577208	9437	1011109	3096	5835	566099
2002 年	14647	1656101	11423	1068550	3224	6417	587551
2004 年	14536	1525507	11384	946469	3152	6598	579038
2006 年	14730	1519297	11573	961733	3157	6513	557564
2008 年	14993	1540709	11731	967603	3262	6248	573079

以 2008 年为例,据台湾"内政部"数据显示,在寺庙系统中,按建别分:以募建者 11286 座占 96.21% 最多,私建者 436 座占 3.72% 次之,公建寺庙 9 座占 0.08%;按组织形态分:已办理财团法人登记者 406 座,未办理财团法人登记者 11325 座(其中住持制 5763 座,委员会制 5562 座);按宗教教别分:道教寺庙 9202 座占 78.44% 最多,佛教寺庙 2291 座占 19.35% 次之,一贯道 200 座占 1.70% 居第三,以上三类宗教寺庙数比率高达 99.68%,其余宗教寺庙数仅 38 座占 0.32%;按县市别分:以台南县 1245 座最多,高雄县 1142 座次之,屏东县 1068 座居第三,这三县寺庙合计占寺庙总数近三成。在教会教堂系统中,按组织形态分:已办理财团法人登记者 1377 座,未办理财团法人登记者 1885 座;按教别分:基督教会教堂 2507 座占 76.85% 最多,天主教 717 座占 21.98% 次之,二者合占 98.84%,余者仅 38 座占 1.16%。按县市别,台北市 432 座最多,花莲县 300 座次之,台东县 266 座居第三。③

2009 年,据台湾"内政部"数据显示,台湾宗教类别有 27 种,计有 15118 座寺庙教堂,平均每县市有 650 座,每乡镇有 41 座。其中寺庙 11796 座,道教占 78% 最多,佛教占 19.6% 次之。各县市中台南县、高雄县及屏东县均超过 1000 座,合计占近 3 成。教堂有 3322 座,近 10 年来增加了 187 座。其中基督教占 76% 最多,天主教占 22.5% 次之。以各宗教向"政府机关"申报的皈依信徒人数来看,各宗教信徒从 2008 年年底的 154 万人,增加到 2009 年底的 155 万人。④

综合以上资料,可得知:(1)台湾是一个多宗教的地区,宗教在台湾长盛不衰,宗教在台湾有强大的社会影响力。(2)台湾岛内宗教团体、宗教场所密集度之高,为世界罕见。(3)时至今日,教会(堂)仍有一半以上未办理财团法人登记,寺庙仍有近 3/4 未办理财团法人登记(财团法人为董事制,会议类别为董事会议;非财团法人为管理人制,即住持制,或管理委员会制、执事制、会议类别为信徒会议、管理委员会会议、执事会议)。(4)各宗教场所,寺庙系统道教所占最多,佛教次之;教会教堂系统基督教最多,天主教次之。(5)佛教、道教在南部较兴盛,基督教及天主教则以北部及东部较为盛行。

佛教在明代后期传入台湾,由于当时佛教徒人数不多,大都各自为政,且无力修建寺院,因此在社会上影响不大,这使得早期台湾佛教带有个人色彩,郑成功收复台湾后,随着大量的移民进入台湾,台湾佛教开始发展。当时台湾佛教徒的来源主要是福建重要丛林的僧人、福建的明末遗臣、福建的拓垦移民。其中那些来自社会下层的垦荒者多为渔民、农民,虽对佛教教义知之不多,甚至多神崇拜,佛道不分,但对佛教诚信有加。清政府统一台湾后,台湾佛教前期仍处于僧侣个人自由布教的状态,不过到了清中期,随着台湾僧官的出现,台湾统治当局也不同程度地开始介入寺僧的聘任和修建。在来自福建的僧侣布教的同时,不断进入台湾的福建移民也陆续将福建本地的佛教信仰传入台湾。日据时期台湾著名的五大法派(基隆月眉山灵泉寺派、台北观音山凌云禅寺派、台南开元寺派、高雄大岗山超峰寺派、苗栗观音山法云寺派)始终与祖庭福州鼓山涌泉寺保持互动,使传统佛教在台湾得以传播。走“人间佛教”道路,是当今佛教发展的潮流。台湾“解严”以来,佛教界的有识之士将佛教变成佛法,变成听得进、信得过、用得上的道理,广泛运用于社会生活,运用于做人的准则,使佛法走向人间,走向民众,取得了明显的成绩。“把人做好,离成佛不远”已成为越来越多人追求的目标,“出世融合入世,有佛法就有办法”已成为越来越多人的共识。台湾“解严”后佛教呈现了全方位的多元化:佛教组织多元化、佛教教派多元化、弘法内容多元化、弘法对象多元化、弘法媒体多元化、佛学研究多元化、佛教经济多元化、僧伽教育多元化、寺院功能多元化、法师思想多元化等。

道教是传入台湾最早的宗教。据有关文献记载,早在唐代中叶就有道士进入台湾。传入台湾的道教以正一道为主。由于正一道以符箓科仪为主,所以台湾道士重醮仪,而持戒清修的全真道士罕见。台湾正一道士又分红头师公和乌头师公两种。红头师公着红道袍,用红布包头,以掌加持祈祷为主,主要度生,下有三奶派、金天派等。乌头师公着黑道袍,用黑布包头,以掌葬祭为主,度生也度死,下有灵宝派、老君派、天师派等。能在人与神之间起沟通作用者,通常被称为"巫"。在台湾道教与民间信仰中,则称之为"灵界人"或"通灵人",如:童乩、法师、符法师、师公、术士等。台湾道教与民间信仰混合,世俗化程度较高。台湾宫观中供奉的神仙主要为天上圣母(妈祖)、玄天上帝(真武大帝)和关帝圣君(关羽)。台湾的妈祖信仰已普及化、大众化,信徒多达人口的 2/3,妈祖不仅是海上守护神,也可解百难,无论任何困难都可求救于妈祖,"求平安,赚有呷"已成为妈祖信徒的最普遍心愿。"求平安"多指身心方面,女性信徒为多。"赚有呷"多指生计方面,男性信徒为多。绕境、巡境是妈祖庆典活动中的主要内容之一。这种定期的巡游活动因规模大、参加的人多,已成为不可缺少的区域性迎神赛会活动,热闹非凡。台湾"解严"后,台湾众多道教宫观逐渐从封闭的单一功能向多元功能转化,以适应急遽转型的现代社会。仅以主祀玉皇大帝的宫观为例,其功能表现在多方面,如:宗教功能、弘法功能、教育功能、文化功能、传播功能、流通功能、慈善功能、经济功能、艺术功能、历史功能、教化功能、娱乐功能、观光功能、藏宝功能、学术功能、社会功能、民俗功能、鉴赏功能、健康功能、追溯功能等。

天主教在明代传入台湾,但是传教工作并不顺利。1859 年,在中断了 200 年的传教后,天主教又再度传入台湾。1896 年间,台湾天主教徒约有 1300 人左右,1938 年则有 900 人。教会在台传教已 200 多年,仅取得这些成绩,可见其进展甚慢。1883 年,罗马教廷划福建为福州与厦门两个教区,台湾教务正式划归厦门教区领导。1895 年,台湾虽然被清政府割让给日本,但台湾天主教会仍隶属于厦门教区。1913 年,台湾成为监牧区,脱离厦门教区,台湾教区和厦门教区虽然分家,但关系仍非常密切,教徒所用经本、教会年历等,仍多采用厦门或福州教会的出版物。1946 年,台湾监牧区列入福建省,划归福州主教区监管,闽台天主教界来往更加密切。台湾天主教信徒人数继 20 世纪 50 年代高速增长之后,60 年代初至 70 年代,仍有较大的增长,其原因是:社会经济状况不稳定、大陆教徒及神职人员大批来台以及大批少数民族皈依。但此后发展势头有所减弱,其原因:台湾佛、道教及民间信仰的兴起、天主教的伦理和礼仪与中国人的传统心理尚有距离。为此台湾天主教也积极采取各种措施,如更大规模地兴办福利和社会文化教育事业、加快宗教人才的培养、努力寻找与中国传统文化的契合点,力争取得明显的效果。⑤

　　基督教传入台湾在明朝天启年间,郑成功收复台湾,赶走了荷兰殖民主义者,基督教在台传教于是停止。鸦片战争之后,外国人可以自由传教,由此打开了外国宗教进入台湾传教的大门。清同治四年(1865 年),英国长老会派遣首任驻台宣教士马雅各医生来台,在台南开始医疗传教。这一天是 6 月 16 日,因而被定为英国长老会在台设教的纪念日。日本据台初期,鼓励日本基督教各个教会,到台湾建立教会。于是日本圣公会、日本组合教会、救世军、日本圣教会等相继入台。但这些教会毕竟弱小,成员也以日籍为多。圣公会是这些教会中规模最大的一个,1938 年聚会时教徒日籍的有 573 人,而台籍的只有 13 人,其他教会都没有取得多少成绩。当时有两个教会却能在夹缝中生存发展,一个是山地教会,另一个是真耶稣会。1949 年后,台湾基督教得以发展,从二战前的 4个教派,至 1955 年增至 36 个,其中较有名的有"中国神召会"、"中华基督教浸信会联会"、基督教门诺会、"中华基督教卫理公会"、基督教协同会、信义会等。独立教会也显现出蓬勃的生机,有些迅速地发展,在原有的真耶稣会、圣教会之外,相继有聚会所、男青年会聚会、台南大林会、屏东基督教会等成立。至 20 世纪 60 年代,台湾经济起飞,人民生活逐渐改善,但其负面的影响也随之日益明显。为此,基督教会的有志之士组织了一些团体,以图挽救颓风。如为残障者争取福利的伊甸残障福利基金会、助人戒毒的基督苗栗戒毒村、到狱中传播福音帮助罪犯新生的更生契等,都受到了好评。基督教在台湾的发展,形成了一些独特之处:"一是组织严密,信徒素质较高";"二是影响大,社会动员力强";"三是注重社会公益与慈善事业";"四是传教手段先进";"五是政治立场各异"。⑥为进一步扩大社会影响,台湾基督教采取了多种措施,如:进一步世俗化和政治化、进行大联合、进一步强化教育及社会福利功能、积极开展大规模宣教活动,⑦以图取得良好的发展。

伊斯兰教传入台湾的时间,历来看法不一样,有认为是唐代经海路传入的,有认为是宋代经泉州港传入的,有认为是元代因经商传入的(如元代穆斯林官员纳绥拉丁的后裔拉里曾到台湾经商,阿里山由此而得名),有认为是明代穆斯林信徒随郑和下西洋经过台湾时传入的,有认为是明末大批郑成功军中穆斯林随郑成功定居台湾而传入的,有认为是明、清之间闽南一带穆斯林随着移民高潮多次进入台湾嘉义、彰化、鹿港等地定居而传入的。有实例可查的,如福建惠安白奇回民郭姓移居台湾鹿港、基隆、台北、新化、台中、新竹、高雄、台南、屏东等地,约有 7000 人。1945 年台湾光复后,部分穆斯林移居到台湾。因当时台北无清真寺,他们创建了台北丽水街清真寺,邀请被称为现代"四大阿訇"之一的王静斋来台传教,并主持全台湾第一个主麻聚礼。1948 年,台北丽水街清真寺聘请被称为"四大阿訇"之一的马松亭来台传教。1949 年前后,又有 2 万多大陆穆斯林迁台。当时迁台的穆斯林主要有:国民党官员中的退隐人员、国民党政权中的公职人员、国民党军队中的将领、教内专职人士、商界人士及其他方面人士。穆斯林在台湾形成了自己的特点:一是中国现代"四大阿訇"中的三大阿訇,都与台湾伊斯兰教有着不同程度的关系;二是信徒在迁台前大多已为穆斯林;三是各方面的人才都有;四是家庭渊源影响深远;五是热心于教内公务。台湾的穆斯林建造的清真寺有六所,即:台北清真寺、台北文化清真寺、台中清真寺、龙冈清真寺、高雄清真寺、台南清真寺。

台湾的其他宗教,有代表性的如:台湾早期的民间宗教——斋教;由大陆传入台湾的民间宗教——理教、一贯道、天德教;在台湾创立的宗教——轩辕教、天帝教、亥子道、中国儒教会;从岛外传入台湾的宗教——天理教、巴哈伊教、统一教、山达基教、摩门教。

注:

①李桂玲编著:《台港澳宗教概况》,东方出版社 1996 年版,第 5 页。

②甘满堂:《台湾宗教团体公益慈善事业概况及其对两岸宗教交流的影响》,《宗教与世界》2010 年第 6 期。

③甘满堂:《台湾宗教团体公益慈善事业概况及其对两岸宗教交流的影响》,《宗教与世界》2010 年第 6 期。

④《台湾宗教发展蓬勃　寺庙教堂分布密度高》,《福建日报》2010 年 7 月 26 日。

⑤严安林、盛九元、胡云华编著:《台湾神灵》,九州出版社 2007 年版,第 108 页。

⑥严安林、盛九元、胡云华编著:《台湾神灵》,九州出版社 2007 年版,第 119～120 页。

⑦严安林、盛九元、胡云华编著:《台湾神灵》,九州出版社 2007 年版,第 128～129 页。

第九章　台湾佛教

第一节　佛教传入台湾

一、早期进入台湾的福建佛教界人士

佛教在明代后期传入台湾,由于佛教徒人数不多,大都各自为政,且无力修建寺院,因此在社会上影响不大,使早期台湾佛教带有个人色彩。正如《重修台湾省通志·住民志·宗教篇》指出的,其为"缺乏官方的寺院及僧官制之佛教","明朝的台湾佛教带有浓厚的个人佛教色彩"[①]。

郑成功收复台湾后,随着大量的移民进入台湾,台湾佛教开始发展。当时台湾佛教徒的来源主要有三个方面:第一,来自福建重要丛林的僧人。由于在地理上的便利,当时进入台湾的僧人,主要来自福州鼓山涌泉寺、福州怡山西禅寺、福清黄檗山万福寺(也称黄檗寺)(惜目前可查的详细资料甚少),他们的佛教活动被称为"僧侣佛教"。其中,"明末来台之僧侣中以福州鼓山涌泉寺临济派僧侣为多"[②]。第二,来自福建的明末遗臣。这些明末遗臣为避难而到台湾,他们不愿穿清式长衫,于是身着僧服,吃斋念佛。有代表性的如福建漳州龙溪县举人李茂春,"字正青……永历十八年春,嗣王经将入台,邀避乱缙绅东渡,茂春从之。卜居永康里(台南市),筑草庐曰'梦蝶园'……手植梅竹,日诵佛经自娱,人称李菩

萨,卒葬新昌里"③。福建福清人林英,"崇祯中以岁贡知昆明县事。有惠政,县人称之。永历立滇中,官兵部司务。及帝北狩,林氏亦流浪凄怆,祝发为僧,间道至厦门。嗣入台湾"④。福建惠安人张士楠,"崇祯六年中副榜。明亡入山,数年不出。耿精忠变,避乱金门。嗣入台湾,居东安坊(台南市),吃斋念佛,倏然尘外,辟谷三年,唯食茶果,卒年九十九"⑤。由于这些人均在明末中榜,堪称名士,所以他们的佛教活动被称为"名士佛教"。第三,来自福建的拓垦移民。这些来自社会下层的垦荒者多为渔民、农民,虽对佛教教义知之不多,甚至多神崇拜,佛道不分,但对佛教诚信有加,他们的佛教活动被称为"庶民佛教"。

清政府统一台湾后,台湾佛教大多时期仍处于僧侣个人自由布教状态,正如《重修台湾省通志·住民志·宗教篇》所称:"(台湾)佛教之推行,仍类一般僧侣及居士庶民自由而个人性地布教弘法。加上有清一朝,大陆内地佛教亦处守成消极之局面,僧团方面亦未曾以强有力的后盾支援渡台弘法之僧侣,更显得清领时期台湾佛教之无力。"⑥不过到了清中期,随着台湾僧官的出现,台湾地方当局也不同程度地开始介入僧人的聘任和寺庙的修建。在来自福建的僧侣布教的同时,不断进入台湾的福建移民也陆续将福建本地的佛教信仰传入台湾。

二、台湾早期兴建的寺院

随着佛教的传播和发展,台湾开始出现规模不一的佛寺,其中明朝约有 8 座,⑦清代约有 102 座。⑧台湾这些寺庙的建造,大多与福建佛教界人士有关,正如梁湘润、黄宏介合编的《台湾佛教史》所言:"这些至今历久的佛教寺庵,其开山和尚,大抵都是由福建省泉州与漳州来台者居多。"其兴建缘由有多种,现仅择其有代表性的寺庙陈述如下。

（一）福建僧人重兴后又有福建僧人驻锡的寺庙

　　位于台南市的弥陀寺创建于明郑时期，为台湾最早的庙宇之一，由洪姓施主倡导创建。最初因其规模较小，被称为"弥陀室"。康熙三十一年（1692 年），由台湾县第三任知县王兆升附建书院，称为弥陀室书院。之后，因年久失修，僧众陆续散去。《台湾县志·寺庙》载："弥陀寺，〔在〕邑东郊外。年久倾圮，僧徒散去。僧一峰至自武彝（夷）山，有志重兴；托迹偏厢募化，以供香火。五十七年，监生董大彩建中殿一座。五十八年，僧鸠建阎君殿于西偏，暨僧房六间；东偏三官殿，则监生陈仕俊倡义，首襄其事焉。"《重修台湾府志·寺庙》载："弥陀寺：在东门内永康里。年久倾圮；康熙五十八年，僧一峰至自武彝（夷）募化重兴。寺田，在凤山县嘉祥阿嗹甲尾园一所，年收粟七十二石；又寺后园一坵，黄士甫、曾亨观置为本寺香火。"据以上记载可得知：弥陀寺在荒废了一段时间后，适有一峰法师从福建武夷山来台，见此状况，有志于重新兴建，于是开始托钵化缘，足迹遍及街市，以续供寺中香火。康熙五十七年（1718 年），监生董大彩重建中殿一座，康熙五十八年（1719 年），一峰法师建阎君殿于西边，并建僧寮六间，监生陈仕俊倡导并首襄其事于东边建造三官殿。这次募建使弥陀寺初具规模，于是就由室改称寺。此外，为保证寺中僧人生活来源，寺院开始购置寺田，一处在凤山县阿嗹甲尾园（后来的高雄县阿莲乡甲尾），年收入 72石；一处在寺后，由信徒所购。至乾隆年间，曾有漳州僧人照明法师住锡弥陀寺，据《重修台湾县志·方技》记载："释照明，号喝若，漳州人。驻锡弥陀寺，日夜课诵不辍。时写兰菊，飘逸绝伦。"从中可知，照明法师不仅念经不断，还擅丹青。到嘉庆四年（1799 年），又开始翻修，《续修台湾县志》卷五（三）载："嘉庆四年董事黄锺岳、程肇荣等鸠众修。"这一次的捐款数额和捐款人姓名，都于嘉庆十年（1805 年）以"重建弥陀寺碑记"为名勒石为纪，《台湾南部碑文集成（记）》收其全文。

（二）福建名士创建后延请福建僧人主持的寺庙

龙湖岩（闽南人称"寺"为"岩"）是台湾最早建造的佛寺之一。据《台湾府志（外志）·寺观》载："龙湖岩在诸罗县开化里。陈永华建。环岩，皆山也；前有潭，名'龙潭'。潭之左右，列植杨柳、桃花；亭内碧莲浮水，苍桧摩空，又有青梅数株，众木茂荣，晚山入画。真岩居之胜境、幽僻之上方也。"据《重修福建台湾府志·古迹（寺观）》载："龙湖岩在开化里赤山庄。伪官陈永华建。环岩幽邃。前有潭，名龙湖；中植荷花，左右列树桃柳、青梅，苍桧，远山浮空，宛入图画。"据《诸罗县志》卷十二（二）载："观音宫，一在开化里赤山保，即龙湖岩也（详见'古迹'）。伪官陈永华建，年久倾坏。四十四年，邑生洪朝梁重建。"据《重修台湾省通志·住民志·宗教篇》载："龙湖岩，康熙四年（1665 年）咨议参军陈永华，师次赤山堡（今台南县六甲乡），以其地方山水回抱，环境清净，乃捐建赤山龙湖岩，延请福建僧伽参徹法师来主持。乾隆元年六甲庄人文超水、漆林庄人蔡壮猷募款重建。"⑨综合以上论述，可得知：第一，龙湖岩的地点是在诸罗县开化里赤山堡，即后来的台南县六甲乡。第二，该寺所处的环境优美，四周环山，前有龙湖潭，湖中荷花碧莲相映成趣，碧水倒映山影，湖边杨柳、桃花、青梅排列，一切宛如图画。第三，龙湖岩也曾称为观音宫，可能与信仰观音有关。第四，捐建者为咨议参军陈永华。第五，住持者为参徹法师。第六，龙湖岩在康熙四十四年（1705 年）由邑生洪朝梁重建，至乾隆元年（1736 年）又由六甲庄人文超水、漆林庄人蔡壮猷募款重建。

（三）福建僧人驻锡的寺庙

位于台南市区的竹溪寺是台湾最早的寺院之一，其创建年代有多种说法，一说建于清顺治十八年至康熙三年（1661 年—1664 年）；一说建于清康熙二十二年（1683 年），一说建于康熙三十年（1691 年）。近人卢嘉兴认为建于明永历年间，由当时州守建造。当时寺前的溪流不叫竹溪而叫南溪，因缘于此溪位于承天府（即今台南市)的南边。如清顺治八年(1651年)来台的沈光文在其《州守新构僧舍于南溪,人多往游,余未及也》一诗中称:"一日无僧浑不可,十年作客几能闲。"⑩清顺治十八年(1661年)郑成功来台后,对沈光文以客礼见,不署其官。清康熙三年(1664年)郑经放弃金、厦回台,改东都为东宁,升天兴、万年二县为二州,裁承天府。是时经州守倡建梵宫于南郊南溪之旁,称"小西天"。沈光文曾为赋以讽郑经,几遭不测,遂变服入山为僧,法号超光。沈光文诗亦有关于逃禅内容的,如《普陀幻住庵》:"闲僧煮茗能留客,野鸟吟松独远群。此日已将尘世隔,逃禅漫学诵经文。"⑪因南溪沿畔绿竹成荫,风景宜人,另名竹溪,因是寺名亦随之称为竹溪寺。⑫清康熙二十二年(1683年)郑成功裔孙郑克塽降清,朝廷在台湾设一府三县,府名台湾府,县为台湾、凤山及诸罗三县,此时大局已定,可能对竹溪寺进行了大规模翻修。《台湾府志》是清康熙三十三年(1694年)纂修的最早的台湾志书,书中记载了康熙三十二年(1693年)台湾府第二任知府吴国柱倡议于竹溪寺旁建竹溪书院之事,该志对清统治之后创建之各寺年代均有记述,而竹溪寺则未记,似由此可认为竹溪寺不是在清统治之后的这11年内新建的,因年代已久,修志时已无法查考,或未便明记,如此,其创建年代即可证实系建自明郑时期。又据康熙三十年(1691年)第二任台湾府同知齐体物所撰《竹溪寺》诗:"梵宫偏得占名山,蚨作蛮州第一观。涧引远泉穿竹响,鹤期朝磬候僧餐。"⑬其意为竹溪寺占得台湾名山且为台湾第一寺院,游人在泉水竹林和磬鼓声中与寺中僧人共餐,不仅写出了竹溪寺的特点,也由此可得知竹溪寺在台湾的悠久历史和重要的地位。故曾有后人将竹溪寺与开元寺、法华寺视为清代全台湾佛教的大本营。据载,当时竹溪寺还有十二甲的寺田在尖山庄,靠每年收取租粟为香灯费。竹溪寺后遭风雨侵蚀,堂宇陈腐不堪,曾多次重修。驻锡竹溪寺的僧人,按推断应该大多从福建来,但有案可查的仅为漳州人志愿法师,据《重修台湾县志

·方技》载:"释志愿,号逢春,漳州人。锐志苦修,居竹溪寺数十年。暮鼓晨钟,讽诵自警,虽大风疾雨不废也。又精风鉴,所评品者,皆有后验。士人重之。"志愿法师在竹溪寺苦修了数十年,无论大风疾雨,始终晨钟暮鼓,诵经不辍,并精通风水卜卦之术,且多灵验,得到大家的尊重。

　　(四)福建名士始建的诵经处及福建僧人游化的寺庙

　　法华寺的创建缘于福建漳州龙溪县举人李茂春建造的"梦蝶园"。清康熙三年(1664年),郑成功收复台湾后,李茂春来台,筑园诵经。对此,《重修福建台湾府志·人物(流寓)》载:"李茂春,字正青;漳之龙溪县人。登明末乡荐,〔喜〕著述。仙风道骨,跣足岸帻,旁若无人。居于台之永康里,额其茅亭曰'梦蝶处'(即今之法华寺);与僧诵经自娱,人称'李菩萨'云。卒,葬新昌里。"李茂春去世后,僧人在众人支持下,将"梦蝶园"易以陶瓦清琉修筑,改为"准提庵"。至康熙二十二年(1683年),知府蒋毓英将准提庵扩建为寺,名为"法华寺"。《福建通志台湾府·寺观》载:"康熙四十七年,凤山知县宋永清建前殿一座,祀火神;置钟、鼓二楼。前后旷地,遍莳花果。起茅亭于鼓楼之后,匾曰'息机';退食之暇,时憩息焉。寺田在寺后,荒埔一所约二甲余,台湾府蒋毓英给为香灯;又园在港西里大湖庄一所,凤山知县宋永清捐置为香灯。"由于官方人士参与修建和续香火,法华寺日趋兴盛,当时不仅香火资充足,且因地处幽静,竹木环绕,成为当地一名刹。康熙六十年(1721年),因发生地震,部分建筑倒塌,由寺僧伯夫法师节衣缩食,经十数年殚精竭虑,渐次修葺。福建分巡台湾道刘良璧于乾隆八年(1743年)应法华寺寺僧之请,在所撰《重修法华寺碑记》中记载了此事,《台湾南部碑文集成(记)》收有此文。重建时在寺前挖池,称为"南湖",湖畔加盖"半月楼",作为端午节龙舟竞渡之处。当时可谓是殿宇巍峨,林木幽邃,备极胜概。该寺在当时属名寺之一。⑩从一些名士文人游览法华寺的诗中,可看出法华寺当时的情景。曾源昌《法华寺》:"路转幽篁里,透迤匝浅苔。莿桐将合抱,香樣未成胎。楼耸悬钟鼓,庭荒辟草莱。烧檀飘户外,啼鸟傍林隈。离德昭金殿(原作者注:前殿祀火神,匾曰'离德昭明'),禅心悟劫灰。虽多收败叶,渐欲变枯荄。观射亭犹在,息机人未回(原作者注:宋澄庵明府结茅亭校射,匾曰'息机';盖射毕停骖处也)。无心溪水去,有意野云来。残蕊风轻剪,寒炉火欲煤。村烟空处渡,野色望中开。谁展挥毫手(原作者注:鼓山游僧摹'藏空'两字,绝佳),同倾瀹茗杯。犹迟辞丈室,相顾两无猜。"[15]作者为厦门曾厝垵人,是清康熙六十年(1721年)岁贡生,官训导,此诗大概作于这一时间之后不长的时期,作者在诗中描绘了法华寺外蜿蜒的山路、途中所见的竹林绿苔、寺中耸立的钟鼓楼、林中的啼鸟、前殿的匾额、庭中的败叶残花及作者与寺中方丈的友情,真实地反映了当时法华寺的景况。值得注意的是作者诗中的两个注,一个是"前殿祀火神,匾曰'离德昭明'",在佛寺中祀奉火神,可见当时法华寺杂有民俗佛教成分,这也是当时台湾佛教的普遍现象。另一个注是"鼓山游僧摹'藏空'两字,绝佳",可见福州鼓山僧人当时已渡海来到法华寺,从所题绝佳的字看,应该还是有一定文化的。

(五)福建僧人任开山住持的寺庙

海会寺的前身为郑成功之子郑经所建,原称为"洲仔尾园亭",清代被称为"郑氏别馆"、"郑氏旧宅",因这座园亭在台湾府治(即郑氏承天府治)北边(位于现在台南市市区的正北),故也称为"北园"。《清一统志·台湾府·寺观》载:"海会寺:在台湾县治北五里,亦名开元寺。本郑成功北园别馆,本朝康熙二十九年改建。"郑经于1680年下令修筑,而1683年郑经去世,前后仅三年时间,至康熙二十九年(1690年)开始修建为海会寺。《续修台湾县志》卷七(一)中所载总兵王化行于康熙二十九年(1690年)撰写的《始建海会寺记》,记载了修建海会寺的缘由、海会寺宛如仙境的地理状况、海会寺建成后在当时产生的影响、当地政界及知识界与海会寺的密切关系、士大夫对海会寺的扶持等,明确说明建造海会寺的时间是 1690 年 8 月 7 日至 1691 年 4 月 8 日,其开山住持是志中法师。根据以上记载及《开元寺名僧列传》[⑯]、《北园别馆与海会寺》[⑰]等有关资料,可得知:志中法师为福建泉州人,号能禅师,别号行和,资性颖悟,秉性灵敏,自幼出家,住泉州承天寺数年,通晓佛理,喜云游四方,渡海来台南。时逢建造海会寺,他积极参与,四处募缘。寺院建成后,志中法师被推举为开山第一代住持。但掌管寺务并不是他的本愿,不久辞职退隐,闭关修行三年,对台湾佛教界的修行产生了深远的影响。"在台湾,目前还有僧侣闭关,而能够持续实行三年者,多半以志中为表率。"[⑱]志中法师的出关偈,于康熙三十四年(1695 年)一月成为台湾最早的钟铭。这座被称为"海会寺钟"的大钟是台湾最早铸造的钟,钟声响亮宏大,堪称台湾珍贵的宝物。[⑲]

乾隆四十二年(1777 年),海会寺在蒋元枢倡导下得以重修。蒋元枢于乾隆四十年(1775 年)由泉州厦门同知来台湾担任台湾知府,并身兼台湾道,于 1777 年 4 月底卸任前来到海会寺,写下了《重修海会寺碑记》,从记载中可得知:一是海会寺曾出现了长期的荒废,以致长蛇盘踞,青苔漫渍,与当时兴盛时判若两样;二是因香火不旺而缺乏护法信徒,使寺院更加破败;三是寺中僧人赖以生存的寺田已无,住处也无着落;四是开始厘清旧产,化凶为仁,濯污于净,使之恢复往日庄严。蒋元枢倡修之后,使海会寺再次中兴的,是前往福州鼓山涌泉寺受戒的荣芳法师和福建兴化人悟顺法师。关于荣芳法师,从《台湾开元禅寺沙门列传》的记载中可得知:一是荣芳法师曾到福州鼓山涌泉寺受戒,这点很重要。因为由此之后,海会寺便纳入鼓山法派体系,之后几乎所有住持皆到福州鼓山涌泉寺受戒;二是荣芳法师不但修禅,而且习武,还善书画,以其技艺和人品征服了前来挑衅者;三是荣芳法师曾驯服猛禽,以德服人,在当时享有崇高威望。海会寺是当时南台湾最大的寺院,荣芳法师的传闻在当时流传一时,也可看出海会寺在当时的影响。荣芳法师于光绪八年(1882年)圆寂后,由其门徒悟顺法师接任住持。悟顺法师字来胜,福建兴化人,荣芳法师圆寂时所立的墓碑上有其名。光绪十一年(1885年)时为海会寺监院,曾主持普同塔的募建。其他材料均不见记载。宝山法师接替悟顺法师任住持后,海会寺进入了日本据台时期。

(六)福建僧人和移民创建的寺庙

以故乡的寺庙名称来作为台湾寺庙名称,是台湾早期福建移民创建寺庙的一个特点,其中以泉州僧人和移民仿效故乡晋江安海龙山寺,在台湾建造同样寺庙最有代表性。

彰化鹿港龙山寺的创建相传与泉州僧人肇善法师有关。台湾鹿港与福建泉州海路相距不远,《台湾三字经(六)》称:"彰化西,鹿港口;集货场,称大有(鹿港在彰化之西海岸,与泉州相对,为最近之港,商船辐辏,货物聚集,可称大有)。"明崇祯十五年(1642年),泉州苦行僧肇善,奉石雕观音像到普陀山献祀,不料船只漂到了台湾彰化鹿港,遂就地结茅,在当时的暗街仔一带苦修,并于清顺治十六年(1653年)在古鹿港的暗街仔创建了龙山寺,其整个庙宇的布局和建筑样式,都是仿照安海祖庙龙山寺的样式建造的。之后,肇善法师曾回泉州安海龙山寺迎神像分灵至鹿港。1796年,泉州开元寺派来临济宗佛教高僧驻寺弘法,前后来了13位之多,所住地方是后殿的静园。⑳清乾隆五十一年(1786年),龙山寺从鹿港的闹区暗街仔,搬到现在的地方(即龙山里金门巷),《彰化县志》卷五(二)载:"龙山寺:前大殿祀观音、佛祖,后祀北极上帝,在鹿港。乾隆五十一年,泉州七邑士民公建。"可见龙山寺此次的修建,是泉州移民倡导的。当时延聘了优秀的泉州名匠,直接从泉州运去杉木、红砖等建筑材料,结构也模仿安海龙山祖寺。从此历年增修、改建不断,每一次兴建时,工匠的精心之作,一点一滴都收存在龙山寺里。"当龙山寺翻修大殿时,不仅在庙顶找到了来自泉州的瓦片,也看到了过去工匠的心思。"④清道光十一年（1831 年）重修龙山寺,时任福建台湾府北路理番鹿港海防事的王兰佩撰写了《重修龙山寺碑记》,《台湾中部碑文集成（记）》收其全文。从中可得知,乾隆五十一年（1786 年,即丙午年）倡导修建龙山寺的是泉州都门府陈邦光和泉州的移民,此次修建的时间是道光九年（1829 年,即己丑年）冬开始,道光十一年（1831 年）二月完成。此次倡修的是林廷璋与鹿港八大郊商,其中出力最多的郊行为闽南泉郊金长顺、厦郊金振顺。龙山寺所以得名,是传之于温陵（泉州）的龙山寺,当时请了泉州的名匠仿安海龙山寺图样而作,修建后的龙山寺沿袭了旧制,但比修建前更加美轮美奂,无论殿堂、回廊、屋檐还是禅室、山门等都彰显于往日。此次大殿前檐木柱换成了石柱,而其中有一根石柱,据称每年向外移位,推算每十年大概是半寸,鹿港居民相信这一根龙柱是活的,增添了龙山寺的灵气。林廷璋是泉州永凝卫人林文浚第五子,从《彰化县志》卷八（四）中记载可知,泉州移民林振嵩、林文浚、林廷璋、林世贤四代均为当地杰出人士,特别是林文浚照顾孤寡妇幼,建造书院,翻修宫庙,架桥修路,赈灾救贫,设厂施粥,在当地享有极高威望。清代后期,在泉州籍移民捐资下,龙山寺多次得以修建,如道光二十七年（1847 年）六月撰写、收入《台湾中部碑文集成〈示谕〉》中的《龙山寺捐缘碑》如实地记载了当时的情况,从中可知,龙山寺在温陵（泉州）七邑人士的护持下,香火日盛,再由于鹿港的重要地位,更是声名远播。自乾隆五十一年（1786 年）以来,龙山寺凡遇菩萨圣诞日,都要举行庆祝活动,独六月十六日没有活动。于是龙山寺的菩萨护佑者王某带头敬捐,其他人随喜而出,于是设醮、点灯、演戏,热闹非凡。由此可见,当地居民已深信在龙山寺祈祷必有灵验,龙山寺的菩萨圣诞日庆祝已成为当地不可或缺的活动。从中可得知,当时的佛教与民俗有一定关系,属庶民佛教的性质。

　　台北艋舺龙山寺的建造与泉州籍移民有关。据称,清雍正时期(1723年至1735年),一位由泉州来台的海员因事来台北,随身带着"香火"。这个所谓的"香火",就是将香灰放置于红色小布包内,多置于胸前或悬挂于身上,以护身驱邪。当其经过现在龙山寺地点时,将"香火"悬于竹林的竹枝上。路人于夜间路过时,见有火光闪闪,往前观看,见所遗香袋,再仔细察看,香袋上有"龙山寺观音佛祖"七个字,信徒即朝香袋膜拜,因据传其极为灵验,故供拜者日益增多。由于这一地区人士多为来自泉州府南安县、惠安县和晋江县的移民,他们自发集资数万两纹银,模仿家乡安海龙山寺的样式,于乾隆三年(1738年)开始兴建,乾隆五年(1740年)竣工,同时还赴家乡安海龙山寺将观音分灵来寺中供奉,因此艋舺龙山寺建寺伊始便具有强烈的地方色彩。其建寺缘由,正如台湾佛教史学者邢福泉所言:"台北市龙山寺之名称系模仿当时泉州府晋江县之龙山寺者,其模仿之原因为晋江县龙山寺之观音极为灵验,当移民渡海来台时,多将龙山寺之'香火'携来,以求保佑,故在台北建立佛寺时,即以其故乡之龙山寺命名之,由此可知,台湾佛寺之源起与发展与祖国大陆人民及佛寺有极为密切之关系。"②龙山寺大殿建成后,一批与泉州方面做买卖的贸易商人(当时叫"泉郊")自动捐出巨款,在龙山寺后面增建一座后殿,奉祀妈祖及文昌帝君、关圣帝君等众神。由于龙山寺的资助者多为泉州移民,所以龙山寺逐渐成为泉州移民的聚集场所和活动中心,并成立"泉州会所"于龙山寺。龙山寺还与地方政治有密切关系,其管委会意见颇受政府重视。如1884年法国侵略者进攻基隆时,台湾巡抚刘铭传曾计划将首府从台北迁至台南,以泉州移民为主的艋舺地方人士坚决反对,于是聚集龙山寺商议,将意见书盖上龙山寺大印,由管委会呈传刘铭传,表示坚决反对放弃台北,并志愿组成义勇军协助政府抗法。这一举动使刘铭传收回成命,法军亦因而撤退。后光绪皇帝曾褒奖龙山寺"慈晖远荫"匾额一个。③早期的龙山寺带动了艋舺的发展,成为市民最好的休憩处。

（七）福建信徒创建的寺庙

台南县碧云寺的创建,与奉迎福建泉州府晋江县观音来台的李应祥有关。乾隆五十七年(1792年),李应祥从泉州来到来阿公店(高雄县冈山镇),初居三个月,觉得此地不是修身养性的好地方,遂携从泉州带来的观音像一尊,遍游南部各地,及至大仙岩,居住到嘉庆元年(1796年),始迁徙到现在碧云寺的寺址。当时此地仅见敝云遮日的参天古树,李应祥认为此地正好修行,应开拓山腹,结庵定居潜修。不久有地方读书人林启邦等八九人,也到此搭屋攻读。嘉庆十一年(1806年),这些读书人携手上福州应试,个个榜上有名,大家都认为是观音保佑,同时为了报答李应祥平时的教诲与照顾,于是决定捐款千元兴建碧云寺。嘉庆十三年(1808年),碧云寺正式落成。四月八日揭幕行香,附近的居民成群结队前来拜佛,山脚下的平埔族,也纷纷前来敬香,碧云寺由此香火日盛。至嘉庆十六年(1811年),一些信众考虑到碧云寺没有田产,如仅靠香火,恐日久难以为继,遂由张士辉、苏光赐、苏廷观、苏子成等人,倡议捐资。后共捐得银元326元,购买3处田地,以其收入作为寺中供养,并勒石《玉枕火山碧云寺募为缘业碑记》为纪。《台湾南部碑文集成(记)》收有此碑记,从其记载可得知:第一,碧云寺在当时已是地方的一所名胜,成为许多文人雅士、达官贵人流连忘返之处。第二,由于寺庙没有固定收入,寺中僧人时富时贫。第三,由当地绅士捐款为寺购得3处田地,将年息付寺之用。捐款者约有20人。

（八）福建同乡信徒捐建的寺庙

鄞山寺位于台北县淡水镇。其建造的经过,据《淡水厅志》卷十三(二)载:"鄞山寺:在沪尾山顶,道光二年(1822年)汀州人张鸣岗等捐建。罗可斌施田,咸丰八年(1858年)重修。"据鄞山寺右侧回廊壁上的《鄞山寺石碑记》载:"……禀称昔汀人在沪街后庄仔内,于道光三年(1823年)建造庙宇,名为鄞山寺,供奉定光古佛,为汀人会馆,并经罗可斌呈献埔地,以光经费。"再参考其他文献,可得知:鄞山寺是汀州人张鸣岗等人于道光二年(1822 年)捐款,罗可斌捐地,于道光三年(1823 年)建造的。目前山门上的四首对联,正是当年题写的,如:"定之光中古貌古心留胜迹,光被四表佛法佛缘布鸿庥。""官渡潮来皆法水,炮台日射尽因光。""沧海龙蟠不二门,屯山虎踞无双地。""座镇屯山思法济,门迎海岛挹恩波。"可看出当时兴建时的兴盛,也印证了汀州移民在嘉庆、道光之际,从淡水河口岸登陆垦荒的史实。咸丰八年(1858 年)曾重修过一次。鄞山寺为福建汀州八县移民的会馆,供奉的是定光古佛。鄞山寺建筑保存较为完好,是现存清代中晚期所建佛寺中,规格最完备的遗构之一,布局严整,尊卑有序,左右对称,表现了浓浓的客家佛寺风格。[24]

彰化定光佛庙位于彰化市光复路,创建于清乾隆二十六年(1761 年),由福建汀州府永定县移民倡建,在北路总兵张世英的支持下而建造,用以供奉汀州人所信仰的定光古佛。由于此寺曾为汀州人集聚之处,故又名"汀州会馆"。道光十年(1830 年),贡生吕彰定等捐款重修。道光二十八年(1848 年),因遭震灾,张连喜等又捐款修葺。定光佛庙供奉的定光古佛坐镇殿中央,头戴五佛冠,神情庄严肃穆,左右两边分别供奉福德正神和天上圣母。

(九)福建僧人开山、当地信徒捐资献地兴建的寺庙

西云禅寺位于原台北县五股乡。据《淡水厅志》卷十三载:"西云岩寺,即《府志》言大士观,在观音山麓狮头岩,一名龟山。乾隆三十三年(1768 年)(《府志》称十七年)胡林献地建置。嘉庆十六年(1811 年)林阿成等捐修,刘建昌施舍埔园,及山下渡船,为香灯费。寺绝尘埃,亦一异也。"根据此记载,再综合其他文献,可得知有两种说法。一种说法是:清乾隆十七年(1752 年)[或为乾隆三十三年(1768 年)],福州鼓山涌泉寺僧人省源到此地结茅,整日诵经打坐,为建寺打下了基础。乾隆三十三年(1768 年),汀州府贡

生胡棹猷献地,正式建立了庙宇,称"西云岩寺",省源为开山祖师。当时因寺小僧多,扩建成为当务之急。至嘉庆十六年(1811年),乡人林阿成、刘建昌等人捐资献地,大加扩建,一时香火鼎盛。另一种说法是:乾隆三十三年(1768年),福建晋江、南安、同安三邑人来台湾垦拓,携带观音香火,因屡次显灵,故在此地建寺。嘉庆十六年(1811年),寺宇因风暴受损,住持文秀发起募捐重修,次年竣工。西云禅寺主殿现还保存着清同治四年(1865年)的木刻对联:"观音山观音坑抱观音寺,顽石头与尽而观音点首;和尚洲和尚港对和尚门,净波面与好为和尚洗心。"题写者陈维英曾任福建闽县教谕。西云禅寺于光绪九年(1833年)时又遇风灾,由成仔寮陈妈环捐款重修,第二年竣工。

(十)福建移民历次扩建后请福建僧人任住持的寺庙

位于台中清水镇鳌峰山麓的紫云岩,其香火传自漳州府龙溪县南山崇福寺的法脉。据近人所撰《清水紫云岩志》记载,可知紫云岩建造的最早起因,是相传1662年,福建泉州来台瓦匠将随身携带的佛祖香火遗忘在紫云岩的现址,因观世音菩萨显灵而引起当地信众膜拜,从而集资盖了庙宇,后在漳泉械斗之时,观音菩萨显灵,使双方化干戈为玉帛,因此香火愈加鼎盛。1742年,据称观音菩萨显灵救了在航海途中的福建商人浦文良,浦文良遂重修紫云庙宇。1751年,聘福建漳州府龙溪县南山崇福寺高僧福海伦禅师为住持,为紫云岩有僧人入住之始,至今已有13代。紫云岩在乾隆五十九年(1794年)曾遭山洪之劫,道光元年(1821年)再由乡绅重修。后历经多次重修。日据时因乡贤保护,得以幸免于难。

(十一)福建僧人募建的寺庙

位于彰化县社头乡的清水岩寺,是由泉州僧人觉通法师募建的。据《泉州觉义录》载,觉通法师俗姓施,幼年出家,驻锡于福建仙游的上方禅寺。由于立品端正,苦行立志,受到邑中父老的敬重。时有闽西永定人胡擅生任闽南安溪县训导,无意中与觉通法师相识,相谈之下,惊叹觉通法师为得道高僧。不久胡擅生迁教台湾彰化,遂写信力邀觉通法师来台游历。乾隆十一年(1746年),觉通法师应约至彰化,但胡擅生已先一年升为闽县教谕而返回福州。通觉法师虽访友未遇,但仍以出家无家处处家自期,遂在今彰化社头乡大武山西麓搭一草庵,静念息缘,潜思佛法,日久香火鼎盛。至乾隆二十三年(1758年),觉通法师以募化所得,修建寺院,并称山泉为"洗心泉"。经过努力,寺宇终于完成。清水岩在日据时期又有过重修,目前寺院内外仍有不少日据时代留下的文物。

第二节　台湾当代佛教

走"人间佛教"道路,是当今佛教发展的潮流。台湾"解严"以来,佛教界的有识之士将佛教变成佛法,变成听得进、信得过、用得上的道理,广泛运用于社会生活,运用于做人的准则,使佛法走向人间,走向民众,取得了可喜的成就。"把人做好,离成佛不远"已成为越来越多人追求的目标,"出世融合入世,有佛法就有办法"已成为越来越多人的共识。

一、面向社会的各种修持活动

由台湾佛教界主导的社会上各种修持活动层出不穷,其有代表性的如:

1.朝山礼佛。朝山礼佛指信众到名山大寺,向佛进香,以忏除业障或还愿的朝礼行为。修行者为表示求道的虔诚,常以跪拜(如三步一拜)方式朝山礼拜。在台湾,由于佛教界许多大德提倡,朝山礼佛逐成为信众的修持法门之一。在台湾参加此项修持活动,要先询问各寺院道场,了解后事先报名,并可邀亲朋好友一起参加。一般要求穿着宽松轻便的衣服、布鞋、罗汉鞋,最好是外穿海青,这样既可表达朝山礼佛的恭敬心,又可使队伍庄严肃穆。在规定的时间集结后,穿着海青的男女信众排前面,未着海青者排后面,以求队伍的整齐。朝山时,一般以钟声作为号令,在"南无本师释迦牟尼佛"的佛号声中开始礼拜。具体是:当称念"南无"时,站立原地不动;称念"本师"时左脚向前跨第一步;称念"释迦"时右脚跨第二步;称念"牟尼"时左脚跨出第三步;称念"佛"时双脚合并,此时响起钟声,大家一起跪拜,等听到地钟的声音再起来。对于无法礼拜者,可列于全队之后,随行称念佛号,"以问讯的方式表达敬意"①。朝山礼佛的意义,据佛教界称可观想身体中的脏东西,随着身体匍匐在地,逸出身体;并观想诸佛菩萨在上方放光明,触身而使心地变柔软、慈悲。"如此当我们由山下拜到山上,由旷野拜到殿堂之际,不但我们能灭除无量罪障,同时也能让自己,从污秽拜到清净,由身体的健康拜到心灵的健康,从黑暗拜到光明,让菩萨种子发芽苗壮、开发结果。"②台湾佛教界认为,朝山可以开智慧,从朝山礼佛中,可以拜出和谐、信心、平安、健康、幸福、清净、智慧。这种活动不限年龄,凡愿参加者皆可,所以参加者甚众。以2008年10月17日佛光山组织的朝山活动为例,参加者有80多岁高龄的老人,也有妈妈抱着的襁褓中的婴儿,还有三四岁的幼童。通过朝山活动,参与者或多或少都有一番独特的感受,有的认为:朝山活动不仅让自己有种大汗淋漓的痛快,最让人感动的是"大众虔诚礼佛的心,让自己不知不觉泪流满面,泪水与汗水交织下,早已分不清是汗还是泪"。"在这特殊的日子里参加朝山,被行进中大众所散发出虔诚礼敬心所摄受,自己虽未能有瑞相感应,但心中那份平静感觉是未曾有的,或许这也是自己与佛菩萨接心的另一种启示吧!"③有的组织者还要求朝山者写心得,如《十方》杂志社组织的十方禅林朝山活动,要求朝山即将结束时,参加者分组,由小组长带领推选代表发表朝山心得或参修报告。有的朝山活动已成惯例,如花莲县寿丰乡和南市自1981年起至今每年都举办朝山活动,每年吸引参加的民众逾千人。信众们提前静坐在山门前步道等待,由法师引领信众朝拜观世音菩萨,唱诵佛号并三步一拜,以顶礼入寺,不少信众还背着父母的衣物参加朝山,以祈福报答亲恩。有时朝山活动与过节相结合,如2009年1月25日的除夕夜晚上9点至11点30分,佛光山不二法门前聚集了数百位信众前来朝山,许多人是全家齐聚,声势浩大的念佛声响彻云霄,大家三步一拜地到大雄宝殿朝拜。修持中心的法师表示:在除夕夜举行从山下叩拜至山上大雄宝殿的朝山活动,就是要让大家的"心"也跟着一起除旧布新。朝山可以发引慈悲心、感恩心、见贤思齐心,惭愧傲慢心,然后改变原本不好的心念,进而学习到"三好",即"做好事、说好话、存好心",让新的一年过得更好。㊳佛光山一年举办一次信徒香会,其中"朝山礼佛"是一项保留活动,以2009年2月25日举行的朝山活动为例:凌晨5时许,天色昏暗,3000余信众早已身背朝山袋,在引礼法师带领下,分别在不二门、回头是岸、大慈育幼院、朝山步道前集合,分别朝拜大雄宝殿、大悲殿、普贤殿、大佛城。其中一对从花莲赶来的老年夫妻引人注目,男的已年逾七十而步履蹒跚,女的曾中风而行动不便,二人牵手一起朝山,虽跪拜礼佛时十分吃力,却互相搀扶,互相鼓励,终于顺利实现朝礼诸佛的愿望,内心十分欢喜。㊴值得注意的是,过去朝山的以老人居多,现在慢慢开始年轻化,如2009年5月31日清晨7点,1500位朝山者云集在佛光山的大雄宝殿外,开始了朝山活动,队伍中有老人、青年、小孩,规模颇为壮观,"大家用一颗虔诚的心,来与佛菩萨对话,希望心灵得到净化"。

2.八关斋戒。指佛教为在家的男女教徒制定的八条戒律。此乃在家信众到僧团过出家人生活,受持一日一夜的八关斋戒法,即不杀生、不偷盗、不淫、不妄语、不饮酒、不以华鬘装饰自身及不歌舞观听、不非时食。"八"指八种戒,"关"即闭之意,"戒"有防非止恶之作用。佛教界认为:能持八戒,可防身口意三业之恶行,便可关闭恶道之门。信众借由寺院道场的清静,体验出家人的单纯生活,摒除物质上的享受,领略精神上的富有。由出家人向在家信众授八关斋戒在台湾很普遍,许多寺院都定期或不定期举行这种活动,参加者也很踊跃。有的寺院将八关戒斋放在某项活动中进行,如禅林寺曾在一年一度的浴佛仪式中为十方信众传授八关斋戒。有的寺院专门为女信众举办八关戒斋,如高雄县阿莲乡光德寺从1996年起,每月举办一次一日一夜的八关斋戒,其中有专门为女信众举办的。以其举办的首届女信众八关斋戒为例,在一天一夜的戒期中,除了正授外,也包括朝暮课诵、讲解律仪、念佛共修、综合研讨学佛问答、戒子(参加活动的信众)发言等,旨在让戒子在闻、思、修三方面均有收获。具体内容如下:“其讲解律仪,即由得戒和尚阐明修行学佛法的纲要,使戒子戒、定、慧三无漏学,而戒学是定、慧二学的前提。其念佛共修,由常住的全体师父带领戒子们精进用功,以此来降伏妄心、安住真心,由静坐中开发智慧,即‘因戒生定,因定而发慧’。其学佛问答,由得戒和尚以深入浅出的义理,一一回答戒子们在学佛修行上的疑惑。其戒子发言,主要由戒子谈体会。”㉛

　　3.短期出家。这是为方便在家礼佛弟子体验僧团生活,实践传统佛教仪制、修身进德,由寺院举办的一种修持活动。参加短期出家的信众,男众必须剃去烦恼丝,换上僧服、僧鞋;女众虽不必落发,但必须换上叉式摩那服,足踏罗汉鞋,并暂舍红尘俗事。“通过多天僧团生活,从行、住、坐、卧、五堂功课的礼仪,体验出家人的生活,领会佛法之妙用和所蕴藏的法味。”短期出家不同寺院有不同特点,佛光山举办的短期出家活动,一般在每年七八月间,故也称结夏安居,每次分为两期或三期,每期七天或九天,每期一般人数在200～400不等,也有每期高达千余人的,有的人连续参加三期。现列举某期具体过程和内容如下:(1)选择录取。凡报名者,均需面试,面试内容包括考察其思想是否正确、身心是否健康、参加的动机等,从种种询问中,确定其身心端正、有信心耐力、正知正见、发心学习的,才予录取。3000多名报名者中,仅录取1000名,录取者年龄在25至30岁之间的有八成,学历方面,高中毕业者有八成左右,大专、研究生、教授也不少,其中不乏母子、母女、夫妻、兄弟、姐妹等。(2)安排课程紧凑丰富。有行门、解门。前半段是出家人的各种仪礼训练,从行、住、卧,乃至五堂功课、跑香、排班、打坐、出坡等等,依丛林规矩一丝不苟地进行训练;后半段为"如何做一个出家人"的精神教育,从古德法语、高僧行谊至佛学概论、如何做一个佛光人,皆深入浅出,使参与者体验僧团和、乐、净的生活。(3)各项规定严格。生活淡泊、守戒、严谨,先由引礼法师带入寮房,讲明各项规定,然后才参加各项活动。2009年7月24日,百余位第64期短期出家修道会戒子舍戒出堂,这些青年戒子七天来齐聚佛光山,体验清净严谨的出家修道生活,佛光山法师为他们上课,并安排出坡、禅修等行门功课,使他们的人生更精进、慈悲、感恩。戒子们经过自我挑战、授课法师的说法、引礼师的要求及引导,在这七天的出家生活中,找到内心的平静。再以法鼓山举办的某次8月1日至7日的短期出家情形为例:"第一天中午,到法鼓山报道,由引礼师姐送上一白布袋,内有僧服、僧袜、僧鞋,安置后,排队落发,由数位手法干净的师兄将万千烦恼丝落个精光,盥洗沐浴后,着僧袜、僧鞋、中褂,与出家人无二样;第二天清晨四时打板,三十分后于广场排班入殿,全体恭谨拜愿,反复礼忏;礼请二师和尚剃度,大和尚及长老分别剃度东西十四位班长,其他则由引礼师剃度;第三天,聆听三师和尚开示,上午九时三十分至十一时三十分为正授时刻,和尚宣说戒相,信众以'能持'回答,响彻大殿山野;第四天清晨四时四十分殿前集合,戴着斗笠,肩背油青与衣袋,在观音殿前做早操,然后依高低顺序排队照相;第五天,与以往一样,上午有一节课'说戒',晚上讲经,师父一再强调要有出离心;第六天,过堂斋前,师父为大家开示出坡意义,下午连常住也都一起依序上山,人人搭戴斗笠,上手套,持镰刀,分配工作区域,挥刀猛砍;

第七天,凌晨三时三十分起床,四时十五分队伍移至山下近朝山起点,跟着'南无大悲观世音菩萨'圣号一一朝拜,求忏求悔,化灾化难,为一次圆满的朝山之行。六点二十分返抵大殿,之后齐声朗诵舍戒文:'由于本为居家修行,苟有因缘未了,故需舍戒返俗,今愿以在家菩萨身份修学佛法,护法三宝,弘扬正法,不退初心。'以恋恋难舍的心情卸衣。"②

4.静心禅修。禅修通过涤心静虑,使身心清静,已成为忙碌的台湾现代人热衷的选项。许多寺院也都举行了各种类型的禅修活动,大大推进了这一活动在台湾的普及。佛光山的禅堂分为外禅堂与内禅堂,外禅堂能容400人一起参修,并设有长连床,一切食、宿、行、坐、修持皆在其中进行。禅堂常年举行的活动有:(1)随喜禅。主要提供给机关、学校、公司、佛光会等社会团体参修,当日早上8时开始受理,晚上9时结束,每次活动不超过2个小时。(2)一日禅。主要提供给机关、学校、公司、佛光会等社会团体参修,当日上午8时报到,下午4时结束。(3)双日禅。主要提供给机关、学校、公司、佛光会等社会团体参修,周六下午2时至周日下午4时进行。(4)三日禅。主要提供给机关、学校、公司、佛光会等社会团体参修,当日下午2时报到,第三日下午4时结束。(5)禅七。每年1月、4月、7月、10月的第2个星期举办,主要提供给社会上具有禅修素养者参修。③假日短期禅修对上班族是难得的机会,可以在一周的忙碌纷乱之余,到禅堂来领受那份宁静自在,调整心态,准备下一个星期的开始。以某次佛光山举办的二日禅为例,参加者为50多位台湾工商建设研究会企业家,在参加二日禅修时,经过"跑香"、"坐禅"、"动中弹"、"赵州茶"、"抄经"、"巡山礼圣"等课程洗礼后,心境大为清朗舒爽。在与住山法师的"接心坐谈"中,企业家提出一些无法理解的问题,如为何坐禅时会出现妄想、呼吸不顺,盘坐时会气动等现象?法师解答说:"那些都是正常现象,但是打坐参禅的重点是'外离相,内不乱',也就是不要执著

'外相'才能禅定,如遇到妄想等情事,建议多诵念《金刚经》。"③有些企业家还对佛光山井然有序的管理产生浓厚的兴趣,纷纷就此提出问题,经法师富有禅意的开示后,企业家都深感受用。禅七更是接引了无数有心人士禅修。以某次佛光山举办的冬季禅七为例,参加者近200名,大多为学有专精的知识分子,具有硕士学位者不在少数,平均年龄40岁以下。七天中,每天清晨4时30分起床,简单漱洗之后,开始经行、上座用功,而后是一连串打坐、聆听法要、经行、饮用茶点、出坡作务。课程安排有"身念处"、"无常观",以及"祖师禅"的心地法门,主要目的是先让学员专注身体姿势而学习定门课程,每个人努力学习对身旁的人和事物不看、不听、不说,一心探究心源深处。"在开示法要的大板香时间,禅师观机逗要的善巧说法使大家反应热烈,有的人动容落泪,有的人满心惭愧,有的人欢喜感恩。"⑤中台山的禅修也极有特色,以其2003年所举办的"春季精进禅七"为例,整个活动共分为三梯次:第一梯次为1月20日至28日的"中小学校长暨大专教授学生精进禅七",第二梯次为2月2日至9日的"福田精进禅七",第三梯次为2月13日的"大众精进禅七",参加的学员近2000人,其中不乏社会各界知名人士,护七的义工450多人。学员们"行亦禅,坐亦禅,语默动静体安然"。每日均禅修十支香时间,"动静之间提起觉性,觉察、觉照、觉悟,坐香时,如如不动,不落昏沉、妄想;行香时,随着监香渐进的催香速度,迈开步伐,既是活动久坐的筋骨,也是在培养动静一如的作主功夫"⑤。有的佛教界组织以某主题组织禅修活动。如台中大甲妙法寺自2008年10月起,每月以泡茶为主题组织一次一日禅活动,追求"一滴不漏、一声不响,每个动作、每个当下都是你的所缘境"。学员在法师指导下泡茶时,注意照顾好自己每一个念头,用心做好每一个动作,绝不干扰别人。法师事先请大家自备茶壶、茶盅、茶海、杯垫、两个茶杯、一个保温瓶,完全一人一套,不与他人共用,免得走动影响别人。法师引导上座后,开始考验每个人的功夫,有的"老参"不动如山,"新参"虽然酸麻肿胀一样没少,但痛苦过后,对人生又有新的感悟和体验,可谓弥足珍贵。㉛

5.其他修持方式。台湾社会上对佛教的修持还有许多方式,其如:(1)念经。许多寺院长期举办念经活动,时间一般在节假日及晚上,过去参加者老人居多,现在也有许多年轻人加入念佛行列。念经者一般要求身着海青,念经时注意力要高度集中,敛眉摄心,字句紧急,声声相续,中间毫无空隙,让杂念无从生起。力图将日常工作、生活中产生的压抑紧张情绪,随着洪亮的佛号声释放出来,让心情获得调适。(2)共修。广大信众参加由法师主讲并主持的活动,可在寺院中举办,也可在其他场合举办。如十方禅林长期举办准提法共修活动,时间为晚上 7 点 30 分至 9 点 30 分、早上 8 点 30 分至 11 点 30 分,场地在市中心 12 层大楼的第 11 层,内容"以金刚念诵方式,达到身、口、意三密之相应,定慧之等持"㉜。有的信众利用休假日到丛林中进行"一日念佛",大家端坐蒲团,"专志念佛时,有如诸佛齐聚,蒲团如莲花,令人感动"㉝。(3)抄经。佛光山的毛笔抄经活动吸引了众多的学员,课程时间两小时,随时可以出去方便,但动作必须是轻巧的。这是另一种禅定的练习。抄经能帮助学员收摄散漫心性。佛光山修持中心主任慧昭法师认为:"抄经者应具备恭敬、欢喜、专注、慈悲、回向等五心。修禅定不单是在禅堂打坐,抄经的当下,制心一处,都摄六根,如此专注在笔下,一切善法的功德自然生起。"㉞曾几何时,春节抄经已成为惯例,并已开始接受网上报名。以 2009 年新春为例,一周之内,前往佛光山抄经堂抄写法语的信众已超过 15000 人,打破了往年纪录,抄经的内容,往往成为抄经者在新的一年中做人行事的指引。(4)义工。义工也是修持的途径之一,台湾有一句流传甚广的名言:"学做菩萨前,先学做义工。"义工们把工作当作修行,修行就是工作,"发心、奉献"是他们的共同特点。以佛光山头陀义工为例,其课程有大寮典座、折平安符、穿念珠、打中国结、园艺活动、法器及佛像擦拭、全山环境保护等。以大寮典座为例,第一天晚上先由法师们为学员讲述头陀义工的意义,并教授烹饪课程;第二天学员们在厨房里忙得不亦乐乎,有人负责洗菜、有人负责做沙拉、有人负责卤味,油烟、热气蒸得人满脸通红,汗水直冒,让那些平日不常进入厨房的"大丈夫"们,体会到妻子长年累月的辛劳。星云法师认为义工在作奉献的同时,也提升了自己,他在"菩萨义工行论坛"上开示:"真正的义工,要效法菩萨的精神,以慈悲心普施饶益,以平等心利乐有情,所以娑婆世界的苦难众生,不但需要菩萨,更需要实践菩萨道的义工。""所谓'未成佛道,先结人缘',最好的途径就是做大众的义工,若能以'爱语、利行、同事、喜舍'来做义工,必能广结善缘,修福修慧,一旦人道完成,自然'人成即佛成'。"④

二、面向社会的各种学佛营

学佛营也称"禅修营"、"夏令营"、"冬令营"、"研习营"、"研修营"等。台湾各寺院及佛教团体常常针对不同对象于冬夏两季举办不同类型的学佛营,其主要种类如下:

1. 教师学佛营。以十方禅林举办的某次"教师佛法夏令营"为例,时间为 5 日,对象为从事教育工作的人员,宗旨为:"学佛习禅,熏陶戒定慧三学,建立正知正觉,去妄执,消业障,发实相慧,涌大悲心,起大勇,行大愿,开展日日好日,事事无碍之中道人生。"④其课程如:禅法研修、太极拳与养生、佛教与美学、佛学与教育等。再以光德寺举办的某次"中小学教师佛学夏令营"为例,时间 5 天,有来自全台的 250 位教师参加,课程安排从佛学概论、生活修行到心理咨询,内容丰富多彩,有 25 位学有专长的法师精心辅导,结束前的晚会上学员表演了手语、歌唱、韵律舞等节目。这次学佛营特色有:(1)参加的男教师增加了约 80 位;(2)男教师这次也要加入行堂、洗碗、拣菜的行列,以训练懂得分担家务,从家庭亲子的融洽开始,进而推广到学生身上;(3)增设视听教室、图书室,除了调剂教师的寺院生活,并可让其查阅难懂的佛学名词及问题;(4)辅导法师随时从旁辅导,及时解决学员在生活、佛法方面的疑难。㊸2009年 7 月 20 日,来自全台湾大学、中学、小学的 500 位教师参加的"2009 年全台湾教师生命教育研习营"在佛光山云居楼圆满结营,有 11 位教师发言与大家分享心得,彼此互相鼓励,各自不同的收获让人感动,更给人启发,如有的教师体会到,要拉近师生距离,就必须放下心目中的傲慢,打破既有思维,学习面带笑容。星云法师于前一天勉励大家,要身做好事、口说好话、心存好念,把欢喜给人,得到教师们的热烈回应。㊹

　　2.大专青年学佛营。这类学佛营在台湾极为普及,由寺院或佛教团体主办,一般根据寒、暑假,分冬、夏两种。学佛营对大专学生了解佛教产生了直接作用,不少学生由此与佛教结下不解之缘。学佛营的活动内容丰富多彩,以香光尼僧团举办的某次"大专冬令营"为例,时间 3 天,有全台 40 多位大专院校的同学参加。课程以"佛教根本教义——四谛、八正道、十二因缘"为主题,结合生活中遇到的实际问题进行探讨,同学们深有体会地说:"原来学佛不仅要学佛持咒,更要在日常触境的当下心念中用心,才能解决烦恼、超越苦迫。"㊺再以佛光山举办的 2008 年"生命教育青年夏令营"为例,时间 4 天,有全台 100 位青年学子参加,课程以"生命教育"为主题,旨在使学员了解生命的重要性,也找到自己的兴趣,让学员从服务中学习,并落实、体会星云法师"存好心、说好话、做好事"人间佛教的理念。课程设计者认为,现在年轻学子不少人对一切都以叛逆的态度对待,也缺少学习热情,"生命教育"课程是针对该年龄层学员所设计的,课程内容主要是让他们在课堂中找到自我。佛光山丛林学院男众学部专任教师慧静法师在专题演讲中,以唱歌、播放动画和电影的方式解说了迷悟之间的差别,教导学生将正面观念坚持到底,把握当下。再如 2009 年 1 月 18 日,500 位来自全台湾 103 所大专院校的青年学子齐聚佛光山,参加为期 4 天的心灵进修活动。为了使参与的大学生放下书本,走进自我内心世界并亲近人群,主办单位于所开设课程中,融合了"身体力行"及"心灵提升"两大主题。慈容法师在专题演讲中强调:学校提供了书本的知识,但处在多元化的社会,我们仍然需要多元化的学习,研究书本简单,研究人心就难了,大家要将适应社会的过程当成一种学习,锻炼自己的心志。在活动中,佛光山慈容法师、心定法师、依空法师、慧传法师、慧宽法师等弘法经验丰富的法师与学员对话交流,要求大家:"入宝山要努力挖宝,用心感受佛光山欢喜融合,放开心胸学习,沉淀自我。"⑯

3. 中小学学佛营。台湾有一句流行语:"学佛的孩子不会变坏。"台湾的家长们普遍认为,送孩子进学佛营主要希望学习两件事:一是福德,一是智慧。福德可从学习佛的慈悲心做起,培养对自己家人的关心,进而扩展到对社会的关心;智慧则是直接由佛教的经典、小故事中,启发做人处事的道理。送孩子在假期进学佛营已成为一种时尚,台湾几乎所有主要寺院每年都要举办中小学学佛营,活动内容包括佛教因果故事、佛门行仪、生活礼仪,另有歌唱、团体活动等,学员学习生活中应对、进退的规范,做一个动静一如、有礼的少年。主办单位用心配合学员年龄及个性需要,不断调整课程。以某次"佛光儿童夏令营"为例,对象为小学二至六年级学生,时间为五天两夜,宗旨:"充实儿童暑假生活,以佛法教学培养学童感恩、孝顺、惜福、友爱等良好观念。课程活动中融合静态、动态以及训练学童思考敏捷、提升创造力。"⑰活动内容:佛学课程有佛门礼仪、禅修、佛教圣歌、佛陀传、大佛法语等;才艺课程有软陶巧艺、野外自然创作、健康活动、风筝制作、团体竞赛等;户外参学地点有北海道场(三天两夜)、阳明山公园、乌来乐乐谷、野坎素烤等;晚会活动有佛光剧坊、佛光之夜等。一位毛遂自荐加入十方禅林组织的"儿童学佛夏令营"义工妈妈行列的家长,深情地回忆起夏令营生活时说:"除了佛门礼仪、经行念佛、佛教故事,行、住、坐、卧皆是'用心'处,而落实学佛于生活中,处处皆可体会到智的真、善、美。此外,有棋艺、画作欣赏、认识茶、泡茶、品茶……授课老师菩萨们都细心地一一传授着,小菩萨渐渐'薰'于欣赏的学习中,慢慢调伏躁动的心息,起居坐息,渐入佳境,会安静地说话、安静地行走、安静地用餐、安静地入眠。"⑱台北市华严莲社每年都如期举办儿童学佛夏令营,其三天的课程有"佛曲教唱、使用多媒体介绍菩萨故事、庄严的礼佛敬僧、静心禅坐的修持、以团体游戏方式学习六波罗蜜及罗汉典故、佛像写生、九色鹿佛画、团体创作、以毛笔彩绘莲花及佛菩萨"等,可谓包罗万象。举办单位力图使小朋友从小就闻听佛法,以后就不会做坏事,以达到"多一个好人,就少一个坏人"的办营初衷。元亨寺台北讲堂多年来坚持于暑假举办"儿童心智成长夏令营",让儿童在通过活动,培养慈悲善根,以助心智成长。以 2009 年 7 月举办的夏令营为例,200 个名额,三天就报名额满,五天四夜活动中,所有学童生活作息在一起,完全免费。夏令营副营长澂定法师表示,夏令营的活动宗旨在端正社会风气,提升儿童心智,加强伦理道德观念,活动结束后,至少每个小朋友都会念《心经》,生活常规的遵守也是基本要求,要让小朋友过有规律的生活,并学习慈悲和感恩,在法律学识面前,教小朋友认识犯罪的陷阱,避免误入歧途。⑲

4.各种不同对象的学佛营。为满足从事不同工作人员的需求,一些根据不同专业人士情况而组成的学佛营也应运而生,如十方禅林道场长期举办不同的禅法研修营,其目的:"(1)为研修佛陀正法,了悟真象,剥落妄执,开展原有之专注、健乐、安详、空灵、明慧、自然、真实、流畅、无碍、美善、慈爱、灵活、活泼、清凉、自在与无限创造力之无我无执完整生命。(2)为在各个领域工作之人员更能发挥潜能,突破停滞,更容易事半功倍,更能乐在工作、日日好日。(3)为人人自净其意,共造人间净土。"⑳其举办的此类禅法研修营如：一般人员禅法研修营、全台社工人员禅法研修营、航空人员禅法研修营、艺术工作人员禅法研修营、护士人员禅法研修营、运动竞赛人员禅法研修营、中小学老师禅法研修营、秘书人员禅法研修营、医生人员禅法研修营等。2009年7月，桃园市宏善寺专为弱势家庭开办免费夏令营，由专业义工教师在寺里对孩童进行学习等方面的辅导，让家长无后顾之忧。有的顽皮小孩因气得学校教师受不了而被赶回家，却在寺中养成了良好的学习习惯。宏善寺所办的夏令营虽有宗教色彩，但内容不限于宗教，上午有中国功夫、工艺、尊重生命等教学，下午则有英文、棋艺、音乐、闽南话等教学，义工教师们不乏美国硕士、高中、初中、小学退休教师，大学外语系毕业的高材生等。

各举办单位举办学佛营的动机可能不尽相同，法鼓山持续并多次举办过小学生、中学生、大专生、中学教师、社会精英、大专院校主管等多层次的营队，圣严法师与"教师禅修营"学员的一番话，或为一种有代表性的动机的注脚，当有禅修营参与者问应如何回馈法鼓山时，圣严法师说："愿你们把在禅修营中听到的、学到的，认为是有用的一些观念和调柔身心的方法，带回家、带回学校，分享给愿意接受的人，这就是回馈法鼓山了。"有人不解地问："长期如此，法鼓山不是要被吃垮吗？"圣严法师回答说："我们越有这种付出奉献的心，来护持我们的人越多。你们来法鼓山参加禅修营，就像批发商来工厂的仓库进货，回去以后就可以替我们做中盘商及零售商。你们给社会的奉献就是代替我们对社会的贡献，也是我们的收获，那也是你们对法鼓山的回馈，就是显示了法鼓山在今日台湾社会的价值。"[51]

三、向青少年弘法

1.“静思语”教学。“静思语”为慈济功德会证严法师平时开示的语录汇编，曾编辑成多册一版再版。这些语录不用深典，不重华词,却深入浅出,从现实生活常识中开发出深刻的道理,语诚而敬,温婉让人易于接受。许多学校教师将其研发为教材,用爱心与智慧相结合的教学方式对儿童进行教育。"静思语"的教学曾风行一时,"孩子们如脱胎换骨般,懂得明辨事理,变得有礼貌,有上进心、宽容心和感恩心,家长们的喜悦心情更是难以言喻,他们记下联络簿上老师请学生抄写的'好话',并重新调整自我身行和亲子相待关系"②。教师们在"静思语"的教学实践中创造了许多教学方法,已有诸多文章进行总结,并有研究生以此为研究的内容写出论文。"静思语"的教学法还引起了海外有关专家的关注,如 1994 年 3 月,美国加州中文学校校长一行 16 人到台北市博爱小学参观,发现"静思语"教学法,他们针对教学方式、教材选择及教法进行详细询问后,如获至宝地表示,这就是他们走遍各地所要找寻的教学法。

2. 让佛法进学校。一些佛教界高僧大德对佛法、佛理的阐述,往往结合现实生活实际,深入浅出地说明待人处世的人生道理,简明易懂,很容易被学子们接受。如佛光山文教基金会组织有关专家,精挑细选出星云法师著作中适合中小学生学习的内容,编辑成《金玉满堂》教材,向嘉义市 56 所中小学学生捐赠。嘉义市负责人表示:社会出现乱象,辅导学生正确学习是各级学校的当务之急,从星云大师著作中精挑细选编辑而成的《金玉满堂》,不但节省学生选书的时间,更是美化、净化心灵的最佳教材,将其赠送各校,可以让莘莘学子在价值观念紊乱的时代能得到心灵净化。圆福寺住持觉禹法师指出:佛光山开山以来,已培养不少人才投入文教事业,以弥补家庭、社会教育的不足,未来更会持续进行。佛光山文教基金会执行长妙圆法师则介绍指出:佛光山文教基金会的开创宗旨包括积极奖助专业人才及优秀青年进修佛学、推动百万人兴学、编撰教材等工作,希望大家能多用教材来教育学子。③另外,用佛教来安定考生的心情,已为不少学校所采纳。如 2009 年的"大学学测"即将开始,为缓解考生紧张情绪,安定考生心情,兴华中学校长于1月9日带领应届200多位高三毕业生至圆福寺,进行"美梦成真——考生祈福"活动。圆福寺住持觉禹法师为大家开示,并带领考生念佛、礼佛、诵读(为考生祈愿文),希望透过信仰的力量,让考生心情安定,情绪稳定,发挥实力,金榜题名。

3. 出家师父与在校青少年学生的心灵对话。20世纪70年代以来,由于地区经济的发展,台湾社会结构产生了急剧的变化,家庭的功能日趋衰弱,给教育带来相当大的冲击,许多青少年偏差行为日益增加,不良习气严重泛滥,学校和家庭均感困扰,社会各界深为不安,一些专家、学者和教育工作者提出的防治青少年偏差行为辅导策略收效并不显著。台湾佛教界面对这一情况,纷纷投入社会教育工作和校外辅导活动。南投县名闻乡白毫禅寺住持禅心法师,从上个世纪80年代就走入监狱、公园及孩子流连的地方,帮助无数青少年远离罪恶,找回自我。寺中其他的法师和修行居士,受到其精神感召,遂创立"白毫学园",并举办"国中(初中)学生无尘营",以佛教的教育理念、生活仪范,以及师父们的身教,给学生们以崭新的生活体验,启发他们通过自省,种下善根,激励向上的意志,重新迈向未来。

4. 佛教界对偏离学生的帮助。近年来,台湾社会变化,家庭结构改变,学校教育缺失,多元个人价值和功利的社会关系等因素所致,使相当数量的青少年学生中途辍学,成为青少年犯罪的主要原因之一。台湾佛教界有感于挽救这部分偏离学生的重要,积极进行对中途辍学青少年学生的帮助工作,收到了明显效果,并引起教育部门和社会人士的重视。仅以南投县白毫禅寺举办"白毫学园"辅导中途辍学学生为例,他们的经验,成为后续举办或推广中途辍学学生辅导工作的参考。1995年12月,白毫禅寺住持禅心法师接受台北市教育局委托,在寺中举办第一期的"白毫学园",接收台北市中途辍学的初中学生,进行辅导工作,时间为半年,即1995年

12 月至 1996 年 6 月。接受辅导的学生,在来白毫寺之前,飙车、喝酒、出入 PUB、不回家、打架、逃学、中途辍学后,生活更是混乱,身心更加不能安定。来到此处后,他们依然不能安定。因此,禅心法师指出,必须给这些孩子最需要、最适合的整体学习环境与生活空间,让他们的身心安定下来。这种"情境教育"的理念,贯穿于"白毫学园"辅导活动的始终。"白毫学园"让中途辍学学生在感到没有压力的情况下,以"循序渐进"的方式进行辅导和引导,主要通过:一是劳动教育,包括"出坡"和"种菜、认养苗圃"两部分,"出坡"是佛门里出家人利用早斋后或其他有空的时间,整理寺院环境或进行各种卫生扫除的工作,学生们初来时最讨厌"出坡",但师父们带着他们,亲自动手打扫给他们看,打扫完后又和他们闲聊谈心,渐渐地学生们喜欢"出坡了";"种菜、认养苗圃"也是一样,在劳动中学生们体验了辛苦和甘甜,在心中播下了善根。二是佛教精神教育。学生们和寺里的师父一同进行早、晚课,感受佛教精神,在"回向"的时候,师父会要求学生将当天的功德布施给他关心的任何一个人,如"祝某某身体健康"、"祝某某考试顺利"等。学生通过这样的活动,无形中拉近了与他生活中有关系的许多人的距离,学会了肯定和关心别人。三是安排适当的课程目标。针对学生们的能力,培养他们对学习的兴趣,为他们重新设立学习目标的范围,让他们在凭借自己能力可以完成的范围内学习,如请学校老师为他们进行补课,教学英语、数学等课程。有的学生过去对数学最感头痛,现在不但能安下心来学习,而且还主动要求多上两节数学课。此外,学园中还提供了烹饪、美发、绘画等技艺课程,这些安排不但有助于学生继续升学和将来就业的需要,也培养了他们各方面的发展兴趣,改变了以往的不良习性。

　　5.佛教界对误入歧途少年的帮助。在台湾,由于社会、家庭和其他因素的影响,青少年犯罪率呈上升趋势,引起了社会各界的普遍担忧,也引起台湾佛教界的关注。为了帮助这些误入歧途的青少年改过向善,佛教界人士深入少年辅育院等机构,主动参与对他们的教育和辅导。仅以香光尼僧团法师帮助高雄少年辅育院进行弘化工作为例,他们从 1990 年起,每周五到辅育院教授宗教课程,并每年举办为期 1 天的"长风营"和 3 天的"耕心营"活动,收到了很好的弘化效果。台湾高雄少年辅育院是收容少年罪犯的机构,其中学生部分收容时年龄最小的 12 岁,最大的 18 岁,感化期限一期为 3 年,故院内学生最高年龄 21 岁。这些学生是由少年法庭裁定应受感化教育者,均为男性,共有 300 多人。其犯罪背景以家庭解组(单亲家庭)、家庭环境差、管教失当等为最多。犯罪种类在 1992 年以前以盗窃为最多,1993 年起以"烟毒"、"麻药"两项占大多数,盗窃居次。这些学生活泼好动,自制力较弱,容易受外界环境影响,而且早熟。他们中许多人不识字,最高学历仅至初中。辅育院的辅导课程分为两大部分,一是每周五定期的佛教课程,对象是院内的新生班、初三班、技训班、高二班 4 个班的学生;二是一年一度的营活动,对象是全院学生。长期性的每周五的佛教课程,按学习目标设计,兼具知识性、宗教性和生活性。如知识性的"解门课程",包括介绍佛教的基本教义、因缘果报、苦集灭道、戒定慧三学、人人皆具足佛性等;宗教性的"行门课程",包括教导佛教基本行仪、忏悔、静坐与共修等;生活性的"生活门课程",包括佛教歌曲教唱、影片教学、主题讨论与小组心灵沟通等。通过这些课程的安排,达到启发自觉、净化心灵的目的。香光尼僧团为了使少年辅育院里的少年罪犯学生能够在具有知识性、宗教性、趣味性的活动中进一步体验宗教精神,省思生命存在的价值和意义,学习正向的社会化行为,遂在 1992 年至 1994 年这 3 年中每年举办 1 天的"长风营"活动,1995 年利用寒假举办 3 天的"耕心营"活动。这两个营的活动内容相同,对象为全院的学生。

四、向特殊群体弘法

1.监狱弘法。早在 20 世纪 80 年代中期,就有佛教寺院到监狱弘法,如台东清觉寺慈宗法师曾于 1984 年 4 月 1 日、1985 年 9 月 11 日连续两次到台东监狱举办"精进佛七"。但那时的弘法大多还只是局限于佛教知识的普及,双方尚无深入沟通,具体效果难以评估。进入 90 年代后,监狱弘法风气逐渐形成,其标志为:(1)许多重要佛教团体积极参与。由于佛光山、慈济功德会、"中华民国佛教青年会"等有影响的佛教团体积极介入监狱弘法,并把这项活动纳入本团体工作重点,监狱弘法逐渐常规化、规模化。如佛光山在各地的分院都定出具体计划,定期到监狱弘法,同时积极扩展弘法范围,除宜兰礁溪、台北、台中、嘉义等监狱外,又由所属慈悲基金会支援承办了屏东、高雄监狱及高雄看守所等处的弘法活动。(2)出现了一批具有丰富经验的监狱弘法法师。这些法师在监狱弘法多年,大多被"法务部"评为优秀荣誉教诲师。为了提高监狱弘法水平,佛教界还多次举行监狱布教师培训班,以彰化福山寺于 2009 年 7 月 18 日、19 日举行的有 200 多位弘法师参加的"监狱布教师初阶培训"为例,其中"有长达 20 年监狱布教经验的荣誉教诲师,也有初发心学习的弘法者,大家一同研习专业课程,并分享彼此的经验,表示要将监狱当成是自己修行的道场,如此才能真正让自己以行菩萨道的精神做好布教师工作,经过讲授和分享课程后,最后进行了实务演练,大家分组表演,以行动剧、诗歌朗诵、舞蹈、默剧等方式,将佛法融入爆笑有趣的表演中,为监狱弘法开启了新的一页"㉞。佛教界还定期召开"监狱教化"经验交流会。这种交流会有助于及时总结经验,提升监狱弘法的水准。如佛光山慈悲社会福利基金会于 2009 年 1 月 19 日于台中惠中寺举办"2008 年第二期监狱教化布教师研习会",来自各地的僧俗二众齐聚一堂,互相交流到监狱弘法布教的经验,大家体会到"教诲师们不仅让受刑人得到浴火重生的机会,也让自己融入法喜中"。其中发言的林清志曾在监狱弘法40年以上,他以地藏菩萨比喻监狱布教师,勉励大家以"我不入监狱,谁入监狱"的精神进入监狱弘法,因为到监狱教化,到达时没有人掌声欢迎,离开时也避免说再见,更没有点钟费可言,没有牺牲自我的精神是无法持之以恒的。(3)弘法方法和内容日趋丰富生动。在监狱弘法与一般性的弘法不一样,由于对象不同,如将一般性弘法的方法和内容搬进监狱,必然难以取得预期的效果。有经验的法师经过不断总结和探讨,积累了丰富的经验。如2009年4月27日,由佛光山慈悲基金会主办面向监狱服刑人员的"人间生活禅VS心灵SPA"活动,心定法师到金门监狱指导服刑人员禅修,为服刑人员说明如何将禅应用在生活中以解决问题,鼓励大家对未来要抱持希望,追求精神上成长,出狱后参与社会服务,广结善缘,打造更美好的未来。(4)弘法方式创意迭出。随着监狱弘法活动的开展,弘法的方式也更加多样。一些法师定期到监狱弘法,如2009年7月21日,大溪宝塔寺住持慧得法师在桃园女子监狱举办佛学讲座,为360名服刑者主讲"十善业道经"。慧得法师以深入浅出的说明,配合生动的图片,分别从身、口、意三业归纳出不杀生、不偷盗、不邪行、不妄语、不两舌、不恶口、不绮语、不贪欲、不瞋堵恚、不邪见等十善,最后期许服刑人:"世上没有好人和坏人,只有开悟和无明,努力改变,打开心胸给自己自新的机会,积极乐观面对未来。"⑤这类讲座受到狱方的欢迎。佛光山慈悲基金会从2006年起举办"送万册抄经本到监狱"活动,鼓励服刑人员书写经文,以智慧法语涵养心性,每年都举办抄经征文比赛,旨在促进服刑人员内心深处的反省。2008年6月份举办的"2008佛光星云法语抄经心得征文比赛",共收到145篇作品,经过初审、复审后决出名次,获第一名的高雄女子监狱的简姓服刑人员在获奖作品《通往幸福的法语》一文中写道:"对我而言,'抄经'可谓是种'动态禅定'。我借由提笔恭书的定心专注,除却盘踞脑海的无明杂念;更借由睿智的般若法语,反省偏差观念。此时,法风拂起,携着笔者下偈语畅入心房,形化成各式法洁用具,将秽境彻底打扫,待其清净后,那些令人怖畏的害虫,自然无所匿存了。"⑤"中华民国佛教青年会"曾多次在台北少观所举办"智慧成长营"活动,主要希望通过三学(戒、定、慧)及五戒(不杀生、不偷盗、不邪淫、不妄语、不饮酒)的规范,以各种活泼的活动方式,使同学们能从实际生活中肯定自己、建设自己,进而做一个踏实、感恩及充满爱心的青少年。⑤"中华民国佛教青年会"还在监狱中发起"生命有爱,拒绝犯罪"征文比赛活动,参与者极为踊跃,不少征文生动感人,出自内心,从灵魂深处表示了深深的忏悔。慈济合唱团定期到台北女监演出,以歌唱为主题,进行精心安排,使服刑者心绪平静、起落、交融、高昂,最后以欣喜结束。⑤有的法师在监狱中设置佛堂。台湾屏东讲堂妙璋法师在阐述在监狱设置佛堂的意义时,认为:"佛堂具备着慈悲(供奉观音菩萨)与智慧(供奉《金刚经》);相信佛(佛陀舍利)法(书柜的经书)僧(星云大师的墨宝——慈悲)三宝,更可帮助服刑人员在庄严的环境中,反省与学习,以开创新的未来。"⑤2009 年 2 月 10 日,屏东监狱鼎新学苑佛堂佛像开光洒净暨启用典礼,由慧昭法师主持,350 位服刑人员"合掌称念佛陀圣号列队迎请佛陀舍利至佛堂",慧昭法师以佛教故事及观音偈,启发服刑人员要学习观音菩萨的慈悲与智慧,劝勉学员人生如球赛,上半场虽错失机会,还有下半场可以努力。旨在使服刑人员祛除瞋恨与偏执,学习慈悲与智慧。有的法师在监狱中授"八关斋戒"。如佛光山心定法师曾到屏东监狱,为 109 位服刑人员授"八关斋戒",旨在"借由八关斋戒,思惟戒义,把握机会忏悔往昔所造诸恶业,去除一切烦恼因缘,发愿广结善缘"⑥。(5)弘法人员与服刑人员产生互动。如台北女监服刑人员对前来弘法的慈济人产生了信任,曾集资 60000 多元捐入慈济赈灾基金;为培养爱心,慈济人在监狱中教授纸花制作,女监服刑人员制作了 30000 朵爱心花,义卖后捐入尼泊尔爱心屋基金。慈济人还在各地监狱开展"监狱传温情"活动,定期进监狱开展讲授佛法、分享人生体验、手语教唱、委员现身说法等弘法活动,并在监狱开展"人性巡回讲座——误与悟"系列活动,由慈济委员赴各监狱现身说法。

2. 向吸毒者弘法。台湾的吸毒者有多少,目前没有确切的数字。长期致力于毒品防治的宣导及戒治的净耀法师在一次宣讲时说:据统计,1998 年全台湾的烟毒犯大概 20 万人,但绝对不止。后来用一个比较科学的方法来统计,就是用尿液来检验,发现每月吸毒的人口,大概增加 5000 人。^{○51} 吸毒者的增多,不仅使更多人身心受到伤害,还祸及社会,导致犯罪率升高,成为台湾社会的一大隐忧。台湾佛教界积极参与毒品的戒治,具体做法如:(1)在监狱中弘法反毒。佛光山在台南监狱明德外役监成立了毒品戒治班,力图通过宗教信仰、心灵熏陶的力量及心理辅导,彻底将学员吸食毒品的心瘾连根拔除。举办过的活动有:洒净、三时系念、圣歌比赛、母亲节报恩恳亲会、庆生会、皈依三宝及专题演讲比赛等,由多位法师协助学员作自我观照,让身心安定,将生活重新安排与规划。课程内容丰富多彩。佛教方面的有:佛经选读、佛教圣歌、梵呗、禅坐指导等;技能训练有:书法、美术、烹饪、园艺等;心理辅导有:咨询、座谈、个人追踪辅导等。(2)建立戒毒机构。佛光山与台湾更生保护会合作,1996 年 5 月 8 日在屏东辅导所设立"戒毒者中途之家",以佛教之宗教思想帮助吸毒者戒治。辅导对象为离开矫治机构而自愿接受更生保护辅导的吸毒者,时间 3 至 6 个月,必要时可延期,不仅一切免费,每月还发给零用钱 500 元。辅导方式包括生活管理、宗教活动、教学课程、心理辅导及职能训练等各阶段教育辅导。旨在通过宗教的感化,使虽戒除身毒而仍有心毒的戒毒者戒去心毒,洗心革面,重回社会。^{○52} (3)通过个别关怀使吸毒者戒毒。慈济人通过现身说法、提供慈济宣传品、帮助找工作、邀请参加慈济人的社会活动等方式,关心散布在社会上的吸毒者,收到显著成效。如一位在黑道上混过、有多年吸毒史的徐先生,在戒毒过程中要找工作却屡屡碰壁,慈济人知晓后安排他进入慈济人开的工厂,帮他树立服务人生的目标,工余组织他参加资源回收、"尊重生命"义卖、爱心捐髓抽血检验、访贫、为残障者筹款义卖等活动,使徐先生找回自我,不再使用毒品。⑤

3.向收容人弘法。向收容人弘法,已成为一些佛教团体和法师的长期固定的任务。如"佛光中华总会"会长心定法师于2008年9月应邀参加佛光山慈悲基金会举办的第12场"人间生活禅VS心灵SPA",向高雄戒治所80位收容人弘法,心定法师作了《爱惜生命,进而改变来生》的演讲,在宣讲弘法的同时,心定法师叮嘱收容人员:一个人若能思索因缘观,知道一切都是众缘成就,自然不敢居功,知道谦虚并感谢父母、社会大众的成就。最后,心定法师鼓励收容人员:以后进入社会,除了要为今生的生活学习谋生技能外,更不可疏忽来生的修行,要好好珍惜因缘,对生命充满希望,才能打造美好的未来。⑤

五、弘法普及化

即向社会上一切愿意了解、研究佛教的人敞开大门,提供条件,吸引大批各界人士学佛,大大促进了佛教在社会上的普及。

1.佛学会考。佛学会考始于1990年。当时佛光山星云法师鉴于台湾社会暴戾、斗狠、自私、贪婪之风日盛,因此力图通过提倡读书风气,鼓励社会各界研读佛书,由此循序渐进地了解佛法,建立佛教的因果道德观念和辨别是非善恶的准则,以此来促使社会风气的转变,并借此提升佛教徒的信仰层次,让信众将深入经藏与融入生活结合起来,朝"佛法生活化,生活佛法化"的目标迈进。佛学会考自1990年举行后,受到各方面的欢迎与好评,因此每年举办一次,报名参考者一年比一年多。其特点是:(1)尽量争取各方面的支持。主办单位为三家,除了佛光山外,还加上中国时报、联合报这两家台湾规模最大的报社。届时这两大报社不但"用大量的版面刊登考试题库和金榜名单",还在整个会考活动中刊发图文并茂、极为详尽的报导,并借此带动台湾大大小小的电子媒体和平面媒体也跟进刊发了大量的有关报导,最大限度地宣传了佛学会考,声势不亚于台湾的大学联考。星云法师还拉出"教育部"作为唯一的"指导单位",力图使联考正规化,以避免造成在公立学校及一些公务单位宣传宗教之嫌。(2)参考对象不限。参考者超越了种族、性别、年龄、学历、职业、宗教信仰之限制,遍及社会各阶层,有部门政要、地方名流、学校师生、家庭主妇等,甚至不少信奉基督教、天主教学校的校长也鼓励学生参加。年龄最大的八九十岁,最小的仅四岁。一些对佛法已有深入研究的人也每年都参加会考,目的是为了增长见闻,"法喜充满"。以 1996 年为例,全球参加会考人数多达 100 多万人。再以 2008 年 10 月 19 日圆福寺及佛光会嘉义各分会举办的佛学会考为例,共 160 多人应考,九成以上通过会考,其中佛光人名不虚传,个个得高分通过。有一位 77 岁的考生不识字,主办单位安排单独考试,由考官用闽南语念题目供她作答,她因为经常听法师讲经说法,考试以 72 分顺利通过。(3)参考区域不限。除了台湾本岛外,在全球 50 多个国家的 200 多个城市、1000 多个考场同步举行会考。值得一提的是还开设了许多特殊考区,如台北看守所、宜兰监狱、台南监狱、屏东监狱、屏东看守所等,都鼓励服刑人员报考;还应文字障碍者要求,设置特别听写考场。(4)所出试题能满足各界的需要。会考的题目不仅紧扣时事、亲子教育等生活经验,且能启发考生对佛教、佛学常识的认知、了解。为满足各方面的需求,试题译成 19 种文字之多,并根据考生的程度分为甲、乙、丙、丁四组,后又增设少年组。各组考试都有自己的特点,如少年组以"看漫画学佛法"的方式进行,将佛法轻松地融入小学生喜爱的漫画中,极大地激发了小学生的兴趣,当小学生拿到佛学会考的漫画题库时,爱不释手,纷纷主动要求参加佛学会考。由于考题浅显易懂,小学生考完走出考场时,个个笑逐颜开地表示,这是一项没有压力、轻松、愉快、有趣的考试。⑥(5)做好考前考后工作。出题者在出题时要认真考虑多方面因素,如为慎重起见,先将少年组题库送"教育部训委会"和台北多所中小学校长审定,以便取得多方面支持和认可;为消除民众中"闻考色变"的心理,主办单位设计出轻松活泼的宣传品,并通过各种报纸、杂志、电台、电视台、车厢广告等广为宣传;为使考生能更好地把握考试方向,主办者除将题库刊登于《中国时报》、《联合报》外,还于佛光山及所属各别、分院广为赠送,还编印了大量讲义免费赠阅,并由佛光山丛林学院教师全台巡回授课,帮助考生把握重点,树立信心;考完后成绩在报纸上公布,并根据不同考生颁发奖状和奖金(如曾为台北监狱 5000 名报考者中获满分的 485 人、获 90 分以上的509 人、获 80 分以上的 450 人颁发奖状和奖金),凡各组满分者一律颁赠奖金及《普门》杂志;凡 18 至 35 岁之未婚男女成绩满分者,可免笔试进入佛光山丛林学院就读。

2. 推扩教育。即"佛教成人推扩教育",指佛教团体针对社会成人大众所提供的教育活动,或称信众教育、推扩教育、成人教育等,在台湾曾盛行一时,较有影响的有:开始于 1997 年的玄奘人文社会学院推扩教育课程、开始于 1997 年的华梵人文科技学院推扩教育课程、开始于 1993 年的法光佛教文化研究所推扩教育课程、开始于 1994 年的中华佛学研究所推扩教育课程、开始于 1986 年的西莲净苑推扩教育课程、开始于 1994 年的法鼓山台北安和分院推扩教育课程、开始于 1991 年的法源寺别苑推扩教育课程、开始于 1984 年的香光尼僧团推扩教育课程、开始于 1988 年的福智寺推扩教育课程、开始于 1985 年的佛陀教育基金会推扩教育课程、开始于 1986 年的佛教弘誓学院推扩教育课程、开始于 1993 年的金色莲花推扩教育课程、开始于 1998 年的佛光卫视电视佛学院推扩教育课程。推扩教育的具体课程因各佛教团体不同而不同,但一般以佛学为主,兼及文化、生活等,学习地点和时间较为固定,每班要求有一定人数,成绩合格者发给证书,酌收学费。又如台东佛光山兰阳别院社教馆长期以向社区提供终身学习为己任,每天都有不同的课程,成人班有法师讲解佛学及生活技能、素食烹饪、瑜伽、点心烘培等,另有佛画、古筝、陶瓷浮雕及婆婆妈妈读书会等综合课程。再如苗栗大明寺开办社区大学,开设终身学习多元课程,并与社区结合举办各种文教活动,荣获 2007 年度社会教化事业绩优奖。为进一步推进"终身学习",佛教界推出各种活动,以吸引社会上众多学习者。如人间佛教读书会总部举办了"人间佛教戒定慧阅读研讨——慧学终身学习列车"活动,于 2008 年 9 月 6 日在台北举行研讨会,600 多位全台各地爱书人齐聚学习,新竹法宝寺住持妙勤介绍了人间佛教戒定慧的相关书籍,勉励大家要想开智慧,要多听、多看,只有用对材料才会有方向、有指标,不至于浪费生命。在"主题论坛"上,人间佛教读书会执行长觉培法师就大家感兴趣的问题进行了提问:何谓般若? 般若与智慧有何差别? 如何化解与自然、人、事物关系的不协调? 如何开启智慧并应用于生活上? 佛经的哪些智慧帮助最大? 如何应用转境? 如何兼顾繁忙事业和自在解脱? 对于提出的诸多问题,"佛光会中华总会理事"依空法师等结合佛经譬喻和生活实例,给予清楚的回答。依空法师还作了专题演讲,有关人士分别对戒学、定学、慧学提出了自己的见解,让参与者得到极大的满足,感觉受益匪浅。值得关注的是佛教界还长期不断地向社会残障人士弘法,如佛光山将星云法师的著作《成功人生》制成供盲人使用的点字书,赠送给启明学校,借由点字书开启视障学生阅读空间。

在开展"推扩教育"的活动中,香光尼僧团高雄紫竹林精舍佛学研读班最具典型意义,它不仅已规模化、科学化、长期化,并成功地透过系统而循序的课程及教学设计,传递佛教理念,以期使成人学员能认知佛法并落实于日常生活之中,因此被称为"除了慈悲济世外的'另一种'对话形态——即基于佛陀智慧理念而开展出信众的教育工作",其"借'教育'此一管道于社会与生活中实践,以立足于当代台湾,并延续其宗教生命"⑥。"让念佛的人都懂得佛"是香光尼僧团创办佛学研读班的初衷,其办学主体是香光尼众佛学院的师生,包括授课、编教材、教学、行政等,每位授课老师至少需要经受过5年佛学院的教育,其中佛教义理、禅修、弘化知能等都是训练中必不可少的课程。其教学能根据成人学员的特点,采用多元变化的教学方法,如"会谈"、"讲述法"、"小组讨论"、"影带教学"、"戏剧表演"、"课外活动"、"评量"等,受到学员的欢迎。学员报名很踊跃,以致有时录取人数只有报名人数的一半。学员的年龄大多在30岁到59岁之间,中、壮年的为多。职业分布广泛,中下层人士为多。香光尼僧团办的研读班对成人学员产生了深远的影响。

　　3.民俗活动。如每年农历十二月八日煮腊八粥是中国民间的一种习俗。据传,2500多年前,释迦牟尼未成道时,曾在苦行林苦修6年,淡泊物质以求道。后来他觉悟苦行并不能解决问题,因而离开苦行林,却因体力不支昏厥,被路过的牧羊女施以乳糜供养。佛陀恢复体力后,安身正坐菩提树下,发愿说:"若不成佛,誓不起此座。"而于十二月八日证悟成道,遂有佛法在人间传播,世称"佛陀成道纪念日",或"法宝节"。我国佛教徒仿牧女供佛以乳糜的典故,于每年"佛陀成道日",以白米、青江菜、红萝卜、白果、豆腐、芋头、花生、莲子等8种料,适量配比熬成粥供佛,称为"腊八粥",最终演变为民间的一种习俗,旨在祈安贺岁。每年佛陀成道日,佛光山各地道场向信徒奉上至少8种食材熬煮的浓稠腊八粥,告知佛陀成道说法度众的悲心,分享佛教徒庆祝佛陀成道、缅怀佛陀的精神。以2008年12月为例,国际佛光会嘉义教师分会,于12月24日由圆福寺住持带领,在大同小学演出《腊八粥之缘》,再现悉达多太子出城、苦行、牧羊女喂乳糜、成道等过程,并向观众奉上热气腾腾的八宝粥,之后,还到中学、监狱等演出多场。台南凤山讲堂于12月25日邀请佛光山法师教授大家煮腊八粥之法,法师与大家分享佛光山开山祖师星云法师指导煮腊八粥的秘诀,即要做到“众缘和谐”、“融合食材”、“入口即化”,必须具备6种心:(1)道心,信仰佛教的热忱;(2)供养心,真诚奉献的心;(3)功夫心,改造自己的心;(4)喜心,创造生命的喜悦;(5)老心,体贴对方的心;(6)大心,无差别的心。佛光山法宝寺及新竹地区佛光分会联合新竹市当局举办“2008年度法宝节温馨腊八情”系列活动,分3梯次办理,共分送“邮政总局”、“市政府”、安养院、“交通大学”、“中华大学”、元培科大、新竹女中等23所机关及新竹北市20个市民集会所合计35000份的腊八粥,旨在使佛教徒在感受佛陀成道的喜悦中受到精神上的洗礼。再以春节为例,佛光山每年都举办平安灯会,至今已有30年,每年都有新主题、新特色,如2009年的灯会主题是“生耕致富”,期盼大众勤奋努力,不但耕耘外在生活,也耕耘内在心灵。2009年灯会的特色涵盖了信仰、平安、和谐和工艺4个方面,佛光山点亮一盏全台湾最大的光明灯,以普通话、闽南话、英语、广东话、日语、韩语播放“生耕致富”的理念,同时推出“游佛光山,赠幸福袋”活动,将佛光山划出12个点,只要拿着一张导游简介,前往各站造访盖章,在最后一站佛殿,即可获得主题福袋。佛光山星云法师以“付诸行动、事事求是、勤于工作、自我检讨”勉励大家,希望所有人都能学习老牛辛苦拉车,以为人服务精神,努力耕耘生活与生命,只要坚持“生耕致富”,所有问题一定会迎刃而解。众多的游客在活动中净化了心灵。台湾传统寺院于元宵节当天,必定会燃灯供佛,举行上灯祈福法会,民众亦多在当天到寺院点灯为家人祈光明、求平安。佛光山的元宵节晚上,多年来已形成惯例,几千位民众在观赏璀璨烟火的同时,亦于佛前上灯祈福、叩钟祈愿,祝愿阖家平安、社会祥和。

　　4.艺术传播。(1)通过音乐传播佛法。佛光山星云法师在50

年前开山时就成立了"佛教歌咏队",以音乐为弘法的桥梁,由此培养信众的宗教情操,成为时代创举,这一传统在实践中被发扬光大。如由法师与居士组成的"2008 年人间音缘梵乐团",于 2008 年巡回全台近 100 天,受泽人数之多,可谓空前,最后于 2009 年 1 月 4 日在台中惠中寺作压轴演出。乐团演出的内容丰富多彩,觉熙法师的笛子独奏,觉居法师、慧康法师演唱的《开经偈》、《谁念南无》、《二时白文》、《忏悔偈》,台南合唱团演唱的《吉祥偈》让观众如痴如醉,觉居法师带领 10 多位法师与大众大合唱《佛光山上》,与观众产生互动。随着时代的发展,佛光山的青年歌咏队逐渐融合现代科技、舞台、灯光的效果,以美妙的歌声、阳光的气质、欢喜的结缘,将人间的音乐,带到每个角落。为了提升歌咏队水平,2009 年 6 月,由"国际佛光会中华佛光青年总团"主办了佛光青年歌咏队的培训,内容除了合唱、乐器演奏、主持及其他专长项目外,系列课程中还有"音乐好好玩"、"迈向明星之路"、"声音玩不完"、"大方秀自己"以及"舞台魅力"等,歌咏队把专辑录制、举行巡回演唱作为今后努力的方向。台湾佛教界经常举行佛曲演唱比赛,旨在使佛曲贴近大众,让民众洗涤心灵、体会生命真谛,如佛光会嘉义圆福、莲华分会于 2008 年 8 月 17 日举办的"众缘和谐人间音缘"歌唱比赛,参赛者有 60 多岁的银发族和 10 多岁的高中生,大家唱着《点灯》、《我愿》、《爱就是惜》、《一半一半》、《晨祷》等星云法师作词的佛曲,现场气氛温馨祥和,圆福寺住持觉禹法师高度评价了这种以歌声弘法的活动,希望透过此次活动,让大众改变对佛教的刻板印象,知道其实佛曲也可以生动活泼,贴近大众。再如由佛光山文教基金会、佛光大学合办的 2008 年"青春·希望·爱——人间音缘"全台青少年歌唱比赛,全台入围的有 70 多支参赛队伍、600 位学子,大家以优雅柔美或活泼轻快的音调唱着《点一盏心灯》、《我愿做一根蜡烛》、《做人就像一面镜子》等一首首动听的现代佛教歌曲,将"佛说的、人要的、净化的、善美的"人间佛教理念传入世人心里。各组参赛队伍在服装、道具上新意迭出,加上多元乐器及全力演唱,嘹亮歌声与悠扬乐声,使比赛精彩万分。住持永光法师在致词时表示,借由唱诵"人间音缘"歌曲,透过美妙音乐亲近善知识,是人生中最好的薰习。(2)通过戏剧传播佛法。如 2008 年 9 月 14 日的中秋节,9 个佛光分会联合以戏剧比赛方式演出"佛教故事"。教师分会演出《前世今生》,透过代表今生的大剧场与前世的布袋戏布偶演出,创意十足。二分会演出的《芥子纳须弥》,故事中的牛寮阿伯、阿姆穷到共穿一条破裤子,最后还将破裤子布施,让观众感动得热泪盈眶。四分会演出《伤心的木碗》,鞭挞了虐待老人的恶媳。龙泉分会演出《不变的爱》,剧中穷到出卖妈妈的情节让人悸动。此外,佛光童子军演出了《人间佛教的行者》,金刚分会演出了《放下万缘》,屏东佛光青年演出了《三昧水忏》,一分会演出了《西游记》,三分会演出了《学佛者的正知见》。妙璋法师称赞这些集体创作表演的佛教故事非常有意义,也让人看到星云法师人间佛教的理念落实在生活当中,体现了佛光人的祥和、融和,鼓励大家要及时行孝、布施、慈悲、智慧、放下、不执著。⑰(3)通过舞蹈传播佛法。不仅台湾一些艺术团体通过表演舞蹈向社会弘扬佛法,一些演员也把表演舞蹈的过程当作修炼的过程,借此修心,不仅给人欢喜,也给自己欢喜。如以佛教敦煌舞蹈艺术弘扬佛法为己任的"人间敦煌舞艺团",法师要求演员要内外兼修,要将星云法师所倡导的"存好心、说好话、做好事"运动及佛光人工作信条运用在工作和生活中,练舞时要用心观想诸佛菩萨的法像,将菩萨的慈眉善目表现在举手投足中,做到"眼露慈悲、手洒甘露、脚踩莲花",舞蹈团成员在练舞之外,更加参加道场法会、禅修、佛学等课程,希望在舞蹈中能将菩萨的慈悲发挥到尽善尽美。⑱(4)通过书法传播佛法。如"国际佛光会嘉义教师分会"与博爱社区大学举办"2008年佛光菜根谭书法比赛",分初赛和决赛两阶段,参加决赛者有 100 多人,分高中组、初中组、小学高年级组、小学中年级组,参赛者在考场上当场大笔挥毫,毫不怯场。书法体式除了高中组有人写行草、隶书外,大多数参赛者均书写楷体。最受到青睐的《佛光菜根谭》文句有"一滴之施济人当厄,就如春风化雨;一言之恶伤人心,好比冰雪寒霜"、"仁者乐山,慈德如须弥山,崇高伟大;智者乐水,慧法如大海洋,浩瀚无边"等。参与者通过书写这些贯穿佛教待人处事思想的精辟警句,喜欢上了这些警句,思想上也受到潜移默化的影响。(5)通过绘画传播佛法,如为了庆祝佛诞,佛光山台南福国寺于 2009 年 5 月 2 日举办"母亲 & 观世音菩萨儿童写生比赛",小朋友可以在寺内任何一个角落,联想母亲为观世音的化身,以五颜六色的缤纷色彩展现出来,在母亲节到来之际,进一步加深对母亲的爱。同年 5 月 3 日,南投市公所、佛光山清德寺等联合举办"庆祝佛诞节暨母亲节关怀弱势儿童浴佛点灯祈福"活动,其中绘画比赛是重要内容,绘画比赛分为社会组、青少年、慈悲组、幼儿组及小学高、中、低年级等 7 组,绘画内容有观世音菩萨、星云法师、悉达多太子、慈爱的母亲等,各组皆取前三名佳作,由清德寺等颁奖。

注:

①瞿海源编纂:《重修台湾省通志·住民志·宗教篇》,台湾省文献委员会 1992 年版,第 77 页。

②瞿海源编纂:《重修台湾省通志·住民志·宗教篇》,台湾省文献委员会 1992 年版,第 78 页。

③瞿海源编纂:《重修台湾省通志·住民志·宗教篇》,台湾省文献委员会 1992 年版,第 79 页。

④瞿海源编纂:《重修台湾省通志·住民志·宗教篇》,台湾省文献委员会 1992 年版,第 79 页。

⑤瞿海源编纂:《重修台湾省通志·住民志·宗教篇》,台湾省文献委员会 1992 年版,第 79 页。

⑥瞿海源编纂:《重修台湾省通志·住民志·宗教篇》,台湾省文献委员

会 1992 年版,第 82 页。

⑦瞿海源编纂:《重修台湾省通志·住民志·宗教篇》,台湾省文献委员会 1992 年版,第 79~81 页。

⑧刘枝万:《清代台湾之佛教寺庙》,载张曼涛主编:《现代佛教学术丛刊·87·台湾佛教篇》,大乘文化出版社 1979 年版,第 187~232 页。

⑨瞿海源编纂:《重修台湾省通志·住民志·宗教篇》,台湾省文献委员会 1992 年版,第 79~80 页。

⑩全台诗编辑小组:《全台诗》(第 1 册),远流出版事业股份有限公司 2004 年版,第 61 页。

⑪全台诗编辑小组:《全台诗》(第 1 册),远流出版事业股份有限公司 2004 年版,第 57 页。

⑫卢嘉兴:《台湾的第一座寺院——竹溪寺》,载张曼涛主编:《现代佛教学术丛刊·87·台湾佛教篇》,大乘文化出版社 1979 年版,第 246 页。

⑬全台诗编辑小组:《全台诗》(第 1 册),远流出版事业股份有限公司 2004 年版,第 191 页。

⑭马华台:《法华寺》,载魏淑贞总编:《台湾庙宇文化大系(一)天地诸神卷》,自立晚报社文化出版部 1994 年版,第 110 页。

⑮全台诗编辑小组:《全台诗》(第 2 册),远流出版事业股份有限公司 2004 年版,第 22 页。

⑯曾景来:《台湾的迷信与陋习》,武陵出版有限公司 1998 年版,第 313 页。

⑰卢嘉兴:《北园别馆与开元寺》,载《古今谈》第 27 期、第 28 期抽印本,第 4 页。

⑱曾景来:《台湾的迷信与陋习》,武陵出版有限公司 1998 年版,第 313 页。

⑲卢嘉兴:《北园别馆与开元寺》,载《古今谈》第 27 期、第 28 期抽印本,第 5 页。

⑳魏淑贞总编:《台湾庙宇文化大系(一)天地诸神卷》,自立晚报社文化出版部 1994 年版,第 82~83 页。

㉑魏淑贞总编:《台湾庙宇文化大系(一)天地诸神卷》,自立晚报社文化出版部 1994 年版,第 82 页。

㉒邢福泉:《台湾的佛教与佛寺》,台湾商务印书馆股份有限公司 1992 年版,第 76 页。

㉓邢福泉:《台湾的佛教与佛寺》,台湾商务印书馆股份有限公司 1992 年版,第 78 页。

㉔陈清香:《台湾佛教美术·建筑篇》,艺术家出版社 2008 年版,第 55 页。

㉕阚正宗:《台湾佛寺导游》(六),菩提长青出版社 1998 年版,第 142 页。

㉖心凡:《礼佛—拜罪灭河沙》,载《觉世》1997 年总第 1379 期。

㉗心凡:《礼佛—拜罪灭河沙》,载《觉世》1997 年总第 1379 期。

㉘赖炯福:《放下万缘朝山、礼忏　与诸佛菩萨接心》,载《人间福报》2008 年 10 月 20 日。

㉙庄姿婷:《朝山除旧心　新年会更好》,载《人间福报》2009 年 1 月 30 日。

㉚赖台生:《佛光山信徒香会　逾万人与大师接心》,载《人间福报》2009 年 2 月 26 日。

㉛释悟玄:《光德寺女八关斋戒的研讨与回响》,载《净觉》1997 年总第 216 期。

㉜江元灿:《我参加了出家生活体验营》,载《慈云》1997 年总第 255 期。

㉝佛光山宗务委员会编辑:《佛光山开山 30 周年纪念特刊》,佛光文化事业有限公司 1997 年版,第 334 页。

㉞赵莒玲:《佛光山管理哲学企业家惊艳》,载《人间福报》2008 年 9 月 16 日。

㉟满遵:《随顺本然性,即时兴禅应——佛光山冬日禅七、双日禅特写》,《觉世》1997 年总第 1369 期。

㊱《中台禅寺九十二年春季精进禅七报导》,载《中台山》2003 年总第 58 期。

㊲陈淑贞:《原来泡茶也可以是禅》,载《人间福报》2008 年 10 月 14 日。

㊳《十方》1997 年总第 15 卷。

㊴孙芳菲:《端坐蒲团　专心念佛》,载《人间福报》2008 年 8 月 28 日。

㊵庄姿婷:《抄经安定身心　网络可报名》,载《人间福报》2009 年 3 月 4 日。

㊶江峰平:《菩萨义工以出世思想做入世事业》,载《人间福报》2008 年 10 月 8 日。

㊷《十方》1996 年总第 14 卷。

㊸朱纪忠:《放下教鞭 薰习佛法》,载《中国佛教》1996 年总第 475 期。

㊹曾盈洁:《慈悲与爱成就英才 500 教师启悟》,载《人间福报》2009 年 7 月 21 日。

㊺《香光庄严》1993 年总第 36 期。

㊻本哲:《500 大专生"佛心"相随上山挖宝》,载《人间福报》2009 年 1 月 19 日。

㊼德辉、本思:《十种休闲即修行的方法》,载《普门》1998 年总第 225 期。

㊽陈韵竹:《十方缘——参加十方禅林儿童学佛夏令营》,载《十方》1996 年总第 15 卷。

㊾《元亨寺儿童夏令营 学得慈悲感恩》,载《人间福报》2009 年 7 月 20 日。

㊿《十方》1993 年总第 11 卷。

(51)释圣严:《人生为何》,载《人生》1996 年总第 160 期。

(52)编辑部:《为人性光明显相》,载《慈济》1995 年总第 339 期。

(53)赖生台:《捐赠金玉满堂 嘉义地区 56 校受惠》,载《人间福报》2008 年 12 月 18 日。

(54)江峰平:《监狱布教师培训 弘法启新页》,载《人间福报》2009 年 7 月 20 日。

(55)谢佩蓁:《桃园监狱宏法 十善期许受刑人》,载《人间福报》2009 年 7 月 24 日。

(56)简同学:《通往幸福的法语》,载《人间福报》2008 年 9 月 18 日。

(57)《拥抱智慧人生——记台北少观所智慧成长营》,载《中佛青》1998 年总第 38 期。

(58)张琼龄:《清凉菩提,萌芽长叶——台北女监受刑人的慈济缘》,载《慈济》1995 年总第 339 期。

(59)观慧:《宗教教化监狱生根 屏监佛堂启用》,载《人间福报》2009 年 2 月 13 日。

(60)黄陈招治:《屏东 109 受刑人持斋戒》,载《人间福报》2009 年 7 月

20 日。

(61)净耀法师:《心灵语露》,普贤教育基金会 2002 年版,第 97～98 页。

(62)《佛光山与更生保护会签约,成立屏东辅导所投入反毒工作》,载《觉世》1996 年总第 1361 期。

(63)黄文玲采访记录:《一位戒毒者的自白》,载《慈济》1994 年总第 329 期。

(64)平曜:《一日禅修收容人惜法缘勤用功》,载《人间福报》2008 年 9 月 5 日。

(65)觉兆:《佛光山世界佛学会考》,载《觉世》1997 年总第 1379 期。

(66)释见晔:《佛教理念与实践的另一种对话形态:以香光尼僧团高雄紫竹精舍佛学研读班为例》,载《中央研究院民族学研究所集刊》2000 年总第 90 期。

(67)李锦环:《佛教故事戏剧比赛扣人心弦》,载《人间福报》2008 年 9 月 16 日。

(68)黄秀珠:《借舞修心　人更快乐》,载《人间福报》2008 年 10 月 16 日。

第十章　台湾道教

第一节　道教传入台湾

　　道教是传入台湾最早的宗教。据有关文献记载,早在唐代中叶就有道士进入台湾。

　　传入台湾的道教以正一道为多。由于正一道主要以符箓科仪为主,所以台湾道士重醮仪,而持戒清修的全真道士罕见。台湾正一道士又分红头师公和乌头师公两种。红头师公着红道冠用红布包头,以掌加持祈祷为主,主要度生,下有三奶派、金天派等。乌头师公着黑道袍用黑布包头,以掌葬祭为主,度生也度死,下有瑜珈派、灵宝派、老君派、天师派等。乌头师公与红头师公相比较,"乌头师公较重视整套的仪式,不论科仪、唱腔、动作、服饰、音乐等均极为注重与讲究,而红头师公则不受章法所局限,断章取义只取部分科仪,且常与乩童搭配,画符派药,调符派药,调神安营与祭煞除灾"①。而无论是红头师公还是乌头师公,大都由福建传入。正如《光复前道教在台湾的发展状况》一文所言:"乌头师公大多由泉州与漳州传入,……红头师公则受闽影响甚多。"②曾在闽台两地做过深入调查的法国远东学院研究院院士劳格文认为:"台湾北部正一派道士来自漳州,南部灵宝派道法多传自泉州。"③台湾著名道教研究者刘枝万认为:"台湾的红头道士,首先是刘厝派在清代初期就已经由刘师法从福建漳州传入台湾北部,林厝派相当晚,大约在 150 年前才由林章贵从漳州传入。从这种传播过程来看,可知其渊源在闽南。"①为了加强对台湾道教的管理,清代乾隆台湾负责掌管道教事务的道会和乾隆、嘉庆时期的道会司,都是从闽南来的。

　　福建道教对台湾道教的影响,最主要表现在两地道士法师的道场科仪基本一样,特别在闽台道教主要教派,更是关系密切。如闾山三奶派曾为台湾道教主要教派之一,在台湾有很大影响,一些其他派别,尤其是台湾南部的道士,不但模仿三奶派的生动科仪,而且执行科仪时也在头上绑红布。台湾南部的乌头道士也如法炮制,以增加他们科仪的内容,作为竞争的手段。⑤据美国夏威夷大学教授萨索介绍,道教于 1590 年开始传入台湾,传教者是出身福建漳州的闾山三奶派道士,当时传道于台南。⑥三奶派以陈靖姑为神,配以义妹林九娘和李三娘,合称三奶夫人,而陈靖姑的师傅,相传是闾山的许真君,其法术为闾山正法,故又称闾山派。三奶派的发祥地是福州,后流播福建全省,直至传入台湾。英国人约翰·坎普耳士曾在台湾北部闾山道场进行考察,观察了其道士所主持法场仪式的全过程,撰写了《台湾北部闾山道士们法场科仪的演练描述》,详细记载了闾山三奶派道士驱邪疗病的过程,其极为繁杂的科仪,整整持续了一整天。观其整个过程,神坛后面挂着三幅三奶派的守护神陈靖姑、林九娘、李三娘的神像,整个过程虽然已混杂了一些其他教派的科仪,但其闾山科仪的特点还是很鲜明的,如在请愿书被宣读的同时,闾山科仪的跑法开始执行,这是一种据称可以使恶灵妖怪逃走的法术,即用三条长约一码的白布卷成轴状,上面用红色颜料绘上有关勇士图像。念诵咒语之后,将三条布轴拖泻于地,使所绘图像出现,通过念咒等步骤,画像的"神力"开始发挥镇邪作用。此外,整个仪式过程中的"启圣"、"安灶"、"安井"、"申奏文状"、"敕符"、"五碗卦"、"滚火席"、"驱邪"、"拜外阴"等,与今日福建闾山派道士所行科仪仍有相似处,有些名称叫法可能不一样,如台北"五碗卦"在福建称为"开五方",但内容有不少是相同的。法国劳格文1987年在闽南漳州调查时,走访了一位三奶派的道士,他所进行的赶鬼祛邪的法事为:请神将、召神驱邪、敕符、净身、洗保身、上斗驱魔、净宅、净油火、发罡、驱鬼、请神、谢坛。可看出与台湾闾山道士的法场科仪有脉承关系。如在"驱邪"仪式中,都要靠召唤"五方神兵"或"各界诸神"来抗邪,并对其予以犒赏。再如台北闾山教"敕符"仪为:(1)道士一边念着赋予武器神力的术语,一边凌空挥动宝剑;(2)用剑使盛在小金碗中的清水化为圣水,而后拿起雷板凌空拍击,使咒文与祷词在驱邪大战中发挥作用;(3)以"野蛮"的舞蹈和血从公鸡的冠上和鸭的舌上缓缓流出相配合,让血染在五道黄色和五道红色的符咒上,使这些符发生效力;(4)将五道黄符贴在病人房间的四方和中央,五道红符放在家里其他人员身上,以避免他们被所驱赶的邪神侵犯。[⑦]而龙岩闾山教的"敕符"仪式为:(1)鸣角、卜筶、告神、请圣、左手执旌旗、右手握龙角;(2)喃哗咒诀,并以各种手势表演指诀;(3)用法碗从缠南蛇之桶中拍击"法水",并在法碗中施以诀、暗咒之后,向被"敕符"之诸物,以手沾"法水"飞符;(4)将雄鸡在香炉上"过炉"后敕变为"神鸡",接着用嘴咬破鸡冠以使鸡血流出,口念"点符眼词",随之将鸡血一一点在科仪桌上左右两侧之庙中诸神器物件上。[⑧]二者相比较,可看出之间的传承关系。正如劳格文所说:"仪式属闾山法,法事有甩米,酒洒地,取鸡冠血以敕符,取血之法以嘴咬破鸡冠,与台北正一派道士同法。"[⑨]

除了闾山三奶教派外,台湾还有许多教派与福建也是一脉相承。如劳格文在调查了漳州的道教后指出:"闽南语地区专门做喜事的灵宝派道士、平和县山格乡的蔡天麟道士,他的道场科仪全套,与泉州、漳州或台南的灵宝派道士的科仪全书全部相同。"[⑩]在乌头师公所做的开眼、安胎补胎、起土收煞、送瘟神、收惊、催生、送外方、祭流虾、祭天狗、建醮、谢平安、做三献等法事中,可明显看出泉州、漳州道教科仪的影响；在红头师公做消灾除厄、竖符、起士、补运、做司、押煞、安营等驱邪避煞法术时，也可明显看出福建道教的影响。

　　台湾道士从事各科仪时，其依据的各种科仪本，绝大多数是由福建传入的。法国汉学家施博尔多年在台从事道教科仪各种抄本的收集与研究工作，掌握了大量台湾道坛传本的情况，在《台湾之道教文献》中，将其分为14类，即：(1)经；(2)宝忏；(3)清法（祈安醮）；(4)清法（禳灾醮）；(5)清醮文检秘诀集成；(6)幽法（九幽、十迥等斋）；(7)幽法（血湖等斋）；(8)幽法文检；(9)幽法炼度戏剧等；(10)授箓法；(11)普度；(12)杂法拜斗；(13)俗文（闽南语）法事；(14)其他。施博尔认为这些抄本可能是宋代泉州道藏的复写。[①]由福建传入台湾后，成为台湾道士世代相传的范本。美国宗教学者苏海涵以台北庄、林、陈、吴诸家世传科书法诀秘本为主，编辑成《庄林续道藏》，并根据道士的祭祀仪式及所使用经典的来源，将其分为4大类：(1)金；(2)黄；(3)文检和秘诀；(4)神霄或庐山。台湾清华大学王秋桂教授认为“施博尔与苏海涵都是长期从事台湾道教研究的田野调查工作者，因此在道书的纂集编定上，能结合道教传承与实际演出的情况”[⑫]。福建师范大学盖建民博士研读了《庄林续道藏》后，从经卷的内容、刊印人和助印人的身份，以及斋醮仪轨文书等方面，具体说明了收在《庄林续道藏》中的许多经卷是直接从福建传播到台湾的，印证了闽台道教的历史渊源关系。[⑬]日本人大渊忍尔汇编的《中国人的宗教仪礼》中的道教部分，不仅收录了台南正一派道士陈荣盛的抄本，并配合田野调查，对台湾的道教仪礼作了整体说明，还附有各种科书文检秘法。全书内容包括“台湾的道教和道教仪礼概况”、“关于台湾道教仪礼的一般共通的事项的说明”、“醮的仪礼”、“奏职的仪器”、“功德的仪礼”等，将其与福建道教科仪对照亦可印证闽台道教的渊源关系。对闽台两地道教科仪的整理、发掘、出版，无疑将进一步推动闽台道教关系的研究。

　　随着道教的传入,各种神像的需求量也剧增。台湾雕刻神像的师父,主要从福州、泉州、漳州渡海而来。如福州人开的有代表性的和成轩,位于台南市民权路,福州人以轩为店号,广收徒弟,为讲究效率,神像的制作常采用分工合作的方式,每个徒弟各自负责一部分,最后由师父总成。福州派的神像雕刻生动活泼,男神孔武有力,两眼圆睁。泉州人开的有代表性的店,如位于台南市神农街的西佛国店,为世袭之家,首创了以陶器用的陶土做成的黏土神像,台湾各地许多大型泥塑神像皆出自西佛国店。泉州派神像面目安详、自然、端庄、线条流畅。泉州人开的另一有代表性的店为位于台南市民权路的承西国店,其主要雕刻家中供奉的神像,所雕神像线条沉稳、优雅端庄。福建前往台湾的神像雕刻师父,都要在雕刻时经历许多复杂仪式,旨在使神明住进已刻好的形体之内,使神像有灵气。其过程仪式主要有三个阶段,即:(1)决定神像的大小及姿态。通常由乩童来指示其所要刻的神像之姿态,若乩童指示的样子不太好,可以通过沟通加以改变。神像大小先约略定为两尺或三尺,然后以平安尺来决定神像确实的尺寸。(2)入神仪式。神像雕刻进行至粗坯时,选定一良辰吉时,点香祭拜,并将虎头蜂或金、银、香火等(依顾客之决定)塞入神像背后预先挖好的洞内,以土塞塞紧,不再取出。此仪式的目的是欲借虎头蜂、香火等之灵气,灌入木雕神像中,使神像亦有灵明之气,发挥护佑人们的作用。(3)开眼仪式。由乌头道士主持,依"开眼科仪"作法,人们认为唯有如此,神灵才会进入神像中,神才会灵圣,此后即可供百姓奉礼祭拜。⑭今日台湾道教宫观中的木雕神像,许多是从闽南运去的,笔者在宜兰县冬山乡的三清宫考察时,听管理宫观的人讲,观里新进的大小约几十个神像,包括桌案,都是从闽南购进的。笔者2001年又至三清宫考察,发现泉州清源山的老君像,被仿造缩小后建在三清宫旁,其神态之逼真、形态之惟妙,几可乱真。

第二节　台湾道教法事的"通灵人"

能在人与神之间起沟通作用者,通常被称为"巫";在台湾道教与民间信仰中,则称之为"灵界人"或"通灵人",主要有以下几种:

一、台湾的童乩

也称乩童,据说其借神灵附体,可代表神与人对话,为神与人之间的桥梁,传述神明旨意。有时作昏迷状,精神恍惚,手舞足蹈,喃喃自语,有时闭目晃脑,空呕作呵,手脚颤动,浑身发抖,自称为某神降临,要指点世人。每个童乩上身,必须经过他的主神同意才可。不同的神附在童乩身上时,动作也不一样。武神有武神的样子,文神有文神的样子。童乩在神明附身之前,要有一根香的时间用以净身。童乩常以裸体散发、割舌刺背的形象出现,有时也装扮成某神的样子。童乩一般要在祭典味道浓厚的地方,经旁人鼓噪或暗示,才会进入一种身不由己、如神灵附体的状态。此时由旁人将他衣服去掉,围上八卦兜,再交予各种法器。他们随即踏着奇怪的步伐,说着令人难懂的话语。时而指天画地,时而挥舞法器,或劈,或砍,或割,或刺自己额头、头盖、肩背、舌头、胸膛、双颊,弄得鲜血淋淋。也有的童乩特别敏感,一进现场就进入角色,无须任何暗示。在状态中的童乩完成任务后,必须经过退童程序才能恢复正常,即一人在童乩身后,取下八卦兜,大喝一声"退",童乩跳两下,于是退童宣告完成。童乩有五件法器,即:(1)七星剑,长约二尺半至三尺间。剑身非铁即铜,作法时,可同时合握两把,亦可分持两手,主要用以劈砍背脊,也用以割舌。(2)铜棍,也称狼牙棒,长度在两尺半左右,"为一漆红木棍扎刺钉或是三角钢片的法器",皆八行排列,主要是用来劈及砍背与头的,也有劈手臂的。(3)刺球,也称红柑,球体四周反插钉支,大小不一,主要挥动球上绳子以

球体剌打背脊或头部,有时也用剌球敲打头皮或肩臂。(4)鲨鱼
剑,也称鲨鱼齿或骨刀,取锯鲨鱼的嘴前齿剔制而成,长约二尺七
至三尺半间,主要用以砍背。(5)月斧,也称月眉斧,与一般斧相比
体积小,带柄仅两尺左右,主要用以劈头或劈肩。童乩在操练上述
五件法器时,旁边协助者会控制将伤害减少至最低程度,也有许多
辅助工具可减少对身体的伤害。童乩的巫术活动主要有:(1)困钉
床。指赤身躺在每根七寸以上、排列成人体形状的尖钉的床上。
(2)坐钉椅。坐在置满数百支尖钉子的钉椅上,脚踏、扶手及靠背
处也是尖钉,使身体各部分接触的全是尖钉,一不慎便可刺穿皮
肉。(3)爬刀梯。身负天师印、令牌或其他法器,爬上刀梯。(4)过
钉桥。也称过刀桥,钉尖或刀口朝上,大都为三十六级,一步步踩
在刀口或钉尖上。(5)背五锋。在赤裸的后背,扎上五支铜针,针
上挂有五色令旗。(6)煮油。将置有棉心火种的鼎,系于倒翻的小
竹椅上,以竹竿穿过,前后各有一人扶抬,行走于各家各户,童乩将
口中清酒往鼎上一喷,一股大火突冒上来,此家即被"煮"过。(7)
解运。手拿法器,在神灵附体状中行走。据《全国佛刹道观总览》
(台湾桦林出版社)绪论称,童乩施展的法术主要有:(1)跳童。也
称问神明,即祈求神明降临,请神明指示,由此查明疾病的原因,找
出作祟的妖魔鬼怪和孤魂亡灵。童乩将所奉神明置于病家正厅或
寺庙中。经过供奉后,以丁字乩在撒有米糠的桌面或用毛笔在黄
色纸上写字,找出治病疗法。(2)落地府。也称下地府,人们认为
疾病是因鬼魂缠身,人的灵魂迷失在地府中,必须下地府去寻找。
童乩到阴间地府查看病者灵魂,向阎王探明详情,然后带着指示回
来。(3)驱邪。乩童在有邪魔作祟的人家门前,烧用纸制成的五
鬼、白鹤、天狗、乌鸦与金纸等,并以剑在空门狂刺驱魔,或将所捉
妖精放入煮沸油锅中。(4)过火。在寺庙祭典中,当木炭烧成炭火
时,撒以盐后由童乩抬神轿绕庙场八圈然后冲过火炭堆,有病信众
随其过火,据称有净化作用。(5)进花园。当妇女多次流产或胎儿

发育不良,以致婴儿一再夭折时用此法。传说每一妇女都有一棵花栽于通往阎罗王裁判厅之关口的六角亭花园里,发生此类事情是因其花根底部腐烂,肥料不足,并从未修整过,此时由童乩进入阴间路,做失神状,将五种颜色且卷起来的甘蔗往上摇晃,并将其转动,表示在修整花园,之后可保平安。(6)贡王。村里发生流行病,据称是因为村里守护神和鬼队交战时,鬼队势力较大,为给守护神增援,村中摆出几十桌丰盛酒菜,由童乩负责筹办,被神明"附身"的童乩在众人面前狂舞、狂叫,不时发出些指示。(7)脱身。据称病者魂魄被恶鬼抓去时,童乩经请示神明,示以稻草扎成之人形,将其穿上病者衣服,置于十字路口,以代替病人让鬼捕捉。(8)过嗣。小儿生病,如经乩示得知系因亲族无嗣而欲收其为嗣,即行过房仪式,将小孩名字写在已过世来讨嗣的亲族牌位上,以示将小儿过继给讨嗣之鬼。(9)讨嫁。男人生病时,经童乩示得知为夭折女鬼成年欲嫁,如男方答应则举行冥婚,也称"娶神主"或"娶香"。(10)坐禁。在祈平安祭典中,童乩斋戒沐浴后,关于庙内小室中,绝食七天七夜,从事祈祷。(11)炸油。当童乩问神明得知疾病是由亡灵、恶鬼作祟引起时,除了给药方外,还必须做法"炸油"。做法前,童乩与法师合作,先将鸡大腿骨埋在土里,洒上尿液使其变黑,然后再将水银注入骨中,当病家来问病时,童乩在陷入通灵状态时来到预先埋骨的地方,将大腿骨挖出放进油锅中炸,油锅中发出"滋滋"的响声,意味妖怪已被消灭,疾病也将痊愈。[15]童乩的产生有多种,如从小训练、神明"降旨"由某人担任、从人群中找寻等,通常民间认为童乩八字较轻,这样便于进入状态,也容易接受暗示,或称较为敏感的人。产生童乩的家庭一般都与宗教有接触,对此类事深信不疑。台湾民间认为,童乩的智慧及超能力,是由主神所赐,所以必须有一定时间为主神服务。在正式充当童乩之前,必须正式坐禁,时间不定。坐禁时有的不能说话,有的不能见人。坐禁时还必须斋戒淋浴,关在庙中一密室中,不准任何人出入,童乩在室内苦修如何起童、退童、画符、止煞及各种法事。解禁后的童乩大多显得神魂颠倒，要紧接着开始过火，表示由凡人进入超凡神人的境界，可担任沟通神人的媒介。童乩拜师前必须发重誓，决不向任何人泄漏秘诀，违者愿遭天谴。[16]童乩在台湾已深入民间，有时成为各种祭典和人们生活中不可缺少的角色。日据时代，童乩曾被取缔，虽经官方压制，但仍难以绝迹。如1918年全台有1114名童乩，1937年仅东石地方被检举的就有329人，1941年，仅台南被列举的就有578人。另据台湾20世纪80年代估计，童乩仅台北市便有700多人，全台约在5000人以上。[17]

二、台湾的法师

法师又称"法官"或"竖棹头"，是专门受过巫术训练的神巫，精于符咒，集"巫师"、"巫医"与"驱邪师"本事于一身。他虽可以单独施法，由于缺乏施法的依据，常与童乩搭配，其实他是童乩的指挥人与顾问，在为人驱邪治病、消灾解厄中占主导地位。法师一般头覆红巾，套配翎冠，身披白衣或红衣，手持角鼓、执净鞭，或摇铃铛，或摇旗挥刀，做着指挥神兵的动作。法师主要法术有：（1）观辇轿。辇轿为一种两人抬着的小神舆，上面置神像或令牌，并插上三炷香，由法师烧纸念请神咒，辇轿上下左右摇摆，称为"发辇"。辇轿扛至桌面米糠上出乩，由法师解释神意，以决定药方或吉凶福祸。（2）关落阴。又称"关三姑"、"灵降"，是使人灵魂通往阴间的法术，流行于妇女界。先由法师口念咒文，持三炷香在红姨（巫女）面前摇晃，直到进入状态，表示已把亡灵引上来，请罗车太子出坛，将欲往阴间妇人，带至阴曹地府，据称可看见亲人死后状况。有时求术者问亡灵在阴间的情况，红姨似亡灵附体，说些听不清的话，由法师传达解释，求术者便与亡灵交涉，直到认为家中可能因此无事而满意为止。（3）观童乩。求术者请童乩占问时，法师作为指导者，一边在方棹上打法板，一边唱着有音韵的请神咒，请神明降临童乩身上,等童乩起童后,担任翻译乩示工作。其翻译随心所欲,只要童乩点头便是,所说内容事先与童乩配过,所派药方往往也是事先依探查病家资料所开的。(4)调营。为一种调请天兵天将并指挥驱除邪魔的巫术,也称"贡王"。如于庙前举行,每三人一组,第一次调文营,由手持令旗的法师指挥,各法官或童乩拿五方旗作数次调营。第二次调武营,由持刀者二人、持刺球者二人、持净鞭者二人,随锣响声之节奏舞蹈而招来五营将军、三十六军将及七十二地煞,以驱押魔。⑱法师所调五营,各有主帅一名,东营张将军青脸,以青色令旗象征;西营刘将军白脸,以白色令旗象征;南营肖将军红脸,以红色令旗象征;北营连将军黑脸,以黑色令旗象征;中营李将军(太子爷)黄脸,以黄色令旗象征,其中以中营主帅神格最高,统领东西南北营,又称"中坛元帅"。(5)落地府。即将求术病人的灵魂从被亲人亡灵迷入地狱中放出的一种法术。法师先念落地府"探宫科"的咒文,进入地狱与阎罗王交涉,请阎罗王放出作祟的亡灵,以便受病家供养。以阳间比附阴间,据称在阴间路上到处是把路的鬼差,要用烧银纸钱买通,也要烧些金纸当红包给阎罗王。(6)画符。法师画的符种类繁多,常用者如"平安符"、"治病符"、"镇宅符"、"驱邪符"、"安眠符"、"和合符"、"镇梦符"、"青惊符"及"化骨符"等。画符前要焚香祝告,画符时要念画符神咒,如"天国地方,律令九章,吾今下笔,万鬼伏藏。急急如律令"。(7)派药。法师开出中草药药方,以配合童乩的乩示为病家去病。这些药方多配以符箓或炉丹煎煮,由于类似心理治疗,多少都会见效。⑲

三、台湾的符法师

符法师与普通法师有区别。符法师能替人放符及收符,据称:放符者谓若得他罪,或受人嘱托,能使人发生事故或疾病,以及其他灾祸;收符者谓可避一切可能发生的事,倘若被人放符发生事端时,即报复放法曰收符。普通法师画符目的均为善意救人,符法师则不一定善意,有时也用巫术害人。害人作法如:(1)凶符。据称在建屋时必须善待工人,否则其请符法师暗中用凶符使主家衰败,其凶符如"船符",即画棺枢于板上,写鬼字可使人亡家运不吉。再如"离散符",据说可使夫妻离散。还有被认为能使人生病发狂的符咒。(2)叶仔路。即药仔路,为放毒于槟榔叶,以加害对方。(3)纸人。以纸画上人形,写上被诅咒者的姓名,埋于其家门下,据称此家被咒者必病。(4)草人。将草系结成人形,写入被咒者姓名和生辰八字,放置床下、山中、土中等人所不见之处,并对此人形钉铁钉,据称对方必病或狂,一生不治,称之"祈钉"。(5)咒水。碗盛清水,施唱诅文或写于掌中。施用符咒谓之"放符",被施者可以另种符咒破之消之,曰"收符"。其间有所谓斗符法,不过此时大多有中人介入言和,或由一方谢罪了结。⑳

四、台湾的师公

分为乌头、红头两种,乌头主持度死者法术,红头主持延生法术。师公注重符咒驱鬼法术,常与法师及童乩混合。其法术为:(1)祭送。师公应求术者要其病愈之请,在桌上放老君印、方子、龙角、法铃、剑等,另供鲜果,同时将病人住址姓名报告神明,请各路神明降临,烧金纸祭煞,将饭与小三牲连同替身、白虎均装进法器里,口念祭煞咒,取老君印与替身等进入病人房间,两眼直视病人,刀割生茅、麻绳、白线,再根据童乩所示对准犯冲方向,抛弃供品给煞神,据称即可消灾。(2)送流虾。为流虾型妇女祈求安产。据说流虾型妇女生产时易冲水,见红色物即亡,又因"流虾"与"流血"谐音,据称此种妇女会不断遭到厄运,需作法除厄。师公作法时,必须先请神,然后献上供品,并将孕妇的衣服、鞋子及生虾放入钵内。等祈祷过后,再叫孕妇换上经过祈福的衣服,并把钵置于床下,等到鞋子也放到钵上时,便将钵和所有的供品一起丢到屋外,而孕妇的床、家具或其他平常较少使用的东西,不可随意搬动。(3)竖符。

当外出冲犯上神或凶神恶煞而生病时,由师公画符,并将所画符神供于病人寝室或正厅,以镇压煞神。(4)补运。当生病或遇灾时,请师公在庙中简单地施法作祭,有时请师公在家中作法,祈求病愈。(5)超土。在建宅或筑墓要挖土时,为不触怒土神,请师公作法祭祀土神,为防土神作祟而祈祷。(6)收煞。在搬新家、撤离、移动、居住时,为防止飞煞对人作祟,请师公以绑着布带的一尺长的蛇形棒的法索绑住邪神,去除其害,进行祈祷。(7)安胎。为求胎儿安全,在认为胎神对胎儿作祟时,请师公作法驱邪。在请神后由师公念咒,将安胎符贴于孕妇房门及床上,以镇压胎神。(8)缚胎。当孕妇难产时,为弃胎儿救母体,由师公举行缚胎仪式,即一边念咒语,一边用法索毆打孕妇腹部,使胎儿死亡,再施巫术绑缚胎儿,使其死产,以解救母体。(9)洗清。因患眼病,被认为是遭邪神作祟。由师公在神前诵经、唱咒文、画符,然后将符泡在水中,清洗病人的眼睛,据称眼病能因此痊愈。(10)抢神。据称当人因惊慌过度而昏倒不省人事时,灵魂会飞离肉体,必须由师公进行抢神。师公先让昏倒的人侧卧,在其面前吹角或法螺,鸣铃钟,唱咒文,将出窍的灵魂引回人体。(11)收惊。据称小小孩夜晚啼哭不止或生病,是被邪神惊吓而致,必须请师公施法术收惊,使邪神离开小孩体内,让疾病痊愈。(12)安龙神。寺庙落成后若被认为使地方不靖,则请师公祭祀龙神。(13)祈雨。天旱时,为求降雨,在庙前搭台,中央及四角备置水瓮,内装水,外贴灵符,正摆香案,上奉神像,终日焚香,由师公登坛祭拜,祈祷玉皇大帝和海龙王降雨。(14)做三献。即庆寿辰、谢恩祭或庙宇落成时,请师公做法事。

五、台湾的术士

术士被认为是精通方术之士,专以阴阳五行、生克制化之理,推知人事之法术。常见者如:(1)地理师。也称风水先生、堪舆师、阴阳师、看山先生等,善于分析地脉、判断坟墓与家屋地势,从事为神佛择寺庙、为死者择坟墓、为生者选阳宅、为村庄择好地等工作。
风水有江西法与屋宅法两派,前者依山形水势来选地,后者用记载
五行、干支、方位、节气、星宿等相关事项的罗经来择地。台湾的地
理师,主要利用屋宅法来看风水。(2)看日师。俗称看日先生,精
通历书,专为民间择婚嫁、丧葬及吉庆吉日。(3)算命师,也称算命
先生或星士,依星命之学推算运数,即以人之生辰八字,配上阴阳
五行之说,推算命运好坏、事业成败、寿命长短、疾病愈否等。近年
台湾一些算命先生成了企业界大佬不可缺少的"指点迷津"的左膀
右臂,有声望的算命先生甚至奇货可居,待价而沽。台湾甚至出现
了高科技与算命术结合的"八字命理解析专家系统"、"阳宅堪舆
学"、"紫微斗数大全"、"名贵四海命学"等电脑软件,令人"大开眼
界"。(4)卜卦师。又称卜卦先生,为人预测将来吉凶,具体卜卦方
式有米卜,即由卜者取出的米粒多寡判断吉凶祸福;龟卦,即在龟
甲中装三块钱,用手摇动数次倒出,根据钱的正反判断吉凶;钱卦,
在龟甲内装五块钱,摇动后再倒出,根据钱的正反判断吉凶;鸟卦,
由鸟将签抽出,以卜凶吉;抽签,问卦者每回抽三次,每次一根,借
以占卜事业成效。(5)相命师。又称看相师,主要根据问者面相、
五官、手掌等来占卜人的命运。[21]

　　台湾道教法事中有一种神人交通的方式——扶鸾,也称扶箕
(乩)、飞鸾。扶鸾在鸾堂举行,以神明下降,宣示神意预言吉凶,但
各个鸾堂具体做法有所不同。一般是在神案前置一方桌,上放沙
盘,中放丫型木架,其顶端悬锥,由鸾童及其助手,两人手扶横木两
端,祈祷神灵降临。神灵附降于人身推动笔或桃枝于沙盘中写字,
由旁边的唱鸾生逐字报出,再由录鸾生写下,成为鸾文,有时也在
金纸上画药方。扶鸾结束时烧金纸,以谢神、送神。大鸾堂扶鸾仪
式都较为繁复,如:(1)扶鸾前,鸾生男左女右分班排列肃静候驾;
(2)恭诵列圣恩师宝诰;(3)献香;(4)献茶;(5)献果;(6)接驾生分
捧敬果、敬茶,交正副鸾生;(7)正副鸾生行三跪九叩礼进入内殿候

驾；(8)唱鸾生、录鸾生行三跪九叩礼入内殿候驾；(9)接驾生行三跪九叩礼后立于中殿候驾；(10)司钟鼓生鸣钟画鼓；(11)全体鸾生恭念请神咒；(12)圣神仙佛降坛；(13)随即停念神咒；(14)圣神仙佛沙盘示名后，钟鼓齐鸣；(15)接驾生及全体鸾生跪地俯身接驾；(16)祀茶果生献香；(17)献果；(18)接驾。②其中要念各家神灵的祝寿文，还要上疏祈愿文数种，为黄色纸，纸对折，大小宽一尺五寸，长二尺，其上所写包罗万象，如《敬天发愿求寿疏文》、《鸾下济灾疏文》等。鸾生所穿长袍，有蓝、白、褐等色。鞋底则为黑色布制平底鞋。鸾生手中拿柳枝或观枝，主要用于在沙盘上写字，以示神意。退坛时，全体鸾生跪地俯身送驾，并鸣三十六钟击七十二鼓，正副鸾生退出内殿，行三跪九叩礼，接驾生、司钟鼓生也随之行三跪九叩礼，最后由全体鸾生到神前行三鞠躬礼后退坛。

第三节 台湾的妈祖信仰

台湾的妈祖信仰已普及化、大众化，信徒多达总人口的 2/3，妈祖不仅是海上守护神，也可解百难，无论任何困难都可求救于妈祖，"求平安，赚有呷"已成为妈祖信徒的最普遍心愿。"求平安"多指身心方面，女性信徒为多。"赚有呷"多指生计方面，男性信徒为多。"求平安"看似简单，实则包括许多方面的内容，如何让自己身心平安？如何让家人平安？如何让村里平安？如何让事事平安？一些宫庙因信仰圈的不同，对妈祖的所求也不同。如台中市乐成宫所在地旱溪一带早年为较贫困的农垦区，为水灾、旱灾所苦，所以妈祖信仰演化为具有保护农业的神力，妈祖在乐成宫中以护佑生灵、禾谷丰登为主。再如新化市彰化县南瑶宫，妈祖信仰最早是在城建工人中传播，因为工人要求妈祖的事太多了，在此基础上又发展出不同信徒的神明会，其内聚力之强已突破了行政区域的限制，如有老大妈会、新大妈会、老二妈会、新二妈会、圣二妈会、新三妈会、老四妈会、圣四妈会、老五妈会、老六妈会等十个组织。由于在各地的护佑功能不同、妈祖信仰圈不同、妈祖庙建造的起因不同等原因,妈祖在台湾各地又有不同的称呼,如台北市关渡宫的妈祖被称为"关渡妈",台北县八里乡开台天后宫的妈祖被称为"新庄妈",苗栗县苑里镇慈和宫的妈祖被称为"水妈",苗栗县竹南镇龙凤宫的三妈祖被称为"开路三妈"或"落脚三妈",苗栗县中港慈裕宫的妈祖被称为"中港妈",台中县梧镇浩天宫的妈祖被称为"大庄妈",台中县大雅乡永兴宫的妈祖被称为"四妈",台中县大甲镇镇澜宫的妈祖被称为"镇澜妈",台中市乐成宫的妈祖被称为"旱溪妈",嘉义县朴子市配天宫的妈祖被称为"开基妈",嘉义市天后宫的妈祖被称为"玉三妈"。在台湾,妈祖信仰已渗透到方方面面,拜妈祖已成为大多数人生活中不可或缺的内容,祭拜妈祖的一些活动也已成为富有特色的民俗活动。

　　妈祖在台湾有许多显灵的传说,这也是愈来愈多信众请求妈祖庇护的原因。每个妈祖庙也都津津乐道于这些显灵传说,并多作为庙内史绩予以记录,如:据台北县淡水镇福佑宫的记载,清光绪九年(1883年)时,法国军队侵袭淡水,镇台孙关华在敌众我寡之际急求妈祖保佑,妈祖即出现在云端,指挥作战,一举击退法军,淡水因此免于兵祸,光绪皇帝认为是"神佑民即佑寡人也",随即颁"翌天昭佑"匾额一面。

　　妈祖的祭典在台湾极为隆重,已成为妈祖信徒每年最重要且不可缺少的活动。祭典一般在妈祖庙举行,热闹非常,并不时聘梨园以酬神。每年农历三月二十三妈祖诞辰为最盛大祭典,要依清代科仪三献大礼,备好丰盛的牲醴拜祭,同时各种阵头、神轿队等各类组织,纷纷大张旗鼓举行活动,祈求国泰民安、风调雨顺。每个妈祖庙都香客云集,锣鼓喧天,瑞气集蕴,蔚为盛况。苗栗县中港慈裕宫从前在妈祖诞辰庆典时辖境内的53个庄,每庄前来祭拜一天,轮值到的庄头,每户准备牲醴一副,全庄担牲醴前往拜祭,现在已改为以简单香果自由参拜。云林县北港朝天宫,在农历三月二十三祭圣时,历任镇长必须到席。基隆市庆安宫在妈祖诞辰日有连续三天活动,地方官员、民意代表皆要到场共襄盛举。台北市关渡宫,除了一年一度农历三月二十三日妈祖诞辰日的祭典外,还有自定的许多祭典,如开天门祭典一般庙宇都定在农历的每月初一、十五,关渡宫则选在每年农历六月初六。开天门是祈福息灾以"补运"的祭典,当日香客虔诚地奉上供品参拜补运。供品米糕上放着龙眼干,数目与家眷人数同,中间一粒代表家长,有时以煮热的鸡蛋代表,祈愿时剥其壳,称为"脱壳",取除厄运之意。拜毕,在米糕上撒神炉香灰并插上香火带回,供家人分食以保平安。

　　绕境、巡境是妈祖庆典活动中的主要内容之一。这种定期的巡行活动因规模大、参加人员多,已成为不可缺少的区域性迎神赛会活动,热闹非凡。妈祖巡境,大部分是应妈祖信众之请,在其信仰区域进行巡回,以保本区域平安。巡境有一套繁缛的传统仪式,尤以"起驾"、"坐殿"、"祝寿"、"刈火"、"插香"、"回鸾绕境"、"添火"等把活动带入高潮。妈祖巡境的随行阵容也极为强大,以台中县大甲镇镇澜宫为例,随妈祖神轿绕境的有:神轿班、轿前吹、开路灯、哨角队、三十六执士、庄仪团、绣旗队、神童团、头旗等,浩浩荡荡,每到一处,都受到信徒的隆重迎驾、膜拜等。台中市乐成宫的"十九庄绕境"活动一直颇具规模,以1992年为例,自农历三月一日起,以乌日乡为首站,巡行台中县"大屯区"乌日、雪峰、大里等三乡、市共计十五个庄头,到四月二十一日(农历三月十九日)结束。隔日,又应信众要求到台中市西区"公馆仔"巡境一日,然后才回驾乐成宫。四月二十五日(农历三月二十三日),妈祖再于旱溪地区九个里范围内巡境,为当地信众消灾祛恶。云林县北港镇朝天宫的北港妈祖出巡时,场面浩大,万头攒动,有阵头、艺阁、花车等各项表演,而出行路线,从1965年起一直未改。

　　与巡境同时进行的还有进香与刈火。最初的进香的目的,主要是人通过对神的烧香、礼拜而希望自己的祈求得以实现。妈祖的进香活动则仪式复杂，场面浩大。最初的刈火，是信徒对灵火的掬取，除了祈求和还愿外，还希望增添些灵气。妈祖的刈火已引入一种特殊、极富动态的仪式。妈祖的进香和刈火实际已由宗教祈求转而成为一种固定的民俗活动，一切都按严格的程序进行，是有组织的集体活动。最有代表性的如大甲妈祖到北港进香的过程，其人数之多——每次皆在5万人以上，时间之长——8天8夜，方式之古朴——以徒步为主，仪式之繁复——定日时（确定日期和出发时间）、抢香（一种还愿举动，时间决定后，抢香者一拥而上）、起驾前奏（各种团体前来献艺），均属罕见。此外，组织和阵容也极为严密，如有：探子马、头旗、头旗灯、三仙旗、开路鼓、两个写着"天上圣母"和"谒祖进香"等字的灯号、三面垂直旗帜、一面刺绣旗、绣旗队、四方旗帜、三十六执事、红色木匾四面、头锣、神童团、马头锣、庄仪团、三面刺绣香旗、哨角队、刺绣大旗、会旗、轿前吹、垂直绣旗一副、凉伞、大轿、蒲扇、日月保驾、炉主车、香担、香客、进香团团长、进香团副团长、祭祀组、总务组、秩序组、受付组、财务组、诵经团、写疏组、宣传车、交通整队、草席组等。经过8天到达北港后，直往朝天宫，在门前行大小礼后，立即进入殿中，紧闭大门，轿置于天井香炉前。唢呐一响，大轿班长立即将五营旗取出，然后每吹一响，便按顺序传递轿中之物，大令、大印、两将、正副炉。一切礼仪随之完毕。进香团到北港的第二天早上，大甲妈祖要向妈祖的双亲请安，当正殿中妈祖谒祖时间一到，大家手举三线香和香旗跪倒在地，祈求风调雨顺，四季平安。一连三跪，祭典完成。刈火时，整个进香团整装待发，香担进入正殿，取出大甲刈火的炉，放置于北港朝天宫的净炉旁。刈火仪式由朝天宫的人主持。他们手拿一火勺在北港净炉中舀起三次，每次在火尚未放进大甲火炉中时，向妈祖求些平安的祷祝。等两炉烟火混合时，有人开始喊："回驾吧，天上圣母，我们回去吧！"接着喊声四起，回驾号角一响，进香团迎着黑夜回大甲。进香者参加这 8 天 8 夜的活动,目的除了对妈祖的信仰外,还有各自不同的愿望,如:(1)祈安求福。他们想以宗教所要求的方式,来获取妈祖的喜悦,由此带来平安和福气。因此在整个活动中无比虔诚,决不半途而废,如果实在走不下去了,也要在神轿前请示"神意",若卜得"圣杯",才能搭一段车后再走。(2)还愿和许愿。许多信众有事求妈祖帮助,并承诺愿望如能实现,必然要有所回报。妈祖的信徒是以认真严肃的态度对待这一事的,他们的一些愿望实现后,他们便认为必是妈祖在保佑相助,不管多大困难,都必来进香还愿,以答谢妈祖。(3)进行成人仪式与退伍仪式。黄美英在《祈福与还愿:进香过程的体验》[22]一文中认为:大甲人有一习俗,即将孩童给妈祖做义子,希望妈祖保护其顺利长大,年满 16 岁,就要谢答神恩。又因有时 16 岁仍需上学,就改在成年或退伍返乡后参加进香。妈祖曾有在二战结束时"带南兵返乡"的显灵故事,因此现有家长在子女当兵时,都会向妈祖许愿,如果子女安全返乡,一定"徒步随香"来答谢。(4)感谢妈祖的治病奇迹。杜荣哲的《论"大甲妈祖的巡礼运动"对信徒神奇的启示》[23]列举了数种,大甲妈祖巡礼活动中出现的治病的神丹,如:①高钱:挂在千里眼和顺风耳两神像的头上的符钱,据称可治小孩发烧、头痛等病。②手钱:即上述两神像上所挖的符钱,传说对撞伤、黑青、肿痛有极大的功效。③小符:由大轿旁服务员散发,据说可医治百病,有收惊、镇宅、避宅等功效。④炉丹:有人称为金丹或仙丹,是大轿中香炉内的香灰,每年往北港进香,大轿服务人员得包上几万包炉丹,才够取用。据说炉丹可治百病,但需要在轿前筊笤,经妈祖同意,才可取之。⑤敬茶:放置于大轿中一壶开水,据说饮用的人可避祸克邪,以敬茶调和小符或炉丹服下,更有功效,但要妈祖允准才可取得。(5)心灵的需求。进香队伍中也有某些人,并非因要来还愿或要来祈求,而仅是为了心灵上的慰藉。

　　近几年由于推崇正统,在"正统才有灵,有灵才有香"观念的影响下,台湾妈祖庙到祖国大陆湄洲祖庙进香的很多,台湾许多妈祖庙早期就与大陆祖庙存在密切的关系。1742 年创建的新竹市长和宫,创建时从湄洲妈祖祖庙迎来妈祖三妈金身,之后每三年一定要往湄洲祖庙进香,当时由南寮港出发,直航湄洲。1949 年后中断,1989 年又恢复,并于 1991 年、1993 年续办,每次参与信徒多达 150 多人,团员年龄上至 90 高龄,下到 40 岁,他们恭请本殿妈祖赴祖庙,首开妈祖移驾大陆创举。苗栗县苑里镇慈和宫,早于 1922 年就赴湄洲祖庙谒祖进香,1989 年起连续三年赴祖庙,庙中尚存全岛第五颗与祖庙结盟的印玺。苗栗县竹南镇龙凤宫,至今保留有 1946 年挂于前往湄洲割火的船首令旗,可见早就与祖庙联系密切。嘉义县朴子市配天宫,曾于 1920 年推派地方绅士 14 人前往湄洲祖庙进香,获赠妈祖神像一尊、康熙皇帝御用金色筊杯一副、进香旗一对及四季兰一株等信物,于同年 2 月 1 日顺利完成盛举返回。

妈祖信仰在台湾的兴盛也引发了台湾许多独特的民俗活动。如台中市南屯区万和宫,由于信徒都住在附近,所以没有妈祖巡境的活动,而是以全台独有的"字姓戏"而出名。其缘出台中东区乐成宫的妈祖每年三月举行绕境巡行时,会经过万和宫前来拜访,万和宫妈祖也欲应邀前往游玩,信徒们商议以演戏留之。自道光五年(1825 年)起,各个字姓依序在每年的农历三月廿六日起,在庙埕内竞相献戏,一日 3 台、4 台、10 台不等,最多时达 18 台,曾有两年达 100 台的记录。此"字姓戏",一直到二战前,百余年间未曾中断。高雄乡路新竹天后宫因作醮及进香而组成了大鼓阵、文武阵、龙阵、宋江阵、狮阵。龙阵由三四十人组成,师傅是外庄人,有活动才临时集合起来练习。宋江阵及狮阵有二三阵,每阵四五十人,由三个村中会的人教授,在出阵前训练一个月。高雄县田寮乡隆后宫现有五个阵头:一阵为大鼓阵,约有 10 多人,男女皆有,在庄内自己训练;祭祀范围内的中心仑、应菜龙、南势、芳草各有一阵宋江阵,每一阵大约有二十七八人,全为男性。隆后宫还有一阵八音,由八个男性组成。台南市鹿耳门天后宫,素有施放"妈祖灯"习俗,这是天后宫结合妈祖信仰在元宵节举办的民俗活动。相传妈祖升天后,海上遇难者如呼叫"妈祖",海上会出现身着红衫的女神或红色火光出现在天际,人、船可保平安,人称红色火光为"妈祖火",沿海居民为祈求"妈祖火"能出现在海上,每于元宵之夜仿照"孔明灯",制成大型灯笼,上面写着祈福平安的文字,施放于空中,象征"妈祖火",被沿海居民称为"妈祖灯",天后宫借此希望延续妈祖香火,弘扬妈祖精神。

第四节　当代台湾道教宫观的多元功能

台湾"解严"后,台湾众多道教宫观逐渐从封闭的单一功能向多元功能转化,以适应急遽转型的现代社会。仅以主祀玉皇大帝的宫观为例,具体如:

宗教功能。主要指信众在玉皇宫中的日常宗教活动,如宜兰县冬山玉尊宫于 1960 年就成立了诵经会,长期坚持不辍,先后培训了大量的诵经生,其中包括职业妇女、家庭主妇、青少年等,他们在宫中学习经典道理,习传经典,共同为弘扬教义而努力。基隆市复兴街的天济宫,每年九月一日至八日,举行行礼斗法会,并于六日举行完斗大典。台北松山奉天宫组织了 40 多人的诵经团,初一、十五均诵经祈安消灾。新竹县北埔天公庙每逢庆典,必举行法会,由道士诵经,信众斋戒,行三跪九叩大礼,凡遇中元普度等宗教活动时,都要循例举办法会。台南市天坛成立了男、女二团的诵经团,成员均具有古乐素养,常年为信众祈安、消灾、诵经、祝寿、祷告等。台南县将军乡玉天宫因为地理位置和长期形成的影响,成为当地居民信仰中心。

弘法功能。主要指出家人在宫中向信徒弘法,如说法开示、定期讲经、举办各种共修法会、组织各种念经会、举办各种弘法活动，以及信徒至寺院中祈愿，如上书顶礼、祝寿祈福等活动。新竹市天公坛每逢庆典，各地各界信众都将组织"天公会"前来朝圣，由道士着法衣诵祷祝词，法事活动如法如仪，锣鼓钟磬响彻云霄。台中县石冈顺天宫定于每月逢九为鸾期，希望借鸾笔以宣扬"圣理"，宫中拥有鸾生 60 名，均由热心公益人士组成。云林县岸苍背天衡宫成立有诵经团，凡逢庆典之日，均开展诵经活动，长期宣讲为人处世的道德经文。

教育功能。许多玉皇宫办有托儿所（幼稚园、育幼院）。如台中县雾峰万庆宫楼下专辟有育幼院。南投县鱼池顺天宫修悟堂附设社区幼稚园，以培育当地幼童。台南县永康凌霄宝殿武龙宫的宫侧两厢，门上各书"出将"、"入相"几个字，"入相"为信众休息室，"出将"为幼稚园教室。高雄县大社玉皇宫殿前左侧辟为农会农村托儿所，专收乡民幼童。屏东县竹田觉善堂兴办"精忠育幼院"，培养社区儿童。澎湖县白沙龙德宫专门设置幼稚园一所，以启发童蒙，培育幼苗。

文化功能。台湾大部分玉皇宫庙都办有图书馆（室）。如宜兰县冬山玉尊宫的苍龙楼一楼辟为道教藏书馆及阅览室，宜兰县冬山天照宫右侧辟为图书馆，藏书达万余卷，供人自由阅览。桃园县杨梅埔心昊天宫殿后兴建的活动中心，分设图书馆和老人俱乐部，并以保存民俗曲艺，举办花灯展、书画展为己任，长期致力于民间文化的繁荣。台南县玉井玉皇宫长期推行文化复兴运动，举办民俗才艺竞赛及国学研习会，在当地产生了良好的影响。高雄县林园无极紫修殿警善堂曾于 1983 年创立国学研究会，义务教授四书、诗、联等，成为弘扬传统文化之地。屏东县竹田觉善堂曾举办"社区发展计划论文"比赛，用文化推动社区发展。

传播功能。许多玉皇宫都自行印制大量的结缘品，有的宫庙还办有杂志或小报，有的还制作大量节目定期在电台、电视台播出。台南县新营无极混元玉敕玄机院办有《圣道杂志》月刊,已发行 100 多期,每期 1 万册,读者遍布全台湾及美国、日本、韩国、香港、新加坡、澳洲等地,

流通功能。有的玉皇宫已成为最大的结缘品集散地,这些结缘品种类繁多,有各种刊物、小报、道教普及读物、录音带、录像带、DVD、VCD 等,有本宫制作的,有其他宫庙制作后送来的,也有信众多余送来的。一般宫庙都备有专柜安放这些结缘品,任人选择。

慈善功能。台湾玉皇宫普遍热衷于积极推进慈善事业,大多宫庙注重开展对社会的救助活动,内容包括布施米面、捐款送衣、救灾济急等。嘉义市先天玉虚宫开基之日便宣布本宫的三大宗旨是:"一曰宣化,二曰济世,三曰善施。"长期以扶穷济贫为己任。宜兰县冬山玉尊宫不仅积极参与各项公益慈善事业,经常拨款资助慈善活动及残障青年,还专门设立奖学金、救助金等,并将每次庆典活动的手工艺品进行义卖,信众共襄善举,将义卖所得全部捐给中学和小学当奖学金。宜兰县冬山天照宫,平日注意赈济贫民,深受当地民众赞扬。宜兰县苏澳玉皇宫常年举办各种慈善活动,如捐献仁爱基金、扶贫济弱,广受社会好评。台北市松山天宝圣道宫长期开展社会公益活动,如冬令救济、慰问孤儿、捐奖学金等,信众极为踊跃热情。台北市北投天宝圣道宫信众热心公益,如通过义卖等活动筹款发放白米等,以赈济贫民,后委托红十字会定期举行济贫活动。台北市士林玉皇宫专设奖学金奖励清贫学生,多次受到当局表彰。台北县深坑无极万寿宫热心公益,不仅平时救助贫困,不遗余力,还筹募深坑乡救护车的款项等,负责人曾当选年度好人好事代表。桃园县中坜云竹宫定期配合当地举办各种形式的救济活动,已成惯例。新竹市天公坛配合社会公益活动,除每年定期以大米等实物济贫救困外,还替老年人考虑,设老年会于宫内公园中,以为社区老年人聚会场所。台中县沙鹿玉皇殿每年均拨列巨款,透过当地乡镇救难单位,对孤苦贫困户进行救助。云林县苍

背天衡宫专门建立了"慈恩基金会",以救助低收入户与教育资助为宗旨,每年提拨巨款,施粥济米。台南市天宫设有孤儿院、养老院、救济院,融观光、慈善、宗教为一体。台南市开基玉皇宫成立了"慈善基金会",长期扶老恤幼,资助清寒。高雄市玉皇宫常年举办公益慈善事业,如捐赠爱心基金、提供米粮金钱等给高雄市低收入户、提供春节冬季慰问金等,多次获当局表彰。高雄市左营灵霄宝殿设有"慈生会",设置访问组,亲抚贫苦,安顿无依。花莲市福天宫每次庆典之后,都将祭品分送贫户孤儿,以期"同享天泽"。

经济功能。这种经济功能可从两方面考察,一是宫庙为吸纳资金,如通过办法会、庆典及信徒随喜舍捐等筹措经费;二是刺激了周边经济和有关行业的发展,如在宫庙周围常形成商贩市集,有的久而久之甚至扩展为商业区,由此带动了神具业、建筑业、雕刻业、香烛业、箔纸业、糕饼业、食果业、素食店等的勃兴。

艺术功能。台湾许多玉皇宫在宫庆的日子里都请有关剧团来演出助兴,如宜兰市茭白玉皇宫,除了每年农历正月初九的玉帝圣寿外,还在其他时间举办各种活动,每次必请歌仔戏剧团助兴演出。宜兰县苏澳玉皇宫凡有大型活动时,都要请歌仔戏剧团前来演出,台上讴曲摆姿,台下拍掌叫绝。宜兰县冬山奉尊宫每年庆典时都请剧团在宫内戏台演出,锣鸣鼓应,声乐悠扬。基隆市南荣路的南天宫,专建有戏台于左埕,以供庆典时演戏之用。台北松山奉天宫每逢庆典,必搭戏台请戏班唱戏。南投县鱼池顺天宫修悟堂建有戏台,专供庆典时搬演地方戏之用。高雄市左营灵霄宝殿设有"金莲社",置圣乐部,每逢庆典,敲鼓击磬,唱颂声悠扬悦耳。高雄县凤邑天公庙堂前筑有戏台,上书"凌云台",为专门的演戏场所,供文艺活动及庆典、梨园演唱之用。此外,台湾许多玉皇宫建筑本身就是一件精美的艺术品,(对台湾玉皇宫建筑艺术的研究,可参见拙著《台湾的建筑》,九州出版社 2004 年版,此不赘述。)宫内装饰彩绘往往精美绝伦,如宜兰县冬山天照宫,壁墙饰以春、夏、秋、冬四种景致,右门楣上彩绘张飞断桥图,左门楣上为四圣会战姜子牙,皆形象生动。宜兰县礁溪玉清宫殿顶彩绘龙凤、祥云、麒麟、仙鹤等,栩栩如生,跃然壁上。台北县瑞芳碧云宫横楣多绘故事,如:"八仙过海"、"牛魔开天庭"、"三战吕布"、"岳飞战金人"、"土行孙闹西歧"等,立体彩雕为历史故事,中门如"李元霸比武"、"狄青比武",右壁塑以"樊江关"、"班超战许稽",左壁塑以"取木棍"、"青龙白虎斗",皆美轮美奂,令人赞叹。

历史功能。台湾许多历史悠久的玉皇宫堪称"历史博物馆",因为宫中或文字或实物不同程度地保留了历史遗迹,已成为研究历史文化的重要佐证。如宜兰县冬山玉尊宫的白虎楼三楼为宫史文物展示馆,所展示的文物见证了玉尊宫的发展。彰化县元清观开基于清乾隆二十八年(1763年),首次修建于清嘉庆年间,完工于清光绪十二年(1886年),全殿建筑均以传统"接榫"方式架成,不费一钉一锤,神巧异常,部分墙身犹见乃以斗子砌墙法所造,排列有序,古风尚存,曾被台湾"文建会"评为二级古迹,为研究早期宫庙建筑不可或缺的实物。台南市天宫建有历史文物博物馆,旨在更好地保存历史,宣传中华文化。台南市天坛藏有众多文物,如"咸丰八年岁次戊午孟春立"的石碑、乾隆四十一年(1776年)台湾知府蒋元枢献的四脚香炉,以及数面前清名匾。台南市开基玉皇宫始建于清康熙九年(1670年),是台湾最古老的建筑之一,堪称府城至宝,被列为第27号台湾古迹。台湾玉皇宫的历史沿革,虽然是记载本宫的历史,却可从中了解台湾历史上方方面面的情况,是研究台湾历史不可或缺的史料,故弥足珍贵。如台南县玉井玉皇宫所整理与保存的《真珠山玉皇宫天王庙(天宫)沿革》,内容丰富,不仅是研究玉井玉皇宫的珍贵史料,也是研究台南玉井乡的珍贵资料。

教化功能。玉皇宫庙的教化作用无处不在,如传统的即通过宫庙中壁画所表现的忠孝节义、对联所表现的警世醒语、讲经所表现的因果报应等内容,在潜移默化中进行中国伦理道德的熏陶,以便人们从善弃恶,并由此激发高尚情操。桃园县八德霄里玉元宫后殿的壁画为"二十四孝"故事图,旨在宣扬百善孝为先,并以此教化世人。台北县新店天皇宫长期教信众坐禅,以修身养性。苗栗县竹南光明宫殿内两侧墙壁上,绘满"二十四孝"故事图,借以教化世人。

娱乐功能。玉皇宫每逢庆典时,前来参与者尽情娱乐,各种娱乐方式花样翻新。如宜兰县冬山玉尊宫每于庆典前的四五日,往往举办系列民俗文化娱乐活动,如童诗诵读、书法演示、写生比赛、插花、扎中国结、皮雕展示、染色花、色纸剪粘、手工艺品展示、美食品尝、诗人击钵、南管北管演奏、民谣教唱、老人才艺、民族舞蹈、土风舞、踢毽子、跳绳、舞龙、舞狮等活动,参与者有阿公阿婆、青年男女、学生幼童等,人人欢欣娱乐。平时,还经常举办信徒联欢晚会、球类比赛等活动。基隆市复兴街的天济宫,长期在庆典活动时放映电影,以供信众观赏。台北县汐止凌霄宝殿凡至庆典日,不仅梨园献艺,还要放映电影,一连数日。南投县鱼池顺天宫修悟堂在庆典之日,钟鼓齐鸣,梵音盈耳,放映电影,演布袋戏,舞狮献瑞,演戏娱神,热闹非凡。

观光功能。台湾的许多玉皇宫,或位于山清水秀的乡村,或隐于人迹罕至的山林,或处于热闹繁华的都市,宫中建筑及周边环境别有一番风味,往往成为人们向往的游览胜地。宜兰县草岭庆云宫在宫庙的后山地,专门修建了玩赏公园,园内盛栽奇花异木,增筑亭台水榭,今日已成宜兰首屈一指的观光地。台北市松山天宝圣道宫地处台北东南隅,后依龙山,左傍象山,右拥狮山,风景优美,与奉天宫同称"松山双眼",为台北市观光景点。台北木栅指南宫建造时就按观光乐园的模式进行设计,湖光山色,让人流连忘返。台南市天宫模仿北京天坛,建造了台湾的"天坛",已成为当地一胜景。

　　藏宝功能。台湾不少玉皇宫注意收藏各个时期的文物,有的专门建立了文物展览馆以示人。宜兰县冬山玉尊宫则收藏多种珍贵奇石,其中有天然十二生肖石、日月厂、丰年石等具有象征吉祥图案的各种奇石,而其中尤为珍贵的,是 20 世纪 50 年代初在南港挖掘出的两块石印,分别为"乾坤圣旨印"和"东厨司命代表印",长宽各约 25 公分,"所篆字纹精致有力",成为镇宫之宝。宜兰县头城庆云宫已有近 200 年历史,宫中专门辟有建庙历史文物室,藏有大量珍贵古物,如殿中珍存的"宣炉"、"小宣炉"、"竹头香炉"等宣炉,为明代宣德年间所制,殿中还珍藏极具历史意义的竹头香炉,这件分灵于祖国大陆的镇宫之宝,由百年巨头竹根挖空而成,为特别罕见之作。台北县深坑无极万寿宫神案上所置三尊坐姿木雕神像,称为"阿里山妈",为台湾寺庙所仅见,其来源颇具传奇色彩:当时主事陈文雄到阿里山公干,惊见参天古木上三妇女列坐,知乃神灵显圣,遂奉其原神回宫,依所见模样雕刻,祀祭于宫,以"大妈"居中,"二妈"、"三妈"侧侍,极为珍贵。桃园县中坜玉尊宫,进门所见"玉尊宫"三个描金大字,其匾额正中雕一双龙拱岊、细腻精刻的"玉皇大帝印",异常珍贵,此为祖庙"秉承玉旨"特意颁赠的,全台唯此匾有此印章。

　　学术功能。台湾许多玉皇宫热衷于学术活动,如宜兰县冬山玉尊宫曾多次在宫内举行学术活动,有接受当局委托举办的,如曾接受民政厅委托举办"国学教师研习会",每梯次 100 多人研习 8 天;有民间举办的,如曾举办过"民间宗教仪式研讨会",许多著名的专家学者与会。

　　社会功能。台湾许多玉皇宫对社会全方位开放,如宜兰县冬山玉尊宫常年对大专生夏令营、各县市寺庙负责人自强联谊会、社团、机关、学校训练开会及信众活动开放,不仅提供场所,搞好服务,还拨款资助。台北县瑞芳碧云宫庙埕右首为"牡丹社区活动中心",以供村民集会所需。新竹县新丰永宁宫凌霄殿下的会议厅,对社会开放,附近信众的婚宴等活动常借此会议厅举行。澎湖县湖西玉圣殿,建有双层西式建筑,为本村活动中心,是境内信众休闲活动的场所。澎湖县白沙龙德宫,专门兴建了"讲美村活动中心",以供村民集会、娱乐之需。

民俗功能。台湾玉皇宫在各种庆典活动中往往展示各种独特民俗,如宜兰县苏澳玉尊宫在每年农历正月八日,都要举行过火隆礼以祈福佑安。宜兰头城庆天宫每年在玉皇圣诞时,都要举行隆重的活动,正月初八开启序幕,九日子时,"广敞圣门"供信众膜拜,案上罗列鲜花素果,第二天凌晨时,由北港、彰化赴会的圣母像陪同宫中的玉皇大帝像及众神起驾游境,至中午返回宫殿时,举行隆重的"踩踏火盆"盛会,一时钟鼓齐鸣,炮声震天。台北松山天宝圣道宫永吉分宫,长期推展民俗由艺活动,因成果显著,曾获"中华文化复兴运动推行委员会"奖章。台东县池上玉清宫凡有庆典,附近九村落必参与游境,各村亦组成阵头助阵,各种民俗活动异彩纷呈。

鉴赏功能。仅以宫中对联为例,基隆市南荣路的南天宫,堂殿点金柱上对联为:"南国常春万物生机承帝泽,天恩罔极千秋道统正人心。"台北县三峡感天宫三川门对联:"玉殿庄严群星拱极乾坤朗,皇图广大八表含熙雨露用。"台北县瑞芳碧云宫点金柱上对联为:"碧海静无波舟楫平安叨圣泽,云天征有象雨调风顺感神功。"嘉义市玉皇宫龙虎壁上的对联为:"容忍以受人欺我,尽心以报人完成;天理昭彰疏不漏,善恶到头镜分明。"道尽人事之常,"兴天理之昭"。高雄县美浓广善堂丹墀方柱对联为:"方善堂前消万祸,美浓地上集千祥。"足见信众信仰之诚。

健康功能。如台北松山奉天宫开设了医疗诊所,为社区民众义务提供健康服务。高雄市玉皇宫为市民提供医疗补助,并捐赠全新救护车两部。

追溯功能。每一个玉皇宫庙的建筑,其来历几乎都有不同寻常的传说。苗栗县大湖石云宫的建造,据传是清末黄水旺随父来台,见此处有火光显示,寻觅光源,遂发现一天然石洞。后夜梦一长须老人,连说两声"有心人",并请其帮忙。黄水旺梦中所见之地,竟与此石洞相符,其遂耗费无数心血,于1911年与范成昌两人发起创建了石云宫。苗栗县竹南光明宫的建造,相传在日据时期,村民莫名中邪,求医问诊,药石无效,后求救于玉皇三太子,蒙指点迷津,竟不药而愈,遂创此庙。苗栗县头份昊天宫的创建,据传与清同治九年(1870年)哪吒太子鸾示有关。台中市天乙宫建造,据传乃清嘉庆二年(1797年)漳州人吴明德奉"玉皇大帝"、"关圣帝君"二尊神像渡台,卜居于此,后因得玉帝之助修建水库,遂于此地建庙。嘉义市玉皇宫的建造颇有传奇性:日据末期,此地因地理条件优越而被称为"龙过脉",初有一城隍庙建于此。时地方人士王传奉祀家传地藏王像于宅中,平日晨昏膜拜。后其妻突染重疾,危在旦夕,然最终自愈。此事传遍乡里,不少人认为仍其平时虔诚所致,不远千里前来膜拜。后重新修建神庙,并将城隍妈同祀庙中。后人认为天、地、人三纲乃人伦道理之基石,故集资建造了象征"天"的玉皇大帝殿,与象征"地"的地藏王庙、象征"人"的城隍庙并列。台南县玉天宫的创建较为复杂:宫中所主祀神明玉天大帝原奉于福建省泉州府晋江县溪头十七八都的玉天宫,清康熙年间,先民吴氏二人将此宫中的玉天大帝三尊与剑印神童、白马神驹诸像暨一镌刻"玉皇相府"玉玺,携来台湾,奉为海上保护神。后辗转至今天的玉山村,由于据传多次显灵,香火日盛,经多次修建,遂成今日规模。

　　注:
　　①吴季晏:《光复前道教在台湾的发展状况》,载丁煌总编:《道教学探索》,1989年,第322页。
　　②吴季晏:《光复前道教在台湾的发展状况》,载丁煌总编:《道教学探

索》,1989 年,第 321～322 页。

　　③劳格文:《福建省南部现存道教初探》,载《东方宗教研究》新 3 期,第 149 页。

　　④刘枝万:《台湾的道教》,载[日]福井康顺等监修:《道教》(第 3 卷),上海古籍出版社 1992 年版,第 143 页。

　　⑤约翰·坎普耳士:《台湾北部闾山道士们法场科仪的演练描述》,载丁煌总编:《道教学探索》,1989 年版,第 265 页。

　　⑥[日]窪德忠著:《道教史》,上海译文出版社 1987 年版,第 294 页。

　　⑦约翰·坎普耳士:《台湾北部闾山道士们法场科仪的演练描述》,载丁煌总编:《道教学探索》,1989 年版,第 254 页。

　　⑧叶明生编著:《福建省龙岩市东肖镇闾山教广济坛科仪本汇编》,载王秋桂主编:《中国传统科仪本汇编》(一),新文丰出版股份有限公司 1996 年版,第 70 页。

　　⑨劳格文:《福建省南部现存道教初探》,载《东方宗教研究》新 3 期,第 157 页。

　　⑩劳格文:《福建省南部现存道教初探》,载《东方宗教研究》新 3 期,第 151 页。

　　⑪施博尔:《台湾之道教文献》,载《台湾文献》(第 17 卷)第 3 期。

　　⑫王秋桂:《中国传统科仪本汇编·序》,新文丰出版股份有限公司 1996 年版,第 2 页。

　　⑬盖建民:《清代闽台道教关系考略》,载福建师范大学闽台区域研究中心:《闽台关系学术研讨会论文集》,2000 年。

　　⑭黄天喜、胡俊媛:《台南西佛国、承西国及和成轩神像雕刻店采访纪实》,载丁煌总编:《道教学探索》,1989 年版,第 336 页。

　　⑮吉元昭治著:《台湾寺庙药签研究》,武陵出版有限公司 1991 年版,第 192 页。

　　⑯李孟融等:《乩童的产生与形成》,载郑志明主编:《文化台湾》(卷三),大道文化事业有限公司 1996 年版,第 48～59 页。

　　⑰曾景来著:《台湾的迷信与陋习》,武陵出版有限公司 1998 年版,第 58 页。

　　⑱江季霖总编:《全国佛刹道观总览——玉皇大帝专集》,桦林出版社

1986 年版,第 84 页。

⑲董芳苑编著:《台湾民间宗教信仰》,长青文化事业股份有限公司 1984 年版,第 262 页。

⑳江季霖总编:《全国佛刹道观总览——玉皇大帝专集》,桦林出版社 1986 年版,第 86 页。

㉑江季霖总编:《全国佛刹道观总览——玉皇大帝专集》,桦林出版社 1986 年版,第 88～90 页。

㉒江季霖总编:《全国佛刹道观总览——玉皇大帝专集》,桦林出版社 1986 年版,第 972 页。

㉓黄美英:《祈福与还愿:进香过程的体验》,载《历史月刊》1993 年 4 期。

㉔董芳苑编著:《台湾民间宗教信仰》,长青文化事业股份有限公司 1984 年版,第 371 页。

第十一章 台湾天主教

第一节 天主教在台湾的传播和发展①

一、明清时期天主教传入台湾

明朝末期,荷兰和西班牙都垂涎台湾这个宝岛。西班牙在占领菲律宾后,让菲律宾人很快接受了天主教,并以马尼拉为根据地向外开拓。

外国传教士首次入台,纯因赴福州而引发。1571 年,西班牙占领菲律宾。1587 年 7 月 21 日,西班牙圣多明我会派出传教士抵菲律宾马尼拉。1602 年,马尼拉曾派神父至日本传教,应在福州的西班牙人之请,西班牙驻菲律宾总督与圣多明我会驻马尼拉会商议,决定由会长巴都老默·马志烈为大使,由马尼拉出发赴福州任职。不料船在海上遇台风后受损漂至澳门。在澳门修整后再赴福州,中途又遇台风,而漂至台湾。在台湾修整期间,船上葛巴德·罗列等人曾上岛调查。巴都老默·马志烈归任马尼拉后,将在台湾调查的资料,提交总督,引起了西班牙人的兴趣。

但荷兰舰队于天启五年(1625 年)即已登陆台南修筑了堡垒。从台南港不但可以控制台湾海峡,威胁马尼拉与中国通商,而且使西班牙失去垂涎已久的台湾。为此,菲律宾总督于天启六年(1626年)派遣一支由 12 艘大船组成的舰队向台湾出发,随行的有道明会(一称多明我会)会士 6 人,由来过台湾的马尼拉兹神父带领。由于台南一带已被荷兰人占据,这支舰队沿着台湾东海岸北进,先到达三貂岭,后至基隆港口大鸡笼屿(即社岛,今名和平岛),并在此处设垒。传教士即在此开始传教。但是传教工作并不顺利:

一是台湾少数民族受惊遁入深山。当西班牙军登陆社岛之时,隆隆的枪炮声惊走了当地的台湾少数民族,他们遁入深山不敢复出,没有传教的对象,传教就不可能进行。为此,传教士不得不冒险徒步深入密林幽谷,攀上悬崖绝壁,寻找台湾少数民族,劝说他们。起先无人相信,传教士即下决心与他们同住,经数个月的劝说工作,终使少数民族,陆续回到平地。于是在社岛建一教堂,名为诸圣堂,开始了布教工作。明崇祯元年(1628 年)西班牙军进占淡水,传教士随军登陆,该地台湾少数民族亦受惊逃入深山。传教士们深入基隆与淡水之间的少数民族各社传教,"由于敦敦布道,使原住民受到感动,在同一信仰之下,化解了各社之间的仇怨"。传教士终能进驻离淡水不远的赛那尔社部落,并在那里建造了一座教堂,称为玫瑰圣母堂,由益基伯尔神父主持。

二是受到袭击。部分台湾少数民族为了保卫自己的土地和信仰,对于外来的入侵者及凭借军事力量入台的传教者,采取了抵抗和排斥的态度。因此传教士必须冒着生命危险进行传教工作,他们不时遭到台湾少数民族的袭击,有的甚至付出了生命。明崇祯六年(1633 年)华兹神父在传教过程中遭到雪那社人的埋伏而被杀;崇祯九年(1636 年)慕洛神父在访问士林北时,遭到当地台湾少数民族 300 余人袭击,慕洛神父中箭而亡。有的神父则遭到海盗抢劫而身亡。同年 8 月,在台传教多年的益基伯尔神父,奉命赴日,误乘海盗之船,被海盗洗劫一空之后,与另一神父同被海盗杀死,遗骸被抛入海中。

三是与荷兰争夺控制权。1626 年 2 月 8 日,圣多明我会省会长巴都老默·马志烈率方清各·毛拉神父、热罗尼莫·毛烈神父、若翰·厄额他神父等及方济各会亚西默修士随前往台湾的军队赴台传教。因当时台湾西南一带已为荷兰人占领,辗转至 5 月 12 日始于基隆登陆,并以此为据点开始传教。早已侵入台湾南部的荷兰人,获悉西班牙侵入基隆并开拓台北、淡水等地,恐其扩大势力而危及荷兰在台湾的利益,不利于荷兰对大陆和日本的通商贸易,于崇祯元年(1628 年)派军分两路北上。陆路由安平进军,水路沿海岸进军,以破竹之势占领淡水,攻击西班牙军要塞,由于要塞坚固,荷军战败,水师提督阵亡,但西班牙军亦损失不少。崇祯十五年(1642 年)8 月 24 日,荷兰军又北上进攻淡水,打败西班牙军,占领台湾北部。至此,西班牙军在台 16 年后不得不放弃台湾,而台湾为荷兰所独占。西班牙在台传教之神父被捕后送至安平,他们在台所经营的天主教传教事业也随之停止。

天主教于明郑时再次传入台湾,与当时厦门的立志神父有关。立志神父在厦门时即与郑成功相交甚笃,郑成功收复台湾后,即召厦门立志神父来台湾,任其为大使赴菲律宾劝西班牙总督降郑,未果。1663 年 8 月,立志神父在回台湾航行中,因暴雨而漂至基隆。时 20 多年前受西班牙传教士传教的教徒热烈出迎,并出示圣像及念珠,告知与立志神父皆为同一信仰,要求神父永驻此地。立志神父遂往各人家中,听告解及行施圣洗,10 天之后,8 月 20 日,立志神父因有使命在身而告别教徒,返回台南。时因郑成功逝世,立志神父旋即返回厦门。1665 年,立志神父又专程从厦门赴台湾基隆传教,对原教徒多有勉励,教务日益兴隆,信教者大增。1666 年,立志神父遵马尼拉圣多明我会之命,离开基隆,传教再次中断。郑经继位之后,立志神父被调回菲律宾。康熙十二年(1673 年)道明会又派尼加佑的律罗撒略神父等 3 人,再往台湾,以图恢复传教活动。此 3 人到台湾即被捕,受到软禁,无法传教,不得不回菲律宾。

虽然传教事业十分艰难而又频受挫折,但是由于传教士对传教事业的忠诚与努力,仍然取得一定的成绩。他们以首次登陆之地为根基,渐次扩大传教范围,由淡水而及台北地区,再扩大到宜兰地区。先后在社寮岛、他墨里、骑毛里、雪即尔社、宜兰等处,建立了教堂。受教者多为台湾少数民族,如在三貂一地,即有 186 名青年受洗;年罗神父深入淡水河下流附近各社传教,仅数日之间,就有 320 人领洗,荷军占领全台之后,台湾北部除因传染病领洗的数千人之外,尚有 4000 余名信徒。而传教中断 20 年之后,尚有许多信徒坚持天主信仰,因而 1663 年立志神父因暴风而在基隆登陆时,即受到当地教徒的欢迎与挽留。这些说明天主教道明会的开拓,已使天主教登陆台湾并在台湾初步建立了根基,为天主教在台湾的传播和发展创造了精神和物质的条件。

1683 年,郑克塽降清,台湾归属清朝统辖,由于有的派驻台湾的官吏腐败无能,大陆移民私自开垦的混乱,引发了台湾官民之间的矛盾、移民与台湾少数民族的矛盾、移民与移民之间争利的矛盾,加上明郑残余从中策动,从康熙至咸丰乱事不断,其中朱一贵之乱、林爽文之乱、陈周全之乱蔓延甚广,清朝不得不派出士兵镇压。从 1683 年至 1858 年,在长达 175 年的时间里,道明会仅于 1694 年派出伯尔多实禄、牟诺翰爱志陆两神父到台,企图恢复天主教在台事业,但清朝在对外关系中实行闭关政策,严禁外国人士贸易、传教,因此这两名神父无功而返。

1840 年鸦片战争,清朝战败,被迫签订了屈辱的《南京条约》,第一次打开了中国门户。1857 年第二次鸦片战争,清朝又被迫签订丧权辱国的《天津条约》。此条约中规定台湾(后选定台南)、淡水为通商口岸,并规定外国人可在中国游历、通商、自由传教。于是罗马教徒乃令道明会总会派遣马尼拉道明会会士到台传教。1859 年,在中断了 200 年的传教后,天主教又再度传入台湾。因当时台湾属福建教区,马尼拉圣多明我会神父郭德刚先抵福州,然后与厦门教区的洪保律、卓享照、瑞斌、李步垒及其妻李严氏凤,以及另一家族教友,于 5 月 10 日从厦门出发,18 日下午抵打狗(即高雄)。抵台后,曾被清兵盘询,因洪保律与清兵交谈中大得要领而顺利通过。但又被知县拘留。6 月 1 日,始被释放,洪保律突染重病,由焦传道士陪伴回厦门疗养,并在厦门盖了教堂。之后,郭德刚等留在台湾传教。至 9 月 13 日,因调解外国人与本地人矛盾未果,郭德刚搭一便船暂避于厦门。事后,又于同月下旬返回打狗传教。1860 年 1 月,郭德刚由马尼拉返台经过厦门时,带来了厦门的焦传道士,进一步依靠福州教区加强在台传教力量,在马尼拉和福州主教会上,在福建的神父翁安当被任命为台湾副会长,于 1861 年来台就任,但因水土不服,次年 4 月返回福建。于此前后,神父黎茂格、神父杨真崇等皆来台传教。当时由于外国侵入中国,逼迫清廷订立不平等条约,当地民众对外国人很不信任,几经周折,才在一海盗头目处,以高价租得一小屋居住。其后郭德刚于离高雄不远的前舍,买下一块土地,用竹子、稻草搭盖了间草屋作为教堂,名为圣玫瑰圣母堂。不久拆毁重建新教堂,并另建神父住屋一栋。

1860 年 8 月 17 日,台湾传教区独立,翁安当神父任副省会长,并兼传教区区长,翁安当于 4 个月后因病离台,郭德刚奉命接任翁神父之缺。1862 年(同治元年)6 月,道明会派雍真宗和黎格茂两名年轻神父来台,使郭德刚能够抽身到屏东万金山山地去传教。郭受到当地台湾少数民族的招待。虽只停留了 10 天,但拥有了第一批追随者,其中 3 人在前金教堂由郭德刚施洗入教。次年郭德刚再到万金山山地,建造一座教堂,致力传教,得 40 人为教友,过一年有 47 人领洗。

但是郭德刚的传教,却因客家人对外国人的不信任和反感,而受到阻挠。当郭德刚到万金山传教时,途中即被斥为"红毛番"、"外国猪"、"红毛狗",并传言传教士开棺取死人心脏、投毒于井等,郭氏因此受到激烈的阻挠,以至于有人放火烧毁万金教堂。尽管如此,郭德刚并没有停止传教,1862 年在打狗北面山脚村开教,次年兴建一小教堂(即圣德圣母堂),1865 年又在屏东沟子开教,但建堂之后为当地居民所劫掠,重建之后又被纵火烧毁,郭德刚还被绑架,后为台南府派兵营救,1868 年该堂再次被焚,后又重建。1866 年郭德刚派传教士严文生前往台南开办孤儿院,收容了 60 名孤儿。并在台南留下一栋房屋,准备开展传教工作,但不久即被驱逐出台南。从这里可以看出天主教传教士对其传教事业,确是十分虔诚,其传教所受挫折,不能不归因于殖民主义者之侵入、凌辱中国,而激起中国人民之痛愤与怨恨。因此,郭德刚在台湾传教 11 年,进展相当缓慢,先后只皈化了 1300 人。

郭德刚离台后,由杨真崇神父继任会长,建成了台南天主堂,接着又建立了罗厝、斗六及其他天主堂。其中罗厝天主堂成为日后道明会在台湾中部的传教中心。到 1889 年(光绪十五年),罗厝教徒亡者 102 人,生存者 164 人,此外,神父何安慈被派往台湾北部传教,在和尚洲听讲者十分踊跃,乃在该地成立一所天主堂,并派传道员张历山到大稻埕(今民生路一带)六馆口街开设一圣堂。

这时中法战争爆发,法国军舰强行登陆基隆,台湾巡抚刘铭传率军民英勇反击,重创法军,迫使其退回海上。由于台北人民受到法军炮火的袭击,祸难甚惨,颇怀愤恨。因此何安慈在大稻埕建立教堂,引起当地人民的强烈反对。为此,何安慈向英领事(兼西班牙副领事)报告,英领事提出抗议,但知府以英领事无权过问予以拒绝。英领事乃将此事转送驻厦西班牙领事。西班牙领事再三商托台湾抚院,说明何安慈并非法国教士,所传之教亦与法人不同,并非受法人所保护。刘铭传巡抚据此指示,并约法三章,不得违背。胡领事亦复文表示准行并转饬何教士一体遵照。约法三章的内容是:其一,开堂设教,必须照约择僻静之所,不得在大街通行,有碍民居地。其二,所传之教,须同耶稣一样,劝人为善,教士须立品待人,堂内不得收养妇女,及包庇匪类,恃教不遵守约束。其三,凡遇教民家中婚丧之事教士不得前往干预,以避嫌疑,俾彼此辑睦,而免滋事。

这三条约法,既维护了台湾地方政府的尊严,又保护了台湾人民的权益,也允许天主教教士在约束之内设堂传教。于是这场教案就妥善地解决了。这说明只要传教不损害中国主权的尊严,不损害中国人民的身家利益,劝人为善,符合中国的国情,并在有效的约束之下,是能够进行的。

根据 1886 年良方济神父写的《台湾教务报告》和 1890 年李嘉禄神父写的《传教点滴》(均见于《天主教台湾传教百年志》),当时天主教在台湾设有 6 个堂区:

第一个本堂在前金,系郭德刚建立,为道明会台湾区会长办事处,有 200 位教徒,分散于前金附近的 6 个村庄。

第二个本堂在万金,教堂可容纳 1500 人以上,附近三四个村庄约有教徒 500 人。

第三个本堂在台南,离闹市区尚有一二里,教堂小,约有 20 个教徒。

第四个本堂是沙仑仔,教堂可容纳百人,只有信徒六七十个。

第五个本堂在淡水(又称沪尾),是设在台湾最北边的一个传教区,教堂不过是一栋简单的中国式住家。当时该地基督教长老会占优势,而且该本堂建立时间晚,故"每天来堂叫道者只有三四十人"。

第六个本堂是树仔脚,此堂在日军攻占台湾时,因战争而被夷为平地。

据瞿海源《台湾宗教变迁的社会政治分析》中前言所说,1896年间,台湾天主教徒,根据记录约有 1300 人左右,1938 年则有 900人。道明会在台传教已 200 多年,仅取得这些成绩,可见其进展甚慢。除了前述的原因之外,尚有台湾人民具有很深的中国本土文化传统,不会轻易改变,自然也不会轻易接受外来的理念和信仰,而基督教长老会早已捷足先登,建有教堂并拥有一些信众,从而给道明会传教造成了许多困难。

　　1883年，罗马教廷划福建为福州与厦门两个教区，台湾教务正式划入厦门教区领导，历经杨、冯、周、黎四个主教。

二、日据时期的台湾天主教

　　甲午战争之后，清朝割让台湾给日本，引起了台湾人民的强烈愤怒和反抗。日军进占台湾，台湾人民组织义军在各地抗击日本侵略者，战斗十分激烈。日军为镇压反抗，进行残酷的屠杀烧掠，而义军则殊死战斗。在双方激烈战斗情况下，天主教以及基督教都处于生死存亡的关头，自然无法继续传教。道明会在斗六、斗南、树仔脚等处的教堂，都被洗劫一空。在这种情况下，道明会神父把这场劫难归咎于义军的反抗，而希望日军迅速平定全台。这在道明会会士黎克勉1895年的教务报告《天主教传教百年志》中可以看出。这种不公正的立场和态度，当然引起台湾人民和义军的不信任。他们或怀疑神父和教徒们勾引日军，或传言天主教神父为日军充当向导，于是不免发生袭击神父和摧毁教堂的事件，教徒也四处逃散。

　　一年之后，日军占领全台，道明会逐渐恢复传教，年轻的神父相继来台，在打狗成立了一所女子传教学校，后又在台北设立另一所传教学校并创办一所中学，主要是培养传道士。从1896年至1912年（光绪二十二年至民国元年），道明会先后建立了西螺茄、鹿寮、土库埔姜、里雾（今斗南）、大埔下坤头、大稻埕新店街、淡水、台南长兴大湾、三水鼻仔头、员林、彰化等教堂或传道所。1913年由于台湾已经被日所占，成为独立的宗座监牧区（原属厦门宗座代牧区）。首任监牧为林启明主教，后由杨多默主教继任。

　　1895年，台湾虽然被清政府割让给日本，但台湾天主教会仍隶属于厦门教区。1913年，台湾成为监牧区，脱离厦门教区，台湾教区和厦门教区虽然分家，但关系仍非常密切，教徒所用经本、教会年历等,仍多采用厦门或福州教会的出版物。1915 年,在台湾传教多年的神父马守仁从台湾到厦门教区当主教。闽台两地天主教关系,正如黄子玉在《台湾教会与厦门教区的关系》中指出的,天主教台湾教区和厦门教区,"在经济上自给自足外,在人事上是互相来往的,如黎明辉、马守仁、林茂林是从台湾调到厦门,江谦修女是从厦门调往那里传教的。而且厦门教区修院还为台湾培养台湾神父,如涂明正等。不分彼此,仍然一家"。1936 年在马尼拉举行的天主教第 32 届国际圣体大会上,来自台湾的天主教徒代表在开幕式上全部自发地站到福建代表团的队列中,并向与会的福建教徒哭诉思念祖国之情。

自 1895 年至 1938 年是天主教道明会在台湾恢复和发展较快的时期,台湾中部已有 32 座教堂和道理中心,北部和南部也有 12 座教堂和新的中心;共有 15 位道明会神父分布在教区的 13 个本堂工作,"照顾着 9000 名教友"。这除了传教士的艰苦努力外,还由于日本侵华战争遇到了中国的顽强抵抗,其不欲在宗教上再与罗马教廷和西班牙发生纠纷。

但好景不长,1941 年 12 月 8 日太平洋战争爆发,日本为了加强对台湾的控制,指派日本人里胁浅次郎神父代理监牧之职,杨多默监牧离台。随着太平洋战争的发展,日本对台湾的控制日益加强,宗教也不例外,教会当时被加上暗通美军的罪名,日本人甚至派遣特务监视教会活动,并命令礼拜前要唱日军国歌,向东方日皇住处行礼。百般刁难,不从者则受迫害,而道明会外助断绝,经费陷入困境,教士来台也受到严格限制,在台教士不能自由活动。从 1944 年起,美军飞机开始轰炸台湾的军事设施,美军虽无意轰炸教会的建筑物,但不能保证轰炸都能准确命中目标,教会建筑不可避免地受到轰炸的破坏。例如台北教堂、邻近的修道院和神父住宅,以及台南天主堂,都遭到破坏或损坏,教徒也随即逃散。天主教在台湾的发展开始变得缓慢。1945 年台湾光复时,厦门教区在漳州白水营修院培养的涂明正接替曾任台湾教区代理监牧 5 年之久的日本人里胁浅次郎。

根据 1945 年的统计,全台天主教教堂及布道所共 52 处,传教士 20 人,信徒约为 10900 人。信徒成长率 1895 年至 1938 年间为 14％,而在大战期间则降为 3％。

三、光复之后的台湾天主教

1946 年,台湾监牧区列入福建省,划归福州主教区监管,闽台天主教界来往更加密切。如原在厦门鼓浪屿办《公教周刊》的李蔚而在台北创办《台光月刊》,台湾天主教会也选送两名修生到福州婴德小修院代培。1949 年 12 月 3 日,台湾监牧区分为台北、高雄两个监牧区。台北监牧区辖台北、桃园、新竹、苗栗、宜兰、花莲六县,台北、基隆二市及阳明山管理局,其余属高雄监牧区。

光复之后台湾之天主教的发展情况,可分作两个时期来说。

1945 年至 1963 年为一个时期。

这个时期是台湾天主教高速发展的时期,其标志是教区的不断调整和增加,以及教徒人数的激增。根据瞿海源的《台湾宗教变迁的社会政治分析》,这两种情况列举如下:

1. 教区的调整和增加。1945 年台湾成为宗座监牧区后,于 1949 年分为台北、高雄两个监牧区。台北监牧区包括:台北、基隆两个省辖市,台北、桃园、新竹、宜兰、苗栗、花莲县及划山管理局(后改名为阳明山管理局)。高雄监牧区包括:高雄、台南、台中三个省辖市,高雄、屏东、台东、台南、澎湖、嘉义、云林、彰化、南投、台中 10 个县。1951 年增设台中监牧区,将原属高雄监牧区的台中市和台中、彰化、南投县划归此监牧区。1952 年再度调整,教区增加至 5 个:台北监牧区改为台北总教区,它管辖台北、基隆两市,台北、宜兰、桃园、新竹、苗栗 5 个县及阳明山管理局。嘉义教区,由原属高雄教区的嘉义、云林两县组成。花莲教区,由原属台北教的花莲和原属高雄教区的台东县组成。台中教区,按原来的监牧区设立,未作调整。高雄教区,辖高雄、台南两市,及高雄、屏东、台南、澎湖、彰化、南投 6 县。1961 年又增设两个教区:新竹教区,辖新竹、桃园、苗栗三县;台南教区,辖台南市及台南、澎湖两县。1962 年台中监牧区及嘉义监牧区均升格为教区,所辖范围不变。高雄教区只辖高雄市及高雄、屏东两县。1963 年花莲监牧区升格为教区,辖区不变。

2.教区的不断调整、增设或升格,说明了这个时期台湾天主教发展的迅速和教徒的迅速增加。依据《台湾宗教变迁的社会政治分析》,1945 年,全台天主教教徒约为 10900 人,1948 年增至 13000 人,1952 年增至 2 万多人,1953 年则增至 25075 人,年增长率高达 25%,超过了 1938 年到 1954 年长达 14 年的总增长率。1956 年教徒人数更增至顶峰,有 8 万多人,年增长率高达 65%。由此可见,这个时期是台湾天主教发展的黄金时期。

为什么这个时期成为台湾天主教高发展的时期呢？其原因是多方面的:

第一,台湾光复后,日本据台时所强加给宗教的种种约束解除,而台湾自"二二八"后,岛内相对安定,为天主教的发展创造了良好的环境。

第二,大陆迁台的人数激增。1949 年,随着国民党政权从大陆移入台湾的有数百万人。他们初入台湾,由于背井离乡,迁徙频繁,生活难定,而且时局动荡,造成心理上的不安,趋向宗教以求心理上的安慰和平衡,这为天主教的传教,提供了相当多的对象。以 1955 年到 1958 年计,大陆各省籍人士受天主教领洗的有 35000 人左右,本省籍的约 19000 人,山地籍的约 15000 人。当时大陆各省籍者占台湾总人口仅 1/10,这比例可以看出大陆籍受洗者之多。

第三,传教士的大量增加。1949 年国民党败退至台湾,大陆各地的宗教人士随至台湾的不少,如郭若石主教即率领沈阳 80 多名修女来台,吴振铎也从沈阳带来了修生数十人。据统计,天主教从大陆移入台湾的神职人员多达 3000 人左右,其中有神父 300人。有许多神职人员水平较高,并有传教经验。他们来台,为台湾天主教增强了传教的力量,对当时天主教的发展起了重要的作用。为台湾天主教增设教区或教区升格创造了条件。

第四,台湾少数民族大量加入信仰天主教队伍。日本占据台湾之后,压抑台湾少数民族的传统宗教信仰,以神道教为台湾少数民族的主要宗教。光复之后,神道教随即消失,而台湾少数民族的传统宗教却难以复兴,佛、道两教又不重视对台湾少数民族地区的传教,于是天主教教士乃乘此机会,同情和礼遇这一弱势群体,使他们感受到善意和温暖,从而离开原来传统的信仰,投入天主教信仰的队伍,使这支队伍迅速扩大起来。当时台湾少数民族仅占台湾总人口的 2% 不到,而从 1955 年至 1958 年,台湾少数民族受洗者却占全台受洗人数的 22%,可见其受洗数量之大。

第五,物质上的原因。20 世纪 50 年代,台湾社会经济陷入困境,人民生活贫困。此时美国大批剩余物资运入台湾,天主教福利会成为发放这些物资的转手者。天主教利用这个机会,以发放救济物资为手段,吸引接受救济物资的贫民加入天主教队伍,因此被称为“面粉教会”。除面粉外,还有医药、旧衣服。许多人为争取救济物资而入教,教会也因此而大大方方地发给,给得越多,入教和受洗的人数增加得就越快越多。但是这种以功利发展教友的方法也不是都行得通的,有的人在发放救济品时就争取入教接受救济,在救济停止时就离开教会,或家中叫一“无能为力之人”受洗,使全家都能受到救济。只是以这种方法来发展教会,只能收效于一时,而不能长久。

第六,教会创办教育、医疗等事业。天主教为了取得台湾社会和人民的好感与支持,许多年来创办了大专院校 3 所、职业训练学校 9 所、小学 8 所、中学 27 所、医院 24 所、诊所 4 所、孤儿院 2 所、安老院 2 所，为大众提供受教育和医疗的场所，还可以在这些场所内宣传天主教义，既取得人们的信任和好感，也从中发展信徒。另外，天主教还创办了出版社 10 家、广播电台 3 座，通过这些媒体，宣传教义及有关天主教的人和事，使其传入千家万户，以扩大其影响，招来更多的信徒。同时还创办 8 所神学院，以培养传教所需要的人才，扩大传教队伍储备人力资源，并借以提高传教人员的素质，以促进传教事业的进一步发展。以上数字虽是 1978 年统计的，但可以确定的，大多创办于 1963 年之前。

1963 年至 1979 年为另一个时期。

台湾天主教信徒人数继 20 世纪 50 年代高速增长之后，60 年代初至 1970 年，仍有较大的增长，1964 年总数为 265000 人，1968 年增至 302000 人，1970 年又增至 303800 人。但此后逐年回落，1972 年减少了 1000 人，1974 年减至 284000 人，1976 年又减至 276700 人。

从信徒增长率与总人口增长率比较来看，1963 年之前，每年信徒人数的增长率都相当高，大都超过 10％。在 1953 年至 1963 年的 10 年之间，全部增长率高达 76％。但从 1963 年至 1979 年，台湾总人口增加了 39％，而天主教信徒只增加了 32％，两者相差 7％。可见此时天主教信徒的增长已呈停滞甚至降低的趋势，低过了人口增长率。其中台南教区自 1966 年起就已变成负增长或零增长，高雄、花莲两教区自 1967 年开始不景气，台北、新竹教区到 1968 年也停止了增长，嘉义教区则在 1969 年停止增长。这说明了台湾天主教在 20 世纪 60 年代发展已趋缓慢。以往每年受洗人数以千计，而 1964 年之后都只能以百计了。1979 年，中南部三个教区的受洗人数更落到两位数以内。

为什么台湾经济起飞之后，天主教信徒的增长率反而走下坡路？

　　第一，社会经济的原因。台湾经济起飞之后，社会政治比较稳定，人民的生活由贫穷趋于富裕，心理逐渐平衡而自足。在追求物质享受中，对现实社会充满信心和快乐，往昔的慕道者虔诚之心已渐冷淡，年轻者多无暇顾及，因而造成教徒日渐减少。

　　第二，社会文化的原因。中国文化具有自己的特点，传统悠久，根深蒂固。几千年来，中国人民依照传统拜天地，拜祖宗，这种信仰始终不移，而对于和平传入的佛教采取包容的改造态度。但对于以殖民手段传入中国的外来宗教则有强烈的反对倾向，天主教即在此列。台湾光复之后，民间信仰和佛、道教所建立的寺庙及其宗教团体发展十分迅速，但原来受到抵制而后又不能融入中国文化的天主教，则逐渐受到冷落。前期加入天主教较多的台湾少数民族，因经济变化和受教育程度的提高，也逐渐削弱了对天主教的信仰。

　　第三，人口频繁流动。经济起飞后，台湾由农业社会转变为工商社会，工业化、都市化逐渐形成，农村人为了生活和追求富裕，不断地从农村移入城市，造成农村的教徒大量流失。而这些教徒移入城市之后，日夜忙于所从事的职业，无暇与都市教会取得联系，也无暇从事教会活动。

　　第四，教会本身的原因。教会本身的原因有几个方面：一是在教会中，神父包办一切，普通信徒处于被动地位，使得一些教徒缺少责任感，不但不积极参与教会发展的工作，而且多半只依照仪式行礼，较少主动研读《圣经》，不重视提高宗教修养，因而缺乏坚定的信仰。二是教会在前一时期以发放救济品作为传教的一个手段，暂时起了吸引人们入教的作用，但是当救济品停发或教友生活好转之后，他们之中就有一些人脱离教会。三是神职人员日益减少。社会的工商化，造成了人们日益世俗化，愿意做神职人员者也日益减少。20世纪50年代由于大陆各修会神父来台，1953年至1960年神父的增长率为265％，但1961年至1968年只增加了

28%。1968年之后逐渐减少,以至变成负增长。而50年代的神父也渐入老年,1978年台湾天主教有568位神父,平均年龄为55岁,这样的年龄,虽有责任感,但多少不如盛年时的劲头。部分神父不会讲闽南话,传教时就难以收效。四是教会固守教义和教规,不能结合中国的传统文化和国情,无法有效消除隔阂,摆脱困境。

第二节　台湾天主教的特点

综上所述,台湾天主教有如下特点:

早期传教借助殖民武力。荷兰、西班牙各为扩张殖民势力,先后以强大的武装舰队侵入台湾。在武装力量为前导下,天主教传教士随着在台湾登陆,并随即开展了其传教事业。道明会传教士在殖民政权的支持下,使其传教事业在台建立了基础,并为后来发展创造了条件。然而由于其是在殖民武力前导和庇护下传教,所以屡遭台湾人民的反对和抵制而频受挫折。清朝初期亦因此采取闭关政策而不让其自由传教,鸦片战争之后天主教又凭借不平等条约,恢复其传教事业,并有较大发展。但台湾人民痛恨西方列强的霸道蛮横,自然也不信任并且仇视那些讲西语的传教者,因而时有烧毁教堂等教案的发生。这是天主教在台湾传教困难重重并不时受到挫折的根本原因。

以物质为诱导进行传教。道明会入台传教,正值台湾开发的初期,从祖国大陆来台的垦荒者,尤其台湾少数民族,生活物资极为匮乏。传教士以其从菲律宾道明总会获得供应的钱物,或以主爱之名吸引人入教,或购买土地建立教堂,或印制福音等宣传品广泛发放,增强其传教的力量和影响。太平洋战争爆发后,其外援断绝,传教亦陷于停顿。最明显不过的是台湾光复后初期,台湾社会经济困难,物资匮乏,天主教凭借发放救济物资发展教友,一时教友人数激增。这种以物质为手段发展教会的做法,确实收到了一时之效,然而不是长久之计,所以一旦救济物资发放停止,台湾经济起飞之后,这种手段就无能为力了。

高素质的神父为传教的主力。道明会入台传教之初,来台的神父既精于教义,又善于传教,更具有吃苦耐劳的开拓和献身宗教事业的精神。他们敢于只身冒险深入险谷密林,向台湾少数民族传教,与他们同住,"耐心开导",让他们深信后才受洗。有些神父遭到意外的袭击,甚至丧生。没有这些高素质的神父的辛勤努力,不可能使天主教在台湾站稳脚跟,从荆棘之中开辟出一片天地。但时到近期,这种素质的神父就比较少见了。不少神职人员满足于在教堂里传经布道,而没有深入大众之中,无法了解社会和民情,从中发现问题,采取相应灵活的措施,因人施道,发展教徒。因此,提高神职人员的素质,培养一支以高素质神父为主力的队伍,成为能否继续发展教会的一个重要的课题。

缺乏应变性。天主教在台湾,一直坚持以《圣经》传教,以礼拜形式"传布福音",以受洗礼仪接受信众入教,这些对于促使入教者坚持对天主的信仰,扩大和巩固天主教的队伍具有相当大的作用。但是现实社会不是一成不变的,以固定不变的教义和礼仪形式,以及传教的方法和手段,来面对万变的社会现实,其缺乏应变性的弱点就逐渐暴露出来了:一是天主教是西方的一种文化,与中国传统文化有许多不同。中国文化崇尚伦理道德,重视祭亲追远,而天主教只许教徒信仰天主,排斥其他神灵,在台湾这块民间信仰兴盛的土地上为人所不易接受。二是台湾在走向工业化、城市化过程中,人口频繁迁徙,教友不断流失,据估计,1979年全台天主教总人数只有277600人,10年间流失人数超过101000人。也有天主教人士和专家认为此数不实。一位台北美籍神父认为,"经常来教会之教友约只占总数的30%至40%,若我们以40%来计算,目前台湾天主教之成人信徒教友少于74000人"。对此,台湾天主教会尚未有应变的对策。三是台湾经济起飞之后,社会日益世俗化,人们追求物质方面的满足和享受,已不再迫切需要宗教来抚慰和平衡其心理,不但早先皈依的一些信徒因信仰不坚而离开了教会,而年轻者也少有信仰坚定的倾向。由于经济日益改善和繁荣,受教育者和受较高教育者日多,宗教的影响力也下降。

与福建天主教历史上关系密切。1913 年之前,台湾天主教教务隶属于福建厦门代牧区。郑成功收复台湾后,曾邀请厦门教区神父李奇到台,了解菲律宾情况。两个世纪后,马尼拉道明会派遣郭德刚神父往台湾,准备重建传教工作。郭先到福州,后往厦门,于 1859 年偕同厦门教区的洪保律神父,并带 3 位中国籍传教士和教友 3 人,到达高雄。他们到达高雄之后,即往台南并深入台湾少数民族部落开展传教。从此打开了天主教传教的局面。郭德刚定期向厦门教区汇报工作,并取得厦门教区的帮助和指导。郭德刚被召离台之后,李嘉禄、高贤明、良方济等神父,都是从马尼拉到福州、厦门,然后转到台湾去,到 1913 年台湾成立教区后,这种关系才停止了。可见台湾天主教早期和马尼拉道明会、福州教区、厦门代牧区都有隶属的关系,天主教之传入台湾,福建曾起了桥梁的作用。

注:

①本节参考黄德宽译:《天主教在台开教记》,天启出版社 1971 年版;简鸿模著:《祖灵与天主——眉溪天主堂传教史初探》,辅仁大学出版社 2002 年版;瞿海源著:《台湾宗教变迁的社会政治分析》,桂冠图书股份有限公司 1997 年版;史文林著,卢树珠译:《台湾教会面面观》,台湾教会增长促进会 1981 年版;台湾地区主教团秘书处编辑:《台湾天主教手册》,天主教教务协进会出版社 1999 年版;李世伟主编:《台湾宗教阅览》,博扬文化事业有限公司 2007 年版;杨道默著,高道隆译:《天主教来台传教壹百年简史》,高雄教区出版;瞿海源编纂:《重修台湾省通志·住民志·宗教篇》,台湾省文献委员会 1992 年版。

第十二章　台湾基督教

第一节　台湾基督教的传播和发展

一、基督教传入台湾

早在 16 世纪初,即明朝天启年间,基督教即开始传入台湾。天启四年(1624 年),随着西方各国向外拓展商务及扩张殖民势力,荷兰商人到了台湾。天启七年(1627 年),荷属东印度公司首次派遣基督教传教士甘迪究士(又译甘治士)到台,随后到台的有尤罗伯牧师。他们既为已在台的荷兰人举行礼拜,也积极向台湾少数民族传教。不久进驻西拉雅社群的居住地新港社传播基督教教义,而且收效甚著。明崇祯二年(1629 年),继甘迪究士之后,宣教士君纽士被派来台。他从创办教育入手,开展传教工作。先是自费办学,以罗马拼音教授西拉雅人的语言,让当地居民识字能读宗教书籍。随后得到东印度公司台湾总督资助,在其他地区设立学校,以教育为辅进行传教,进展顺利。到崇祯六年(1633 年),新港社的西拉雅人大部分信了基督教。明朝灭亡之后,郑成功收复台湾,赶走了荷兰殖民主义者,基督教于是停止在台传教了。

清康熙二十二年(1683 年),清朝派遣水师攻取台湾,郑氏政权战败投降,终使台湾与祖国大陆统一。由于清政府采取了闭关政策,基督教无法在台湾传播,长达 175 年之久。鸦片战争之后,中国变成了半封建半殖民地社会,各帝国主义国家都要争夺这一块肥肉。清咸丰六年(1856年),英法发动第二次鸦片战争,清廷战败,于咸丰八年(1858年)被迫签订《天津条约》,其中规定开放台湾(后选定台南)为通商口岸,外国人可以自由传教,由此打开了外国宗教进入台湾传教的大门。

英国基督教长老会自1851年起以厦门为中心开始进行宣教活动。开拓者为牧师宾威廉,1858年又增设汕头为另一个中心,长老会以厦门为基地,开始向台湾传教。1860年,长老会驻厦门宣教师杜嘉德与驻汕头宣教师马牧师在台湾淡水及艋舺等地传教,并分发《圣经》和基督教文书。由于一些听教的人曾在厦门听过他们传教,故对他们表示欢迎,且他们发现闽南语在岛上通行,故积极建议海外宣道会将厦门作为宣教中心。1864年初,马雅各由杜嘉德陪同抵达厦门,开始学习闽南语。1864年秋,杜嘉德、马雅各及三位助手一同来台湾南部调查了三个星期。

厦门会成为长老会到台湾的传教纽带,绝不是偶然的,其原因是:"此三件事(按:指选择厦门作为英国长老会宣教中心、1860年杜嘉德等由厦来台、1864年马雅各等由厦来台)中可看出其中共同之点:一者,厦门、淡水、打狗都是条约港。再者,它们都靠近附近重要的城市:厦门近于泉漳二府,淡水近于艋舺,打狗近于埤头。更重要的,可说是当时所采用的(远心)宣教方法,亦即,选一个或数个中心,由此传出福音,但不超过此中心的影响之范围。这当然也是配合当时的城市已成为经济、政治、文化的中心之社会情况,于此我们可了解,杜嘉德及马雅各为何由打狗经过埤头而到台湾府,并将台湾府选定为将来宣教的起点及中心的理由了。"[①] 1865年5月,马雅各从厦门带助手陈子路、黄嘉智、吴文水及杜嘉德、Alexander Wylie来台,6月16日正式开始工作。杜嘉德协助马雅各工作了3个月之久。此后,厦门教区不断派出牧师来协助马雅各工作。如1866年7月厦门宣为霖牧师受派来台,并于8月

12 日主持施洗及圣餐,1867 年 3 月 30 日厦门美国归正会的宣教师及汲澧澜牧师等来台帮助马雅各,时间为 50 多天。在马雅各传教的日子里,他从厦门带去的助手积极协助他们。如陈子路曾在漳州担任过传道士,他也负责宣讲,吴文水常以祷告引导听者,直至 1875 年退休回大陆。黄嘉智为漳州人,1859 年 5 月在厦门受洗,他主要担任马雅各行医时的配药工作和日常事务。还有厦门会友如李西霖、王阿炎等。1868 年马雅各由厦门转往香港,完婚后 5 月 2 日又返回台湾。马雅各在台湾传教时间有两次,分别为:1865 年至 1871 年,1883 年 12 月至 1885 年 4 月。他的儿子也在闽台从事传教工作。长子约翰 1899 年受宣道会派遣,先后在闽南漳浦、永春从事医疗传教;次子雅各二世 1900 年受派为驻台宣教师。

　　长老会在台湾传教的工作中,与厦门的关系表现在以下几个方面:第一,为台提供学习参观样本。长老会在台湾打开局面后,于 1882 年创立了理学堂大书院,第一批招收学生 18 人。为增加与厦门教区的联系,1882 年春,3 位老师曾带领这 18 位学生前往“厦门,住泰山教会,参观了新街仔、管仔内、竹树脚等教会”,第二天到鼓浪屿参观医院与女子学校,当晚住在神学校,第三天返回台湾。第二,中转由国外进入台湾的传教士。在长老会对台湾的传教工作中,厦门长期起着中转作用。如 1895 年 10 月,宣教师梅监雾牧师、廉德烈火牧师、兰大卫医生由英国赴台,也是以厦门为中转站,由厦门换船再驶向台湾。1922 年 12 月,英国母会外国宣道会长仉博士及书记安博士,也是由厦门抵台湾基隆港,然后再到台南巡察。第三,成为闽台传教士互相来往的交流点。如牧师甘为霖在台开设盲人学校,用罗马字厦门拼音的凸字版印刷马太福音传及有关布道资料共 4 版,厦门宣道会利亚姑娘得知后,请他协助在泉州盲人中开展传教工作,甘为霖派人前往厦门服务,效果显著。第四,不断向台派遣传教人员。如 1872 年,叶汉章从厦门赴台宣教,并与甘为霖牧师、李庥,访问了埤头、阿里港、木栅、柑仔林、拔马、冈仔林等。"叶牧师用厦门音的讲道,应用了他对信仰、风俗及听众需要的丰富知识,有力且有启发性,使甘牧师不得不承认本地传教确需要本地出身受过教育的人士来担任,始能克服传教的障碍。"②厦门宣教会还派出精通中文,在闽南有传教经验的牧师赴台传教。如 1909 年至 1915 年,牧师何希仁由闽南永春调往台湾新化,他善于使用帐幕、幻灯及福音单进行宣教,1915 年回国后于 1920 年再返厦门宣教会。第五,编写以厦门音为参照的有关读物,供闽台居民使用。由于台湾居民大都熟悉厦门音,而长老会传教士又多从厦门抵台,不同程度熟悉厦门方言,许多在台传教士编写了大量以厦门音为参照的读物。其中有代表性的为驻厦门宣教师杜嘉德的《厦门英汉大辞典》,后经牧师巴克礼和助手杨士养增补为《增补厦门英汉大辞典》,1922 年春由上海商务印书馆出版发行,是厦门音字典的经典著作。1913 年 4 月 11 日巴克礼在厦门由当地两名中国牧师与一名传道士帮忙,开始改译厦门音罗马字《新约圣经》。1915 年 3 月 5 日至 7 月 8 日,巴克礼往厦门订正前年改译的罗马字《新约圣经》,1916 年该书第 1 版发行。1926年 1 月,巴克礼为改译罗马字《旧约圣经》再前往厦门,至 1930 年12 月,巴克礼记载:"今天早上,我们已完成我们的《旧约圣经》之翻译及最后的校订。"1931 年 9 月,巴克礼写信报告翻译进展情况:"《新约圣经》于 14 年前发行第一版以来,现在已卖出约 6 万册,目前《旧约圣经》的印刷工作,为求精确,所以进展缓慢。我不敢决定于今年末是否可能回到台湾。"巴克礼在台传教近 60 年,于1935 年 10 月去世,其译的新、旧约《圣经》深受闽台居民欢迎,流传十分广泛。巴克礼曾报告他在台湾推行厦门话罗马字的《旧约圣经》的情况,他说:"实际上,我们从经验可以看出没有什么困难会发生。在我们台湾传教区罗马字母已经自自由由地整整用了60 年,我记不起有任何意义不明白等情形发生过,至少要比应用方块字发生过的少得多。同样,我们的群众也不曾因为使用它而遇到过什么困难。大约在 5 年前一个教区调查告诉我们,在一个有 9000 在洗会友的教堂中,我们有 1280 个方块字读者和 7400 个罗马字读者。到现在这数目可能极度地增加,因为一切安息日学校中都已教小孩子用罗马字来读书。这也就是说,在我们这个教堂里大约有 8000 人能够或多或少地把整本《圣经》,由《创世纪》到《玛拉基书》,由《马太福音》到《启示录》,顺顺利利地读完,同时他们也读赞美诗,旧的和新的,我们差不多有接近 100 种的书,大部分是用宗教小册子的方式印的,可是它们之中也有关于更普通话题的大部头的书,我们还有教会的报纸,是中国话最老的一种定期的报纸。"③第六,由台转厦门休整。如 1866 年 6 月,英国万巴德医生受马雅各推荐,抵台打狗协助诊所医疗工作。1869 年马雅各返回府城后,诊所就由万巴德负责。1871 年,万巴德转回厦门,1883 年 12 月离开厦门时完成了系列医学研究。第七,由厦门派人来台任教。如 1876 年,打狗和府城两地传道养成班合并(即今台南神学院前身),1854 年在厦门受洗的鼓浪屿人卢良即赴台任教,1877 年担任舍监,负责辅导管理神学院学生,并于 1877 年 4 月起兼府城教会传道。1879 年 8 月,厦门王世杰也应聘来台任教,后学生学习中国经书时分两班,高级班由王世杰领读,其余由卢良负责。卢良和王世杰同时还担任宣教师的语言教员。第八,教会中的一些活动由厦门传入台湾。如 1875 年,在英国宣教师表嘉湖的努力下,厦门成立了反对缠足的团体"厦门缠足会"。反对缠足旋即传入台湾。1887 年 2 月,府城长老会女学入学条件是"不得缠足,若已缠足者,必须先将它解开"。当时叶汉章历数缠足弊端,颇有影响。英国基督教长老会 1851 年起以厦门为中心开始宣教活动,其以厦门为基地,向台湾传教。

清同治四年(1865 年),英国长老会派遣首任驻台宣教士马雅各来台,在台南开始医疗传教。这一天是 6 月 16 日,因而被定为英国长老会在台设教的纪念日。由于台湾人民痛恨外国侵略,仇外之心甚强,马雅各传教困难重重。有传言说其行医只是借口,因此引起群愤,马雅各在县署的劝告下暂迁凤山。1867 年英国长老会加派李麻牧师到台协助。李麻到台后,一面招募人员加以训练,使他们成为传教者;一面到台南、高雄、屏东等地传播基督教。1875 年更到台湾东部传教,在石牌、石雨伞与里弄等地,建立教会,成为东部地区最早的宣教士。在传教中,常以物质和药品济助贫困,以吸引听讲者。4 年后李麻因积劳成疾而逝。1871 年英国长老会又派甘为霖来台。甘氏在台,一面热心传教,一面撰写《圣诗歌》、《治理教会》、《厦门音新字典》等书,同时从事盲人教育,深入少数民族地区。在传教 47 年间,其足迹遍及埔里、彰化、木栅及澎湖等地。值得关注的是甘为霖撰写了大量以台湾为主题的著作,为研究台湾史的珍贵文献,如《素描福尔摩沙》、《荷据下的福尔摩沙》、《新港语马太福音》、《台湾布教之成功》、《台南教士会议事录》、《中国的盲人》等。1871 年马雅各任满回英国,这时在台湾南部传教的还有巴克礼。他一面协助李麻传教,一面致力于传道士养成,从传授知识起步,讲解神学。传道士养成所原分设于高雄、台南两地,后合并建新校于台南,有学生 15 名。1876 年,英国长老会在台南设立宣教中心,次年又成立教士会,借以提高传教的效率并有效执行传教计划。两会成立后创办南部教会中学,并创办一所女校。以上是这个时期台湾南部基督教传教的基本情况。

在长老会传教过程中,许多由闽南赴台的人受洗并成为传道士。如晋江人林孳于 1873 年 2 月受洗,成为北部首批受洗的 5 人之一,后成为传道士,曾被派往红毛港、后埔仔、金仓里、鸡笼、宜兰等地教教。1889 年曾回淡水神学院学习,其长子林清廉、次子林清洁、三子林有福、五子林有禄等后来皆成为传道士。泉州人刘光求 24 岁时赴台,原为军官,武艺高强,后成为一名信徒,其四子刘锡五,1918 年曾任南部台湾长老会财团法人理事长,对教会奉献了大量的钱财。晋江人高长是马雅各来台时受洗的第一个弟子，也是本地初期传教者之一。其弟高贤是马雅各的佣人，于1868年由李麻施洗。1869年6月，晋江人高耀由族弟高长引进，由李麻领洗，成为府城最早受洗者之一，后任教会长老多年。其子高天赐1岁时受洗，并于1889年赴福州入由美以美会创办的英华书院就读，成绩优异，为从台湾到对岸接受西方教育深造的第一人。其1897年再赴福州时，带了堂弟高铁前往英华书院深造。闽南人在台传教时，仍与闽南保持密切的关系。由于闽南风俗中男人可在外闯天下，妻子要在家中奉养父母，因此有的传道士会因处理不妥夫妻关系引起风波，甚至被停止会籍。如高长在闽南家中已有妻子，却要与妻子离异，使甘为霖感到特别遗憾的"就是事情已经暴露在厦门的信徒间，他仍支吾其词"④。对此事，马雅各特有说明："长自1867年受雇于宣教团，在1868年大劫难期间因信教的缘故而入狱两个月。约一年之后他应母亲的紧急要求，从台湾过海到泉州附近的故乡（晋江县永宁城）结婚，使妻子能在家奉养母亲。当时我们（指宣教师）劝长，虽然说是为了母亲的缘故，千万不要娶未曾见面的未信女子，而她或要用世俗的婚礼。长未接受劝告，返乡结了婚。几个礼拜之后，长将妻子留在母亲处，返台继续其传道任务。现在我们知道他写信给亲戚们，请设法离别妻，要妻另嫁别人。我们不知道为何长采取如此激烈的做法，不过在信主的兄弟们的眼里，这种行为是不该有的，所以教会不仅解雇他的传道士之职，也将他的会籍暂停。"⑤

在台湾北部，加拿大长老会于1871年差遣马偕博士到台湾传教。马偕先抵高雄，寄居台南，后北上淡水，在寡妇陈塔姐妹协助下，于五股坑建立台湾北部第一个教堂，并在台湾北部一带传教。次年至苗栗后龙传教，并建立教会。他还深入宜兰山地，在噶玛兰平原建立教会。在传教中也曾遇到台湾少数民族的反对和围困，但都能化险为夷，除了靠他自己的胆识和毅力外，他的行医赠药也起了相当的作用。他治好了当地居民的疟疾,还为少数民族拔牙超过 2 万颗。为了扩大传教队伍,马偕从 1872 年开始培养传教士,开办牛津学堂(又名理学堂),不仅教授诗书文学,还传授数理科学、医学和神学,8 年间将 22 名学生培养成为传教士。两年后又建立一个女学堂,招收了 34 名学生,传授新文化知识,开台湾办女学堂风气之先。马偕为开拓台湾北部基督教事业作出了杰出的贡献,于 1900 年病逝淡水。在他生前,加拿大长老会先后差遣华雅各医生、闰虔益牧师来台协助。在他逝后,由他培养出的本土传教士严清华、吴宽裕,以及陈荣辉、陈清义、萧安居等,都能本其精神致力传教。

台湾基督教长老会宣教史上传诵着一句话:"北马偕,南甘霖",道出了这两人在台湾南、北宣教史上的贡献。经过南、北部传教士的努力,基督教长老会在台湾传教取得了初步可观的成绩。据统计,到 1895 年,台湾南北部长老会共有宣教士 10 人(其中南部 2 人)、教堂 108 间(其中南部 60 间)、传道士 60 人(全为南部)、神学生 9 人、信徒 3581 人(其中南部 2136 人)、医院与学校各 2所。因而长老会成为台湾基督教历史最长且规模最大的教会。而其他教会如圣教会、真耶稣会等,都远不如长老会。

二、日据时期的台湾基督教

甲午战争之后,清廷被迫签订《马关条约》,把台湾割让给日本。台湾人民为保卫台湾,誓死反对,并进行了顽强的抵抗。在这场斗争中,教会采取了中立的态度,有的牧师以保护台民为名致信日军司令,甚至为日军攻台充当向导。这当然引起了台湾抗日义军的愤怒与仇视,因而发生了攻击教会和杀死教徒的事件。而教堂也因战争被日军占用,教徒失踪达 700 多人。基督教在台湾陷入了窘境。

日军占领全台后,为了安定社会秩序,暂时对宗教采取放任的政策,日本基督教会还派遣日人教士来台协助南北教会,日本基督教会介入了台湾教会的活动,并由日本基督教大会派牧师来台视察。在此情况下,台湾基督教会得以生存下去。到 1896 年底,台湾南部英国长老会有教堂 39 处,布道所 9 个,并有 30 名传道士、8 名外国宣教士、3 名神学生、信徒 2263 人、医院与学校各 1 所。北部加拿大长老会则有教堂 60 处,并有 60 名传道士、2 名外国宣教士、9 名神学生、信徒 2636 人,医院与学校各 1 所。此后,北部教会又设办了培养女宣教士的女学堂、高等女学堂以及淡水中学,并建成了马偕纪念医院。南部教会到 1905 年信徒增加到 3000 多人,还创办了盲哑学校和台南新楼医馆。1912 年 10 月 20 日,台湾南北教会联合,举行首届大会,公举甘为霖牧师为议长,萧安居牧师为书记,南北传教工作合二为一。

日本占据台湾,对台湾采取殖民政策,以三等国民对待台湾人民,把日本教育强加给台湾,剥夺台湾子弟受教育的机会,在日本人与台湾人的争讼中偏袒日本人,因而台湾反日的情绪始终不能平息,反日的斗争也始终未断。1915 年,余清芳在农民的支持下,利用宗教掀起了较大规模的推翻日本统治的斗争,遭到了残酷的镇压,台湾人被处死者超过 1000 人,下狱者达 2000 多人,其中也有教会的信徒。日本在残酷镇压之后,对台湾宗教转而采取严厉的措施,特别是 1937 年抗战爆发和 1940 年太平洋战争发生之后,日本对台湾宗教的控制更加严厉,规定台湾百姓住家的大厅中必须设置日本神道教神明,教会在礼拜或聚会时必须先唱日本国歌,向日本皇宫遥拜,随后又要求教会断绝与外国教会的关系,以种种借口没收教会财产,接管教会学校,并以日本人取代外国宣教士,控制教会,夺取教会的领导权,从而迫使外国宣教士全部离开台湾。

日本占台初期,为解决不懂闽南语的日本基督教徒聚会礼拜的问题,先后派遣日本基督教会、浸信会、美以美会的牧师来台。

日本基督教势力规模较小，基础薄弱。随着战争形势的发展及对台湾严厉控制的需要的增强，日本鼓励日本基督教各个教会，到台湾建立教会，使日本教会不仅吸收日籍信徒，而且吸收台湾信徒。于是日本圣公会、日本组合教会、救世军、日本圣教会等相继入台。但这些教会毕竟弱小，教徒也以日籍者为多。圣公会是这些教会中规模最大的一个，1938年聚会时教徒日籍的有573人，而台籍的只有13人，其他教会都没有取得多少成绩。到1942年，这些教会因被加上莫须有的罪名，或教徒被捕，或教堂被关闭。1941年，日本全体基督教会在日本政府主导下，成立日本基督教团，台湾教会为求生存发展，欲谋参加，却被以殖民地教会不得参加为由而被拒绝，不得不与日本基督教在台各教会联合组成台湾基督教奉公会，后改名为台湾基督教奉公团，由日人上与二郎牧师担任理事长。

　　在台湾基督教差会处境艰难之时，有两个教会却能在夹缝中生存发展。一是山地教会，即台湾少数民族所信的山区教会。基督教在日占初期即已开始在这一地区传教，由于日本政府忙于镇压台湾各地的抵抗，对这一地区采取隔离而治的政策，禁止山区台湾少数民族与平地人往来，在山界建立360里的铁丝网，其中有200多里是通电的，并禁止基督教在此传播。这时一个名叫芝苑的妇女，在接受淡水女学堂教育后回故乡太鲁阁传教，虽屡受警察的威胁和迫害，依然秘密传教不停，使台湾少数民族深受感动，取得了较大的成绩。至1946年，已建立了20多处教会，有5000多人受洗。芝苑因而被称为"山地教会之母"。另一个是真耶稣会，这是个有别于差会的独立教会，因为它在行政上、经济上都不受或甚少受外国教会的差遣和资助，宣教方式也是独立自主的。真耶稣会于20世纪初产生于美国洛杉矶，1910年传入中国，1917年该会郭多马、张巴拿马、高洛加等受黄呈聪等人之邀来台，在彰化附近设立教会，仅40天就设立了线西、牛挑湾、清水等3处教会，信徒有 100 多人,后来又在东南部、东部地区以及台北设立教会,并向台湾少数民族传教,以秘密的形式在高山地区设立 10 多处教会。由于有台湾本地人的协助,真耶稣教在台湾传播发展很快,1945 年,信徒受洗人数为 5050 人,其中 3/4 是平地信徒,其余是山地信徒。后来终于成为仅次于基督教长老会的台湾第二大教会。

这两个教会传教的成功,并得以生存发展,在于传教者顽强努力,不怕迫害,并以独立自主和秘密的方式进行。而此时台湾基督教差会在外援断绝之后,虽要"自立、自养、自传",但在日本总督府的政治干预和控制之下,进退维谷,生存堪忧,遑论发展。

三、台湾光复之后的基督教

日本投降后,台湾回归中国,在台的日本基督教奉公团,也随着日本势力的退出而消亡,由此给台湾基督教差会带来了恢复和发展的机会。被日本拘禁于集中营的西方宣教士全被释放出来,他们所属的海外母会也派遣大批的宣教士来台,更有从祖国大陆来的宣教士。他们为恢复基督教传教的实力,一面重建教堂,一面召回已失散的教友,恢复教会的活动。而台湾的独立教会也从昔日的地下传教转为公开活动。

1949 年,国民党败退台湾,大量军民随之入台。由于日本投降后留给台湾的是一个烂摊子,"二二八"事件更造成紧张局势,加上人口激增,台湾经济、物资极为匮乏,基督教差会凭借美援救济物资的发放,大力发展教会和教友。二战前台湾基督教只有 4 个教派,至 1955 年增至 36 个,其中较有名的有"中国神召会"、"中华基督教浸信会联会"、基督教门诺会、"中华基督教卫理公会"、基督教协同会、信义会等。原先创办的医疗和教育事业也恢复发展,如马偕医院增设了淡水和台东分院,由门诺教会创办门诺医院,等等。教育方面有长荣高中、长荣女中,以及东海大学、东吴大学、中原大学、真理大学等。通过这些医疗和教育机构,填补了当时台湾医疗、教育的不足,也给贫困者特别是山地台湾少数民族提供了医病疗伤的条件和受教育的机会。这些都促使教会和信徒数量的大量增加,全台基督教信徒,由 1948 年的 5 万多人,增至 1960 年的38 万人。山地台湾少数民族几乎村村都有教会,信徒约占其总人口的 30%。在医疗教育之外,在台基督教会还创办了一些出版机构,如长老会的台湾教会公报社、浸信会的祭坛杂志社、信义会的宗教文化友谊社等,通过文字刊物宣传教义、教事,扩大基督教的影响力。

独立教会也显现出其蓬勃的生机,有些发展迅速,在原有的真耶稣会、圣教会之外,相继有聚会所、男青年会聚会、台南大林会、屏东基督教会等成立。其中聚会所的会友,1948 年仅有 8 人,到1972 年增加至 5 万人;真耶稣会有 160 座教堂和 32 处祷告所,受洗者达到了 31600 人。其发展的速度相当惊人,而真耶稣会在岛内发展的同时,还把发展的触角延伸到海外,在海外有将近 100 个教会,分布于马来西亚、日本、韩国、新加坡、印尼、沙巴、欧洲、美国,以及香港地区。聚会所也和真耶稣会一样向岛外发展,延伸到东南亚、美国西部及巴西。

独立教会与差会相比,前者发展比后者快得多,以几十倍的速度发展。其所以如此,一是独立自主,不依靠外国教会的管辖和支援,因而能在极端困难的情况下,以自我牺牲的精神披荆斩棘,开辟出发展的新路;二是教会精干,没有差会那样繁缛的机构和诸多的职业性牧职及行政耽延的阻碍,只要受过训练的基督徒聚集一起,教会就能生根立足;三是有独立的信念,认为自己对他人误解《圣经》教义具有纠正的责任,使基督教回到原有纯净的《圣经》标准,改变从西方带来的传统和仪式;四是认为西方宣教会带有殖民主义意识,以自诩优越的心理鄙视中国文化,难与中国社会打成一片,因此传教者必须降低自己的身份,深入无数家庭与信徒、非信徒聚会,让信徒在家庭气氛中感到亲切,也让非信徒愿到邻近的信徒家中自然聚会,这样才有利于传教;五是独立教会没有专职的神职人员,也没有任何神学院毕业生被派到他们的教会中来,而是通过信徒聚会研经和传教实践培养会中的领袖,领袖没有薪资,通常由有固定和受人尊重的工作的人担任。这些都与差会不同,但恰恰正是这些不同,使其能够在基督教中独树一帜,宣传自己才是真正的基督教,才是信奉《圣经》的真义,取得对诸多差会不满的人的信奉,而且不必像诸多差会那样建立宏大壮观的教堂,不必听命于外国教会,不必付给传教者薪资,不必等待外国教会的支援,不必建立专门培养神职人员的神学院,也不设置那些繁缛的机构,这样反而能使自己融入平民和本土文化之中,取得了惊人的效果。以1972 年的统计数据为例,独立教会一位全职工作人员,服务 194个成人信徒,而非独立教会 2250 位全职工作人员,服务 130000 个成人信徒,也就是说一位非独立教会工作人员,只服务 58 个信徒,这说明独立教会工作人员的服务效率比非独立教会高得多。

至 20 世纪 60 年代,台湾经济起飞,社会物资日益丰富,人民生活逐日改善,基督教差会以救济物资吸引人信教的方法逐渐失去了作用,一些已入教的信徒的宗教热情也日益趋淡。许多教堂在礼拜时人未坐满一半。1960—1965 年间浸信会信徒只增加了3770 人,信义会和循理会此时信徒几乎没有增加,长老会的信徒流失与新增加的几乎相等。从 1970—1980 年,全台只有三成九教会成长,其余皆衰落或成长比例低于人口自然增长率。可见此时台湾基督教差会的发展已处于停滞状态,其原因之一是外援产生副作用。外援虽然使教会经济宽裕,有利于教会的发展,但也养成了教会依赖外援的习惯,一旦外援减少或中断,就无法自立,也难以发展;或者使教会满足于现状,固守传统,因循守旧,不能为适应社会情况的变化而改革,外援反而成为教会的致命伤。原因之二是随着台湾社会经济的起飞和发展,社会从农业化走向工业化,农村走向城市化,越来越多的农民离开农村去务工,并移居城市,人口的流动很大。于是原有的农村教会信徒,特别是台湾少数民族信徒大批流失,不再回到教堂。原因之三是台湾经济的发展,促使人们的生活水准逐步提升,使人们进一步加强了对物质的追求和享受,这些都对宗教所信奉的义理造成了冲击。因为人们为了追求物欲,必须尽力投入所从事的职业和工作,无暇研究《圣经》以及参加聚会礼拜。原因之四是随着经济的发展和生活水平的提高,教育也应运兴起,人们的文化知识水平已非昔日可比,因而对宗教由当初的热心趋向冷漠。原因之五是传统的专权教会模式下传道牧师不到信徒家中聚会,而是坚守教堂传道,以专权领导教会,使牧师不能深入群众了解实际情况,解决存在的问题,也使信徒被动地参加礼拜,对教会的一切活动缺乏主动参与的积极性。这对教会的发展有损而无益。原因之六是对前期大量入教的信徒缺少有计划的训练,以致教徒对基督教教义认识不深,不能坚持信奉基督的理念,因而容易流失。原因之七是忽视了中国伦理家庭的结构,以为导引一人入教,就可以带动全家,殊不知中国人重视家庭体制,由家庭体制支配全家人,要因一个人入教而放弃家庭的固有信仰,是困难的,也是不会巩固的。原因之八是由于教会满足于现状,牧师满足于坐堂礼拜,不像基督教入台初期宣教士那样能够深入山区传教,仍有许多农村没有传教人员。据 1971 年统计,全台尚有 3000 多个村庄、600 多万人无法接触传教人员。

为了解决信徒数量发展停滞不前的问题,台湾基督教会早在 20 世纪 70 年代就采取措施以求增长。1971 年即由史文森教授、葛文德牧师等筹组台湾教会增长促进会,1977 年约有 400 位教会领袖聚集台北,再度举办教会增长研究会。当时韩国的纯福音中央教会,创造了以家庭细胞小组传教的方式,每月增长 2500 人,到 1980 年其聚会人数达到 11 万人。为此,台湾基督教会于 1979 年组织 250 位教会领袖赴韩国参观学习,并在全台推行"福音广传"

运动,举办教会增长大会和布道会。基督教长老会则先后举办了
忠仆运动、自立与互动运动和什一增长运动,后者为教会运动设立
了增长的目标,期望在 10 年内每年增长 1/10。通过这些措施和
活动,1979 年会友人数(包括独立教会)增至 305000 人,占台湾总
人口的 1.8%。

　　进入 20 世纪 80 年代后,随着台湾社会生活日趋富裕,其负面
的影响也随之日益明显。一些富裕者追求享受,吸毒、贪婪、淫乱、
赌博,以至倾家荡产;一些人则企图以不合理甚至是非法手段成为
巨富;而不少人为了追求财富的增加或一夜暴富,则到处求神问
道,于是种种不法和迷信神灵之事,成为社会的公害。为此,基督
教会的有志之士组织了一些团体,以图挽救颓风。如为残障者争
取福利的伊甸残障福利基金会、帮人戒毒的基督苗栗戒毒村、到狱
中传播福音帮助罪犯获得新生的更生契等,受到了好评。

　　基督教传入台湾之初就以医疗、教育为工具,取得立足和发
展。到了 20 世纪 70 年代,岛外差会逐渐淡出之后,台湾教会也日
益本土化,经济上已与岛外差会脱离,不能不依靠自身的力量以求
生存发展。80 年代台湾基督教有医疗、慈善机构 208 个,由于经
济的原因,有的逐渐脱离教会,有的走向市场化,如马偕纪念医院
就由以贫困大众为对象,逐渐改为需交一定病房费才能住院,医疗
人员中的基督徒还不到 15%。有的机构不得不解散,有的必须向
当局和民间募款以维持其生存,如上文所举的伊甸残障福利基金
会。这诸多现象说明台湾教会已陷于困难之中,救助慈善事业更
难以展开,教会也难取得实质性的增长。

第二节　台湾基督教传播的特点

一、随着殖民主义的扩张而传入

基督教是随着荷兰东印度公司势力的扩张而传入台湾的。从 1624 年到 1683 年,先后传教约 60 年,但成效不大。清朝初年,政府采取闭关政策,台湾基督教传教从此停顿达 175 年之久。鸦片战争之后,凭借不平等条约,英国基督教长老会派遣宣教士入台,重建传教工作。这与天主教入台有共同之处,但又有所不同。天主教入台曾因西班牙与荷兰为争夺台湾发生战争而受到负面影响,但基督教入台却未有此情况。因此其入台传教之初,不曾遇到台湾少数民族的强烈抵制,而且在台湾少数民族中传教十分顺利。但到鸦片战争之后,这种情况有很大的改变,由于帝国主义侵略中国,台湾人民产生了强烈的排外、仇外的心理,传教士就不能不遭到台湾少数民族的反对和围困。在日军侵占台湾之时,有的外来的基督教传教士又站在偏袒日军或中立的立场,自然遭到台湾人的不满和仇视,使其传教工作受到了损失。这说明和平传教是不受反对的,但如果有损于台湾人民的利益,传教必将遇到重重困难,付出沉重的代价。

二、传教过程曲折

基督教在台湾传播曾经经历几起几落的曲折过程。明末传入之时曾小有成效,清初至鸦片战争之前则陷于停顿,鸦片战争之后长老会入台恢复传教并有较大发展,甲午战争后因日据台湾使基督教受到控制而处于生存堪忧之境,光复之后至 1960 年发展迅速以至高峰,其后发展停滞而显衰落之势。这种几起几落的曲折历程,说明在政治、经济多变的台湾,基督教的发展受到客观条件很大的制约。因此基督教的发展不能超然于社会政治、经济之外,也不能脱离当时当地的地理环境和人情。早期长老会之所以能在对山地台湾少数民族的传教中取得成绩,主要是认识到了这一点。日据时期之所以陷于孤立无援,则是忽视了这一点,没有认识到政治环境的险恶和台湾抗日民心的可用,而是一味委曲求全,陷于生存堪忧的境地。光复之后,没有好好利用外援的优越条件,加强传教的硬件和软件,而是滥发救济品以发展教友,以致台湾经济起飞之后,要保持高速发展,却反而不能。

三、教派众多

基督教派最早入台湾传教的是英国长老会,其后有加拿大、美国等基督教派来台,二战之前增到 4 个,二战之后激增到 36 个。如此众多的教派聚集台湾,使台湾成为全世界基督教派密度最高之地。众多的教派各自形成了一个个集团,举着各自的旗帜,同向发展教会、教友的一个目标前进。然而台湾区区之地,只有那么多的人口,而且由于文化的原因,占大多数的台湾人口和家庭,都笃守本国的文化和笃信固有的宗教,因而教派虽多,但就传教的成效而言,长老会依然一枝独秀。这是因为长老会来台已久,已扎下了根基,有广泛的人脉,有丰富的传教经验。需要指出的是,教派众多,互相竞争,各办各的医疗、教育和慈善事业,争地区、争对象,不仅耗费了许多资金,也带来了教派与教派之间的矛盾,于是有南部教会和北部教会的产生,又有南北联合教会的产生,企图磨合矛盾,但为了选择联合教会的地址,却产生了南北意见的分歧。可见磨合并不容易。

四、以经济手段辅助传教

台湾基督教在传教时往往采取以经济物质相辅助的做法,主要是以物资济助贫困,或举办医疗、教育事业,为贫困者提供医疗和教育等服务。早期来台的马雅各,一边传教,一边行医,传教为主,以行医辅助传教工作;李麻在传教中,常以药品等济助贫穷;甘为霖则创办盲人学校。他们深入山地台湾少数民族居住之处,个人传教行医,教育则先从识字开始,逐渐扩大影响,取得台湾少数民族的信任,因而有 4000 人受洗。然后建立教会,设办中学。清朝开禁之后,来台的传教士,仍然采取这些有效的手段传教,取得相当好的成绩。光复之后,面对当时物质匮乏的台湾社会,以发放救济品作为发展教会、教友的重要手段,使教会、教友的发展达到了高峰。这说明以经济手段辅助传教,确实取得了相当大的成功。但这种做法也有局限性,台湾经济起飞而社会逐渐富裕之后,这种做法就难以发挥作用了。

五、独立教会的崛起

基督教在各地所建立的教会,经济上依靠差会的支援,组织人事上由差会派遣传教士主持管理。这种教会被称为"洋教会",而且被称为西方殖民主义文化的势力,被认为其传教是对所在地的思想和文化的破坏。随着各个国家民族独立运动的高涨,摆脱差会的控制,切断与差会关系的要求愈益强烈。非洲、拉丁美洲都先后建立了独立教会,不再接受差会的援助和差遣。受此影响,中国于 1906 年即在上海成立了中国独立基督教会,从 1919 年起,30年间独立教会会友由大约 1 万人,增加到 20 万人,几乎增加了 20倍。中国独立教会中有真耶稣教会和聚会所两大教派传入台湾。前者于 1926 年传入台湾,先在彰化建立教会,后逐渐扩展到花莲以及山地;后者则主要在青年中发展,都取得了惊人的成绩。这两个独立教会,产生于"五四"运动不久之后,这对于许多既想成为基督教徒而又不愿被视为洋教徒的中国人颇有吸引力。因为他们不愿受到西方殖民主义的左右,不愿背弃中华民族的文化,也不愿改变中国历史悠久的价值观和强烈的民族意识。他们要把基督教融于中国文化范畴之中,成为中国化的基督教。这就要求基督教会从西方直接或间接控制中独立出来,以新的思维、新的形式取代旧的形式,采取新的传教方法。这就是独立教会之所以崛起的原因。

注:

①郑连明主编:《台湾基督教长老教会百年史》,台湾基督教长老会出版社 2000 年版,第 7 页。

②赖永祥:《教会史话》(第 3 辑),人光出版社 1995 年版,第 68 页。

③许长安、李乐毅编:《闽南白话字》,语文出版社 1992 年版,第 3~4 页。

④赖永祥:《教会史话》(第 4 辑),人光出版社 1998 年版,第 89 页。

⑤赖永祥:《教会史话》(第 4 辑),人光出版社 1998 年版,第 89~90 页。

第十三章　台湾伊斯兰教

第一节　伊斯兰教传入台湾

伊斯兰教传入台湾的时间和途径,历来看法不一,有认为是唐代经海路传入的,有认为是宋代经泉州港传入的,有认为是元代因经商传入的(如元代穆斯林官员纳绥拉丁的后裔拉里曾到台湾经商,阿里山由此而得名),有认为是明代穆斯林随郑和下西洋经过台湾时传入的,有认为是明末大批郑成功军中穆斯林随郑成功而定居台湾传入的,有认为是明、清之间闽南一带穆斯林随着移民高潮多次进入台湾嘉义、彰化、鹿港等地定居而传入的。有实例可查的,如福建惠安白奇郭姓回民移居台湾鹿港、基隆、台北、新化、台中、新竹、高雄、台南、屏东等地,约有 7000 人。明正统年间郭萌始修、清嘉庆年间郭纯甫等重修的《惠安百奇郭氏族谱》,如实地记载了郭氏族人前往台湾经商定居的情况,其中写于"皇清雍正十一年(1733 年)癸巳五月十七日"的《招郎自鹿港回家临别口述笔记》载:"吾招郎,年二十四,时于雍正四年(1726 年)丙午六月十七日,同弟福郎年二十三岁,以及内苍德祥表兄,搭苦浮里施阿须船,一共八人,要往北仔山趁食,不幸在三沙洋面突起台风,桅柁尽折,随风飘流,一夜到台湾后笼港口沙线顶。船打破,山顶乡亲看见,放竹排来救,八人(得救),平安上山。因为当时官厅禁止出入,又无船只搭回唐山,连批信尽皆无法通知家中,就此兄弟三人,即在后笼流浪度食。两年后,三人再搬到佳(嘉)义章(彰)化住过几个月,又再搬到鹿港沟墘庄脚,合搭一间草寮,宿遮风雨,替人种田挑夫,兼做小贩生意,有七年之久。到雍正十年(1732 年)壬子,塔窟曾法伯讨海来鹿港,即暗中拜托法伯代为回到家中说报,吾三人七年前船患风,船破受人救活,现时都在台湾趁食。后来因为不得回家,而且福郎弟年已长大,即就鹿港为建家庭。吾亦同住一家,合谋生计。至于咱厝祖公留下业产,只有二房一厅,破损狭小,厝宅又是同大兄顺郎合家之时由先人遗下祖业,过去父母在世年老,对养生送终之事,一概全是顺郎兄嫂支当料理,嗣后发妻江氏讳银香去世,系是大兄嫂负责收殓安葬费用,遗下幼子清亨皆承大兄嫂抚养照料。今幸兄嫂长寿在堂,而吾患难幸存,一别八年,相见万样欢喜。此次回家住过十日后,拜别兄嫂子侄,吾即将九岁幼儿清亨带去鹿港身边养饲,别日再相往来。今日分别,欲言难尽,草略自述。雍正四年(1726 年),兄弟同患台风危险情形,以记之。"[1]族谱详细记载了惠安白奇郭姓回民移居台湾鹿港的原委和过程,有一定代表性,因为亲身经历,读来令人倍觉亲切和真实。《惠安百奇郭氏族谱》中"廉若草记于道光三十年庚戌四月初三日"的《鹿港初探小记》载:"吾于道光三十年庚戌初夏,随自置金德隆帆船,由镇海载货航海经商,开到台湾淡水港,曾亲到鹿港庄脚四至探询,果幸寻得清亨伯、清浦伯、清实叔三大家之后辈,及其兄弟子侄,男女老少约有十四五人。虽然一时感动,而彼此互不相识。但初逢之时,却甚欢聚畅谈,亦各自陈述祖先来历以及行第来鹿之名讳,恰相吻合,方知同是五服未过之亲堂。只一夜之间,而匆匆偶会,未能详加稽实,只将其名字略为记之。当夜有长发、石法、双美、双金、和春、俊春、四海、启吉,诸兄弟叔侄而已。余事未克尽叙,姑待后续为幸。"[2]从记载中可得知在台的惠安白奇郭姓回民已繁衍多代,与惠安白奇的郭姓皆为兄弟叔侄。《惠安百奇郭氏族谱》中"十六世裔孙国川于民国五年七月记"的《鹿港堂亲第二次接洽经过情状》载:"余在民国四年乙卯,即日本昭和十年季夏,与下埭乡佛恩、埭上烱等三人,合资向白奇石、盘蚝舟代买置金协发商船一艘,载重八百多担,航行泉州鹿港之航线,载运洋油火柴、白糖等货生理,前后三次到过鹿港。总因商务冗忙,无暇与诸亲堂联接祖宗之事。在民国五年(1916 年),即昭和十一年五月,金协发船运砻石、山青子、旧网纱等,于第三次再到鹿港没倚北头郭洽和商行。不料因该旧网纱未经日本驻华领事馆之防疫证明,不准入口上陆,并将船舱标封。……因此船破于鹿港前后之两个多月中,蒙受鹿港之亲堂如郭苦萍、水易、网仔、国贤、国镇、蛮口、子兴、力兄、备兄、逃兄、国来、添丁、清水、梨水、银追、天德、彭仔、鳄鱼、乞仔、阿宗等发动沟墘一带亲堂几十人,轮流用苦工及竹排帮助将船料折(拆)迁而尽,令人真是感激不尽。"③

　　台湾也多有成果披露了伊斯兰教早期从福建泉州传入台湾的情况。1958 年,台湾李忠堂在《回协会刊》第 193 期发表了《鹿港访问纪实》,文中记载:鹿港自郑成功时代就有 600 多户来自福建泉州一带的郭姓、马姓、丁姓居民信奉伊斯兰教,曾长期是教内通婚,老一辈去世时去福建请阿訇来念经,来回乘帆船要一个多月。老年人还记得一些伊斯兰教的教理,并遵守伊斯兰教教规。④作者表明:台湾原有伊斯兰教人士,由福建漳、泉移来,鹿港曾有清真寺,但穆斯林已经与汉人融合,清真寺改为"保安宫";鹿港伊斯兰教先民从福建惠安、泉州、兴化来的为多,现在惠安仍有伊斯兰教村,居民承认自己是穆斯林,以郭姓为主。⑤台湾伊斯兰教研究者贾福康多年来一直关注彰化鹿港早期穆斯林的生活情况,曾收集了一批报纸杂志发表的有关文章,编成《台湾鹿港回教寻根文献》一书赠送各界,并于《中国回教》(第 271 期,2001 年 7 月 1 日出版)发表了《鹿港回教寻根运动史的回顾与前瞻》,旨在唤起对鹿港的关注。此外,云林县台西乡丁氏家族也曾信奉伊斯兰教,其人数较鹿港也不算少。丁荷生、汪士奇曾于 2002 年在《中国时报》发表

文章,指出:台西乡海埔村、盐埔村的早期回裔人民,至今有 3000
人之多,而就在 3000 人之中,丁姓回裔人民有 24 位中了进士。台
西乡全乡人口 30000,约有 10000 人姓丁,散布在台西各村的人
口,如海口、台西、海南、海北、山寮、光华等地者,他们全是对岸泉
州陈埭的移民。⑥"据台西陈江丁廿四子孙、现任交通大学历史系
丁崑健博士考证,台西丁姓的来源是元赛典赤·瞻士丁。在明代
强迫阿拉伯人改用中国姓氏后,才改用丁姓,也都全来自泉州的陈
埭。台湾回族遗民寻根,除了鹿港和惠安'北郭奇',应不会忘了台
西丁家,和泉州陈埭是一脉相传,近代鹿港和台西丁姓两姓回族遗
民都纷纷开展了惠安和陈埭的寻根之旅。"⑦可见台湾清代的穆斯
林大多聚集在鹿港和台西,与福建泉州的惠安、陈埭关系极为
密切。

　　据《重修台湾省通志·卷三·住民志·宗教篇》载,日据时鹿
港尚有清真寺,阿訇由福建聘来。基隆有人将《古兰经》当作祖宗
牌位来供奉。

第二节　台湾光复后迁台的穆斯林⑧

　　1945 年台湾光复后,从大陆移居了部分穆斯林到台湾。因当
时台北无清真寺,他们创建了台北丽水街清真寺,并请被称为"四
大阿訇"之一的王静斋(1879—1949,天津人)来台传教,并主持全
台湾第一个主麻聚礼。后因大陆有要事待理,王静斋即于一年多
后返回祖国大陆。1948 年,丽水街清真寺聘请"四大阿訇"之一的
马松亭(1895—1992,北京人)来台传教。马松亭在台一年后,于
1950 年赴马来西亚讲学,后又赴埃及访问,1952 年回到祖国大陆。
1949 年前后,又有 2 万多大陆穆斯林迁台。当时的"中国回教协
会"、"中国回教青年会"也分别迁台。

当时迁台的穆斯林主要有以下几种类型：

国民党官员中的退隐人员。如：许润生（1874—1965），安徽寿县人，退隐前任安徽省土地整理委员会主任，1949 年 2 月挈眷来台。曾在台湾《中国回教协会会报》刊发研究伊斯兰教教义的文章 14 篇，后结集为《伊斯兰教义之研究》一书，并著有《嘉言类纂》。因其子许晓初曾任台湾"中国回教协会理事长"，曾被称为"台湾回教界大老之大老"。于乐亭（1885—1951），山东泰安人，曾任山东省农林局局长，1949 年来台定居于台中市，因当时台中无清真寺，遂在于府中举行主麻聚礼，之后极力推动台中市建立清真寺，终于 1990 年落成。

国民党政权中的公职人员。如时子周（1879—1967），天津人，曾任天津市参议会议长，1949 年冬随单位来台，曾任台湾"中国回教协会"第二届理事长。在台湾曾以白话选译《古兰经》，并组团赴麦加朝觐，多次访问中东及东南亚伊斯兰教国家，促成台北清真寺建成，著有《古兰经国语译解》、《伊斯兰教教义一百讲》。康玉书（1892—1970），河北昌平人，曾为甘肃、宁夏、青海监委行署官员，1949 年来台，1958 年及 1965 年先后被选为伊斯兰教朝觐团代表与团长，曾参加"第二届世界回教联盟大会"，并多次访问中东、北非及东南亚伊斯兰国家。尧乐博斯（1888—1971），新疆哈密人，曾任新疆第九区（哈密区）行政督察专员，1949 年来台，在台曾倡议并组织台湾穆斯林每年组团前往麦加朝觐，曾自任第一届麦加朝觐团团长。赵明远（1894—1974），山东益都人，赴台前曾在北京创立"中国回教典籍编译社"并开展大量编译经典工作，1949 年（？待考）赴台后定居台北，曾任台湾"中国回教协会"代理理事长，经常参加常务理事会，积极推动协会各项工作。孙绳武（1896—1975），北京人，曾任国民参政会参政员，1949 年来台后，以宣传伊斯兰教教义为己任，主编《中国回教协会会报》，扩建台北清真寺，筹划每年赴麦加朝觐，曾在政治大学边政系讲授"中国回教史"、

"伊斯兰概论"等课程,出版《回教论丛》一书,曾任"世界回教联盟"理事。沈九香(1902—1968),江苏南京人,曾主持中央社南昌分社,1949年随总社来台,后任台湾"中国回教协会"名誉理事,对该会提建设性意见甚多,曾策划在花莲建立清真寺,虽未实现,但颇获广大穆斯林共钦。仝道云(1903—1994),安徽和县人,曾任上海市参议会参议员,1949年来台,任"立法委员"40余年,并任台湾"中国回教协会"常务理事50余年,两次前往麦加朝觐,平时节衣缩食,去世后,家人按其遗嘱将遗产390万元全部捐出,其中台湾"中国回教协会"、台北清真寺、"财团法人中国回教文化教育基金会"各为100万元,伊斯兰服务社30万元,龙冈清真寺、《回协会刊》、妇女会各20万元。李廷弼(1904—2003),安徽和县人,曾任京沪铁路上海北站站长,1949年赴台,曾任台湾"中国回教协会"常务理事,热衷参加各项伊斯兰教活动,晚年返回北京牛街定居,长期研究中国伊斯兰教,曾在《回协会刊》等刊物发表《筹组中国回教协会纪略》、《中国回教协会第一次朝觐纪事》等文,对于研究中国伊斯兰教史,可谓弥足珍贵。马亮(1906—1971),辽宁盖平人,曾任"内政部禁烟委员会主任委员",1949年来台后,曾一度担任台湾"中国回教协会"代理事长,后为9位常务理事之一,并任台中清真寺董事长,极力为寺产土地奔波。张兆理(1906—1997),河北大兴人,抗战期间曾参加"中国回教近东访问团"。该团后出版《中国回教近东访问团日记》。张兆理曾任汉口市社会局局长。1949年经香港来台,曾任"驻韩国大使馆一等秘书",在釜山建造了韩国第一个清真寺。1962年以66岁高龄获加拿大硕士学位,同年转入美国芝加哥攻读有关"中国回教研究"博士,1989年应美国哈佛大学邀请,出席"中国回教史研讨会",发表论文《中国回教与回族之过去、现在、未来》,于1991年完成《中国回教千年演变发展史略》一书。买德麟(1925—2000),江苏南京人,出生于伊斯兰教世家,1949年来台,曾在台湾"外交部"担任了近40年的驻外人员,退休后任台湾"中国回教协会"秘书长，每天固定上下班，处理会务，领导台北伊斯兰教团体"伊斯兰服务社"（又称伊斯兰学苑），专做青年工作和出版工作，编译有《古兰中文索引》。定中明（1913—），湖南常德人，曾在国民党政府"外交部"工作，赴台后曾任台湾当局驻外人员，1981 年正式退休，曾 3 次担任台北清真寺教长，4 次担任朝觐团团长，担任 3 届台湾"中国回教协会"常务理事，并任台湾"中国回教协会"会刊总编辑 6 年，还兼任"中国文化大学回教文化研究所"副所长、台湾"中国回教协会"台北清真寺阿文教义讲习班主任、"回教三大建筑募捐委员会主委"，著有《回教黎明史》、《回教文化在中国》、《正道溯源》、《雪泥鸿爪》等书。

　　国民党军队中的将领。如白崇禧（1893—1966），广西桂林人，曾任国民党军队上将，1949 年底来台湾，任"总统府战略顾问委员会主任委员"，并任台湾"中国回教协会"第一届理事长，利用其政治地位和社会影响，积极推动会务。马鸿逵（1892—1970），甘肃临夏人，曾任国民党军队高级将领，1949 年赴台后，即因病赴美就医，但仍一直担任台湾"中国回教协会"荣誉理事和宁夏分会理事长。丁翰（1900—1972），安徽怀宁人，为"四大阿訇"之一达浦生的女婿，曾在国民党军队中任少将，出席过 1939 年 7 月 21 日在重庆召开的"中国回教救国协会"第一届全体会员代表大会，1948 年 12 月来台，曾任台湾"中国回教协会"监事多年，并于 1957 年 3 月 31 日基隆市成立"中国回教协会支会"时，当选为首任支会理事长，曾参加朝觐团，顺利完成朝觐功课。马明道（1908—1991），北京人，其祖父、父亲均为阿訇，曾于 1935 年赴土耳其留学，后被委派为驻中东伊斯兰教国家人员十余年，1966 年以上校衔内退后，任政治大学东语系主任，积极从事台湾伊斯兰教的社会团体活动，曾两次参加麦加朝觐团，一次任团长。担任"财团法人中国回教文化教育基金会"董事、常董、代理董事长，以及台湾"中国回教协会"理事、《回协会刊》总编辑等，著有《伊斯兰法之研究》、《伊斯兰教》、《伊斯兰对中华文化之影响》《至圣穆罕默德传》《明朝皇室信仰考论》等书多部,并获"回教文化教育基金会"于 1976 年颁发的第一届最佳著作奖。谢松涛(1909—1994),河北安国人,曾任华中长官公署军法处长,1950 年来台,担任台湾"中国回教协会"常务理事,兼任台北清真寺董事长,被聘为"中华学术院回教研究所所长",曾任赴麦朝觐团团长,曾代表台湾出席在马来西亚召开的东南亚国家及太平洋地区伊斯兰宣教会议,出版《回教概论》等书。王农村(1910—2000),山东曹县人,曾在白崇禧手下任上校秘书,1949 年来台后,在台湾大学任教,担任台湾"中国回教协会"常务理事兼总干事,曾于 1969 年担任赴麦朝觐团团长,并于 1981 年应邀前往加拿大出席"世界回盟"宣教大会。马次伯(1911—1998),云南大理人,曾任马呈祥的骑五师政治部主任,1970 年来台,任龙岗清真寺阿訇,长期潜心研究中国伊斯兰教史,著有《伊斯兰教在中国》一书。朱云峰(1917—1998),安徽寿县人,曾在国民党军队中任上校,来台后退伍,任中学校长,退休后任高雄清真寺董事长达 6 年之久,在任上为建寺竭尽全力,将高雄清真寺建成名寺,并为之积累了大量财富。马家珍(1929—2005),安徽阜阳人,来台后,历任"国防部总政治作战部中将副主任"等职,曾任台湾"中国回教协会"第六任理事长,任期两任共 6 年,积极推动台湾"中国回教协会"和台北清真寺的组织制度化、干部年轻化,大力支持鹿港的寻根运动,扩大整理六张犁伊斯兰教公墓,热情接待大陆学者来台访问考察,推动当局将台北清真寺定为古迹加以保护。刘昱生(1931—2000),河南睢县人,1949 年来台,长期在"陆军总部"工作。退休后于 1992 年到台湾"中国回教协会"工作,担任《中国回教》主编 8 年,将季刊改为双月刊。马智明(1936—2005),江苏南京人,1949 年来台,曾从事军中测绘工作,1989 年以上校军衔从军中退休,1998 年任台中清真寺总干事,全力协助董事长推动教务,如制定了台中伊斯兰教公墓管理办法,修订了台中清真寺捐助暨组织章程,维修台中清真寺,使其焕然一新。台湾"解严"后,积极推动两岸伊斯兰教的交流,曾多次到江苏、北京、上海伊斯兰教协会交流,并于2002年12月在台湾接待江苏省伊斯兰教协会的访问,邀请大陆伊斯兰教协会于2004年6月来台访问。武宦宏(1918—),江苏南京人,1949年3月随国民党军队抵达台湾,1974年退伍后,曾多次任朝觐团团长前往麦加朝觐,历任台湾"中国回教协会"第四、第五两届理事长,前后达6年,在任上殚精竭虑,积极开展工作,使会务得以振兴。台湾"解严"后,曾到祖国大陆昆明、西安、北京、上海、南京等地访问,开启海峡两岸穆斯林交往的先河,为日后的进一步交流奠定了基础。王立志(1922—),云南邓川人,曾在国民党军队中任职,退伍后曾任台北清真寺常务董事、台湾"中国回教协会"常务理事、台湾"中国回教文化教育基金会"常务董事三职,受这三大机构重托,制定章程,处理日常事务,并协助创立中坜龙冈清真寺,参与台北清真寺的保寺护产活动,台湾"解严"后,曾到故乡云南邓川鸡鸣回族村扩建清真寺,并修建占地十亩的鸡鸣古文书馆,著有《中国伊斯兰的传统以及将来》、《常子春与中国回教》、《穆斯林手册》等。沙铮(1922—),北京人,曾在国民党空军任职20多年,1972年退伍后从事写作,被称为"标准的老回回",其《古城夜话》中的《故乡回民宗教生活》写旧北京的回民生活,文笔优美,更因所叙述年代的久远而弥足珍贵。展骏杰(1927—),辽宁沈阳人,曾在国民党军队中任职,退休后积极参加伊斯兰教活动,以义工身份进入台湾"中国回教协会",任职十年,历任第四届、第五届理事,对台湾伊斯兰教的事务贡献颇多,曾在台湾《回协会刊》开设"养生益寿丛谈"、"关东豪侠传"专栏五年之久,宣传穆斯林中的武术及英雄人物,著有《中国北方回族轶事》等书。

教内专职人士。熊振宗(1914—1962),广东广州人,曾入埃及爱资哈尔大学,获该校伊斯兰宗教法学硕士学位,回国后任广州光塔寺阿訇,后转任香港博爱社阿訇。1955 年应邀赴台,先后担任丽水街清真寺、新生南路清真寺、台北清真寺教长,曾开设阿拉伯文学习班,讲解《古兰经》教义及阿拉伯语文,1956 年担任朝觐团团长,1957 年担任《中国回教》总编辑,常赴台湾各地讲解伊斯兰教教义,培养了许多优秀的后进阿訇,著有《穆罕默德传》、《中东回教诸国简史》等。定治中(1919—),湖北沔阳人,早期曾在重庆的"中国回教协会"任职,1949 年 7 月抵达台湾,曾任台湾"中国回教协会"、台北清真寺、台湾"中国回教文教基金会"三大机构会计,并任台湾《回协会刊》编辑、总编辑,前后达八年,通过艰苦的努力解决了稿源枯竭及经费拮据的困难,使刊物蒸蒸日上。

商界人士。如常子萱(1892—1982),北京人,从事珠宝行业,曾任北京市珠宝商业公会首届理事长,1947 年来台湾经营"永宝斋"珠宝业务,曾任台北市珠宝业公会理事长,创办丽水街清真寺,担任董事长及"回教协会"常务监事,协助创建台北清真寺,独立扩建寺中女殿。曾用楷书抄写时子周译的全部《古兰经》,每晨 9 时至 12 时,一日无缺,影印千部赠人。先后于电台播讲伊斯兰教教义四讲及十二讲,播讲内容曾印成书分赠众人。1977 年为高雄及中坜龙冈清真寺各置房屋一幢,将其收益用作清真寺的开支。常子春(1897—1983),北京人,常子萱的胞弟,曾在北京创立珠宝业"永宝斋",1947 年来台,与其兄常子萱创办"永宝斋"台湾分号,集资创立台北丽水街清真寺,曾于 1948 年 5 月 28 日与王静斋阿訇等 15 人,举行大陆来台的第一次聚礼。1950 年赴香港发展,后定居美国。1976 年在台湾捐款作为伊斯兰教奖学金,并于同年成立"财团法人中国回教文化教育基金会",担任理事长,奖助穆斯林清寒学子及有功于伊斯兰教教学人员无数,印行多种教义书籍。曾任台湾"中国回教协会"常务理事。1977 年 11 月,由美国返回台湾,担任"中华民国回教朝觐团"团长,率团赴麦加朝觐。虎绍林(1901—1978),河南襄城人,少年时曾在郑州顺城街清真寺接受经堂教育,从此打下经学根基。曾经营烟草生意,1949年赴香港,1950年由港来台,先栖身于台北丽水街清真寺,1954年受聘到台中清真寺主持教务,前后主持台中清真寺20年,积极推动成立董事会,在海内外广泛募捐,所得之款皆用于筹建新寺。

知识界人士。苏良弼(1909—1986),湖南宝庆人,曾任四川大学等大学教授,来台后历任台湾"教育部"编审、"中国国际关系研究所"研究员,长期从事伊斯兰教研究,有影响的著作如《中国回教源流及其概况》、《中阿关系史略》等。张文达(1917—1991),山东莒县人,开罗爱资哈尔大学毕业,来台后曾任政治大学教授、台北清真寺教长,编有几千段圣训,按字母顺序,每段赋予一个号码,一查即得。马品孝(1925—1991),河南洛阳人,1949年来台,从事测量制图工作,为台北文化清真寺董事,曾获沙特阿拉伯巨款,用以建造文化清真寺,曾任台中清真寺董事长,完成登记手续,使之合法化。长期从事编译伊斯兰教书籍工作,如《伊斯兰教义》、《回教复兴论》等,主编《回教文化》期刊。马国梁(1926—1986),江苏江宁人,1949年来台,曾在多家报刊任编辑,在高雄期间,曾协助创建高雄清真寺,曾向高雄当局申请宰杀牛以供穆斯林食用,并将其福利金作为补助穆斯林丧葬之用,并向高雄当局申请覆鼎金土地,以作穆斯林公墓。1952年协助《回协会刊》复刊,并发表专论《泛论回教世界》,协助创办"中国回教文化教育基金会"。晚年定居美国波士顿。海维谅(1912—),湖南邵阳人,曾长期担任台湾当局驻外官员,业余从事伊斯兰教的研究,著有《中国回教史的过去与现在》、《中国穆斯林》、《穆斯林教义指南》、《新疆回教之发展》等。高文远(1912—),青海西宁人,曾任青海省秘书长,1949年由香港至沙特阿拉伯,1957年赴台,长期研究伊斯兰教,著有《清末西北回民之反清运动》、《奇人马麟河西大捷》等,曾与教友组成"回教经书研究整印社",编辑印行古典经书数十种于世。于国栋(1922—),山东泰安人,曾为商专教师,退休后任台中清真寺董事长,积极筹划扩建台中清真寺,经8年努力,终于在1991年落成。倪国安(1929—),河南荥阳人,曾留学美国,返回台湾后在高校任教、在军队中任职,其岳母达尊为我国现代"四大阿訇"之一的达浦生的长女,1989年退役后,任台湾"中国回教协会"秘书长,第八届台湾"中国回教协会"理事长,长期担任该会会刊《中国回教》总编辑。石永贵,辽宁复县人,世奉伊斯兰教,曾任台湾中正书局股份有限公司董事长,并任"中国回教文化教育基金会"董事长十年,积极推动伊斯兰教在台湾的发展,传播教义,举办伊斯兰青年夏令营,创建奖助学金,翻译出版经典文教书刊。资助文教公益相关事业,不仅将基金会基金扩增近一倍,并遵照父亲遗命,捐出新台币100万元于台湾伊斯兰教事业。

　　其他方面人士。如许晓初(1900—1998),安徽寿县人,曾捐5万元创办上海戏剧学校,被推举为校董兼名誉董事长。1948年冬来台,于1977年被推选为台湾第三任"中国回教协会"理事长,连任3任,长达14年。在任期间以青年人为主体补选缺额理事,并在"回协"内成立了14个工作委员会,以积极推动协会各项工作的开展;积极增派赴麦加朝觐人员,由每年5名增至20名;大量印发伊斯兰教教义书刊和"回协"会刊,旨在进一步传播伊斯兰文化;策划重建龙冈清真寺、台中清真寺、高雄清真寺,均获成功,推动了伊斯兰教在台湾的发展。马吉祥(1933—1988),宁夏贺兰人,父亲为阿訇,1946年举家前往麦加朝圣,后定居沙特,先入沙特利雅德大学法律系,后入埃及爱资哈尔大学,1968年来台湾,任教于政治大学东方语文系,1969年任台北清真寺教长,在任6年,曾举办阿拉伯文及教义讲习班,亲授阿拉伯文,影响深远。

　　归结以上穆斯林在台湾的情况,可得知以下几个特点:第一,中国现代"四大阿訇"中的三大阿訇,都与台湾伊斯兰教有着不同程度的关系。如"四大阿訇"之一的王静斋,曾于1938年在郑州与时子周等创建"中国回民抗日救国协会",于194年开始从事译经事业,曾于台湾光复后到台北丽水街清真寺传教。"四大阿訇"之一的马松亭幼曾随达浦生大阿訇习经,一生致力于培养伊斯兰教师资,于 1948 年应台北丽水街清真寺聘请来台传教,一年多后离台。"四大阿訇"之一的达浦生虽然没有来台湾传教,但他的女婿丁翰、外孙女婿倪国安在台湾积极从事伊斯兰教的教务活动,对伊斯兰教在台湾的传播贡献甚多。第二,在迁台前大多已为穆斯林。迁台后发展的穆斯林不多,大多为在大陆时就是穆斯林,他们将伊斯兰教的信仰和风俗带到台湾。第三,各方面的人才都有。台湾穆斯林中可谓人才济济,除了有教内的专门人才,还有公职人员、军界将领、商界精英、知识界人士等,人才分布广泛。第四,家庭渊源影响深远。或夫唱妻随共同贡献教内,如闵湘帆与仝道云夫妻、李廷弼与王蔚华夫妻等,或子承父业,如张瑞蓂父亲为清真寺教长,祖父为阿訇,张瑞蓂本人热心伊斯兰教的活动,他女儿张俊岭也热心伊斯兰教务,曾任《回协会刊》主编。此等例子举不胜举。第五,热心于教内公务。台湾的穆斯林都关心伊斯兰教在台湾的发展,无论是募款还是捐款,都踊跃热情,所以人数虽然不多,但往往能解决问题。第六,勤于著书立说。台湾不少穆斯林或曾求学国外,有较高的学历;或曾被派驻伊斯兰教国家任职,熟悉伊斯兰教的习俗;或长期从事伊斯兰教教务,精通伊斯兰教的经典。他们从各自情况出发,撰写了许多有关伊斯兰教的著作,推进了伊斯兰教在台湾的影响。

第三节　台湾的清真寺

一、台北清真寺

1947 年,常子春等来台穆斯林因痛感无聚礼之所,遂集资于台北市丽水街 17 巷 2 号创建了清真寺,并于 1948 年 5 月 28 日举行了在台的首次主麻聚礼。中国现代"四大阿訇"中的王静斋、马松亭曾先后主持丽水街清真寺的教务,时间各达一年多之久。1949 年后,来台的穆斯林日益增多,丽水街清真寺因狭小而不堪敷用,于是购得台北市新生南路 2 段 62 号建台北清真寺,在白崇禧和时子周的支持下,由台湾知名建筑师杨卓成参照伊斯兰教规定设计,于 1958 年 11 月破土动工,1960 年 3 月竣工,丽水街的清真寺遂移入新生南路的新建清真寺,也称台北清真大寺,同年 4 月 13 日举行落成典礼,来宾众多,仪式隆重,为台湾伊斯兰教史上的一件大事。台北清真寺为台湾最大的清真寺,也是台湾北部穆斯林活动中心和在台各国穆斯林每周五聚礼的主麻寺。

台北清真寺占地面积 2797 平方米,建筑面积 1199.63 平方米,为阿拉伯式建筑外观,前院种植花木,春际百花盛开,景致清新高雅。整个寺院坐西朝东,拾阶而上是三个拱形大门,拱门门楣与其多处外墙皆有马赛克图案装饰,门内为南北向拱形甬道,可通行车辆。经甬道入内是高大的拱形门楼,两座唤拜尖塔高耸,在门楼两侧相对屹立,大殿圆顶为绿色,门楼顶部为东西向长方形平台。寺的顶层有一对较小的铜顶,正中尚有一较大的铜顶,每个铜顶上端各有一个新月,为伊斯兰教的标志。台北清真寺最主要的部分为大殿,为典型的土耳其建筑工法,有 15 米高,分上下两层,这里是穆斯林拜主的净地,楼下为男性穆斯林礼拜处,楼上为女性穆斯林礼拜处,可容 1000 余人同时礼拜。大型的落地窗采光充分,殿内宽敞明亮。穆斯林有禁止崇拜偶像的传统,大殿内不悬挂或陈设任何偶像,除了铺设波斯羊毛地毯与悬挂吊灯外,就只有诸如指示礼拜方向的龛等必要诵读礼拜用品。穆斯林朝拜时要朝向麦加方向,所以台湾穆斯林在殿中礼拜时必须朝西。穆斯林在礼拜之前,必须沐浴净身,因而台北清真寺除了中央大殿外,还设有男用沐浴室 10 间,女用沐浴室 3 间。整个建筑物主体结构为钢筋水泥,两旁圆形石柱拱环长廊。

除了宗教功能外,台北清真寺还有一些其他功能,一是管理功能。台湾"中国回教协会"办公室、清真寺办公室就设在寺中,它已成为管理台北穆斯林的最为重要的场所。二是社会功能。寺中还常为举办婚丧喜庆活动的穆斯林提供场所,教友的集会,也常在寺中举行。三是接待功能。寺中设有贵宾室,不仅接待来访的本地客人,还接待世界各伊斯兰教国家的贵宾。四是文化功能。寺中设有台湾"中国回教文化教育基金会"图书室,以供有关人员查阅资料。寺里还出版有关伊斯兰教的书刊,如《伊斯兰与中国文化》、《黎明时期之回教》、《回教概论》、《伊斯兰教》等。五是教育功能。为了帮助穆斯林学习宗教知识,寺中开设了儿童、成人学习班,儿童班主要讲入门知识,教孩子做礼拜、诵《古兰经》和圣训,还学习阿拉伯文;成人班还教人如何解释经文。六是观光功能。1999年,台北清真寺被定为台北市古迹,平时对一般民众开放,让台北都会区各级学校自由参观与进行校外教学。

二、台北文化清真寺

台北文化清真寺初建于 1950 年 11 月 12 日,时教长萧永泰阿訇筹得新台币 1 万余元,购下台北市古亭区罗斯福路 3 段 86 号日式旧民房一栋,修葺后作为礼拜场所。1954 年,因台北市拓宽街道,该寺移用补偿金 4 万元移至罗斯福路 3 段 178 巷 18 弄 3 号,占地 70 坪,为向台湾土地银行承租。1955 年 7 月 31 日竣工。当时尚可进行宗教活动,但进入 70 年代后,因参与礼拜的人数增多,原木造的礼拜殿日益腐朽,台湾"中国回教青年会"决定整修扩建。在众多穆斯林的响应下,于 1971 年动工,同年斋月内竣工,得以改建成两层楼房,并将二楼专供妇女礼拜之用。1974 年成立财团法人台北市文化清真寺董事会,萧永泰阿訇将全部所有权移转给董事会。后又经多年筹措,并在"世界回教联盟"协助下,将原寺改为五层大楼,一切按伊斯兰文化特色建造,于 1982 年 8 月动工,1984

年 2 月竣工,地址改为辛亥路 1 段 25 巷 3 号。

三、台中清真寺

台湾光复后,来台湾的穆斯林曾借用台中市三民路于乐亭先生住宅举行主麻聚礼。后因人数增加,遂于 1951 年集资承租忠孝路 165 巷 12 号的日式旧房。经过多年的筹资、修缮、改建,于 1975 年将土地买下。1981 年 12 月,第四届董事会改选,新任董事长马绍武多方争取,获得台中市南屯区田心段第 817 号作为建寺用地。当时编列预算需要 1350 万元新台币,由岛内外穆斯林捐 600 万,沙特阿拉伯资助 750 万,由教长定中明任筹建委员会主任委员,于 1989 年 5 月动工,1990 年 8 月完工,后又募捐 63 万元,以作为修造围墙及大门、装潢等后期费用。新寺落成后,台中清真寺名誉董事长张志通又捐出 100 万做经费。新建造的台中清真寺富丽堂皇,极其壮观,峙立于台中市南屯区大墩路前,为台中的穆斯林提供了宽敞舒适的朝拜之所。

四、龙冈清真寺

龙冈清真寺位于桃园县中坜市龙东路 216 号,其穆斯林群体主要为 1954 年从云南、缅甸边境退至台湾的李弥部队的穆斯林官兵、眷属及其后代。他们散居于桃园、新竹各地,因距离台北市较远,无法经常到台北清真寺诵经礼拜。1963 年,由退役军人马兴之阿訇等人及"忠贞村"十余户穆斯林商议,拟在龙冈地区建清真寺。遂于 1964 年募得资金后,购地 390 余坪,先建礼拜殿一间,可容 150 余人礼拜,再建客厅、宿舍、厨厕、浴室等,前后历经 3 年。1988 年 3 月,在岛内外穆斯林资助下,在原址分两期进行重新建造。第一期于 1989 年 11 月完工,主要建造礼拜大殿及地下室,花费 800 万元新台币。第二期工程主要建造唤拜楼、水房、办公室、宿舍、厨厕等,需要 800 万元新台币。1971 年成立龙冈寺董事会,每年按时举办"开斋节"和"忠孝节"两次节庆,并举办"穆圣诞、忌双辰纪念活动",来寺参加的穆斯林均在 500 人以上,每周主麻日聚礼,亦有近 200 人参加。每年斋月寺内都要举办开斋会餐及"格得雷"守夜活动,每日晚间来参加活动的穆斯林,均有 100 人以上。每次节庆,均由阿訇宣讲教义。此外,寺中于每周星期六、星期日及每年寒暑假期间,上午 9 时至 12 时,按大、中、小三个级别举办经学教育,学期结束时举行教学测验,并邀请董事会中的董、监事及学生家长参加指导。

五、高雄清真寺

1949 年,从大陆迁往台湾的穆斯林为满足宗教生活的需要,暂租得高雄市五福路 117 号 270 平方米的楼房一间,以供每周聚礼之用。后因不敷使用,又迁至林森一路 19 号,此处虽然有土地460 平方米,但可供礼拜之用的木造平房仅 135 平方米,后经多年修缮加建,始稍具规模。但每逢庆典或婚丧喜庆,便感拥挤。1979年择定卫武段 946 号的空地为迁寺之用,并于 1980 年 4 月购得土地所有权,计有 2657 平方米。1988 年 10 月以售产置产的方式,将旧寺出售,以所得之 1/3 建造新寺,2/3 购置周边土地,以期使其能成为伊斯兰社区。1990 年 12 月正式动工兴建,一年后建成,1992 年 2 月 7 日在新寺举行了主麻聚礼,参加的穆斯林有数百人。寺中还成立了董、监事会,负责处理寺务。寺中经常开展各项活动,如趁留学伊斯兰国家的子弟在暑期返台休假之际,开办经学、阿拉伯文讲习班,推动当地青少年对伊斯兰教义的学习。高雄清真寺的穆斯林居住的范围,北起嘉义、云林,南至屏东,西到澎湖,多年来,已有老、中、青、幼四代,约有万余人。

六、台南清真寺

台南清真寺位于台南市中华东路 2 段 77 巷 4 弄 12 号。台南

本无清真寺,台南穆斯林所有宗教活动,都必须赴数十公里外的高
雄清真寺进行,颇感不方便。适有旅美王惠焕女士将台南市竹篙
厝一块 34 坪的土地捐出,以供建寺之用,并于 1983 年 4 月完成勘
查过户手续。1983 年底,礼请高雄清真寺董事长白玉琪发动捐
款,以作台南市建寺之用。于 1983 年至 1993 年,由颜明光负责设
计绘图,先申请设立工厂,再变更为清真寺,于 1996 年 11 月完工
启用,共有 4 层,外部玲珑别致、悦目舒畅,内部设施均现代化。总
体建筑包括店铺、会议室、男女洗净间、大殿、办公室等。

第四节　台湾伊斯兰教组织

一、"中国回教协会"

　　1938 年,"中国回教协会"于武汉成立。1949 年于台湾又重新
打出旗号。据研究台湾伊斯兰教史的台湾学者贾福康分析,台湾
"中国回教协会"在台湾经了八个阶段[①]:第一阶段是白崇禧理事
长时代(1938 年—1959 年),1949 年以后,对于恢复穆斯林在台湾
的宗教活动,起了积极作用。第二阶段是时子周理事长时代(1959
年—1967 年),在将《古兰经》译为中文、筹建台北清真寺、在公共
场合宣传教义、推进《古兰经》研究等方面作出了宝贵的贡献。第
三阶段是赵明远代理事长时代(1969 年—1974 年),赵明远经常驻
会办公,及时处理日常事务,使协会事务从未中断过。第四阶段是
集体领导时代(1974 年—1977 年),因当时理事会人员不足,无法
进行选举,遂由在台的九位常务理事(许晓初、马继援、仝道云、石
万英、谢松涛、王农村、常子春、马焕文、李廷弼)轮值,妥善地处理
了大量的伊斯兰教事务。第五阶段是许晓初理事长时代(1977
年—1990 年),许晓初当选理事长后,积极开展工作,如积极推动
台中、高雄、龙冈三大清真寺的建造工作,邀请岛外宗教界人士访

问台湾,编印大量书刊以宣传教义。第六阶段是武宦宏理事长时代(1990年—1996年),此时,当时由大陆来台任监事、理事的资深长者因年事已高多已退休,武宦宏被选为理事长,他先健全人事制度,再完善行事规章,为解决办公室狭小问题,他特意增建了房屋以改善办公条件,并按时召开理事会、监事会及全体会员代表大会,积极推动各项会务的顺利执行。第七阶段是马家珍理事长时代(1996年—2002年),召开了常务理事、监事会,决定成立教义组、文宣组、活动组、生活服务组、国际事务组、财经福利组、妇女组、教育组等,每组成员5至8人,包括指导人、召集人、组员及联络员等。在马家珍理事长的主持下,台湾"中国回教协会"进行了改选,使组织制度化,干部年轻化,组织了访问团赴彰化鹿港寻根,大力推动与祖国大陆的交流,积极整理伊斯兰教公墓,还发动保台北清真寺活动,取得社会同情,在法院胜诉,使台北清真寺成为古迹,永远受到保护。第八个阶段是倪国安理事长时代(2002年—2005年),在倪国安理事长的主持下,台湾"中国回教协会"制订了新的工作计划,在组织、教育、朝觐、文宣、服务、妇女、祖国大陆、海外事务、财务、福利、行政与文书管理、公关事务等12个方面作了规划和安排,并推出了一系列活动,如举办教义讲习、举办伊斯兰宣教人员培训班、举办儿童阿拉伯文教学班、选举留学生赴伊斯兰教国家深造、鼓励穆斯林子女报考政治大学阿拉伯语文系、组团出岛访问、参加伊斯兰教国家组织的各种会议与活动、以清真寺为中心联系入教人员、以乡社为单位成立孝教亲班及举办家庭聚会和联谊活动、办理"哈智"联谊工作、办理义工和教亲联谊工作、辅助台湾各伊斯兰教团体健全组织、制作相关图书及录影录音带等、举办教义座谈和宣讲、收集并建立"会史"资料、举办穆斯林青少年夏(冬)令营、组团前往祖国大陆访问并接待大陆来访者、加强与大陆伊斯兰教机构的联系等。

台湾"中国回教协会"还办有会刊,成为台湾穆斯林的必读之物。1952 年 7 月 21 日,《回协会刊》在台湾出版,为四开报纸,至 1969 年止,共出版了 135 期。后又于 1970 年 1 月 16 日至 1973 年 1 月 16 日,从报纸改为杂志——《中国回教》,为双月刊,从 136 期始至 153 期止。1973 年 1 月 16 日至第 1980 年 3 月 31 日,改为季刊。从 154 期始至 174 期止一直是季刊。至 1992 年 2 月改为双月刊,至 2004 年 9 月,已有 279 期。《中国回教》发表了大量宣传伊斯兰教义的文章,受到台湾穆斯林的欢迎。

二、"中国回教青年会"

1949 年 7 月 28 日,一些东北籍的穆斯林青年在广州成立了"中国回民青年反共建国大同盟"。1957 年 5 月 19 日在台北市召开会员大会,将其改名为"中国回教青年会",由萧永泰任理事长,会址设在台北文化清真寺中。该会有理、监事会制度,定期召开会员大会。该会于 1955 年 7 月 15 日创办了《回教文化月刊》,编印了大量的伊斯兰教文化丛书,如《穆罕默德圣人传略》、《回教婚姻论》、《穆罕默德圣人思想》、《穆罕默德圣人言行录》、《伊斯兰教义》、《回教最初四大领袖》等,并重印王静斋所译《古兰经》译解,还组织前往彰化鹿港考察访问郭姓穆斯林,1978 年,台湾"中国回教青年会"正式成为台湾"中国回教协会"的会员单位。

三、"中国回教文化教育基金会"

1976 年 4 月 18 日,常子萱、常子春于台北捐出善款 300 万元,成立了"中国回教文化教育基金会",由常子春任董事长,常子萱为名誉董事长。其主要宗旨是弘扬伊斯兰教文化,传播伊斯兰教教义,奖励清贫的穆斯林子弟,培养伊斯兰教的研究人才,编译出版伊斯兰教经典,促进与岛外的伊斯兰教文化交流。同年 6 月,董事会通过了《基金会组织暨捐助章程》、《奖助学金授予办法》,并于 1982 年 7 月完成了财团法人的登记。因年龄及身体原因,该会的理事长几经变更,但由于继任者都全力以赴,所以制度不断规范,资金不断增加,影响不断扩大,日益受到台湾穆斯林的欢迎和关注。该会设置了纪念穆圣特殊贡献奖、著作奖、青年模范奖、会务热心奖、对基金会有贡献奖等多种奖项,定期奖励,旨在给予受奖者鼓励,为后起青年作示范。该会还在台北清真寺内设立图书馆,收集了有关伊斯兰教教义的书刊典籍数千册,凡在台湾不易见到的孤本,视经费情况予以重印。同时还接受不愿具名人士的捐印,印有《伊斯兰人权论丛》、《回教基本教法纲要》、《天方典礼择要解》、《明室皇家信仰考》、《朝觐祝词》、《拜功浅识》、《天方典礼》、《穆民教义指南》、《认主独一》、《果园哈智》等有关伊斯兰教的书籍。此外,还规定凡申请奖助学金者,"必须照教义研讨实施写心得一篇"。由于不断有热心的穆斯林捐赠,使资金尚不虞匮乏。至2002 年,受惠人数已达 1600 人次以上,发放金额约为 400 万元新台币,累计有 50 多人到沙特阿拉伯、利比亚、马来西亚等国学习宗教与语言。

四、伊斯兰服务社

1986 年,由叙利亚裔台商马乐旺在台北建国南路创建,原名"伊斯兰文化苑",后改为"伊斯兰服务社"。原址在台北市和平东路 3 段第 12、第 13 两层,后移至台北清真寺内。成立的宗旨是为在台经商的外籍穆斯林子女学习阿拉伯文和伊斯兰教义提供场所,以延续、传播伊斯兰精神,所服务的对象,不仅仅是穆斯林,也包括教外人士。之后,随着该社的影响力的不断扩大,宗旨也从原来的教授阿拉伯文和弘扬伊斯兰教义,慢慢扩展为从事社会服务工作,包括与海外穆斯林联谊和文化交流、开展对贫穷的伊斯兰教国家的救济等。该社发动捐募衣物及资金,由青年整理装运,并制作寄发清真言门牌,探视慰问重病及孤独老人,探视慰问非法外劳,成立教亲伤病救济金。该社还出版了大量的出版物,如:《跟我学古兰》(短章精选,录音带)、《跟我学礼拜》(录音带)、《穆圣的故事》(《伊斯兰儿童丛书》)、《游戏与学习》(《伊斯兰儿童丛书》)、《古兰经的奇迹》、《信仰与磨练》、《认识古兰经》等。还积极推动与祖国大陆及海外伊斯兰教国家的文化交流,均取得丰硕成果。

注:

①马建钊、张菽晖主编:《中国南方回族古籍资料选编补遗》,民族出版社2006年版,第159～160页。

②马建钊、张菽晖主编:《中国南方回族古籍资料选编补遗》,民族出版社2006年版,第160页。

③马建钊、张菽晖主编:《中国南方回族古籍资料选编补遗》,民族出版社2006年版,第160～161页。

④瞿海源编纂:《重修台湾省通志·住民志·宗教篇》,台湾省文献委员会1992年版,第872～873页。

⑤贾福康编著:《台湾回教史》,伊斯兰文化服务社2005年版,第233页。

⑥贾福康编著:《台湾回教史》,伊斯兰文化服务社2005年版,第4页。

⑦贾福康编著:《台湾回教史》,伊斯兰文化服务社2005年版,第4页。

⑧本节主要参考贾福康编著:《台湾回教史》,伊斯兰文化服务社2005年版。

⑨贾福康编著:《台湾回教史》,伊斯兰文化报务社2005年版,第15～21页。

第十四章　台湾其他宗教

第一节　台湾早期的民间宗教——斋教

斋教是台湾早期最有代表性的民间宗教。

斋教信徒"不出家、不穿法衣、不剃头，以俗人身份于市井营生"，其身守正，能守戒律，奉行素食主义，以不吃肉为本位，因此被称为"食菜人"，信徒之间互称斋友，女众称"菜姑"，男众称"斋公"。[①]台湾学者周宗贤引清礼部"祀天斋戒"项所载云："斋教者在洁斋其身，不亵神明。故斋戒之日，各自佩斋戒牌，不理刑名，不宴会，不作乐，不入中寝，不问疾吊丧，不饮酒食荤，不祭神，不扫墓，有疾有服者不得与斋戒。"[②]当时斋教在法律上被视为邪教，不能公开活动，所以罕见其活动的资料。斋教兴盛于明末，从清代开始向台湾传播。由于斋教在教义方面能适应当时以农业人口为主的台湾移民社会的需求，因此在台湾发展较快，有统计数据表明，在清代，台湾斋堂数目至少是佛寺的两倍以上。

台湾斋教传自福建。在清代乾隆时期，福建斋教活动十分活跃。乾隆十三年(1748 年)，福建北部爆发老官斋教暴动，遭到镇压，事后官府对之大肆搜剿，据当年六月闽浙总督及福建巡抚的奏折记载，在福建七府十六县所查出的斋堂中，就包括台湾府、诸罗县的两间斋堂。但当时台湾斋教似乎没受到乾隆"毁天下斋堂"的影响，其原因有二：一是台湾属边陲，政令力未有逮；二是斋堂善隐于民宅,外表与一般民宅无异。③正如台湾佛教建筑研究者陈清香教授所言:"这些斋堂的建筑,共同的特征是民房的外观,朴实无华,正堂屋脊两端不起翘,没有华丽的藻饰、高广的空间,没有龙柱、雀替、斗拱、员光、石狮、石鼓等。但以雅洁静谧的气氛为主。"④

斋教包括龙华派、金幢派、先天派三派,这三派在守戒、仪式、经典、祭祀上大同小异,但龙华派曾每年举行较严格的法会。

龙华派有三位重要祖师,一祖是罗因祖师,二祖是殷继南祖师,三祖是姚文宇祖师,这三位祖师为台湾龙华派斋堂所共祀。龙华派从福建传入台湾的时间,最迟不晚于清乾隆年间。清雍正十年(1732 年)龙华十祖普月在福州福宁县(今福建省宁德市)观音埔设斋堂,称一是堂,为华南一带龙华派的大本山。嘉庆十四年(1809 年),十五祖卢普耀于兴化府(今福建省莆田市)开设汉阳堂,十六祖卢普济来到台南传教,六年后回兴化,其弟子普爵于台南创立德善堂。匡宇在《台湾佛教史》中记载:"台南龙华派之斋堂是台湾最初之斋堂,系由福建传入,此中又可分为四派:福州城内传来为复信堂派、福清县观庄善福里一是堂派、兴化府仙游县白角岭汉阳堂派、第二十二祖林普定所创立之中和派等。此四派在台湾之分布:一般认为台南是复信堂派,台中是一是堂派,台北、新竹是中和堂派,宜兰是汉阳堂派,大抵是清朝嘉庆以后传来的。"⑤根据以上陈述,可知福建各地传入台湾的龙华派有四派,每一派传入台湾都有相对应的地点。

金幢派的开山祖师为明代的王佐塘。嘉靖四十五年(1566年)浙江省宁海渔商蔡文举放弃自己的职业,皈依王佐塘徒孙王祖亮成为斋公。之后,蔡文举在福建省兴化府(今莆田市)开创了树德堂,后又赴台湾,在台南创立慎德堂,人称"蔡阿公",是台湾金幢派的开山祖师。据日人增田福太郎的记载,"(王佐塘)明世宗嘉靖十七年(1538 年)十二月生于直隶省永平府石佛口,皈依斋教。嘉

靖三十九年（1560年）至同省镇定府通州创设道场。万历六年
（1578年）开悟，觉三回九转之理，著有《宝经》十二部及《九莲经》
一部。万历二十六年（1598年）得神宗信仰，建八十一座斋堂。得
法弟直隶省永平府人董应亮（住世祖师）大阐宗风，其徒王祖亮亦
能继其法，人称老师。崇祯十年（1637年）因白莲教事件遭连坐，
其徒蔡文举弃渔业成斋友，天启二年（1622年）于福建省莆田县创
立树德堂，随之渡台，于台南创立慎德堂，为台湾金幢派的开山祖
师，人称'蔡阿公'。"⑥据庭嘉《台湾的斋教（教堂）由来》称，金幢派
创立者王佐塘曾长期依龙华派，后于明万历十年（1582年）脱离龙
华派而创立金幢派，后因高悬皇极旗，在街中鸣锣劝人皈依而被捕
下狱。据何联奎、卫惠林所著《台湾风土志》载，金幢教对台湾社会
影响深远："斋友结盟哥弟，以四海皆兄弟为宗旨，不论长幼、尊卑、
贫富，有无相通，患难相助，疾病相扶持。基层斋友，多为工人，次
为行商、农民。荷人据台期间，此派斋教，极具势力，所有经济实
权，几乎都在他们掌权之中。因为荷人与番族的金融贸易，全赖他
们教徒作媒介。当时有'荷人治城，汉人治野'的口号，所谓'汉人'
就是指这些教徒。影响所及，后来郑成功攻台所以能迅速取胜荷
人，与斋教组织的潜在力量，不无关系。"

　　先天派约于清咸丰年间（1851年—1861年）从福建传入台湾。
据连横《台湾通史》第22卷记载："三派入台，以龙华为首，金幢次
之，先天最后。初，乾隆季年，白莲教作乱，蔓延四省用兵数载，诏
毁天下斋堂。时郡治槺仔林有龙华之派，聚徒授经，乃改为培英书
院。道光以来，渐事传播。迨咸丰年间，有黄昌成、李昌晋者，为先
天之徒，来自福建。昌成在南，建报恩堂于右营埔，而昌晋往北。
各兴其教，而今颇盛。全台斋堂，新竹为多，彰化次之，而又以妇女
为众，半属忏悔，且有守贞不字者。夫斋教以清修为主，禁杀生，绝
五辛，可谓能清其体。"⑦由此可知，先天派是咸丰年间，由黄昌成、
李昌晋从福建传入台湾的。

先天派在早期流传的过程中,曾受大乘教、金幢派的影响。其中金幢派的经卷《佛说皇极金丹九莲证性皈真宝卷》与先天派传统的建立,关系密切。道光年间,先天派遭官方围剿,头面人物遭官方逮捕并被处决,"这时,先天道在官方文献上是以'青莲教'一称代表。其后,教中分裂,派下弟子陈汶海、彭超凡等人,重整教派,改'无生老母'为'瑶池金母',初步订定教中道统系谱,台湾斋教先天派即源于此。"⑧咸丰十一年(1861年),嗣徒林金元派下黄昌成和李昌晋渡海入台,于台南右营铺设报恩堂,以此开始其秘密活动。

三派的教义、组织一样,传入时间略有不同。斋教传入台湾后,很快地在台湾各地取得立足之地,并形成一定的规模,其原因:"一方面台湾是初辟之地,司法的力量不足,其次是荷据、明郑时期,对于此类宗教未加注意,亦不易注意所致。因此,随着各地的逐渐开发,斋教等秘密宗教也迅速地在各地展开。当然,斋教所具有的社会功能,也是引人加入的重要因素。"⑨其中最有代表性的如台湾先天派第二代掌门人黄玉阶于同治十二年(1873年)接掌道场后,在经营酱菜生意的同时进行宣传活动,先在大稻埕创立普愿社,又在台北府城创立择贤堂。光绪十年(1884年)、光绪二十二年(1896年)台湾发生瘟疫,黄玉阶凭自己医术救活许多人,并于光绪二十三年(1897年)与14位地方士绅共同倡导废除缠足运动,于光绪二十五年(1899年)被任命为大稻埕区长,后又被任命为大龙峒区长,这些都为他的传教宣讲活动带来极大便利。

第二节　由大陆传入台湾的民间宗教

一、理教

理教也称"在理教",简称"在理"。理教信仰"圣宗古佛"观世音菩萨,由教主杨来如于明末创立。其宗旨为:遵儒家之礼,以伦理忠孝为本;奉佛家之法,以慈悲救世为怀;修道家之行,以道德清静为主;集三家精华,开拓仁爱精神的领域。其教义为:首重忠孝,崇尚五伦,实践八德,恪守不邪淫、不窃盗、不吸烟、不欺妄、不饮酒等五大戒律,其修持为性命双修,讲求内功外果。其经典主要有《无字真经》、《在理经》、《忠经》、《孝经》、《观音经》、《黄庭经》、《心经》、《金刚经》、《道德经》等。有六大斋期、三小斋期。其信徒有信士、理士两种。凡信仰"圣宗古佛"观世音菩萨者,均可入教为信士,俗称"随理",除向公所登记,每逢斋期或星期日到公所参佛求顺外,日常生活不受戒律教规约束。凡信仰"圣宗古佛"观世音菩萨、实行教义、遵守戒律教规者,经领正大法师点传圣理,可皈依为理士,每逢斋期或星期日来公所参佛求顺及办道。理教在组织上最高教府为"理教总公所",设于教务中心所在地,管辖各教区公所,设总领正一人主持全所教务,主事五人辅助宣教。教区公所,设宏道领正一人,主任五人,管辖各教区内各理教堂所。理教堂所,设于各教区内的县市乡镇,置领正大法师一人综理教务,帮正法师两人,帮陪监护法师若干人辅助宣教。光绪二十年(1894年)成立"中华理教联合会"。清末民初,理教在全国有较大发展,教堂林立,以河北、山东、河南、天津及东山省最为兴盛。据1948年统计,全国共有1400多万信徒。[①]

　　1949年,部分理教人士前来台湾。其中国民党少将高参赵东书、南京理教总会常务理事钱中南等,召集理教教友商议在台湾"复会",并开始重新登记教友。1950年5月14日,"中华理教总会"在台湾正式"复会"。1951年2月,赵东书被推选为理事长,他随即到香港清善堂抄录法牒,返台后,即于台北市徐州路创设理教总公所及台湾清心堂公所,赵东书就任理教第22代总领正提点大法师之位,并升座开坛传教。后因地方狭小,理教负责人遂于1954年8月向有关部门申请,要求将中华路日据时代的西本愿寺拨划归理教清心堂公所使用。获得同意后,同年 11 月,理教总公所、台湾清心堂公所均行迁入。理教总所为理教之教府,非传教之所;清心堂公所为传教之所,亦为参禅打坐修行之所,并设理坛传教。理教总公所于 1952 年设立理教圣理学院,后改名为圣理书院,举办法师研究班,以培养教徒和教职人员。总公所还创办《忠教论坛》、《理明杂志》等刊物,出版《理教汇编》等各种丛书 30 多种,并从事社会服务事业,如进行冬令救济、经常性义诊、给学生发放奖学金等。理教总公所设法师会,由总领正、司事长、五院主事组成,处理有关教内事务,并审核出版书刊及预算、决算,辅导教堂设置等。至 1976 年,已建立公所 17 个,分布于台北市、基隆市、宜兰县。"中华理教总会"秘书室设秘书长 1 人,副秘书长 3 人,有弘法、教育、文化、法规、国际、青年、两岸理教交流等 7 个委员会,聘请各有专长的教徒担任召集人。"中华理教总会"有台湾省、台北市、高雄市等分会,台湾省分会有 21 个县市支会,并有巡回布教团,每年按期赴各教区访问教徒及会员。

　　台湾清心堂公所正殿供奉主神"圣宗古佛"观世音菩萨法像,陪神为文殊、普贤二菩萨,前为善才(童子),后为龙女。左殿供奉教宗杨来如法像,右殿供奉第二代教宗尹来凤法像,正殿对面为韦陀法像。正殿左侧有理堂(坛),为传教之所,俗称"坛房"。门上悬有"问心处",新理教徒皈依时,由引领师领到此处,俗称"拦门坎",门里为入道,门外为俗家。新皈依的理教徒至此要自我反省。房内有理坛,坛上陈设八宝,为领正大法师升座传教之所,上悬 13 尊圣佛法像。1975 年 4 月 5 日,总公所发生大火,所有文献及法物法器皆付之一炬。1980 年 6 月,赵东书去世。至 1980 年,理教在台湾已设有 3 个教区,31 所堂所,岛外美、日、韩、港均有堂所。据台湾《"中华民国史内政志"》(1991 年版)记载,1981 年有信徒 3 万余人。

二、一贯道

一贯道的创立,最早可追溯到黄德辉在清顺治年间创立的"先天大道"。先天大道在清同治年间分裂成许多教派,其中王觉一回到山东老家自建了"东震堂",刘清虚在接掌祖师位后便将它改名为"一贯道"。进入民国后,张天然继任,他重订新规,简化入道仪式,废除繁复的行工夫,努力振兴一贯道,因此被称为"师尊"。1930 年,张天然和孙慧明合力共办,使一贯道得到发展。其教义,据《"中华民国史内政志"》载,"系仿照'儒家礼仪、道家口诀、佛教戒规',旨在敬天地、礼神明、孝父母、重师道,主张改恶向善、洗正涤虑、假借修真、达本还原。奉祀之主要神明,有明明上帝、弥勒祖师、南海古佛、济公活佛。崇尚绝对论,以劝人迁善规过、为人消灾为宗旨,并以飞鸾所得之文字作为其教义之一部分,认为飞鸾系神对人启示真理之方法,与神对摩西、耶稣基督和穆罕默德之启示同样真确可信"①。一贯道引禅宗"一花开五叶"之说,创"儒、释、道、耶、回""五教同源"的教义,可以说一贯道供奉了几乎中国所有的神祇。1947 年,张天然在成都逝世。

1946 年,一贯道传入台湾,当时有 10 组人到台北、新竹、云林、台南等地建立基地。1948 年前后,一贯道中的诸多道长、前人、点传师和信徒纷纷来到台湾,极力在台湾各地设堂传教。1951年由台湾"内政部"电令台湾省政府查禁一贯道,1958 年又加强查禁,1963 年更是大力取缔,迫使一贯道各道场在不得已的情况下登报声明解散。但一贯道并没有完全消失,各道场各自开办,化整为零,以家庭佛堂为发展的重心和据点,呈地下化状态。在躲躲藏藏 30 多年后,1987 年,台湾"内政部"宣布一贯道合法。1988 年,一贯道总会成立。由于一贯道信徒在入教时,就接受了"渡人有功德"的信念,有很强的传教愿望,入教后大都努力发展信徒;且一贯道的礼拜仪式和修行历程较为简化,不需要耗费太多的人力和物力,一般百姓都能负担得起,每家几乎都有"开佛堂"的能力。因此一贯道合法化后,在台湾有了较大的发展。根据时代的发展,一贯道也不断展示其入世情怀。如在信念方面,积极推行吃素,几乎每个信徒在进入道场一段时间后,都会立下终身吃素的信念。在社会教化方面,几乎每个道场都开设了国学研究班、儿童读书班等,并将课程与讲座搬上网络。在社会公益方面,几乎每个道场都有类似"慈善会"的机构,负责救助社会贫苦,有条件的还办有育幼园、养老院。此外,还积极向海外拓展。据台湾《"中华民国史社会志"》载,至 20 世纪 80 年代,其信徒有 80～100 万人。

三、天德教

天德教由四川省乐至县人萧昌明于 1926 年创建,曾设立"宗教哲学研究社",附设"东方精神疗养院",并在上海、北平、汉口、湖南、广东、安徽、江西等省市成立研究社,后来于安徽太平县黄山成立总社。1949 年,迁至香港新界青山。天德教崇奉"忠、恕、廉、明、德、正、义、信、忍、公、博、孝、仁、慈、觉、节、俭、真、礼、和"等 20 个字,根据此 20 个字教义,其修行为"二十字心花守则",即:"将狡猾心,换个忠心;将不良心,换个恕心;将贪污心,换个廉心;将黑暗心,换个明心;将刻薄心,换个德心;将偏邪心,换个正心;将利欲心,换个义心;将骗谎心,换个信心;将暴怒心,换个忍心;将自私心,换个公心;将狭小心,换个博心;将忤逆心,换个孝心;将争夺心,换个仁心;将狠毒心,换个慈心;将迷昧心,换个觉心;将随便心,换个节心;将奢用心,换个俭心;将虚伪心,换个真心;将异端心,换个礼心;将高傲心,换个和心;廿字由心,将心换心;死去人心,生来道心;你心我心,天下归心,见性明心,天下归心。"

天德教于 1953 年由王笛卿传入台湾高雄。由于不能公开活动,遂以"精神疗理"为名,于台北发起筹组"中国精神疗养研究会",1966 年召开成立大会,王德溥当选首届理事长,王笛卿主持教务。1974 年 11 月,王德溥、王笛卿、黄达云等合作,成立"天德教台湾区委员会",王德溥为主任委员,李玉阶、萧治为副主任委员,于高雄、南投、台南、嘉义、台中、丰原、基隆、凤山、屏东、花莲、彰化等地成立分会。1989 年,才得到台湾"内政部"批准,设立了"中华民国天德教总会",第一任理事长为萧楚乔。天德教的信徒必须年满 20 岁,信奉该教的 20 个字教义,经教友两人介绍,即可皈依。皈依之后,由开导师传授无形针、金光、金丹、布丹等。该教主要注重精神治疗,除了自身行功外,尚以无形针、掌光、经穴等法为人治病。在礼仪上颇为庄严隆重,其常用礼有鞠躬、跪拜、作揖、合掌、握手等 5 种,应用礼有洒净持香、上香上供、诵经称拜、俯伏、长揖等 5 种。此外,礼佛祀神、祭奠、礼同道等,也有详细的仪礼规范。[12]天德教近几年的宗教活动如:启建"护国消灾祈福法会"49天,春秋两季度幽度阳大法会等数十天,举办多次研究教义、经典、仪规的学习班,参与多项社会公益活动,如贫困救济、急难慰问、环保资源回收、精神疗养研究等。发行有《明德杂志》、《觉明杂志》、《幸福人生命运指南》等。1990 年前后,以天德道院、天德圣教为名的天德教道场,台湾有 30 多处,信徒 19 万多。

第三节 在台湾创立的宗教

一、轩辕教

轩辕教由王寒生在台湾创立。王寒生为吉林省人,1900 年出生,1989 年逝世。他曾任国民党"立法委员",1949 年到台湾后,认为"要救中国,须先恢复民族精神。欲提高民族精神,必须恢复民族文化,宗教是中国文化的基础,所以当速重整中国固有的宗教"。他指的"固有的宗教",就是"轩辕教"。王寒生于 1953 年开始举办经学讲座,用以宣传他的思想,并吸收可能的信徒。该教于 1957

年以备案登记方式被批准成立,并于 1966 年在台北市归绥街破土兴建黄帝神宫。

　　轩辕教奉中华民族始祖黄帝为教宗,谓"黄帝开国,文化大备。民神异业,各司其序,始正式建立宗教。当时政教合一,政府领袖,亦即宗教领袖。黄帝且战且学仙,百余年而后与神通,采首山铜,铸鼎荆山下,有龙下迎,黄帝上骑升天,是我始祖亦神人也,故奉我始祖为教祖"⑬。以"道"为至高无上的上帝,经典以"黄帝四经"为主,综儒、墨、道三家思想,以《易经》、《道德经》、《孝经》、《墨经》、《礼记》、《道藏》为辅。轩辕教订有十戒五律,十戒即:信仰上帝、孝敬父母、爱你的邻里、帮助困苦的人、做事公正、饶恕他人过错、不说谎、不贪财、宣扬正道、愿世界永久和平。五律即:生活律、伦常律、社会律、国家律、世界律等。还有"七愿"、"念祖"、"思过"、"圣赞"、"圣颂"等。轩辕教强调"三化":教律生活化,即使宗教与生活密切联系,所有的婚丧祭庆,以及各种集会,均用宗教仪式,以达到潜移默化的效果。教务社会化,即强调在各城市广建宗社,作为同宗聚会及礼拜之所在。建立黄帝神宫,使宗友集中精神信念,创办学校,设立医院,从事慈善事业。教统一元化,即"凡信教者,须经归宗体,正式归宗,归依最高之主宰。每一地方立一宗社,由宗正主持之。每一区域成一区宗社,由总宗正主持之,总部立一大宗伯总领全教教务"⑭。其主要信条为"尊天"、"法祖",主张在自然界以天为尊,在人世间以祖为贵。礼拜之日叫作"来复日",年中三大祭典为:农历元月元日祭天、农历三月三日轩辕黄帝圣诞、九月九日轩辕黄帝升天,都要斋戒而行三献礼。轩辕教在 20 世纪 70 年代时,常配合台湾当地的民俗举行各种活动,以期拓展教务。其中以"喝敬茶"最为风行一时:在黄帝神宫的神桌上,常有一壶供信徒免费饮用的茶水,据称喝了可治百病,被称为"喝敬茶"。后来不断有"喝敬茶"病愈的例子传出,并越传越神奇,不仅可治病,甚至传出婆媳不和者"喝敬茶"后也可改善关系等事迹,闻风前来"喝敬茶"者络绎不绝。至 20 世纪 70 年代,轩辕教达到鼎盛。该教有龙华出版社,曾刊行《生命光华》、《易经浅注》、《中华民族新论》、《墨学新论》、《心法新论》、《黄帝经》等书,办有《新使命月刊》、《轩辕教简讯》杂志。并设立轩辕诊所,以义诊方式服务社会,医药全不收费;开展冬令救济、丧葬诵经、给大学生发放奖学金等活动。

轩辕教在传教布道初期,仅限于台湾北部。1961 年时,该教会归宗的宗友约 1000 人。之后,范围向新竹、台中、台南、花莲扩展。1970 年时,大约有 15000 人。1977 年时,全台湾有 16 个宗社、4 座黄帝神宫,正式归宗者 85000 人。1981 年时,全台湾有 11 个宗社、6 座黄帝神宫,有信众 10 万人。

二、天帝教

天帝教由李玉阶于 1980 年在台湾创建。李玉阶为江苏武进县人,1900 年出生于苏州,曾于 1930 年在南京皈依天德教教主萧昌明,成为其大弟子,并成立"上海市宗教哲学研究社"。抗战 8 年中,李玉阶在华山完成了《新宗教哲学思想体系》一书,后以此书在兰州传教。1949 年,李玉阶到台湾,曾与王笛卿、黄德溥等人传播天德教,并在"天德教总会"担任过副主任委员。1978 年成立"中华民国宗教哲学研究社",其宗旨为:"贯通各宗教哲学之异同,配合科学的方法,致力于宗教学术的研究,阐明宇宙人生的究竟,拓展人类精神思想领域,建立适应宗教大同、世界大同之正确天人观念及科学的宗教信仰。"1980 年 12 月 21 日创设天帝教,教主为宇宙主宰者"天帝",人间不设教主,由李玉阶任"天帝教驻人间首席使者",1982 年报"内政部"核准,1986 年设立财团法人天帝教。该教认为天帝为宇宙主宰"玄穹高上帝"的简称,天帝于创造宇宙之后,即立教垂统,宇宙间凡有智慧生命之空间,皆受天帝教化,而以不同风范应化不同空间。天帝教以天德教"廿字真言"为教则,要求教徒日常修持五项功课,即:奉行教则、反省忏悔、祈祷诵诰、填记奋斗卡、静参修持等。天帝教以办法会、念诵皇诰开展"救劫"活动,并立下三个时代使命:第一,化解世界核战毁灭浩劫;第二,确保台湾岛自由、民主、繁荣、均富、安宁;第三,促使两岸走上和平统一之道。天帝教有其独特礼仪,分成教坛、礼制、侍师、师制、祀器、乐器等。其修持步骤是先尽人道,再修天道,目标有二:一是发扬自由、平等、博爱精神,融贯于伦理、民主、科学之生活实践。二是以宗教大同为起点,达成世界大同更提升到天人大同。天帝教主要经典有:"皇诰"、《三期汇宗天曹应元宝诰》、《天人日诵廿字真经》、《天人日诵大同真经》、《天人日诵平等真经》、《天人日诵奋斗真经》、《天人亲和真经》、《天人亲和北斗征祥真经》、《明心哲学精华》等。1994 年 12 月,李玉阶逝世于台湾;1996 年 2 月,其长子、淡江大学退休教授李子弋接任"首席"。

天帝教在台湾分成北、中、南、东四大教区,各县市的教院与教堂 30 多所,其中位于南投鱼池的最高组织称为"极院",以下一级教院称"始院",二级教院称"统院",三级教院称"主院",四级教院称"掌院",五级教院称"初院",各乡镇或地区设"堂"。首席使者以下,设"教辅"、"翊教"等"侍居内职 15 级职"分掌教务,始院为宏教中心,设导师隶承首席使者,统院设"统教",主院设"主教",掌院设"掌教",初院设"宏教",并置"参教"、"赞教"、"督教"等。还设有两处教育训练场所,分别是位于台中清水的"天极行宫"和位于南投县鱼池乡的"镭力阿道场"。后者设有"天人研究总院"、"修道学院"两种,前者探讨"天人文化",以学术研究为主;后者以修持为主,主要功课为打地坐、祈祷、诵诰、劳动开垦,学员毕业后担任传教任务。训练场所有开导师 13 位,传道使者 36 位,专职与义务工作人员逾 1000 人,教徒近 10 万人。天帝教还成立了两个主要外围社团:一是"宗教哲学研究社"。该社积极开展系列宗教学术活动,至 2008 年,举办了上百场宗教学术讲座和多次海峡两岸宗教学术研讨会,出版《宗教哲学季刊》,已发表 500 多篇论文,并出版

《宗教学术讲座专辑》等书多种。二是"红心字会"。其"红心"表示赤子之心，期以真诚无伪、慈善爱心为社会大众服务，如赈灾救急、为服刑人员家属服务、为在宅老人服务等。此外，天帝教自1990年起，每年都举办大专夏令营，探讨宗教、哲学与科学，并传授静心静坐之法，受到社会广泛回响。

三、亥子道

亥子道将鸾堂与一贯道的宗教形式结合起来，是台湾一贯道文化背景下的产物。亥子道以玄玄上人为其最高主宰，认为上天至圣是万民灵性的始祖，称为"混元老祖"，尊名统称为"玄玄上人"，玄玄上人以其混元一炁化生三清、五老。"三清"即：玉清的原始天尊、上清的灵宝天尊、太清的道德天尊。"五老"即：东方木公、西方金母、中央土老、北方水老、南方火老，皆奉玄玄上人之命，以先天五行化育人类，其中东方木公被称为灵父，西方金母被称为灵母。故在用餐前需要感谢天地恩泽云："感谢玄玄赐我形，感谢老母赐我灵，感谢地母赐我食。"

1984年，亥子道"开办收圆圣业，以扶鸾显真神意"，并无固定的教义，仪式也大多综合各教，自创一格。该教注重于阴灵超度与巫术医疗，为信徒超度其祖先入无极正道院修行，依其功德分成黄牌、红牌、红金牌等级。同时在永和圣钦宫从事灵炁医疗，以"灵力为信徒治疗各种疑难杂症"[⑮]。

四、"中国儒教会"

"中国儒教会"与台湾鸾堂关系密切。鸾堂是以扶鸾为主要仪式的宗教团体，是台湾最具代表性的儒教社团。"扶鸾"也称"扶乩"，其仪式是请神仙通过人推动一只丫字形的桃枝笔（鸾笔），在沙盘上写字，旁边有专人唱出意思，并有人笔录，曾是明清士大夫文人之间的游艺活动。由于创建或参与者大多为深受儒家思想影响的文化人,因此成立鸾堂的主要目的是以儒家文化来教化百姓。⑯

台湾的鸾堂是在清末时期从大陆传来的,在当时曾得到迅速发展,1985—1945 年间,台湾的鸾堂超过 150 所。1945 年后,台湾鸾堂进行了区域性的整合和全台湾地区的整合,并以各种名目向台湾当局登记,因各种原因而未果。1999 年,以台湾南部鸾堂为中心,结合有关鸾堂与寺庙,组成"中国儒教会"向当局登记。其立会的宗旨是:"结合全台各地数百多个儒宗鸾门同修单位,发挥团体功能,弘扬儒教忠恕功能,同修儒教,航导社会人心向善,实践生活儒教,提升人生价值,促进社会和谐,以群体力量共同从事弘扬儒教,举办教育、慈善公益事业、国际儒教联盟、中兴大陆儒教等不朽事业。"⑰

第四节　从岛外传入台湾的宗教

一、天理教

天理教由日本农妇中山美枝 1838 年 10 月 26 日在日本奈良县天理市所创立。天理教信仰父母神——"天理欧诺尔格多",其教义以忠孝为基本,使人类过康乐、祥和生活为宗旨。天理教认为:是"父母神创造人类及世界万物,人的身体是向父母神借来的,必须按照神的意愿支配,通过奉行'圣舞'和拜领'神授',涤除'灰尘',净化心灵,愉快地将日常劳作视为'对圣劳',从所有的因缘中了悟天理,最终实现父母神佑护的'康乐生活世界'。强调敬天地、孝父母、重信义、讲廉耻,愉快地从事日常'圣劳',最终达到'康乐世界'"⑱。天理教的基本经典被称为"三原典",即:举行"圣舞"时的歌词《御神乐歌》、记"神示"的和歌《御笔先》、被称为"启示录"的《御指图》。天理教总部还于 1949 年编定了《天理教教义》。

天理教于日据时期已传到台湾,1967 年派人来台湾就职。1971 年在台湾成立"财团法人中国天理教总会"。信徒主要分布于嘉义、云林,其次是台中、彰化、台北县市等,总会由教会长、所长与 100 多位会员代表组成。领导者称"真柱",信徒分成"信者"、"用木"与"教人"等。"信者"为初入教者,"用木"是在日本本部完成 9 个阶段之授课者,"教人"为取得初级审定讲习会合格证者,如通过高级审定讲习会和教会长资格考试,可成为教会长一级领导人。据台湾《"中华民国史内政志"》(1999 年版)所载,1981 年 7 月有布道所 82 处,信徒约 7700 多人。

二、巴哈伊教

巴哈伊教也称大同教,于 19 世纪中期发源于伊朗(波斯)。其基本教义为"上帝独一,宗教同源,人类一家"12 个字,巴哈伊教认为:宇宙间有唯一超自然的造物主,各主要宗教本质同源,人类一家,当保持各自文化特色如兄弟般团结一起,个人需独立追求真理,宗教与科学当携手并进,借世界各国共同福利以建立世界和平,建立人类大同社会。其戒律有:清洁,任何情况下都要保持雅洁的仪容;祈祷,不祈祷灵魂就不能强健;斋戒,每年斋戒 19 天,斋戒是崇拜上帝的一种方式;宣讲上帝之道,入教后必须研究教义、传播福音;结婚,结婚是最神圣者;效忠政府,忠于政府是一种最主要的精神与社会原则。

巴哈伊教由伊朗人欧士哥利于 1941 年传入台湾,他在经商的同时大力宣传巴哈伊教。1949 年,一些在国外加入巴哈伊教的信徒来到台湾,这可能是台湾最早一批中国巴哈伊教徒。1956 年,第一个巴哈伊地方灵体会在台南成立,1967 年全台湾地区总灵体会在台北市成立,1970 年以"大同教"名义正式登记为财团法人,1992 年更名为"巴哈伊教",此时教徒有 14000 多人,分散在 150 多个城市与乡村,设有地方灵体会的地区,每年选出代表参加全台湾年会,再选出总灵体会的 9 名成员,负责全台湾的传教事宜。台湾巴哈伊教吸收教徒,不举行任何仪式,不起教名,只要填表签上名字,送到地方灵体会就可成为教徒。近年来,教徒经常通过各种方式来宣传该教。巴哈伊教重视儿童教育,在教内开设了很多儿童班和父母成长班。该教环保处所设计的自然教室课程,受到台湾"教育部"和"农委会"的重视,并赞助经费,供小学教师接受这一课程。

三、统一教

统一教全称"世界基督教统一神灵协会",是韩国文鲜明于1954 年创立的,号称文鲜明是弥赛亚再临于世,其任务是要解决人生与宇宙的根本问题,强调家庭的神圣性,视组成家庭为上帝创造人类的目的,其教义被基督教视为异端,不被承认为基督教的一支。统一教已传播到世界 180 多个国家,有教徒 400 多万。

1967 年,统一教的文鲜明派郑仁淑来台湾传教,于 1971 年 6月在台北市正式登记为"财团法人世界基督教统一神灵协会"。1975 年因有学生休学传教而起风波,被台湾当局禁教并取缔,转为地下发展传播。1990 年 3 月由台湾"内政部"正式解禁。其宗教活动主要是礼拜与训读会,该教积极推动各种非宗教性活动,如:爱的纯洁运动、理想家庭创造运动、艺术巡回公演运动、大学先生小姐选拔运动、模范母亲、学术研讨会、国际会议、社区服务、义工培训等,努力从宗教跨入到学术、文化社会、艺术等领域,推动各种传教与社会服务事业,以重建道德与家庭伦理秩序,来改变其宗教形象。据统计,2003 年在台湾有教徒 5 万人。⑲

四、山达基教

山达基教由美国科幻小说家贺伯特于 1955 年创立。该教强调经由学习来发挥生命的潜能,其所提供的课程在深度与广度上相当于一般大学程度,重视内心修行之后的"灵验"与"悸动"效果。

山达基教于 1988 年传入台湾,已有会员 1 万多人,在台北、台中、高雄等三地设有山达基中心,直属设于澳洲悉尼的亚澳地区总部。[20]

五、摩门教

摩门教正式名称为"耶稣基督后期圣徒教会",为美国新兴宗教,创立于 1830 年 4 月 6 日,总部设于美国犹他州盐湖城,信徒遍及 160 多个国家和地区,共有 1100 多万人,以《摩门经》为主要经典。其经典、神学与礼仪有别于一般基督教派。

摩门教于 1956 年传入台湾,约有信徒近 4 万人。摩门教重视家庭与道德伦理,强调家庭团结与家人参与,鼓励使用谷类、蔬菜与水果等食物,有节制地使用肉类,禁戒烟、酒、咖啡、茶及其他对人类有害的药物,"以崇高的道德标准来享有身体与心智上的健康"。设有台北传道部、台中传道部与高雄传道部等,在县、市设支联会。[21]

注:

①阚正宗:《台湾佛教史论》,宗教文化出版社 2008 年版,第 4 页。

②周宗贤:《台湾的民间组织》,载《台湾史迹研习会讲义汇编》,台北市文献委员会 2002 年版,第 268 页。

③阚正宗:《台湾佛教史论》,宗教文化出版社 2008 年版,第 7 页。

④陈清香:《台湾佛教美术·建筑篇》,艺术家出版社 2008 年版,第 47 页。

⑤匡宇:《台湾佛教史》,载张曼涛主编:《现代佛教学术丛刊·87·台湾佛教篇》,大乘文化出版社 1979 年版,第 14 页。

⑥阚正宗:《台湾佛教史论》,宗教文化出版社 2008 年版,第 24~25 页。

⑦连横:《台湾通史》,商务印书馆 1996 年版,第 409~410 页。

⑧王见川:《台湾的斋教与鸾堂》,南天书局有限公司 1996 年版,第

201 页。

　⑨周宗贤:《台湾的民间组织》,载《台湾史迹研习会讲义汇编》,台北市文献委员会 2002 年编印,第 268 页。

　⑩瞿海源编纂:《重修台湾省通志·住民志·宗教篇》,台湾省文献委员会 1992 年版,第 885～887 页。

　⑪"中华民国史内政志编纂委员会"编:《"中华民国史内政志(初稿)"》,"国史馆"1992 年版,第 64～65 页。

　⑫郑志明:《台湾的宗教与秘密教派》,台原出版社 1990 年版,第 114 页。

　⑬瞿海源编纂:《重修台湾省通志·住民志·宗教篇》,台湾省文献委员会 1992 年版,第 893 页。

　⑭瞿海源编纂:《重修台湾省通志·住民志·宗教篇》,台湾省文献委员会 1992 年版,第 894 页。

　⑮郑志明:《台湾的宗教与秘密教派》,台原出版社 1990 年版,第 95 页。

　⑯李世伟主编:《台湾宗教阅览》,博扬文化事业有限公司 2002 年版,第 125 页。

　⑰李世伟主编:《台湾宗教阅览》,博扬文化事业有限公司 2002 年版,第 133 页。

　⑱严安林、盛九元、胡云华编著:《台湾神灵》,九州出版社 2007 年版,第 162 页。

　⑲郑志明著:《台湾全志·社会志·宗教与社会篇》,"国史馆"台湾文献馆 2006 年编印,第 204 页。

　⑳郑志明著:《台湾全志·社会志·宗教与社会篇》,"国史馆"台湾文献馆 2006 年编印,第 204 页。

　㉑郑志明著:《台湾全志·社会志·宗教与社会篇》,"国史馆"台湾文献馆 2006 年编印,第 202 页。

参考文献

[1]何绵山著:《台湾佛教》,九州出版社 2010 年版。

[2]何绵山著:《闽台佛教亲缘》,福建人民出版社 2010 年版。

[3]何绵山著:《闽台佛教论》,宗教文化出版社 2010 年版。

[4]何绵山著:《台湾民俗》,甘肃人民出版社 2004 年版。

[5]何绵山著:《台湾的建筑》,九州出版社 2003 年版。

[6]何绵山著:《闽台文化探略》,厦门大学出版社 2005 年版。

[7]何绵山著:《闽台经济与文化论集》,厦门大学出版社 2002 年版。

[8]何绵山著:《台闽佛教源流与互动》,台湾"中国佛教会"2010 年版。

[9]何绵山著:《闽台经济与文化丛谈》,厦门大学出版社 2011 年版。

[10]何绵山主编:《闽台经济与文化》,厦门大学出版社 2011 年版。

[11]何绵山主编:《闽台区域文化》,厦门大学出版社 2004 年版。

[12]何绵山主编:《民族与宗教》,中央广播电视大学出版社 2013 年版。

[13]潘英著:《台湾拓殖史及其族姓分布研究》,南天书局有限公司 2000 年版。

[14]许雪姬总策划:《台湾历史辞典》,远流出版事业股份有限公司 2006 年版。

[15]洪泉湖等著:《台湾的多元文化》,五南图书出版股份有限公司 2008 年版。

[16]张茂桂等著:《族群关系与国家认同》,业强出版社 2001 年版。

[17]林川夫主编:《民俗台湾》(第 4 辑),武陵出版有限公司 1999 年版。

[18]林川夫主编:《民俗台湾》(第 1 辑),武陵出版有限公司 1995 年版。

[19]林川夫主编:《民俗台湾》(第 7 辑),武陵出版有限公司 1998 年版。

[20]林川夫主编:《民俗台湾》(第 5 辑),武陵出版有限公司 1995 年版。

[21]莫光华著:《台湾各类型地方戏曲》,南天书局有限公司1999年版。

[22]林明德主编:《台湾民俗技艺之美》,台湾省政府文化处1998年版。

[23]许常惠等著:《台湾传统音乐之美》,台湾晨星出版有限公司
年版。

[24]姜义镇著:《台湾民俗与特产》,武陵出版有限公司2002年版。

[25]席德进著:《台湾民间艺术》,雄师图书股份有限公司1999年版。

[26]张祖基等著:《客家旧礼俗》,众文图书公司1986年版。

[27]林川夫主编:《民俗台湾》(第6辑),武陵出版有限公司1997年版。

[28]曾逸昌编著:《客家概论》,曾逸昌2003年自印。

[29]姜义镇著:《台湾的乡土神明》,台原出版社1995年版。

[30]吴瀛涛著:《台湾谚语》,台湾英文出版社2001年版。

[31]黄荣洛著:《台湾客家民俗文集》,新竹县文化局2000年版。

[32]何石松著:《客谚一百首》,五南图书出版股份有限公司2003年版。

[33]黄心颖著:《台湾的客家戏》,台湾书店1998年版。

[34]《客家音乐专辑》(下),《民俗曲艺》(第120期),财团法人施合郑民俗文化基金会1999年版。

[35]叶立诚著:《台湾服装史》,商鼎文化出版社2001年版。

[36]陈绍馨著:《台湾的人口变迁与社会变迁》,联经出版事业公司1985年版。

[37]潘英编著:《同宗同乡关系与台湾人口之祖籍及姓氏分布的研究》,台湾省文献委员会1987年版。

[38]廖信忠著:《我们台湾这些年》,重庆出版社2009年版。

[39]陈正祥著:《台湾的人口》,南天书局有限公司1997年版。

[40]张海鹏、陶文钊主编:《台湾简史》,凤凰出版社2010年版。

[41]李淑卿、萧琼瑞著:《台湾全志·文化志·艺术篇》,"国史馆"台湾文献馆2009年版。

[42]陈芳主编:《台湾传统戏曲》,台湾学生书局有限公司2004年版。

[43]林茂贤编撰:《福尔摩沙之美:台湾传统戏剧风华》,"行政院文化建设委员会"中部办公室2001年版。

[44]刘振鲁辑:《当前台湾所见各省戏曲选集》(下册),台湾省文献委员会1982年版。

[45]李天民、余国芳著:《台湾舞蹈史》(上),大卷文化有限公司 2005年版。

[46]徐天福主编:《翰海霞光:近百年名家书画》,"国立历史博物馆"2007年版。

[47]林炜镇等编:《典藏书画赏析专辑》,彰化县文化局 2001 年版。

[48]李桂玲编著:《台港澳宗教概况》,东方出版社 1996 年版。

[49]严安林、盛九元、胡云华编著:《台湾神灵》,九州出版社 2007 年版。

[50]瞿海源编纂:《重修台湾省通志·住民志·宗教篇》,台湾省文献委员会 1992 年版。

[51]张曼涛主编:《现代佛教学术丛刊·87·台湾佛教篇》,大乘文化出版社 1979 年版。

[52]全台诗编辑小组:《全台诗》(第 1 册),远流出版事业股份有限公司 2004 年版。

[53]魏淑贞总编:《台湾庙宇文化大系(一)天地诸神卷》,自立晚报社文化出版部 1994 年版。

[54]全台诗编辑小组:《全台诗》(第 2 册),远流出版事业股份有限公司 2004 年版。

[55]曾景来著:《台湾的迷信与陋习》,武陵出版有限公司 1998 年版。

[56]邢福泉著:《台湾的佛教与佛寺》,台湾商务印书馆股份有限公司 1992 年版。

[57]陈清香著:《台湾佛教美术·建筑篇》,艺术家出版社 2008 年版。

[58]阚正宗:《台湾佛寺导游(六)》,菩提长青出版社 1998 年版。

[59]佛光山宗务委员会编辑:《佛光山开山 30 周年纪念特刊》,佛光文化事业有限公司 1997 年版。

[60]净耀法师著:《心灵语录》,普贤教育基金会 2002 年版。

[61]丁煌总编:《道教学探索》,1989 年。

[62][日]福井康顺等监修:《道教》(第 3 卷),上海古籍出版社 1992 年版。

[63][日]窪德忠著:《道教史》,上海译文出版社 1987 年版。

[64]叶明生编著:《福建省龙岩市东肖镇闾山教广济坛科仪本汇编》,载王秋桂主编:《中国传统科仪本汇编》(一),新文丰出版股份有限公司 1996

年版。

[65]王秋桂:《中国传统科仪本汇编·序》,新文丰出版股份有限公司1996年版。

[66]盖建民:《清代闽台道教关系考略》,载《闽台关系学术研讨会论文集》,福建师范大学闽台区域研究中心2000年版。

[67]吉元昭治著:《台湾寺庙药签研究》,武陵出版有限公司1991年版。

[68]郑志明主编:《台湾文化》(卷三),大道文化事业有限公司1996年版。

[69]江季霖总编:《全国佛刹道观总览——玉皇大帝专集》,桦林出版社1986年版。

[70]董芳苑编著:《台湾民间宗教信仰》,长青文化事业股份有限公司1984年版。

[71]黄德宽译:《天主教在台开教记》,天启出版社1971年版。

[72]瞿海源著:《台湾宗教变迁的社会政治分析》,桂冠图书股份有限公司1997年版。

[73]史文林著,卢树珠译:《台湾教会面面观》,台湾教会增长促进会1981年版。

[74]台湾地区主教团秘书处编辑:《台湾天主教手册》,天主教务协进会出版社1999年版。

[75]简鸿模著:《祖灵与天主——眉溪天主堂传教史初探》,辅仁大学出版社2002年版。

[76]李莎莎著:《台湾原住民衣饰文化》,南天书局有限公司1998年版。

[77]铃木质著:《台湾原住民风俗志》,台原出版社1994年版。

[78]李世伟主编:《台湾宗教阅览》,博扬文化事业有限公司2007年版。

[79]杨道默著:《天主教来台传教壹百年简史》,高道隆译,高雄教区出版。

[80]李政隆著:《台湾基督教史》,天恩出版社2001年版。

[81]史文森著:《台湾教会面面观——1980的回顾与前瞻》,台湾教会增长促进会1981年版。

[82]真耶稣教会编:《台湾传教六十周年纪念刊》,棕树出版社1986年版。

[83]林治平主编：《基督教入华一百七十年纪念集》，宇宙光出版社 1978
年版。

[84]郑连明主编：《台湾基督教长老教会百年史》，台湾基督教长老会
2000 年版。

[85]赖永祥著：《教会史话》（第 3 辑），人光出版社 1995 年版。

[86]许长安、李乐毅编：《闽南白话字》，语文出版社 1992 年版。

[87]赖永祥：《教会史话》（第 4 辑），人光出版社 1998 年版。

[88]马建钊、张菽晖主编：《中国南方回族古籍资料选编补遗》，民族出版
社 2006 年版。

[89]贾福康编著：《台湾回教史》，伊斯兰文化服务社 2005 年版。

[90]阚正宗著：《台湾佛教史论》，宗教文化出版社 2008 年版。

[91]周宗贤著：《台湾的民间组织》，载《台湾史迹研习会讲义汇编》，台北
市文献委员会 2002 年编印。

[92]连横：《台湾通史》，商务印书馆 1996 年版。

[93]王见川著：《台湾的斋教与鸾堂》，南天书局有限公司 1996 年版。

[94]"中华民国史内政志编纂委员会"编：《"中华民国史内政志（初
稿）"》，"国史馆"1992 年版。

[95]郑志明著：《台湾的宗教与秘密教派》，台原出版社 1990 年版。

[96]郑志明著：《台湾全志·社会志·宗教与社会篇》，"国史馆"台湾文
献馆 2006 年编印。

[97]高育仁等主修：《重修台湾省通志·住民志·同胄篇》，台湾省文献
委员会 1995 年版。

[98]田富达、陈国强著：《高山族民俗》，民族出版社 1995 年版。

[99]中共中央台湾工作办公室、国务院台湾事务办公室：《中国台湾问
题》，九州图书出版社 1998 年版。

[100]陈奇禄著：《台湾土著文化研究》，联经出版事业公司 1999 年版。

[101]黄应贵主编：《台湾土著社会文化研究论文集》，联经出版事业公司
1998 年版。

后　记

　　本书与已出版的《福建民族与宗教》原计划是一本书，书名《闽台民族与宗教》，因为《福建民族与宗教》先完成，就分为两本先后出版，因此两本书的体例、结构是一致的。刚接受撰写此书任务时，我以为自己曾赴台十余次，并完成过多项有关台湾民族与宗教的课题，平时也注意收集这方面资料，按时交稿应该没问题。但由于日常工作极为繁忙，双休日又常有上课任务，写作进展缓慢。后利用多个假期，总算断断续续地完成了这项任务。在撰写本书过程中，我曾多次前往台湾顺益原住民博物馆、世界宗教博物馆访问考察，每次均受到热情接待，对此我表示衷心感谢。我要特别感谢本书责任编辑牛跃天先生的长期鼓励和帮助，如果没有他的大力支持，生性疏懒、天资鲁钝的我是无论如何写不出此书的。

作者

图书在版编目（CIP）数据

台湾民族与宗教 / 何绵山著. -- 厦门：厦门大学
出版社，2013.7（2022.8 重印）
　ISBN 978-7-5615-3125-9

　Ⅰ. ①台… Ⅱ. ①何… Ⅲ. ①民族文化－台湾省
②宗教文化－台湾省
Ⅳ. ①K280.58②D929.258

中国版本图书馆CIP数据核字(2013)第170642号

| 出 版 人 | 郑文礼 |
| 责任编辑 | 牛跃天 |

出版发行 厦门大学出版社

社　　址	厦门市软件园二期望海路 39 号
邮政编码	361008
总　　机	0592-2181111　0592-2181406(传真)
营销中心	0592-2184458　0592-2181365
网　　址	http://www.xmupress.com
邮　　箱	xmup@xmupress.com
印　　刷	厦门市明亮彩印有限公司

开本	850 mm×1 168 mm　1/32
印张	12.5
插页	2
字数	308 千字
印数	11 101～13 100 册
版次	2013 年 7 月第 1 版
印次	2022 年 8 月第 6 次印刷
定价	31.00 元

本书如有印装质量问题请直接寄承印厂调换

厦门大学出版社
微信二维码

厦门大学出版社
微博二维码